数字检察进阶之路

SHUZI JIANCHA
JINJIE ZHILU

主　编　陈岑　张琛
副主编　申艳霞　黄星任
　　　　邓扬城

中国检察出版社

图书在版编目（CIP）数据

数字检察进阶之路/陈岑，张琛主编；申艳霞，黄星任，邓扬城副主编. -- 北京：中国检察出版社，2024.1

ISBN 978-7-5102-3034-9

Ⅰ.①数… Ⅱ.①陈… ②张… ③申… ④黄… ⑤邓… Ⅲ.①数字技术—应用—检察机关—工作—中国 Ⅳ.① D926.3-39

中国国家版本馆 CIP 数据核字（2024）第 011435 号

数字检察进阶之路

陈 岑　张 琛　主编
申艳霞　黄星任　邓扬城　副主编

责任编辑：	葛晓湄
技术编辑：	王英英
封面设计：	天之赋设计室

出版发行：	中国检察出版社
社　　址：	北京市石景山区香山南路 109 号（100144）
网　　址：	中国检察出版社（www.zgjccbs.com）
编辑电话：	（010）86423784
发行电话：	（010）86423726　86423727　86423728
	（010）86423730　86423732
经　　销：	新华书店
印　　刷：	河北宝昌佳彩印刷有限公司
开　　本：	710 mm × 960 mm　16 开
印　　张：	26.75
字　　数：	343 千字
版　　次：	2024 年 1 月第一版　2024 年 1 月第一次印刷
书　　号：	ISBN 978-7-5102-3034-9
定　　价：	79.00 元

检察版图书，版权所有，侵权必究

如遇图书印装质量问题本社负责调换

《数字检察进阶之路》
编委会

主　编　陈　岑　张　琛
副主编　申艳霞　黄星任　邓扬城
委　员　邓添榕　刘玉仙　李伟璇　杨武浈
　　　　　陈　坚　凌翠微　曾晓思　谢　俞
　　　　　谭淑雯　薛江凤

前　言

最高人民检察院应勇检察长强调，数字检察战略是法律监督手段的"革命"，是提高法律监督能力的重要依托。清远市检察机关认真贯彻落实最高人民检察院、广东省人民检察院的工作部署，以数字赋能监督、监督促进治理，通过小切口撬动法律监督大变局，编写出版《开启数字检察之门》，为深化数字检察工作提供了可复制可推广的方法和经验。

实践永无止境，创新也永无止境。清远市检察机关持续深入探索，思考如何更好地利用数字思维发挥应有的法律监督效能，如何精准挖掘监督点，如何创设有价值的应用场景，如何将上级部署在各项业务及具体办案中有效落实，又组织编写《数字检察进阶之路》，旨在深入探讨数字检察的理论、方法与实践，为检察同仁提供一部全面、实用的应用指南，同时也为相关学者和从业人员提供有益的参考和借鉴。

本书共分为十章。第一章主要阐述了数字检察的基本原理，包括数据概述、实现路径、应用场景、技术支撑等核心内容。第二章至第九章则针对刑事、民事、行政、公益诉讼等检察业务，详述了大数据在其中的应用和实践情况。例如，在刑事检察领域深入研究了通用应用场景和特殊领域应用场景，结合侦查活动监督、醉驾治理、生态环境保护等模型深入阐述，对于优化办案指标、提升监督刚性具有很强的指引性；民事检察则聚焦于虚假诉讼监督，针对民间借贷、劳动争议以及保险理赔三大领域应用场景进行细致分析，为寻找数据背后的异常点提供了宝贵的经验；行政检察以业务需求为导向，从行政裁判结果监督、行政审判程序监督等五大应用场景深入阐述，为提高行政检察工作的针对性和实效性提供可操作的方案；公益诉讼检察部分对十四大法定领域及部分新领域进行系统梳理，重点讲解了监督点生成规则、常见监督点以及分析方法，结合各地模型运用实践进行深入剖析，充分展现了数字检察在公益诉讼工作中挖掘线索的优势，具有很高的实用性；未成年人检察以家庭保护、学校保护、社会保护等七大应用场景为核心进行深入剖析，对全方位保障未成年人合法权益具有很强的参考性。第十章则展望数字检察未来发展方向。

  本书的突出亮点：一是覆盖面广。立足数字检察实践，涵盖各业务条线，力求让读者对数字检察的应用场景及监督点发现途径有更全面的了解。二是资料丰富。本书在编写过程中深入挖掘了大量参考文献及资料，同时结合全国各地的大数据法律监督模型和丰富的实践经验，为读者呈现数字检察的实践成果与价值。三是重在应用。结合《开启数字检察之门》中的方法和技巧，帮助读者在阅读本书时更好地理解和掌握数字检察在"四大检察"各业务中的广泛应用，为解决社会治理中的问题提供有力支持。

  当前，关于数字检察的很多理论与实践问题还没有形成成熟、统一的认识，同时，由于编写人员认知的局限，本书一些内容、观点难免有疏漏和不足，请广大读者批评指正。

编 者

2024 年 1 月

目 录

第一章 数字检察的基本原理 ……………………………… 1

一、数据概述 ……………………………………………… 1

二、实现路径 ……………………………………………… 7

三、应用场景 ……………………………………………… 20

四、技术支撑 ……………………………………………… 26

第二章 大数据在刑事检察中的深度应用 ………………… 34

一、业务需求 ……………………………………………… 34

二、刑事检察通用类应用场景 …………………………… 44

三、普通犯罪检察应用场景 ……………………………… 57

四、重大犯罪检察应用场景 ……………………………… 68

五、经济犯罪检察应用场景 ……………………………… 72

附录：刑事检察常见监督点参考一览表 ……………… 84

第三章 大数据在刑事执行检察中的深度应用 …………… 92

一、业务需求 ……………………………………………… 92

二、监外执行检察应用场景 ……………………………… 94

三、财产刑执行检察应用场景 …………………………… 102

四、监管场所检察应用场景……………………………………… 105
　　附录：刑事执行检察常见监督点参考一览表………………… 114

第四章　大数据在民事检察中的深度应用……………………… 117
　　一、业务需求……………………………………………………… 117
　　二、民事生效裁判结果监督应用场景…………………………… 126
　　三、民事审判程序违法监督应用场景…………………………… 132
　　四、民事执行监督应用场景……………………………………… 138
　　五、虚假诉讼监督应用场景……………………………………… 141
　　附录：民事检察常见监督点参考一览表………………………… 149

第五章　大数据在行政检察中的深度应用……………………… 159
　　一、业务需求……………………………………………………… 159
　　二、行政裁判结果监督应用场景………………………………… 165
　　三、行政审判程序监督应用场景………………………………… 168
　　四、行政非诉执行监督应用场景………………………………… 175
　　五、行政违法行为监督应用场景………………………………… 198
　　六、行政争议实质性化解应用场景……………………………… 210
　　附录：行政检察常见监督点参考一览表………………………… 214

第六章　大数据在公益诉讼检察中的深度应用………………… 218
　　一、业务需求……………………………………………………… 218
　　二、生态环境和资源保护领域应用场景………………………… 227
　　三、食品药品安全、农产品质量安全领域应用场景…………… 236

四、国有财产、国有土地使用权出让领域应用场景……………… 243
　　五、安全生产领域应用场景……………………………………… 251
　　六、个人信息保护、反电信网络诈骗、反垄断等领域
　　　　应用场景………………………………………………………… 259
　　七、英雄烈士保护、军人地位和权益保障、妇女权益保障、
　　　　无障碍环境建设等领域应用场景……………………………… 268
　　八、探索领域应用场景…………………………………………… 275
　　附录：公益诉讼检察常见监督点参考一览表……………………… 281

第七章　大数据在检察侦查中的深度应用…………………………… 285
　　一、业务需求……………………………………………………… 285
　　二、大数据赋能直接侦查应用场景……………………………… 290
　　三、大数据赋能机动侦查应用场景……………………………… 304
　　四、大数据赋能自行（补充）侦查应用场景…………………… 308

第八章　大数据在未成年人检察中的深度应用……………………… 317
　　一、未成年人检察数字化转型的基本遵循……………………… 317
　　二、未成年人检察业务数字研判规则…………………………… 323
　　三、未成年人数字检察多维应用场景…………………………… 333
　　四、未成年人数字检察多元支持体系…………………………… 356
　　附录：未成年人检察常见监督点参考一览表……………………… 361

第九章　大数据在控告申诉检察中的深度应用……………………… 385
　　一、业务需求……………………………………………………… 385

3

二、控告类案件应用场景 ································· 387
三、刑事申诉类案件应用场景 ··························· 392
四、国家司法救助应用场景 ····························· 394
五、数字服务应用场景 ································· 402

第十章　数字检察发展趋势展望 ·························· 407
一、数字建模规范化 ··································· 407
二、数字建模智能化 ··································· 408
三、数字建模集约化 ··································· 410
四、模型应用广泛化 ··································· 411
五、数据治理业务化 ··································· 412
六、技术手段多元化 ··································· 413

第一章 数字检察的基本原理

随着科技的飞速发展,数字检察已逐渐成为法律领域的新趋势。它不仅代表了一种技术革新,更是对传统法律监督方式的深刻变革。数字检察利用大数据、人工智能等技术手段,深度挖掘和分析海量数据,为法律监督工作提供了前所未有的视角和工具。本章将结合实践深入探讨数字检察的基本原理,揭示其背后的技术支撑和应用前景。

一、数据概述

在大数据时代,数据作为新型生产要素,蕴含着巨大的经济价值和战略价值,是数字检察的基础。数据已经成为引领新一轮科技革命的关键因素,并成为新经济的智能引擎。[1] 通过将数据转化为生产资料,可以有效提升检察生产力,推动检察工作从"业务数据化"向"数据业务化"转型。这一转型有助于实现数字检察新范式,[2] 为检察工作带来更多的机遇和挑战。

(一)数据及相关概念

1.数据的概念、特点和分类

(1)数据的概念、特点。数据是指描述事物的数字、字符、图形、声音等表现形式,是计算机处理所需的信息素材。数据具有以下特点:一是可度量性,可通过数量或属性进行度量和描述;二是可变性,可根

---

[1] 程啸:《论大数据时代的个人数据权利》,载《中国社会科学》2018年第3期。
[2] 白秀峰、许奎:《数字检察法律监督新范式探索》,载《人民检察》2022年第21期。

据不同的环境和需求进行修改和更新；三是有序性，可以按一定的逻辑顺序进行组织和排列；四是相关性，数据之间存在着各种关联；五是多样性，数据可以包含各种类型和格式，如数值型、字符型、图像型等。

（2）数据的分类。从数据结构上来看，数据可以分为结构化数据、半结构化数据和非结构化数据。

结构化数据是指以一定的方式组织和存储，通常以表格、树状结构或关系模型的形式呈现，可以被计算机系统处理的数据。结构化数据是最常见的数据类型之一，也是数据分析和挖掘的重要来源。

半结构化数据介于结构化数据和非结构化数据之间，具有一定的结构，但不完全符合关系型数据库或其他数据表的形式关联起来的数据模型结构，却包含相关标记，用来分割语义元素以及对记录和字段进行分层。

非结构化数据是指没有固定组织原则的未经过滤的信息。非结构化数据形式多样，包括图像、视频、音频文件和文本信息等。这类数据无法用传统的关系数据库进行存储，且数据量通常较大。

2. 数据相关概念

在数字检察工作中，与数据相关的概念主要包括数据项、数据记录、数据文件、数据库以及大数据等。

（1）数据项。数据项是由一个或多个数据元素组成的数据单元，用以表示一个属性或特征。比如，一个人的信息可以包括姓名、年龄、性别等数据项。

（2）数据记录。数据记录是由一组相关的数据项组成的数据单元，通常表示一个实体或对象。比如，一个人的信息可以组成一个数据记录。

（3）数据文件。数据文件是由一组相关的数据记录组成的数据集合，通常用于表示一个实体或对象的集合。比如，一个单位的人员信息可以组成一个数据文件。

（4）数据库。数据库是一个按照一定规则组织和存储的数据集合，包括数据文件、数据记录、数据项和数据元素等多个层次。比如，一个单位的所有数据可以组成一个数据库，而多个数据库的组合则形成大数据。

（5）大数据。大数据是指在一定时间范围内无法通过常用软件工具捕捉、管理和处理的数据集合。它需要新的处理模式以增强决策力、洞察发现力和流程优化能力。

（二）数据采集

1. 数据采集的概念

数据采集，是指利用各类数字化技术手段，对各类数据进行系统性收集、筛选、整理和分析的一个过程。在数字检察工作中，数据采集与工具使用之间存在着密切的联系。①

2. 数据采集的方法

（1）基于大数据技术进行数据采集。利用大数据技术，对海量数据进行实时处理和分析，精确提取与检察业务相关的数据。这些数据可能来自多种数据源，包括案件信息、证据材料、音影资料等。

（2）利用有效数据抓取技术采集数据。通过有效数据抓取技术，自动抓取互联网上的相关信息，并进行数据抽取和处理。比如，可以通过此方法采集案件信息、当事人信息等。

（3）数据库查询采集。利用数据库查询语言，从数据库中提取与检察业务相关的数据。这些数据可能来自检察机关内部或相关机构的数据库。

（4）数据接口采集。通过数据接口，从各类数据提供方获取相关数据。这些数据可能来自政府部门、企事业单位等，比如市场监管部门、税务部门等。

（5）传感器监测采集。利用传感器技术，对与检察业务相关的各种物理量进行实时监测，并将其转化为可处理的数据。比如，环境质量、交通流量等数据的监测。

---

① 陈岑主编：《开启数字检察之门》，中国检察出版社2023年版，第63—70页。

（6）内部数据数字化。运用数字化技术，实现检察工作的内部数据数字化，包括线上文书签收、线上立案、线上办案等功能，旨在提高工作效率。

（三）数据清洗

1. 数据清洗的概念

数据清洗，是指对数据进行重新审查和校验的过程，以删除重复信息、纠正错误，并确保数据准确、完整、一致。

2. 数据清洗常用方法

（1）纠正错误。数据错误主要包括数据值错误、数据类型错误、数据编码错误、数据格式错误、数据异常错误、依赖冲突、多值错误等。纠正错误主要是检查数据中的拼写错误、格式错误、类型错误等，并对其进行修正。

（2）删除重复项。在处理数据时，由于各种原因，如数据输入错误、重复采集或数据复制粘贴等，可能会导致数据中出现重复记录或重复字段，对于这些重复项目需要做去重处理。

（3）统一规格。由于数据源系统分散在各个业务条线，不同业务条线对于数据的要求、理解和规格不同，导致对于同一数据对象描述规格完全不同，因此需要统一数据规格和抽象一致性内容。

（4）修正逻辑。在多数据源的环境下，很可能存在数据异常或冲突的矛盾，对于这类数据矛盾，需要明确各个源系统的逻辑、条件、口径，然后定义一套符合各个系统采集逻辑的规则，并对异常源系统的采集逻辑进行修正。

（5）转换构造。数据变换是数据清洗过程中的关键步骤，涉及对数据的各种转换操作，以确保数据满足后续处理和分析的要求。常见的数据变换包括：数据类型转换、数据语义转换、数据值域转换、数据粒度转换、表/数据拆分、行列转换、数据离散化、提炼新字段、属性构造等。

（6）数据压缩。数据压缩是指数据清洗过程中的一个重要环节，它的主要目的是在不损失数据集的完整性和准确性的前提下，通过特定的算法和方式对数据进行重新组织，从而减少数据的规模和复杂性。

（7）补足残缺/空值。由于各种主客观原因，很多系统存在残缺数据。残缺数据包含行缺失、列缺失、字段缺失三种情况。对于行缺失，可以采用插值或删除的方法来补全；对于列缺失，可以考虑使用均值、中位数、众数等统计方法进行填充；对于字段缺失，可以使用特定的算法和技术来预测或估算缺失值。

（8）丢弃数据/变量。对于数据中的异常数据，包括缺失值、空值、错误值、不完整的数据记录等，除了使用上面讲的方法进行清洗、转换、提升外，丢弃这些异常数据也是合理的选择。

（四）数据结构化

1. 数据结构化的概念

数据结构化，是指对半结构化和非结构化的数据按照一定的规则和方式进行清洗、抽取、重组，将其转化为结构化数据。数据结构化与数据清洗相互关联，清洗是为了使数据结构化，而结构化是为了使数据清洗得以实现。

2. 数据结构化常用方法

检察业务数据来源于检察业务工作，最终又要服务于检察业务工作。为了实现这一目标，检察人员必须将业务数据转化为高效的生产要素，即实现业务数据资源化。这需要对数据进行一系列的结构化处理，主要有以下方法：

（1）数据清洗。此步骤旨在解决数据中存在的冗余、错误和缺失等问题，统一数据格式，并更正错误信息，补充缺失信息等。通过清洗数据，可以确保其质量和准确性。

（2）数据分类。按照特定的结构化规则，将原始数据进行划分和分类，以便更好地理解和使用。分类有助于组织数据并使其更易于查询和使用。

（3）统计分析。这是描述和解释数据的有效方法，通过识别数据中的趋势、模式和关联性，帮助检察人员深入理解数据背后的规律和意义。常见的统计分析方法包括均值、中位数、方差、标准差和相关系数等。

（4）机器学习。利用算法自动识别数据模式，通过训练算法预测未来事件或对数据进行分类。常见的机器学习技术包括决策树、随机森林、支持向量机和神经网络等。这些技术能够根据现有数据自动学习并预测未来的趋势和模式。

（5）数据可视化。将数据转换为图表、图形和其他视觉元素，使得用户能够更直观地理解结构化数据的含义和趋势。可视化工具的使用可以大大提高数据的可读性和易用性。

（五）数据处理模式

针对不同数量级和结构化的监督数据，选择合适的数据处理方式是提高监督效果的关键。

1. 低数量级且结构化的监督数据处理模式

在检察工作中，通常需要进行筛选、对比、碰撞的数据是一些低数量级且结构化的监督数据，主要以表格的形式存在，对此类数据，可以用表格工具解决问题。表格工具提供了大量函数，数据分析过程变得简单方便。比如，在对羁押期限、执行期限、缓刑考验期限、审限超期等各类涉及日期判断的审判执行监督场景中，使用日期时间函数和逻辑函数，即可依据相关法律规定和业务规则对日期数据进行比对。又如，在从业禁止、"判实未执"等各类涉及自然人、法人身份信息进行比对分析的场景，可以使用查询和引用类函数或者数据库函数实现。这种方法技术人员或是业务人员都可以在熟悉函数特点后直接使用，对结构化数据"剥洋葱"似地按业务规则和条件一步一步运算，逐步得到所需数据。

2. 高数量级或非结构化的监督数据处理模式

对此类数据，需要使用相对专业的工具软件或者简单编程解决。对于类似简要案情、电话记录等已经纳入表格管理的文本信息，依然可以使用表格软件文本函数或高级筛选器提取关键字信息。面对比较杂乱无规律的文字时，可以使用编程软件配合正则表达式来解决问题。比如，广东省清远市佛冈县检察院检察技术人员在构建另案处理类案监督模型时，用正则表达式提取文书中犯罪嫌疑人信息。又如，在利用12345市民热线信息构建模型时，针对电话记录文本数据，结合搜索引擎建立文本索引并配置分词器，用查询语句搜索关键词形成表单，实现了在模型数据分析过程中对文本指定信息的提取。

3. 海量数据处理模式

对于海量的结构化、半结构化、非结构化数据的处理，使用传统的简单工具难以处理和解决问题，需要运用大数据分析平台进行处理。比如，广东省清远市检察院自建的数据应用平台，该平台与广东省政务服务数据管理局"一网共享"平台对接，并对接了全国检察业务应用系统进行数据返还，汇集各类办案数据，可以实现对海量信息检索与法律监督模型所需的超大规模结构化与非结构化数据高效处理，并按照监督模型可视化、流程化的理念，实现检察人员通过简单"拖、拉、拽"等方式进行批量数据分析、对比碰撞。

二、实现路径

大数据法律监督模型是数字检察能动履职的重要载体和重要突破口，是实现法律监督质效由个案办理向类案监督再到系统治理嬗变的驱动力量。其是指从个案办理或数据异常中发现规律性、共性问题，利用数字技术总结归纳特征要素，从多元的海量数据中挖掘类案监督线索的一种模式。数据建模是依据现有数据构建大数据法律监督模型并进行预测的过程。通过对数据的收集、整理和分析，可以构建出准确、可靠的模型，为相关决策提供科学依据。构建一个好的大数据法律监督模型，需要经过明确目标、数据收集、提出思路、优化调整、评估验证及应用实施等六大步骤。①

（一）模型功能

数字检察作为检察机关高效挖掘问题线索的"金钥匙"，是提升法律监督质效的"工具箱"。② 通过数据归集、清洗、碰撞、挖掘、分类、归纳形成法律监督数字模型，不仅可以增强检察监督的效能，推动多元监督的深度融合，还能进一步优化社会综合治理的效果。

1. 提升监督质效

党的二十大报告专门强调了加强检察机关法律监督工作的重要性。这一决策既是对检察机关的信任和期待，更赋予了检察机关重大的责任。然而，在传统的工作模式下，检察机关的监督线索主要来源于群众的举报、控告以及公安机关移送，来源渠道窄、发现获取难。这使得检察机关陷入"就案办案""被动办案""别人送什么检察办什么"的被动局面，难以发现深层次的问题，检察职能一定程度上被虚化和弱化。

当前，数字化浪潮为检察权的行使注入了新动能。通过运用数字思维，办案人员将原本独立的信息点串联起来，深入挖掘数据中隐藏的信息和价值，在数据碰撞筛查中发现类案线索，从而解决以往法律监督的被动性、碎片化、浅层次难题。③ 有学者指出，通过行政公益诉讼数字化模式引导行政执法，可以有效解决传统法律监督被动性和有限性问题。④ 比如，山东省潍坊市潍城区检察院构建了行政机关未依法征收城

---

① 陈岑主编：《开启数字检察之门》，中国检察出版社2023年版，第136—138页。
② 张晓东：《借力数字赋能完善监督路径》，载《检察日报》2021年11月1日，第3版。
③ 余钊飞：《数字检察的梯次配置及纵深功能》，载《法律科学（西北政法大学学报）》2023年第4期。
④ 高文英：《行政公益诉讼数字化模式引导行政执法研究》，载《行政法学研究》2024年第2期。

市基础设施配套费类案监督模型,[①] 该模型通过比对分析自然资源和规划、住房和城乡建设、行政审批等相关部门的数据,精准挖掘出未依法征收配套费的线索,进而督促相关职能部门进行追缴,确保配套费的依法征收。又如,湖北省应城市检察院研发的残疾人就业保障金征收公益诉讼法律监督模型,[②] 该模型针对残疾人就业难、残疾人就业保障金征收不到位的问题,整合残联、税务、财政等部门的数据进行碰撞,推动税务部门应收尽收,引导用人单位加大对残疾人就业的倾斜力度。

2. 推动融合监督

在传统的办案模式下,大部分检察人员受固有的检察认知、行为以及工作运行机制的影响,多数情况下扮演着"审查程序经手人"角色,审查能力、调查能力以及侦查能力受到限制,难以应对复杂多变的案件。数字检察的出现,为这一困境带来了转机。数字检察最大的创新在于,它以数字思维为引擎,重新定义了法律监督模式,彻底摆脱了传统人力办案的束缚,并为检察工作提供了"数智"的强大支撑。[③] 面对新时代的挑战和机遇,检察人员在"数字赋能监督,监督促进治理"的法律监督模式重塑变革推动下,进一步发挥检察一体化的独特优势。以审查、调查、侦查"三查融合"全面贯通"四大检察"融合发展,发挥"1+1>2"的集成效应,[④] 向"数字检察"要战斗力、向"融合履职"要高质效。

以广东省清远市清城区检察院办理保险诈骗一案为例。针对涉案人员通过伪造工作证明、在医院挂空床、提供虚假鉴定报告等手段骗取保

---

① 邱春艳:《逐浪数字蓝海的检察新篇》,载"最高人民检察院"微信公众号,2023年11月13日。
② 《应城"残保金"公益诉讼案入选全省推介案例》,载湖北省应城市人民检察院网,http://yc.xg.hbjc.gov.cn/ycjx/ycjx_71235/202312/t20231228_1799641.shtml。
③ 吴思远:《数字检察法理思考》,载《华东政法大学学报》2023年第5期。
④ 贾宇:《以审查、调查、侦查"三查融合",全面提升新时代检察机关法律监督质效》,载"静海检察"微信公众号,2022年7月29日。

险公司保险理赔款,涉嫌民事虚假诉讼的情形,该院迅速反应,利用其构建的交通事故保险理赔虚假诉讼监督模型,围绕人员关系、工作证明、住院证明、鉴定报告等进行检索和比对分析,成功发现了涉案人员的蛛丝马迹,进而揭开了这起复杂的虚假诉讼案的真相。在此基础上,同步开展刑事和民事检察监督工作,查办司法工作人员相关职务犯罪案件。

3. 深化社会治理

在当今社会治理体系中,检察工作与社会治理的内在关联愈发紧密。这种关联性不仅源于二者共同致力于矛盾风险的化解,还因为它们都秉持着以人民为中心的基本理念。数字检察的崛起,以其独特的职能优势,依法能动履职、一体履职、综合履职,为社会治理注入一股新的活力,从而实现深度治理。比如,清远市检察机关积极探索社会治理新样式,创新构建"网格+检察"大数据监督模式,打破参与基层治理的信息壁垒,全面融入"1+6+N"基层社会治理工作体系,不仅提升了检察机关的工作效率,还加强了与政府其他部门的协同配合,共同推动基层社会治理工作体系的完善与发展。

实践中,数字检察助力社会治理主要表现在以下三个方面:一是通过精准的数据分析,准确识别关键领域和行业存在的风险问题案件,及时发现异常情况或风险,进行预警和处置,构建预防性治理体系,实现"未病先治"。比如,北京市昌平区检察院创建的危险驾驶案件溯源治理法律监督数据模型,[①] 通过分析危险驾驶的时空地图数据,向各街道、社区推送区域内的危险驾驶案发点位、方式等信息,提升了治理的精准性,并定期进行阶段性评估,将检察效能投放到源头治理的薄弱环节。

二是运用数字化手段对批量监督线索进行分析研判,开展类案监督,有助于促进司法公正和社会公平正义。比如,贵州省毕节市纳雍县

---

① 田野、张玮:《数字检察,"能量"究竟有多大?》,载"最高人民检察院"微信公众号,2022年11月20日。

检察院的涉企民事诉讼违法公告送达监督模型，[1] 利用了法院涉企案件数据、企业水电费缴纳数据、税务申报数据等，通过数据分析和建模，筛查出法院违法适用公告送达的案件线索。

三是数字赋能促使检察机关能够深入挖掘批量案件背后的制度漏洞，助力发现系统性问题。检察机关依托检察建议、法律监督报告和提出纠正意见等方式，有力推动法律监督与系统治理的深度融合，促进相关机制的完善和漏洞的堵塞，提升更高层面的诉源治理水平。比如，浙江省绍兴市检察机关办理的违规使用非标油案件，[2] 存在刑罚规制争议和行政执法监管难导致无人监管等难题，通过与税务部门沟通，要求违规使用非标油的企业进行进项转出和税额剔除，增加非标油使用成本，使买方无利可图且使用成本高于正常标准油价格，从而有效填补监管漏洞，实现根本性防治。

（二）模型种类

目前，检察机关开展数字检察监督，常见的模型类型有以下四种。

1. 关联碰撞模型

关联碰撞模型是将不同数据进行关联，并挖掘二者之间联系的建模类型。数字检察的本质是对海量数据进行深度挖掘和关联分析，关键是要找到数据之间的关联点。因此，关联分析在数字检察中被广泛应用，它既是最基本的建模类型，也是最核心的建模类型。此类模型在构建过程中，所使用的工具相对简单。利用电子表格的函数功能，如VLOOKUP 或 XLOOKUP 函数，即可比对两张表格中的数据，查找是否存在相同的字符。比如，在游泳场所安全生产隐患大数据监督模型中，以辖区内已取得营业执照、高危险性体育项目许可证、卫生许可证的游

---

[1] 《2023 年度大数据法律监督模型盘点 | 谁是你心中的最佳模型？快来给 ta 投票吧！》，载"检务科技新动态"微信公众号，2023 年 12 月 25 日。

[2] 翁跃强：《以数字化赋能检察机关参与和服务市域社会治理现代化》，载《人民检察》2021 年第 14 期。

泳场所名录清单信息为基础数据源,通过关联对碰场所名称和地址信息,能够迅速发现未取得卫生许可证、未取得高危许可证的案件线索。

2. 风险指标模型

在办案过程中,通常会发现许多案件存在异常之处,异常之处越多,暗示着这个案件存在法律监督的可能性越高。因此,在建模过程中,检察人员可以从个案出发,发现某些案件的异常特征,然后把这些特征归纳起来,形成若干个特定的指标。这些指标可以在其他案件中进行比较和评估,以确定是否满足特定标准。根据满足指标的数量,检察人员可以判断一个案件是否与已知的类案相似,从而推断出是否具有法律监督的线索。

比如,清远市清城区检察院在办理一宗追索劳动报酬虚假诉讼案件中发现,该案件有数个异常点。一是金额异常,涉及欠薪金额达150万元以上,每个欠薪员工欠薪额达数万元至十几万元,按照该地区的薪资水平,普通员工月薪主要集中在3000元至6000元,该公司并非高新企业,工资待遇并不高,如此推算,欠薪长达一至三年,显然与常理不符。二是涉案数量异常,仅在中国裁判文书网中就发现多达13件涉及该公司的欠薪民事判决,凸显出该公司的问题并非个案。三是主张权利比较集中,都是主张欠薪,且欠薪时间基本一致,提交的证据也基本一致,这进一步增强了虚假诉讼的嫌疑。四是对抗异常,被告没有出席庭审,且对欠薪事实无异议。五是原告、被告关系异常,部分原告在被告公司法定代表人的关联公司曾经参保,通过公安的户籍查询,甚至有部分原告和被告公司法定代表人存在亲属关系,为虚假诉讼提供了有力证据。

清远市清城区检察院在办理该案件后,构建追索劳动报酬虚假诉讼法律监督模型,从案件异常点归纳出5个可应用于由判决书中寻找虚假诉讼线索的指标:指标一,涉劳动债权金额异常;指标二,涉诉案件数量异常;指标三,主张权利集中性异常;指标四,对抗异常;指标五,原告、被告关系异常。

在建模过程中，检察人员可以通过上述5个指标寻找追索劳动报酬虚假诉讼线索。当然，各项指标有先后顺序之分。首先，要从海量的裁判文书中提取出诉讼案件数量异常的公司名称，清远市检察机关常用的提取方式是小包公·法律AI的实证分析功能，可以指定案件类型为追索劳动报酬民事判决，提取判决中被告名称，筛选出作为被告次数达十次以上的公司名称。确定好目标公司后，分别在判决书中提取被告的时间段、原告主张内容、原告和被告双方抗辩内容等，如果均符合指标二、三、四，虚假诉讼的可能性则较高，可以通过调卷进行下一步核查。核查的重点有两个：原告、被告是否有亲属、朋友关系，原告、被告的资金有无回流的现象。

3. 对比分析模型

对比分析模型，是指在某一特定领域，在同等条件和状态下，各个体特点应该在一个正常幅度上下浮动，当某一个体出现浮动特别大，往往预示着某些潜在的原因。通过对这些波动范围的把握，能够发现异常波动的个体，从而揭示出法律监督的线索。

比如，在医保诈骗模型的构建过程中，检察人员通过调取本辖区内各医院的医保支付总额和住院人数，计算各医院的人均住院医疗费用（医院住院医保支付总额除以住院人数），假如存在个别医院的人均住院医疗费用远大于其他医院，该医院就有可能存在医疗保险诈骗问题。

4. 关系挖掘模型

关系挖掘模型，实际上是将数据库功能应用在数字检察中。图数据库是一种特殊的数据库管理系统，用于存储、管理和查询图形结构数据。它以图的形式来表示和组织数据，其中节点表示实体，边表示节点之间的关系。图数据库为用户提供了一种图形化的方式描述和处理复杂的关系，从而更方便地分析和理解数据之间的关联和模式。与传统的关系型数据库不同，图数据库更适用于处理具有复杂关系和连接的数据，比如社交网络、知识图谱、推荐系统等。简单来说，它相当于把多个关联碰撞模型组合在一起，通过不同节点进行关联，经过多层关系挖掘，最终发现源头到终点的完整关联链条。

比如，在涉毒品类监督模型中，通过对毒品案件深入分析，全面梳理所办理涉毒刑事案件中相关人员的信息，并整理成详细的电子表格。这些信息包含身份信息、社交账号信息、金融账号信息以及上下家情况等。为了更清晰地呈现这些人员之间的关系，将上下家关系构建成四层级网络，具体包括共同犯罪人员、有贩毒前科人员、高频交易人员和需戒毒人员。在录入涉毒人员信息时，采用一人一词条的方式，确保信息的准确性和完整性。这一原始表单构成了涉毒人员数据库的基础，为后续的数字画像分析提供了有力支撑。在检察人员办理涉毒案件的过程中，通过将可疑身份信息与数据库进行比对，可以大大提高发现毒犯真实身份的可能性。随着时间的推移，这个数据库涉毒人员的相关信息不断得到完善和扩充。除了涉毒人员的相关信息，还借助其他信息共享试点工作开展的契机，采集吸毒人员、强制隔离戒毒人员等数据，进一步丰富数据库的内容。通过这种数字画像监督模型，能够深入挖掘和编织涉毒人员的关系网，为打击毒品犯罪提供强有力的技术支持。

（三）模型办案"五步法"

构建数字检察监督模型之后，检察人员将数字思维导图运用于办案实践中，能最大限度地吸收和转换模型中的数字办案规则与模式，确保数字检察监督模型能够深度契合办案实践需求。通常来说，这一过程分为五步。

1. 智能排查

在数字办案过程中，智能排查作为首要步骤，旨在运用先进的数字化技术或人工智能工具，根据模型确定的思维导图或办案规则与模式，从海量的大数据中快速、准确地筛选出异常点。采用风险值排序的方式，将高风险案件优先推送给检察人员进行深入的审查和分析，以提高监督效率和质量。在实施智能排查时，检察人员可以充分利用数据挖掘、文本分析等技术手段，对裁判文书等数据信息进行自动化处理。比如，利用自然语言处理技术，对裁判文书中涉及的当事人信息、案件事实和法律适用等方面进行自动化提取和分析，以便快速发现异常的裁判文书。通过智能排查，检察人员能迅速并准确地确定重点监督对象，为后续审查工作提供有力支持。此举不仅提高了监督效率和质量，还降低了人为因素对案件处理的影响。

2. 初步审查

在完成数字化智能排查之后，通常会发现一些异常线索。收到案件线索后，立即进行初步审查和分析，主要目的是确定是否具有进一步调查和监督的必要性和可行性。同时，还需要对案件涉及的法律问题进行研究，以明确监督的方向和重点。

初步审查的方法很多，对于具体案件来说，包括但不限于审查案件材料、听取当事人陈述、询问相关证人、现场勘查等。在这个过程中，检察人员需要保持客观、公正、谨慎的态度，对案件进行全面深入的分析。

通过初步审查，检察人员判断案件具有进一步调查和监督的必要性和可行性，并为后续工作做好准备。比如，清远市检察机关建立食品药品行业从业禁止大数据法律监督模型，通过对涉食品药品刑事案件文书、食品药品经营许可信息及食品药品行政处罚案件信息等66905条数据进行碰撞对比，智能排查出有食品犯罪行为人被判处有期徒刑后仍从事食品行业的线索。经初步审查后，发现线索涉及清远市清城、清新2个基层检察院辖区，且具有市辖2个区内人员和商业活动交流频繁的特点。于是双方决定依托数字检察"市区联盟"机制，互相移送案件线索，跨区域协同办案，打通数据壁垒，共同深入调查，有效发挥数据赋能检察监督的作用。

3. 深入调查

在完成初步审查后，如果案件需要进一步调查和监督，检察人员必须制定详细的调查计划和方案。在调查过程中，检察人员需要对收集到的证据或其他信息数据进行审查和判断，以确保准确了解案件的真实情况。这一过程要求检察人员具备专业的调查和侦查思维。深入调查的主要目的在于全面了解案件，确定需要收集哪些证据以及如何收集这些证据。这些信息将为后续的监督工作提供支持和依据。

在深入调查阶段，检察人员需要对案件涉及的当事人、证据、事实和法律问题进行更加深入的调查和核实。深入调查的方法包括但不限于询问当事人及证人、调取相关证据材料、进行现场勘查、委托鉴定等。在调查过程中，检察人员同样需要保持客观、公正、谨慎的态度，对案件进行全面、细致的调查和核实。

当然，如果发现司法工作人员渎职犯罪线索的，则进一步立案侦查。以清远市检察机关办理的一起保险诈骗系列案为例，通过筛查、碰撞、比对金融、通信、事故卷宗、裁判文书等大数据信息，检察人员在深入调查后成功挖掘出涉及某公安民警和某法官的犯罪线索。经过立案侦查，查实了2名司法工作人员确实存在渎职犯罪行为。这一案例充分展示了深入调查在发现和查实渎职犯罪中的重要作用。

4. 引导侦查

在深入调查后，一旦发现监督案件，需要与公安机关协作，应及时将案件移送公安机关处理，并适时提前介入侦查。引导侦查的主要目的是将审判阶段的证据要求和证明标准前置侦查端，提升侦查人员程序意识和证据意识，增强刑事指控检警合力，提高办案效率、确保办案质效。在此阶段，检察人员需与公安机关密切配合，提供必要的支持和协助。引导侦查的方法包括但不限于提供案件线索、协助调查取证、提供法律咨询等。检察人员需要与公安机关保持良好的沟通和协作关系，共同推进侦查工作。通过引导侦查，检察人员协助公安机关揭露和惩治虚假诉讼行为，提高对案件的侦查和打击能力。如果公安机关在侦查过程中遇到困难，检察人员可以提供必要的支持和协助。需要注意的是，引导侦查需要遵守法律程序和规定，确保合法性和公正性，同时保护当事人的合法权益和隐私，避免不必要的伤害和损失。比如，在智能排查时，医疗机构强制报告制度监督模型可发现批量案件线索。除公安机关应当立案而不立案等监督线索外，大部分线索还需移送公安机关进行侦查。在此过程中，检察人员需明确大数据赋能法律监督的价值目标，避免越俎代庖取代公安机关的职责，重点还是应当放在监督漏洞、职务犯罪、社会治理等深层次问题上。

5. 检察监督

数字化审查、调查、侦查中的问题发现和监督纠正，是数字检察办案的核心目标，也是模型实际效用的直接体现，更是模型建设过程中不可或缺的一环。在监督阶段，检察人员需要对线索案件进行细致审查和准确评估，确保监督与纠正的及时性与有效性。值得注意的是，衡量模型的实际效果，应着重考虑其是否有助于优化案件办理指标、增强监督刚性以及提升整体办案效果。以清远市检察机关为例，其建立的看守所执行违法类案监督模型、社区矫正对象漏管类案监督模型，通过大数据技术的线索筛选与碰撞分析，共监督成案1391件，同比增长率396.64%。实践说明，任何未能实现实际成效、未能优化案件办理流程的数字检察模型，都是不切实际的、浮于表面的形象工程。

（四）监督点发现途径

在搭建大数据法律监督模型的过程中，关键在于准确识别监督点。要有效识别监督点，必须坚持检察职能定位，紧紧围绕服务大局、执法司法、社会治理等核心问题展开。

1. 围绕上级部署以及党委政府中心工作

比如，当前化工厂和矿山的安全生产事故频发，给人民群众生命财产带来了严重威胁。党委政府已多次强调安全生产的重要性。最高人民检察院第八检察厅也针对此问题开展了专项行动。在此背景下，安全生产已被列为最高人民检察院以及党委政府的重点工作。为了有效落实这一项工作，检察机关需要建立一个涉安全生产的大数据监督模型。通过该模型，检察机关可以发现与安全生产相关的违规行为，如矿山未依法审批、安全管理人员未经考核合格、违规作业以及尾矿库安全等问题。检察人员将从自然资源、公安、第三方公司等部门获取数据，通过数据比对分析，确定监督线索，以解决涉矿行业安全的深层次治理问题。此外，最高人民检察院第八检察厅还部署了保障妇女权益专项工作。广东省深圳市宝安区检察院运用检察大数据监督模型，[①] 通过搜索、比对刑事案件数据信息，筛查出妇女入住旅馆性侵刑事案件线索。同时，借助公安机关大数据分析，还发现涉案旅馆未按规定登记、及时报告监督线索。

2. 围绕执法司法人员违法履职情形

各地大数据模型主要监督点大多聚焦于执法司法中的突出问题。为规范执法司法行为，各地检察机关通过大数据模型分析，发现了一些不规范问题。比如，针对经济案件"挂案"问题，构建涉经济案件"挂案"监督模型。该模型针对公安机关立而不侦、久侦不决的问题，通过调取刑事立案数据，并与全国检察业务应用系统数据进行对比碰撞，有效确定长期"挂案"的监督线索。又如，虚假立功背后司法工作人员职务犯罪侦查类案监督模型，针对虚假立功及背后司法工作人员职务犯罪问题，提取中国裁判文书网公开数据和全国检察业务应用系统内部数据，归集立功人员的身份信息、立功次数、涉嫌罪名、强制措施、线索来源、举报时间和被举报人到案时间等信息，分析立功情节真实性，进而筛查出背后司法工作人员职务犯罪线索。

---

① 周婷婷：《宝安检察"大数据赋能＋融合履职"，共建长效机制保护妇女合法权益》，载《法治日报》2023年7月10日，第3版。

3. 围绕以合法形式掩盖非法目的

司法办案与法律监督唯有叠加技术的"魔法"才能真正打败犯罪的"魔法"。[①] 从某一个案件或某一地区的案件来看，案件数量少，且案件证据很规范，很难发现案件是否有错。但是通过对全省乃至全国类似案件进行技术分析，可以发现异常点并揭示出非法目的。如 KTV 被诉侵犯著作权批量恶意诉讼监督模型，清远地区 30 多件虚假诉讼案件只是违法犯罪链条上一个孤立的信息点，孤立看链条上的每个信息点很难发现异常，但与全省、全国几千件类似案件进行串联分析，发现大量诉讼与一家公司有关联，从而锁定可能存在恶意诉讼的监督线索，进而可能引申出涉嫌诈骗等刑事法律监督案件线索。

4. 围绕社会治理

在某些领域或者社会治理方面，部分行政机关的职责界限模糊，协作机制不健全，甚至出现履职缺位的现象，导致"九龙治水"的困境。在这种局面下，各部门各自为战，缺乏统一的管理和协调，使得单一部门难以有效解决这些问题。为了解决这一难题，检察机关可以通过开展数字检察工作，搭建大数据模型进行穿透式监督。通过精准定位问题的核心和根源，检察机关能够督促协调各方力量共同参与，推动建章立制，有效破解社会治理问题。以反家暴妇女权益保障法律监督模型为例，该模型涉及民政、公安、教育、妇联、司法等多个部门，通过对获取的公安机关涉家暴报警相关数据、民政救助数据、向法院申请人身安全保护令数据等进行比对分析，筛查出相关部门在履职方面的不足之处，进而通过督促和协调各方力量，建立妇女权益保障协调联动机制，全方位保护遭受家暴的妇女权益，为社会治理工作注入新的活力。

[①] 马春晓：《数字检察的缘起、实践与理论建构》，载《南京大学学报》2023 年第 4 期。

三、应用场景

数字检察是以大数据法律监督模型作为重要载体，赋能检察机关法律监督，促进检察办案更加公正、检察管理更加科学、检察服务更加精准，更加有力为大局服务、为人民司法、为法治担当。

（一）数字赋能为大局服务

数字技术可以推动法律监督模式转型升级，实现法律监督方式的深层次变革，更好地服务中心大局。

1. 护航市场经济发展

检察机关可以通过数字化手段提高法律监督的精准度和效率，为市场经济提供更加稳定和可靠的法治保障。比如，针对新经济、新业态、新模式发展中出现的各种扰乱竞争秩序、侵害消费者权益的行为，检察机关可以通过强化数字化办案手段，从"小切口"入手，挖掘出批量类案监督线索，明确市场主体的行为规则和边界，强化市场主体合规经营意识和有序竞争理念。此外，数字检察也是推动民营经济发展的有效途径，四川、江苏等地研发合规监督考察法律监督模型，通过计算分析，实现了对涉案企业合规整改的实质性监管，确保公正高效。[1]

2. 知识产权司法保护

检察机关以海量数据信息为基础，建立知识产权数据保护库，通过数字化建模，提炼出符合知识产权办案特点的监督规则，以智能化手段比对、分析、发现研判线索，实现对知识产权侵权违法行为的精准打击。以北京市检察院第四分院搭建的知识产权恶意诉讼大数据法律监督模型为例。[2] 该模型将各类知识产权案件的相关信息进行整合，包括生

---

[1] 吴思远：《数字检察法理思考》，载《华东政法大学学报》2023 年第 5 期。
[2] 吴竞：《全国一等奖！市检四分院知识产权恶意诉讼大数据法律监督模型这样赋能》，载"北京市检四分院"微信公众号，2023 年 10 月 19 日。

效裁判文书、行政裁决、知识产权舆情、IPO 数据以及平台恶意投诉等海量离散性信息，通过数据转化和结构化处理，该模型能够自动抓取关键信息并进行比对和类案分析，筛选恶意诉讼案件线索。

3. 生态环境司法保护

以大数据法律监督模型作为提升生态检察工作的线索发现能力、调查取证水平与专项监督能力的重要抓手，进一步释放生态检察工作的活力与效能，可以有效实现对涉嫌构成环境犯罪移送刑事案件环节的事前监督、对环境行政处罚环节的事中监督、对环境案件污染治理和生态修复的事后监督。这些监督工作为党委、政府优化生态环境长效保护提供了重要的决策参考依据。实践中，检察机关充分利用现代科技手段，如无人机、卫星遥感监测技术、激光雷达等，将科技优势转化为实际的生态保护效果。比如，山西省晋城市阳城县检察院搭建的临时用地到期未复垦土地法律监督模型，[①] 通过无人机、卫星遥感、实地测绘等方式，调查核实土地复垦情况，成功发现相关线索，督促土地复垦以及收缴耕地占用税。

（二）数字赋能为人民司法

通过新技术将"以人民为中心"和"全过程人民民主"落实到每一个具体案件的办理中，努力把检察为民实事抓实抓好、抓出成效。

1. 数字化服务

比如，智慧接访系统，该系统具备即时查询来访人历次信访诉求及案件原始法律文书的功能，有效提升了司法服务效率和案件处理质量。又如，远程司法救助系统，该系统实现了司法救助申请全程线上办理，极大减轻了民众的负担，进一步提升了司法服务的便捷性和高效性。检察机关借助数字技术，打通了服务群众的"最后一公里"。

[①] 刘李娜：《我院办理的行政公益诉讼案被最高人民检察院〈公益诉讼检察工作情况〉转发》，载"阳检在线"微信公众号，2023 年 10 月 11 日。

2. 民生领域

聚焦人民群众利益密切相关的税收、医保等民生领域，构建智慧平台，通过运用大数据和法律监督模型，有效解决为民办实事过程中遇到的难题。比如，研发税收类的数字监督模型，护牢国家的"钱袋子"；运用安全生产类数字监督模型，护好人民群众的"安全线"。

3. 公开听证

检察机关利用检察听证数字化平台，让听证员深度参与听证，确保案件处理客观公正，切实让人民群众感受到公平正义。比如，江苏省溧阳市检察院的数字化听证工作，该院利用集听证提请、听证员抽选、听证回放、意见建议、履职评价、数据统计以及智库更新七大功能于一体的"溧及听"平台，成功筛选合适听证员参与一起非法狩猎案听证，案件处理后将案件进程信息反馈给听证员，[①] 进一步提升了司法透明度和公信力。

（三）数字赋能为法治担当

法律监督是检察机关的基本职责和立身之本。最高人民检察院应勇检察长在大检察官研讨班上强调，检察机关法律监督基本职能只能加强不能削弱。数字化转型是法律监督发展的必然趋势，检察人员应当积极主动拥抱数字化转型，以数字赋能推进法律监督理念、体系、机制和能力的现代化。

1. 刑事检察

数字检察中蕴含的技术理性有助于检察人员秉持客观公正立场，正确履行检察职能。通过数字赋能，不仅能够有效辅助检察人员办案，实现数字检察的监督功能，还可以依托数字治理优化行刑衔接模式，实现对违法违规与刑事犯罪的共同治理和管理。

[①] 姚佳、李雪菲：《江苏溧阳：数字平台"串联"检察听证全流程》，载"数字检察"微信公众号，2023年12月25日。

实践中，司法公正在检察环节体现为同案同诉。数字检察为同案同诉提供了技术实现方式，具体表现为类案推送、辅助量刑建议、全流程监督等。比如，清远市检察机关所依托的小包公·法律 AI 系统，就可以实现这些功能。一是能够实现海量数据的实时调取和智能分析，在检察人员办案过程中同步推送相同性质、类似情节的案件处理情况，为检察人员办理同类案件提供指引，确保检察环节执法司法标准的统一。二是辅助量刑建议系统能将相关法律规定、类案经验等进行有机结合，通过大数据技术对海量的已决案件进行深入分析，为检察人员提供明确的量刑建议参考，限制检察裁量权在合理范围内，实现同案同诉的平等原则。三是能将执法司法规范化要求融入日常监管，实现从个别、偶发、被动、人力监督转变为全面、系统、主动、智能监督，避免随意性办案和权力寻租等现象的发生，从而达到规范司法行为、促进司法公正的效果。

此外，数字检察的应用还可以针对个案进行深度解析，或者以一定数量的刑事类案为基础，辅以不同的办案和监督需求，利用大数据进行筛选、比对，从而发现立案、侦查和审判活动监督线索，及时发现相关主体是否存在违法违规乃至犯罪行为，推动刑事案件法律监督工作提质增效。

2. 民事检察

民事案件总体案件数量多、法律关系复杂，如何从庞杂的案件中有效发现监督线索、促进类案同判是检察监督的重点和难点。从实践层面来看，民事检察监督线索往往来自个案引发、他案线索指引等方面，这导致监督的主动性和系统性不足，难以及时发现类案不同判、侵害他人合法权益等问题。

随着数字检察工作的推进，大数据技术的应用为民事检察工作提供了新的方向。通过对大数据的深入分析，民事检察监督可以从个案的局部监督扩展到类案的整体监督，从个案的漏洞发现扩展到规则机制的完善，全面提升民事检察法律监督的质量和效果。

近年来，在民事案件中一些当事人利用地区间的数据交换滞后、新的技术手段和制度的漏洞等谋取不法利益，侵害他人合法利益。而这些手段和方式往往具有很强的隐蔽性，通过简单的个案审理、监督等很难发现。进行有效监督不仅需要排查大量的相关联案件，还需要对相关的审判数据、执行数据以及相关业务部门的数据进行综合的比对分析，通过不同部门的数据碰撞才能发现案件背后的问题。比如，在涉房产执行案件中，如果不法当事人通过与案件承办人勾结交易，冒用正常的审判执行案号，制作错误执行文书，为案外人房产交易过户降低税费提供便利，在监督过程中，通过简单的个案审查很难发现问题。规模化、系统化的数据应用能够带来质变，发现问题、解决问题。

因此，在新时代技术不断发展的背景下，检察机关应积极适应技术变革，转变监督模式和形态，积极参与数字革命。通过有效利用数据，为民事检察类案监督提供有力支持。

3. 行政检察

从行政检察监督对象来看，行政机关和审判机关在执法司法过程中产生了大量的数据，这些数据形式多样，既有纸质的也有电子的。由于数据量庞大，并非所有数据都能得到关注。通常，只有部分数据在履行法律监督职责的过程中能够进入检察监督视野。这些数据有的是依申请受理，有的是依法定职权启动，往往由个案引发，并逐渐扩展到类案的深度挖掘。

为了有效开展行政检察监督工作，检察机关需要构建一个行政执法与行政检察衔接的信息平台。通过该平台，利用数据分析、数据碰撞和数据挖掘等技术手段，发现潜在的治理漏洞或监督线索。在此基础上，借助信息技术手段，检察机关与行政机关建立信息共享、案情通报和案件移送等渠道，确保行政机关严格依法执法和行政。

4. 公益诉讼检察

数字检察在公益诉讼检察业务中应用最为广泛。其不仅可以有效拓展公益诉讼案源渠道,显著强化公益线索研判能力,还可以突出解决公益诉讼取证难点,持续提升公益诉讼监督质效。

公益诉讼检察中,需要有效梳理检察办案"内生数据",发掘行政机关"共享数据",筛选互联网"公开数据",打通"数据孤岛",整合数据资源,解决公益诉讼线索瓶颈。通过设定线索研判规则,采用多维碰撞技术,对海量的数据从时间、空间、事件等多个维度进行碰撞分析,从行为违法性、行为危害性、行政机关履职不到位等入手,筛选出较为符合公益诉讼立案条件的线索,提升线索的成案率及监督精准性,有效解决人工检索信息效率低的问题。通过汇聚融合检察机关内外部信息资源,初筛识别可能成案的公益诉讼线索,采用线上发现收集线索、线下调查核实的方式,提高检察人员取证效率。同时,根据初筛的线索类型、违法性质、行政机关的信息,通过数据检索等技术为办案人员提供匹配相关法规和相似案例,准确界定被监督单位、整改方案,充分拓展检察人员办案思路。

5.检察侦查

传统意义上的检察侦查是从庞大的信息中,人工搜查"异常"之"人",主要通过对个案涉案人员的社会关系进行侦查。通过摸排调查收集相关信息以及讯问等方式来侦破案件。

在数字背景下,检察侦查的方式发生了深刻变化,通过穿透数据、甄别"异常"之"案"。检察人员梳理分析出所需的具体数据和碰撞方向,调取所需数据,创建监督模型,开展大数据的比对、碰撞,输出批量问题线索。相较于传统的检察侦查,检察数字侦查提供了新的侦查视角,也让侦查从被动变为主动,给司法工作人员职务犯罪侦查工作带来了新的侦查模式。

大数据作为纽带,促进了检察侦查与"四大检察"工作的协同。通过大数据的运用,刑事追诉和检察侦查能够同步推进,公益诉讼和行政追责也能同时发力。借助数字化、智能化的检察侦查权,"四大检察"

的综合履职协调一致、共同发展。

四、技术支撑

科技化和数字化已成为各行业创新发展的核心驱动力。检察机关坚持"从业务中来、到业务中去",树立业务部门"出题",数字检察建设"答题"的思维模式,确保数字技术能够为业务提供有力支撑,并推动业务持续发展。

(一) 技术与业务融合困境

在传统的工作模式下,检察技术与业务之间融合存在以下问题:一是认知差异。在大多数情况下,业务人员并非技术专业出身,因此,在专业技术知识方面有所欠缺。相较而言,技术部门对技术保持一定的敏感性,积极主动接纳新技术。二是目标差异。技术人员通常关注技术的可行性和创新性,而业务人员关注的是产品的功能和业务的需求,导致双方目标不一致。三是行动差异。技术与业务部门存在认知差异,自然行动上也难以达成共识。有些业务部门认为数字检察是技术部门的工作。技术部门则认为,数字检察工作需要业务部门共同参与。四是合作欠佳。业务部门不懂技术,技术部门不懂业务,双方之间缺乏信任,难以找到合作点。

(二) 技术与业务融合范式

融合是数字检察的重要特征之一,只有做到供需融合、机制融合、能力融合,才能确保数字检察工作顺利推进。

1. 供需融合

为了确保检察业务部门和技术部门在思想上达成一致,实现意识融合,双方必须深入了解彼此的需求。

(1) 明确目标。业务部门应明确数字检察工作的目标,紧密结合办案实际,进行需求论证,清晰阐述所需解决的问题、数据来源及技术要求等关键要素。通过这种方式，可以确保检察技术部门充分理解业务需求，并提供具有针对性的解决方案。作为检察技术部门，需要发挥统筹规划的作用，主动协助业务部门寻找第三方支持，并做好引导与衔接工作，以促进检察业务与数字技术的深度融合。同时，业务部门需将需求具体化，明确指出需要解决的问题和实现的功能。比如，对于调取的数据应进行何种处理，如何将非结构化数据转化为结构化数据，以及如何将数据整合至数据应用平台中，从而实现案件的全流程分类、分流及办理管理等目标。

（2）了解现状。为确保检察业务部门对检察技术部门现有技术和能力的全面了解，应详细梳理已开发的技术工具、系统和平台等资源，明确技术实现路径及数据采集与处理方式，以充分利用现有技术资源。在检察技术辅助办案过程中，不应仅局限于电子数据领域，还应将法医、文件痕迹检验等专业门类纳入其中。检察技术人员具备高效便捷的能力优势，他们能在较短的时间内解决某些专业问题，简化程序并降低沟通成本。此外，检察技术人员还扮演着"中介"角色，为解决更为疑难、复杂的专业问题，他们可推荐专业机构，确保资质达标、结论可靠。

（3）数据安全。在数字检察工作中，由于涉及大量数据和信息，必须高度重视数据安全和隐私保护。在提出需求时，务必明确规定数据的安全存储、传输和使用标准，以确保数据不被泄露或滥用，从而保障数据的安全与隐私。

（4）部门协作。数字检察工作的实施需要多部门的协作与配合，以确保工作顺利进行。业务部门在提出需求时，应充分考虑与其他部门的配合与衔接，加强与技术部门、案管部门等相关部门的沟通与协作。通过有效的协作与配合，可以更好地推进数字检察工作，提高工作效率，确保工作质量。

（5）反馈调整。在检察技术部门进行数据清洗过程中，业务部门需给予及时反馈和调整建议。一旦发现数据清洗结果与实际需求不符，业务部门需及时提出并协助调整，共同优化和改进方案。这样做的目的是确保数字检察工作顺利进行，并确保达到预期效果。通过业务部门的积极参与和及时反馈，可以更好地满足实际需求，提高数据清洗的准确性和有效性。

2. 机制融合

通过建立和完善检察技术部门与业务部门之间相关机制，促进检察技术为检察业务提供有力支持，进而提升检察工作的质量和效率。

（1）内部联络机制。为确保检察技术部门与业务部门之间沟通顺畅，建立稳定的内部联络机制，实现点对点常态化联系。各业务条线应指定一名数字检察联络员，专职负责技术与业务之间的沟通协调。通过实施联络员制度，形成一种协作模式，促进信息互通、技术交流、及时反馈与迅速支持。此外，检察技术部门与业务部门负责人应定期或不定期召开技术工作交流会议，深入分析检察技术协助业务存在的问题，共同探讨如何在办案中更全面、更有效地发挥检察技术的力量和优势。

（2）技术咨询机制。在科技时代，高科技与智能化犯罪频发，传统办案手段难以应对，为有效解决这一难题，应探索建立技术咨询机制。检察业务部门在遇到技术难题时，通过咨询方式从检察技术部门获取解决方法和途径。此外，在数字检察工作开展过程中，应促使检察技术人员全程参与，运用专业技术对数据进行科学收集、清洗和处理。

（3）技术协助机制。技术协助是在检察业务部门委托下，由检察技术人员参与办案，运用专业手段依法收集和固定证据。为了更好地发挥技术优势，推动检察业务与时俱进，应建立健全技术协助机制。特别是针对公益诉讼这类涉及生态环境、食品药品安全等专业性强的案件，更需要引入专业的技术协助。通过配备先进的视听技术设备、快速检测技术装备，以及借助第三方鉴定机构的力量，可以有效解决公益诉讼在技术方面的难题，如线索初筛和调查取证等。

3. 能力融合

在组织管理中,将技术能力与业务能力相结合,能够实现协同效应和资源共享,进而提升组织效率和创新能力。对于检察机关而言,同样需要实现技术与业务能力的融合。当前数字检察面临的问题是业务人员数字化能力不足,技术人员对具体业务不熟悉。为了解决这一问题,可以采取以下措施:

(1)加强协作交流。需要建立跨部门和跨业务的交流合作,打破信息孤岛,提高工作效率,但要注意避免技术驱动倾向,忽略业务需求。

(2)强化人才培养。为确保数字化转型顺利推进,必须高度重视数字检察人才培养工作。这不仅要求他们具备先进的技术能力,还要深入了解业务需求。通过培养复合型人才,能够更好地将技术与业务相结合,从而加速数字化转型的进程。

(3)建立统一标准。为确保检察技术部门与业务部门的协同工作,提高检察工作的效率和精准度,需要建立统一的技术和业务标准。这包括明确业务需求和目标、建立数据治理机制、制定技术标准和规范等。通过这些措施,可以确保各部门的有效沟通和协作,共同推动检察工作顺利开展。

(三)技术与业务融合实践

在"司法与新科技融合"的时代背景下,新科技为检察机关履行法律监督职责提供了强大的技术支持,有力地推动了检察工作现代化进程,逐步形成"全业务智慧办案、全要素智慧管理、全方位智慧服务、全领域智慧支撑"的智慧检务总体架构。

1. 信息技术推进检察智能化

(1)检察技术助推智慧办案

检察技术部门主动发挥"技术支撑"作用,盘活内部数据、整合外部数据、融入社会数据,为业务部门提供数据资源、技术支持、平台支撑，协助大数据监督模型建模，助推全业务智慧办案。比如，清远市检察院通过建设数据应用平台，实现数据的采集、存储、计算、应用、管理、运维等功能。该平台与广东省政务服务数据管理局"一网共享"平台对接，并对接了全国检察业务应用系统进行数据返还，汇集了清远本地行政信息和清远市检察机关业务信息等多方面数据。内置OCR[①]识别和预设标签识别，能对导入数据进行预处理清洗，并为检察人员提供智能检索功能。此外，通过开发低代码平台，检察人员能够通过简单的"可视化配置"和"拖拽式开发"，实现数据自动筛查、比对和碰撞，并根据实际需求自行构建监督模型。

为充分发挥科技支撑作用，推动"科技化"数字检察新变革，清远市检察院还采取了一系列创新措施。在新科技应用方面，积极探索"现场勘查+无人机+卫星遥感"技术支持办案模式，对违法犯罪现场进行全面调查、勘验、取证。比如，运用实景3D全景技术辅助办案，成功还原了三十年前的案发现场，为办案人员提供了更为直观的证据支持。又如，将无人机式高光谱扫描成像技术应用于植被覆盖度、土地利用类型以及水生态环境监测领域，全面快速了解资源污染状况。

此外，通过使用无人机激光雷达技术生成三维模型影像数据库，有效发现了矿山企业安全生产、违法占地及超规模开采等线索，为矿产资源保护提供了有力保障。还可以应用公益诉讼快检技术、电子取证技术，在证据固定、线索研判上为检察办案提供帮助。

（2）检察技术助推智慧管理

智慧检务作为检察系统的新兴领域，通过运用现代科技手段，提升检察工作的效率和质量。比如，最高人民检察院建设了"最高人民检察

[①] OCR（Optical Character Recognition，光学字符识别）是指电子设备（例如扫描仪或数码相机）检查纸上打印的字符，通过检测暗、亮的模式确定其形状，然后用字符识别方法将形状翻译成计算机文字的过程。

院案件管理系统"[①],该系统是在数字检察整体规划下,依托信息化系统,充分、深度运用大数据,最大限度释放数据要素价值,促进案件管理更加科学,推进检察工作现代化。

又如,上海市检察院研发了"人民监督员工作平台"[②],该平台依托全国检察业务应用系统中的人民监督员模块,进一步打通与人民监督员的联络通道,加强与司法行政机关数据的同步交互,实现"单点采集、多点共享",提升监督办案活动开展质效。

(3)检察技术助推智慧服务

最高人民检察院在全方位智慧服务基础上,搭建"益心为公"检察云平台,该平台是一个公益诉讼志愿者在线平台,志愿者对发生在身边的环境污染、生态破坏等各个领域的公益损害问题,可以通过平台反映,成为检察机关的办案线索;志愿者还可以通过平台参与检察机关专业咨询、公开听证,支持和监督检察工作。

又如,广东省佛冈县检察院依托互联网、人工智能、大数据技术,自主研发线上未成年人综合保护小程序——"未成年人保护E站",有效畅通强制报告渠道,拓宽司法保护维度,筑牢未成年人关爱保护网,让心理疏导、家庭教育指导、司法救助、监督举报、社会关爱等触手可及。

(4)检察技术助推智慧支撑

信息化已成为推动检察现代化的重要手段。各级检察机关近年来充分运用信息技术,高效、准确处理检察工作。在全领域智慧支撑上,浙江省推进建设政法一体化办案系统[③],该系统有效解决了网络不通、信

---

① 常璐倩:《为案件管理插上"数守之翼"》,载《检察日报》2023年8月2日,第2版。
② 《喜讯!上海2个"智慧案管"软件获评全国优秀》,载"上海检察"微信公众号,2023年7月21日。
③ 范跃红、龚婵婵:《数字潮涌,浙江检察探路大数据蓝海》,载《检察日报》2022年7月7日,第1版。

息孤立、效率不高等问题,通过制定政法信息资源共享目录和执法办案业务协同流程规范,初步实现了政法部门刑事案件网上流转办理、涉案财物一体化管理和数据共享应用,并实现了全程监督。

清远市检察机关推动"三远一网"(远程庭审、远程提审、远程送达、检察工作网)系统化应用,通过远程提审、庭审系统远程音视频可视对讲、远程审讯指挥、远程物证展示的无接触"面对面"办案方式,检察人员足不出院即可实现"零接触"提审、庭审,极大减少办案成本、大幅提升办案质效,真正实现"让数据多跑腿、检察人员少跑路",打破了时空的限制,提高提审、庭审效率,同时保障提审、庭审的安全性。

这些技术不仅提高了办案流程的自动化和智能化水平,而且加强了决策的科学性和准确性,强化了监督能力,提升了服务公众水平。

2. 前沿技术推动检察数字化

积极借助云计算、区块链、人工智能等技术,强化技术服务,建立辅助办案平台,在智能量刑、类案推送,为检察办案提供协助,为检察决策提供支持。

(1)自然语言处理(NLP)

语言处理能够识别并提取出文本中的关键信息,比如人物、时间、地点等,并将这些信息组织成一个结构化的格式。

检察机关在日常工作中需要处理大量的法律文本和案卷材料,为提高工作效率和准确性,有必要系统学习并应用自然语言处理技术。通过对法律文本和案情描述进行深度学习和分析,可以实现文本分类、信息抽取、文本相似度匹配等功能。比如,清远市检察机关已成功应用小包公·法律AI平台。该平台可以利用自然语言处理技术对收集的1.5亿份裁判文书进行训练和深度内容处理。通过智能分段、人名识别、涉案金额和刑期等信息的智能提取等技术手段,进一步提升了检察机关的工作效能和判断准确性。

（2）数据集成（ETL）

数据集成 ETL 是一种将数据从来源端经过抽取、清洗、转换和加载到目的端的过程，目的是将分散、零乱、标准不统一的数据整合到一起。

清远市检察院已成功利用自建的数据应用平台作为 ETL 工具，将平台上传的数据进行结构化转换，进一步抽取数据池中的数据，并通过模型执行，实现了对案件监督线索的自动推送。

（3）大语言模型（LLM）

大语言模型（LLM）是基于深度学习技术，通过大量文本数据训练得到的模型。它具备生成自然语言文本和理解语言文本含义的能力。大语言模型的主要目标是解决通用的语言问题，比如文本分类、问答、文档总结和文本生成等任务。

在检察机关的办公办案过程中，大语言模型的应用能够提供极大的便利。比如，在处理复杂的电子表格函数时，我们可以借助大语言模型进行查询，从而快速得到可用的函数，降低建模函数的门槛，使每个检察人员都能成为建模者，实现"人人都是建模者，个个都是数字员"的工作理念。

此外，通过结合大语言模型与第三方 PPT 平台，可以生成 PPT 平台可识别的代码，进一步应用于 PPT 制作，实现自动化生成 PPT 的功能。同时，大语言模型还能对基本案情进行结构化处理，准确提取涉案人员、涉案地点、涉案时间等关键信息，为案件分析提供有力支持。

综上所述，通过合理运用大语言模型，检察机关能够提升工作效率与质量，更好地履行职责。

第二章 大数据在刑事检察中的深度应用

刑事检察作为检察事业的重要组成部分，集指控犯罪、诉讼监督、保障人权于一身，在检察权体系中发挥着"压舱石"的作用，是检察机关最基本、最核心的业务之一[①]，贯穿于刑事诉讼全过程。

在建立以证据为核心的刑事指控体系的过程中，检察机关需同步发挥其"在办案中监督、在监督中办案"的特殊优势，以提升刑事办案质量和效率。为了更快速、更有效地发现和纠正立案、侦查、审判等环节中的违法行为，检察机关应积极运用数字化技术提升监督能力，通过数字赋能，更精准地把握办案中的关键信息，高质效办好每一个案件，推动实现更高层次公平正义。

一、业务需求

检察大数据战略是加强法律监督手段能力、提升法律监督效果的关键措施。大数据技术的运用可以有效解决传统刑事检察监督中存在的被动性、滞后性和碎片化等问题，开创刑事检察法律监督的新形态。通过大数据分析，可以将个案监督延伸至类案监督，促进社会治理水平的提高。同时，以类案视角为切入点，确保个案处理的公正性和准确性。

[①] 检察日报社评：《推动构建以证据为核心的刑事指控体系》，载《检察日报》2023年8月21日，第1版。

(一)刑事检察数字监督工作的现状与机遇

1. 数字赋能向能动性监督转型

在传统监督模式下,刑事检察监督一定程度上依赖对移送案件卷宗、接收裁判文书的书面审查,这导致在发现刑事诉讼活动违法行为方面存在较大的时间差,容易使刑事检察监督工作陷入被动。随着数字时代的到来,信息数据的壁垒逐渐被打破,执法司法数据共享成为可能,这为刑事检察监督带来了新的机遇。通过大数据技术赋能刑事检察监督,检察人员可以有效解决传统模式中存在的问题,如线索发现不及时和履职主动性不足等。比如,骗取新能源购车补贴监督模型。通过数据过滤、碰撞,获取利用租赁备案登记申领非实际居住地居住证后骗领新能源购车政府补贴的异常信息,进一步核查出涉嫌诈骗、买卖国家机关证件罪等犯罪线索。这充分证明了数字技术可以帮助检察机关更加主动地履行监督职责,通过借助数字技术对获取的刑事犯罪数据进行深入分析整理归纳,更加全面地掌握刑事案件的规律特点和隐藏弊端,实现从传统模式的被动审查向数字时代的主动监督的转变。

2. 数字赋能向全流程监督转型

在传统模式下,刑事检察监督通常以"点状"小案监督方式为主,这种模式难以形成有效的监督合力。为了解决这一问题,检察人员可以通过构建大数据法律监督模型,将监督触角延伸至刑事案件办理的前后端,通过清洗、集成、检索、分析、比对海量数据,批量挖掘监督线索。比如,清理公安机关"挂案"法律监督模型。该模型调取公安机关未撤案的刑事立案数据,与全国检察业务应用系统受理提请批准逮捕、审查起诉案件数据碰撞,得出未移送案件数据,从中筛选解除强制措施后一年内仍未移送、未采取强制措施且立案后两年内仍未移送检察院的"挂案"线索。又如,毒品犯罪融合监督与社会治理模型。该模型从全国检察业务应用系统提取涉毒案件信息,根据需要向公安机关调取涉毒人员信息,形成涉毒信息数据池。结合常见判决错漏点按高中低风险设定监督规则,该模型通过智能分析,筛查定罪量刑明显不当、审判程序严重违法等监督线索,并进行分级预警提示,从而实现刑事诉讼的全链条监督。通过大数据法律监督模型的构建和应用,检察人员可以更有效地实现刑事诉讼的全流程监督,提高监督效率和准确性,为维护司法公正和社会稳定提供有力支持。

3. 数字赋能向深层次监督转型

在传统的刑事检察监督模式下,主要以个案审查和人工审查的方式为主,这种单兵作战的方式既耗时又耗力,导致监督效果难以保证。为提高监督质量和效率,推动刑事检察与大数据法律监督融合不断深化已成为实现深层次法律监督的重要手段。具而言之,一方面,大数据技术的应用有助于提升办案效率和质量,特别是在证据审查方面。比如,清远市清城区检察院针对非法捕捞等案件,利用新兴技术解决取证难题,综合运用红外夜视仪、无人机、卫星定位及大数据分析等技术赋能检察办案。另一方面,加强数据集成和模型构建,实现监督的可持续性,以促进类案监督和诉源治理。比如,在醉驾治理专项工作中,清远市检察机关通过刑事、行政、刑事执行和审判监督等领域的协同合作,创建了12个监督模型,形成了融合式法律监督工作模式。这一模式不仅挖掘了一批监督线索,还更全面地发现和堵塞了社会监管漏洞,从而提升了整体执法司法水平。

(二)模型构建逻辑与思路

刑事检察作为检察业务的重要板块,具有业务流程复杂、数据量庞大的特点,其多线条、跨领域的监督维度为数据模型构建提供了丰富的场景。然而,数据和监督点的复杂性也是构建刑事检察模型的一大挑战。过多的数据意味着分析的时间成本将大幅增加,且难以聚焦。同时,纵横交错的监督点需要找到与数据有关的"链接点",才能确保模型的准确性和有效性。因此,为解决这一难题,数字刑检应采用目的导向的方法，从发挥监督职能、提升办案质效、促进社会治理的角度出发，梳理数字建模的逻辑与思路。这将成为数字刑检发展的重要路径。

1. 以刑事检察监督职能履行为立足点

刑事检察集指控犯罪与诉讼监督于一身，前承侦查、后连审判，贯穿刑事诉讼全过程，办案监督职能一体两面的特点在刑事检察工作中体现得格外明显。因此，刑事检察工作创新发展必须落在办案监督这一根本职责上[1]，通过数字建模与创新发展提升监督质量。以法律监督为本位和目标履行审查逮捕、审查起诉职能，通过大数据赋能提升立案监督、侦查活动监督、刑事审判活动的监督质量，从个别、偶发、被动、人力监督转变为全面、系统、主动、智能监督，实现更深层次违法行为监督、个案监督、类案监督，为破解执法司法制约监督的堵点、难点问题提供了更多的可能性。

在立案和侦查活动监督中，应当注重运用大数据将监督触角延伸至刑事案件办理前端。由于"两项监督"（立案监督和侦查活动监督）的监督点较多且集中，因此它是刑事检察数字建模门槛相对较低、较为基础和关键的突破口。全国各地在"两项监督"方面的数字建模实践有很多尝试和探索。

比如，浙江省诸暨市检察院的刑事"下行案件"类案监督模型，通过提取公安机关受案、刑事立案、刑事拘留、提请批准逮捕、移送起诉等数据，进行分步比对，批量发现下行或变相下行案件线索，进一步通过人工分析研判，及时发现和纠正有案不立、压案不查问题；挖掘下行案件中的职务犯罪线索，推动线索转化成案。[2]

基于"同案同判"原理以及解决"自由裁量"失衡问题的需要，构建异常案件监督模型是检察机关履行刑事审判活动监督职责的要义之

---

[1] 陈国庆：《新时代刑事检察工作的创新与发展》，载《人民检察》2021 年第 21—22 期合刊。
[2] 马建刚：《检察监督大数据应用探析》，载《人民检察》2023 年第 5 期。

一。对于"自由裁量式"的法律适用，判断具体个案宣告刑的合理性，一方面，可以借助"类案"数据进行辅助判断，另一方面，可以采取大数据分析、自然语言处理等人工智能技术，自动识别提取个案定罪量刑情节，在科学预测量刑结果的基础上，合规测算特定宣告刑的偏离幅度，由此实现对批量刑事案件量刑偏离情况的智能监督。因此，在刑事审判活动监督中，通过梳理、分析类案裁判文书，建构有针对性的数据模型，构建针对性数据模型，深化类案监督，促进诉源治理。①

比如，河南省郑州市高新技术产业开发区检察院构建的涉案财物处置和罚金刑适用法律监督模型，通过大数据广泛采集与涉案财物和罚金相关的信息，自动抓取涉案财物处置不当和罚金刑适用方面的监督线索，进行对比、分析、研判，既避免了遗漏关键信息，又提高了案件审查效率，刑事审判监督线索的发现和成案能力大大提升，为一线检察人员决策、办案、管理提供有力支撑。②

2. 以刑事检察办案质效提升为落脚点

最高人民检察院应勇检察长强调，"让'高质效办好每一个案件'成为新时代新征程检察履职办案的基本价值追求""'有质量的数量'和'有数量的质量'必须统筹在更加注重质量上面"。③聚焦办案质效的提升，充分运用大数据分析在案件处理风险、案件研判、案件定性等方面的辅助作用，为检察人员办理具体案件提供更加全面和科学的依据，能够最大程度地减少人为判断的失误以及经验主义的主观臆断，实现"智慧办案"助力办案质效的提升，这也是刑事检察数字建模的重要方向。

---

① 唐守东：《大数据赋能刑事审判监督价值功能与路径选择》，载《检察日报》2023年9月19日，第3版。

② 赵红旗、李峥、刘璜：《郑州高新检察数字赋能刑事审判监督提质增效》，载《法治日报》2023年12月11日，第6版。

③ 吴金喜：《以高质效办案推进检察工作现代化》，载《检察日报》2023年9月4日，第3版。

在刑事诉讼全过程中，大数据的应用有助于解决疑难复杂案件、新型案件在事实认定、证据采信、法律适用等方面的难题，提高刑事办案的科学性、主动性和精准性，满足高质效的案件办理需求。

比如，清远市检察院在办理一起发生在二十年前的命案时，通过调取各种地质地理历史数据与案发当年的航拍图进行叠加还原，运用无人机倾斜摄影等三维技术重建犯罪现场并制作3D打印模型，为检察人员审查证据、突破案件疑点提供了新视角。

又如，清远市检察院通过小包公·法律AI平台为办案提供类案检索分析、类案量刑建议参考等，明确法院同类裁判规则，明晰罪与非罪、此罪与彼罪的界限。在处理某盗窃上诉案时，该检察院从小包公·法律AI平台类案检索中明晰了盗窃罪与职务侵占罪的界限，认定被告人以"小猪换大猪"的方式侵占被害单位财物的犯罪行为构成职务侵占罪，解决了案件的定性难题。同时，借助对法律条文、案例等数据的深入分析，为被告人提供了更加准确和客观的释法说理。最终促使被告人自愿认罪认罚，法院采纳了量刑建议并作出终审判决，为实现案件办理的政治效果、法律效果和社会效果的统一提供了可行有效的路径。

3. 以刑事检察参与社会治理为发力点

检察机关作为推进国家治理体系和治理能力现代化的重要参与者和保障力量，在提升社会治理效能中发挥着重要作用。作为检察机关核心业务之一，刑事检察除了承担审查逮捕、审查起诉、刑事诉讼监督等基本职能，还肩负着开展扫黑除恶、扫黄打非、电信网络诈骗治理、安全生产监督、醉驾专项治理等重点专项工作，对社会综合治理的参与更为积极。因此，将此作为数字建模的突破点，不仅与刑事检察的职能定位相符，更能充分显示大数据在增强刑事检察参与社会综合治理方面的力度、广度和深度，对推进社会治理现代化具有重要意义。

多发、高发的违法犯罪的背后，往往隐藏着大量共同、深层的社会治理问题。聚焦社会治理的重点领域，一方面，通过大数据筛查、对比、碰撞，能够更加主动发现批量监督线索，更加精准发现类案背后的系统性、链条性治理漏洞；另一方面，运用大数据思维，精准分析检察办案数据、发案特点及趋势，发现深层次社会治理短板问题，通过制发检察建议、专项监督等方式，健全机制、堵塞漏洞，实现前端治理、治未病，[1] 有助于推动社会治理体系和治理能力现代化。

比如，北京市昌平区检察院针对打击治理电信网络诈骗犯罪工作中存在的漏人漏卡难题，建立涉"两卡"（银行卡和电话卡）案件漏犯漏罪大数据法律监督模型，以电信诈骗案件及其关联的信息网络犯罪案件的相关信息作为大数据来源，将上下游相关人员姓名、绰号、身份证号码、手机号码、微信号码、办卡网点及其他案件线索信息自动抓取，通过人工智能实现后台信息智能碰撞比对，实现关联案件的自动串并、提示、查询等功能，从而串联出电信诈骗及其关联黑灰产业链[2]，对"两卡"犯罪案件进行全链条、一体化、综合性打击治理；同时借助监督模型发现高发涉案银行卡网点以及手机卡网点，通过检察建议、公益诉讼等方式，推进反诈领域溯源治理，释放出追捕追诉和社会治理的最大效能。[3]

（三）监督点提炼规则与方法

在刑事检察业务领域，需要处理的案件种类繁多，涵盖了普通犯罪、重大犯罪、经济犯罪、职务犯罪等类型。不同类型案件的成功办理，为检察人员提供了丰富的实践经验和广阔的监督来源，为刑事检察监督点的生成奠定了坚实的基础。面对如此庞大的监督来源基础，检察人员需要具备一种宏观的主导思想，即数字刑检专门的"世界观"，来

---

[1] 陈国庆：《中国式刑事检察现代化的若干问题》，载《国家检察官学院学报》2023年第1期。

[2] 黄洁：《昌平检察院善用大数据模型盯紧漏犯漏罪》，载《法治日报》2023年11月24日，第3版。

[3] 简洁、魏琨：《破解"两卡"犯罪打击治理难题》，载《检察日报》2023年10月31日，第5版。

指导刑事检察监督点的生成，通过数字思维的培养，实现监督点的全面发现和精准挖掘。

此外，为了对监督点进行归纳整理，检察人员还需要掌握具体的"方法论"。这一"方法论"以刑事检察职能为导向，有助于系统地梳理法律法规、总结实践经验，并对监督点进行分类梳理。这不仅为检察人员构建数字监督模型提供明确指引，还可以进一步优化和完善监督工作机制。数字刑检的"世界观"和"方法论"是检察人员处理刑事检察业务的重要指导思想和实践方法，通过这两大核心要素的运用，检察机关能够更好地适应新形势，应对新挑战，全面提升刑事检察监督工作的质量和效率。

1. 提炼监督点之"世界观"

在数字刑检工作中，提炼监督点之"世界观"至关重要。为生成与提炼有效的监督规则，必须紧密围绕个案审查、法律法规、延伸预测三个核心要素。这三个要素互为依存、相得益彰，是检察履职过程中不可或缺的整体性、系统性观念。通过不断培养和强化这种"世界观"，检察人员能够更全面地认识和理解数字刑检工作的本质，为监督规则的提炼提供有力的思想基础。下面对这三方面依次展开说明。

（1）从案件审查当中提炼监督点。基于案件审查，提炼出监督点，这是数字刑检的重要步骤。实践中，数字刑检的发起点和突破点在检察官日常办理的个案当中[①]，从个案中提炼共性特征，总结规律，进而找到一类问题、现象背后存在的普遍性要素，开展系统性、深层次的类案监督。比如，刑事诉讼环节虚假立功法律监督模型。该模型源于检察人员办理的一宗危险驾驶"小案"，通过深入挖掘，发现"小案"背后隐藏的"立功"线索并不简单，进而核实了被告人"检举揭发"的线索是贿买之后，敏锐地意识到立功环节可能存在虚假问题。在找到这一监督

---

① 贾宇：《论数字检察》，载《中国法学》2023年第1期。

点后，有针对性地调取"立功"案件与被检举揭发案件的信息进行碰撞，从而找到了虚假立功的证据。这一模型表明，监督点的生成，不一定需要从案件事实中提取大量的信息，而应善于从简单案件中发现异常情况，跳出案件事实本身，进行串并案分析，挖掘案件背后深层次的其他犯罪线索。通过这种方式，可以更有效地开展类案监督工作，提高司法公信力。

（2）从法律法规当中提炼监督点。检察人员需深入研习法律法规，确保对国家宪法、刑法、刑事诉讼法等法律条文了如指掌。唯有全面掌握法律法规，方可在实际案件中发现潜在问题。同时，要时刻关注法律法规的更新与完善，善于从最新的法律法规中精准提炼监督要点。依据监督点生成的异常案件监督模型并非单纯的数理分析模型，而是法律法规、案例与人工智能技术的深度融合造就的综合模型。比如，清远市检察院建立的附加刑适用监督模型。在一宗职务侵占案中，检察人员发现犯罪行为发生在《刑法修正案（十一）》生效前，法院在适用法律时未充分考虑主刑轻重，仅依据修正前的刑法未规定附加刑而采用旧法，这违反了整体适用原则。因此，清远市检察院深入研究附加刑适用的监督模型，通过对历次刑法修正案及现行刑法的细致比对，结合相关司法解释、座谈会纪要等资料，成功梳理出多个监督点，涉及走私、贩卖、运输、制造毒品罪、敲诈勒索罪、职务侵占罪及非国家工作人员受贿罪等多个罪名。又如，卖淫类案数字监督模型，旨在纠正罚金刑判决中的错误。由此可见，通过系统梳理法律法规、结合办案经验，可有效挖掘并提炼相关监督点。尤其在刑法领域，对实体法和程序法的深入了解将有助于实现监督点的全方位挖掘和链条式管理。

（3）在延伸预测过程提炼监督点。检察人员应注重培养前瞻性思维，摆脱惯性思维，不断挖掘既定范围以外的监督点。这有助于监督点的全面发现，减少思维盲区，提升案件办理质效。比如，清远市检察院构建的督促依法监管超范围、超量采矿等涉矿类案监督模型。传统的非法采矿案件，对于"未取得采矿许可证"的情形的认定，往往只关注第一种"无许可证的"的情形，而该模型监督点的挖掘，跳出了常见情形的限制，拓宽监督点的提炼思路，将关注点放在了超量开采及超范围开采等其他犯罪情形，堵塞了非法采矿遗漏打击点这一漏洞，不仅实现了对刑事违法犯罪的惩处，还弥补了国家税款的损失，全面提升案件办理质效。又如，最高人民检察院部署的关于加强安全生产领域案件立案监督工作，围绕"立案监督"这一核心，可以找到与安全生产领域相关的众多监督点，包括安全生产事故瞒报、有案不移、有案不立、以罚代刑等等。在此基础上进行延伸预测，可以进一步发现新的监督点，包括漏罪漏犯、司法人员涉嫌违法犯罪等等。通过不断挖掘和提炼监督点，检察人员可以更有效地打击违法犯罪行为，维护社会公正和法治。

2. 归纳监督点之"方法论"

为了确保监督点的系统性和针对性，检察人员需要对相关法律法规进行深入梳理，并结合司法实践经验进行总结。这一过程不仅为数字监督模型和监督机制提供了明确的指导方向，还为刑检条线监督点的补充和完善奠定了坚实基础。在归纳和整理刑检条线监督点时，检察人员应从刑事检察业务的核心职能出发，并按照预设的逻辑和标准进行划分。比如，以刑检职责范围为标准，监督点可分为立案监督、侦查活动监督、审判监督和执行监督；从监督内容角度出发，可分为程序监督、实体监督；而根据监督方式的不同，又可分为事前监督、事后监督以及同步监督等。

由此可知，归纳整理方法并非唯一，为了确保监督点覆盖范围的全面性，可以采用实务中常见的应用场景作为分类标准，对监督点进行归纳和整理（常见监督点参见附录）。具体包括以下方面：

（1）刑事检察通用类应用场景，包括立案监督、侦查活动监督、审判监督、"两法衔接"（行政执法与刑事司法衔接）的监督等。这些监督点是刑事检察工作中最为常见和基础的环节，对于保障司法公正和程序合法具有重要意义。

（2）普通犯罪检察应用场景，包括涉黑恶类案监督、醉驾综合治理、环资类案（破坏环境资源保护犯罪类案）监督、卖淫类案监督等。这些监督点主要针对常见多发的犯罪行为，旨在提高刑事司法效率，同时维护社会治安和公共利益。

（3）重大犯罪检察应用场景，包括枪爆类案监督、毒品犯罪治理等。这些监督点针对危害性较大的犯罪行为，需要采取特别严格的监督措施，以确保社会安全和稳定。

（4）经济犯罪检察应用场景，包括涉税类案监督、电信诈骗治理、知识产权类案监督等。这些监督点主要针对经济领域的犯罪行为，旨在保护市场秩序和公平竞争，同时维护国家经济安全和利益。

二、刑事检察通用类应用场景

刑事检察部门坚持"在办案中监督、在监督中办案"，将数字检察应用到普通犯罪、重大犯罪、职务犯罪、经济犯罪等场景，充分运用侦查监督与协作配合机制、"两法衔接"机制，积极适用认罪认罚从宽制度，以数字赋能推动刑事诉讼监督方式迭代升级，助推刑事法律监督理念、体系、机制和能力现代化，有力维护社会公平正义。

（一）立案监督

传统立案监督线索的发现主要停留在个案办理上，尚未形成主动监督、批量监督、规范监督的新业态。检察机关应当充分运用大数据思维，从个案线索出发，结合法律法规，将普遍存在的立案监督问题提炼成监督规则，运用大数据分析方法批量发现监督线索，实现了从个案发现到类案监督，再到系统治理的目标，促进检察监督增量提质、精准实效。大数据排查立案监督线索，可重点关注多次行政违法未刑事立案情形，主要体现在以下方面：

1. 同一对象多次实施同类违法行为，应当立案而未立案情形

比如，多次实施寻衅滋事、聚众斗殴、非法提供麻醉药品、精神药品等违法行为，应当立案未立案情形。又如，二年内多次实施盗窃、敲诈勒索、容留他人吸毒、在查处卖淫或嫖娼活动中通风报信等违法行为，应当立案未立案情形。

2. 同一对象曾因违法行为被行政处罚，再次实施同类违法行为，应当立案未立案的情形

比如，二年内因实施非法放贷、出版、印刷、复制、发行非法出版物或非法生产、销售赌博机等同一违法行为受过两次行政处罚，再次实施同类违法行为，应当立案未立案情形。又如，二年内因实施容留他人吸毒、非法提供麻醉药品、精神药品等同一违法行为受过行政处罚，再次实施同类违法行为，应当立案未立案情形。再如，一年内因实施盗窃、抢夺、敲诈勒索等同一违法行为受过行政处罚，再次实施同类违法行为，达到追诉标准的50%，应当立案未立案情形。

案例一：盗窃类案立案监督

【关键词】

立案监督　多次盗窃　数字建模

【要旨】

检察机关在办理盗窃案件时，应当通过对公安机关行政处罚、刑事受立案等数据进行比对，批量发现应当立案而未立案监督线索，并为多次行政违法未刑事立案类案提供大数据监督思路，有效提高检察机关监督效率和监督质量。

【线索发现】

清远市某基层检察院在办理张某某等人盗窃案时发现，同案人李某某单次盗窃数额未达追诉标准，但其供述曾因盗窃工地废铁被公安机关处以行政拘留，然而在公安机关移送的证据材料中未显示有该次行政处

罚。因该行政违法前科可能影响到盗窃罪的认定，检察人员要求公安机关对李某某是否有盗窃违法前科进行补充侦查。同时，针对该类问题建立多次盗窃类案立案监督模型，以大数据赋能解决类案问题。

【数据赋能】

从公安机关调取案由为盗窃的行政处罚、刑事立案数据，从全国检察业务应用系统提取受理的盗窃类审查起诉案件数据，通过比对分析，筛查出一批反复盗窃但未被追究刑事责任的监督线索，再通过人工分析研判，推动线索有效转化成案。

监督点一：两年内多次盗窃未刑事立案。先从公安机关调取行政处罚数据，通过"姓名（或证件号码）""案件名称""发现时间"进行筛选，筛选同一人两年内有三次以上因实施盗窃被行政处罚的案件数据。再与公安机关盗窃类刑事立案数据、犯罪嫌疑人数据按照身份信息进行比对碰撞，排查出立案监督线索。后续通过人工进行核查。

监督点二：曾因盗窃受过行政处罚，一年内再次实施盗窃，数额达到追诉标准的50%以上，未刑事立案。从公安机关获取行政处罚案件数据，通过"姓名（或证件号码）""案件名称""发现时间""批准时间"进行筛选，获取同一人一年内曾因盗窃受过行政处罚后再次实施盗窃的案件数据。接下来筛选第二次盗窃数额达到"数额较大"标准50%以上的案件，再与公安机关盗窃类刑事立案数据、犯罪嫌疑人数据按照身份信息进行比对碰撞，排查出立案监督线索。后续通过人工进行核查。

【案件办理】

检察机关在办案中敏锐发现个案线索，提炼监督点后建立监督模型，运用电子表格等辅助工具，批量挖掘立案监督线索，实现从个案发现到类案监督的监督质效提升。该模型经扩充完善，应用于涉黑恶重点案件线索排查等更多场景，在全市复制推广后，成效显著。

（二）侦查活动监督

侦查监督与协作配合是刑事诉讼中制约监督的重要内容，随着检察机关"捕诉一体"改革效能逐步释放，侦查监督力度在持续有效加强[1]。但在司法实践中，公安机关自身对侦查权的监督制约机制还不够完善，一些"刑拘未移诉"案件成为侦查活动监督盲区，亟待检察监督机制发挥作用。

以数字手段分析侦查活动违法行为的模式、特点，提取侦查活动存在的共性问题，进而构建监督模型并应用在侦查活动违法情形高发的场景，不仅可以突破传统侦查活动监督难点，还能持续为监督办案提质量、增效率、强效果。实践中，数据赋能开展侦查活动监督常见的监督点主要包括：

1. 强制措施适用违法类监督

包括不当延长刑事拘留强制措施期限，刑事拘留变更取保候审、监视居住后未依法定期限解除强制措施，刑事拘留后长期"挂案"，刑事拘留后不当撤案或终止侦查等。比如，"刑拘未移诉"案件大数据监督模型。检察机关通过计算变更强制措施日期与刑拘日期的时间差，排除非本地户籍、多人作案等流窜作案、结伙作案情形后，可以筛出不当延长刑事拘留强制措施期限监督线索；通过筛选刑拘后超过两年仍未侦查终结移送起诉案件，排除已撤销案件后，可以筛出长期"挂案"线索。

2. 强制性侦查措施、侦查取证违法类监督

包括未依法查封或扣押、讯问或询问程序违法、鉴定主体不合格、检材与样本送检程序不规范、勘验检查不及时等。如性侵类案提取了物证但没有相关鉴定意见，或有鉴定意见但检材来源不明等。

3. 认罪认罚从宽程序监督

包括侦查阶段未通知值班律师为自愿认罪认罚且无委托辩护人的犯

---

[1] 傅信平：《侦查监督与协作配合问题研究》，载《人民检察》2022年第19期。

罪嫌疑人提供法律帮助，未将被害人及其诉讼代理人的意见记录在案随案移送，提请批准逮捕书未说明认罪认罚情况等情形。

4. 侵害当事人诉讼权益类监督

包括应当指定辩护律师而未指定或未及时指定等，如浙江省慈溪市检察院特殊人群指定法律援助权利保障类案监督模型[①]。

案例二："刑拘下行"类案监督

【关键词】

刑拘下行　行刑衔接　监督撤案　刑事挂案　超期羁押

【要旨】

检察机关依托侦查监督与协作配合机制，汇集全国检察业务应用系统、公安机关执法办案系统、看守所监管综合信息系统等平台数据资源，通过大数据分析研判类案规则，对公安机关"刑拘下行"案件开展专项监督，集成运用审查、调查、侦查手段，督促公安机关规范侦查、执法行为，建立和完善案件质量管控机制。

【线索发现】

清远市某检察院在办理某恶势力犯罪集团案件中发现，公安机关对部分涉嫌犯罪案件存在久侦不结、未依法解除强制措施等侦查活动违法情形。通过梳理全国检察业务应用系统侦查监督平台中的问题案件，查阅相关法律法规，按照时间流程维度，从刑事拘留、提请批准逮捕、移送起诉等不同节点进行细化分析，结合刑拘后各阶段多发易发的侦查活动违法情形开展研判，形成不捕不诉类案件监督、超期羁押监督和刑拘未移诉监督等多个监督点，批量发现应撤案未依法撤案、不当撤案、久侦不结、超期羁押、未依法适用强制措施等监督线索，一体化推进类案监督。

---

① 贾宇主编：《数字检察办案指引》，中国检察出版社2023年版，第197页。

【数据赋能】

检察机关充分发挥侦查监督与协作配合办公室（以下简称"侦协办"）纽带连接作用，依托检警沟通机制，在集中统计类案监督模型需求后，向公安机关调取受案、立案、撤案、取保候审、监视居住等案件数据，从看守所调取被羁押人员出入所数据，结合全国检察业务应用系统案件数据共16余万条，深度挖掘数据价值，批量发现监督线索。

监督点一：不捕不诉类案件监督。将检察机关无社会危险性不捕案件数据与受理审查起诉案件数据比对去重，根据审结日期、受理日期梳理出超一年未移送起诉监督线索。将检察机关因没有犯罪事实或者不应当追究刑事责任而不批准逮捕案件数据与公安机关撤案、终止侦查数据比对，分类梳理出公安机关应撤案未撤案或者未依法终止侦查监督线索。将检察机关不起诉案件数据与公安机关行政处罚数据比对，梳理出不起诉后未提出检察意见但可作行政处罚线索，以及不起诉后未及时行政处罚的监督线索。最后通过人工对线索进行核查后开展监督。

监督点二：超期羁押监督。将公安机关刑事拘留人员数据与看守所羁押人员出入所数据比对，筛选出刑拘时间超过三十天的人员数据，再与检察机关受理提请批准逮捕的数据进行比对，筛选出刑拘后未提捕超期羁押、刑拘后超期提捕的监督线索。最后进行人工核查确定监督线索。

监督点三：刑拘未移诉监督。将公安机关刑事拘留以及刑事拘留后变更为非羁押强制措施的人员数据与检察机关受理审查起诉数据比对，梳理出刑拘未移诉案件数据，计算采取强制措施时长，并与公安机关撤案、终止侦查数据碰撞，再调取卷宗进行人工核查，梳理出刑拘后超两年、刑拘后变更为取保候审后超一年、变更为监视居住后超六个月未移送起诉、应撤案未撤案、不当撤案或终止侦查、未依法适用强制措施、职务犯罪等监督线索。

【案件办理】

检察机关以不捕不诉类案为重点，向公安机关发出纠正违法类检察建议1份，涵盖案件17件24人，监督公安机关及时移送"挂案"；发现撤案监督线索4条，督促公安机关依法撤案；发出检察意见15份，督促对被不起诉人作出行政处罚；就超期羁押向公安机关发出纠正违法类检察建议1份，涵盖超期羁押案件6件6人，并发现看守所未依法向办案部门发出羁押期限届满通知书线索100余条，向看守所制发类案检察建议书1份。后以"侦协办"为纽带，检警协同构建信息共享、分类处理、检查跟踪、联席共商四大机制，开展定期通报、专项检查、实质审查、同堂培训，协作联通最大限度释放监督"乘数效应"，持续推进刑事检察提质增效。

案例三：认罪认罚程序类案监督

【关键词】

认罪认罚从宽制度　诉讼权利　值班律师

【要旨】

侦查是刑事诉讼的起点，也是教育引导犯罪嫌疑人认罪认罚的重要阶段。犯罪嫌疑人如能在侦查阶段就认罪认罚，就能更好地发挥制度的价值，特别是在及时有效惩治犯罪、提高诉讼效率方面的价值，也能节约侦查资源。[1] 检察机关运用大数据思维，从个案剖析到共性分析，将公安机关在侦查活动中适用认罪认罚从宽制度时存在的普遍性瑕疵问题提炼为监督规则，通过技术手段批量筛查线索后开展监督，促使公安机关规范办理案件，从而优化司法资源，提高办案效率和效果。

【线索发现】

清远市某检察院在工作过程中，通过查阅卷宗材料发现公安机关提请批准逮捕的李某某涉嫌故意伤害案、黄某某涉嫌贩卖毒品案等案存

---

[1] 朱孝清：《深入落实认罪认罚从宽制度的几点建议》，载《人民检察》2020年第18期。

在提请批准逮捕书未写明认罪认罚情况等问题。通过研讨，检察人员发现侦查阶段对执行认罪认罚从宽制度仍存在不少共性问题，影响办案质量，犯罪嫌疑人诉讼权利也得不到保障。该检察院遂运用数据建模方法，对程序瑕疵问题进行批量筛查。

【数据赋能】

检察机关利用OCR技术对受理的认罪认罚案件电子卷宗进行数据转化，再运用文本搜索等工具进行关键词筛查比对，从而得出监督线索。一是归集犯罪嫌疑人自愿认罪认罚且无委托辩护人的案件电子卷宗，在文本搜索工具将关键词设置为不含"值班律师"（FileLocator Pro语法为"NOT 值班律师"），搜索结果显示出不含上述关键词的案件电子卷宗，在匹配窗口中逐项核对是否存在侦查阶段未通知值班律师提供法律帮助情形。二是归集认罪认罚案件"提请批准逮捕书""起诉意见书"，在文本搜索工具将关键词设置为"认罪认罚"（FileLocator Pro语法为"认罪认罚"），在匹配窗口中逐项核对公安机关是否存在提请批准逮捕书、起诉意见书未说明认罪认罚情况的情形。

【案件办理】

将"个案智慧"转化为"类案经验"，有助于从侦查前端保障认罪认罚从宽制度的适用。通过数字建模，检察机关共发现问题案件线索287条，该检察院向公安机关发出的检察建议书、侦查活动监督通知书涵盖个案117件，为规范化适用认罪认罚从宽制度提供有力保障。

（三）审判监督

刑事审判监督是司法制度中的一项重要机制，在维护司法公正、保障公民权利、提高司法公信力等方面具有重要的意义。司法实践中，传统审判监督模式仍存在被动性、碎片化、浅层次、低质效等问题，亟须运用新手段赋能提效。在大数据时代背景下，检察机关通过构建的可复制可推广的数字化监督模型，将刑事审判活动中的普遍性问题提炼为监督规则，利用科技手段批量筛查出监督线索，可以及时有效监督纠正定罪、量刑不当、审判程序严重违法等问题，促使法官谨慎用权、依法公正裁判。

刑事审判监督的数据来源多为法院与检察院的刑事办案数据。实践中，法院、检察院的法律文书格式规整、内容表述相对规范，使用OCR识别、自然语义分析、文书结构化拆分、关键要素的提取等技术手段，可实现非结构化数据的结构化转换、关系挖掘与规则碰撞等。一般情况下，通过抓取如法院裁判文书等，基本能够满足大部分刑事审判监督规则的需要。但是，在涉及多人犯罪、多类罪名、多起犯罪事实等复杂案件时，为避免抓取位置偏移，无法精准匹配"同一被告""同一罪名"的具体判项，需要提取部分案卡数据作为补充。一些如涉及减刑假释情况、审判流程性数据等，需关联外部数据。

通过对抗源、抗点的梳理和延伸，并结合最高人民检察院第二检察厅整合的刑事审判数字监督规则提炼汇总情况的报告，可以梳理出审判监督六大主要的监督点：

1. 犯罪与刑事责任方面

包括减少或增加事实认定；认定被告人刑事责任年龄错误；"又聋又哑"情节认定错误；犯罪情节轻重与适用罚金数量不对应；单位犯罪认定错误。

2. 刑罚适用方面

包括免予刑事处罚案件错判附加刑；应宣告而未宣告职业禁止；刑期折抵适用错误；主刑适用错误；剥夺政治权利适用不当；应并处没收财产附加刑而未并处或者错判为罚金；罚金刑适用错误。

3. 刑罚的具体运用方面

包括涉案财物处理不当；累犯及特别累犯的认定错误；坦白的认定不符合法定时间节点；数罪并罚计算错误；缓刑适用错误；应宣告而未宣告禁止令；不应当适用而适用假释；裁判文书遗漏表述前科。

4.刑法修改后新旧刑法适用方面

包括刑法调整量刑档次后量刑适用不当；刑法修改法定刑后量刑不当；刑法调整量刑加重情形后量刑适用不当。

5.刑法分则罪名适用方面

包括犯罪数额、犯罪情节直接影响量刑幅度案件中的量刑不当，如交通肇事罪、故意伤害罪、聚众斗殴罪案件出现加重情节却降档量刑；走私、贩卖、运输、制造毒品罪、对非国家工作人员行贿罪、受贿罪案件中出现的法定刑与犯罪数额不匹配等。

6.程序法方面

包括一审程序违法；违反审判公开规定；违反开庭审理规定；二审程序违法；法院审理活动违反管辖规定；法院审理活动违反回避制度；违法剥夺或者限制当事人的法定诉讼权利方面；其他审理程序违法；涉案财产判项表述模糊，不明确、不具体。

案例四：王某某职务侵占刑事审判监督案

【关键词】

刑事审判监督　抗诉　新旧法交替

【要旨】

检察机关可以通过创建刑事审判监督模型，批量筛查刑事判决适用法律错误、量刑错误等线索，实现精准监督。通过深度挖掘具有典型性、引领性的抗点，推动抗诉说理从"偏重实体"向"兼顾程序"转变，实现刑事审判监督工作由被动监督、零散监督向主动监督、集中监督转变，保障不枉不纵、有错必纠方针的贯彻执行，确保法律的正确实施。

【线索发现】

清远市某检察院在办理王某某职务侵占一案时发现，职务侵占类案件存在同案不同判的情形。通过对王某某职务侵占罪案的个案研究和新旧法律条文对比，发现《刑法修正案（十一）》第29条中对职务侵占罪增设了罚金刑,但数额较大的法定刑由原来的"五年以下有期徒刑或者拘役"调整为"三年以下有期徒刑或者拘役"。最高人民法院、最高人民检察院、公安部、司法部在2021年5月对适用何种情形作出了明确的规定,规定修正前刑法规定的主刑较重但未规定附加刑,修正后刑法规定的主刑较轻但规定并处附加刑的,应当适用修正后刑法的有关规定,在判处主刑时并处附加刑。经复核卷宗材料,发现王某某职务侵占罪判决适用了《刑法修正案(十一)》之前刑罚更重的法律,违反从旧兼从轻的原则,属于适用法律错误。

【数据赋能】

检察人员通过小包公·法律AI平台实证分析系统收集自2021年5月20日之后的职务侵占罪判决数据,设置关键词"罚金"为关联筛选点,只要判决书中判项没有判处罚金即为错误判决,以此共排查出抗诉线索3条,已经全部提出抗诉,并获得法院采纳。后检察人员进一步延伸监督触角,运用同样的数字建模方法开展了"贪污、受贿罪罚金刑适用错误""缓刑适用错误""没有追缴、没收违法所得"等专项审判监督,取得积极成效,共发现线索20余条。

【案件办理】

该检察院以点带面,建立专门"检察官+助理"工作小组,分专项、分阶段,有组织地全面铺开数字化刑事审判数字监督工作,建立了应当适用附加刑而未判决适用附加刑、上诉不加刑等12个筛查重点,并据此建立对应数字监督模型,从犯罪与刑事责任、刑罚适用、刑罚的具体运用、刑法修改后新旧刑法适用、刑法分则罪名适用、程序法六大方面细化刑事审判的全流程监督。

(四)两法衔接

《行政执法机关移送涉嫌犯罪案件的规定》明确指出,行政执法机关移送涉嫌犯罪案件应当接受检察机关依法实施的监督。但在实践中,因各种原因，不同程度上存在着衔接障碍。比如，受限于传统的监督模式，检察机关在"两法衔接"方面的监督容易处于被动状态。在大数据时代背景下，检察机关可以通过建立多部门协同大数据法律监督模型，主动、批量发现监督线索，监督行政执法与刑事司法的有效衔接。由于"两法衔接"所涉行业领域较多，在具体监督内容和监督方式上也呈现出较强的融合特征，部分内容将在行政检察应用场景、公益诉讼应用场景具体说明，这里不再赘述。通常情况下，刑事检察视角下的"两法衔接"场景监督点一般包括：行政机关对涉嫌犯罪线索应移送未移送司法机关；公安机关应当受理案件未受理、应当立案未立案；公安机关已立案侦查案件长期未移送检察机关；行业监管漏洞等。

案例五：拒不支付劳动报酬类案立案监督

【关键词】

两法衔接　拖欠工人工资　立案监督

【要旨】

检察机关通过调取行政机关、公安机关、检察机关有关案件数据，批量筛查行政执法机关对涉嫌犯罪案件"有案不移"，或者公安机关"有案不受""有案不立"等线索，有效提升"两法衔接"工作质效。

【线索发现】

清远市某检察院行政检察部门在排查拒不支付劳动报酬行政处罚案件过程中，发现某工厂拖欠15名工人近两年工资合计15余万元，可能涉嫌拒不支付劳动报酬罪，但人力资源和社会保障部门未向公安机关移送涉嫌犯罪案件，遂向刑事检察部门移送案件线索。刑事检察部门认为该现象并非个案，随即围绕"两法衔接"的要点构建模型开展监督。

【数据赋能】

从人力资源和社会保障部门调取经责令后未履行支付欠薪义务数据、移送公安机关涉嫌犯罪案件数据，从小包公·法律AI平台、公开裁判文书网检索出案由为追索劳动报酬纠纷的案件;从政府公开网站检索出行政机关公布重大劳动保障案件信息;从公安机关调取拒不支付劳动报酬类刑事受案和立案数据;从全国检察业务应用系统提取涉拒不支付劳动报酬罪案件的受理案件数据。通过数据比对,结合人工研判核查,推动线索有效转化成案。

监督点一:行政机关"有案不移"。方法一,从人力资源和社会保障部门调取经责令未履行支付欠薪义务数据,筛选欠薪数额达3万元至10万元以上案件、被拖欠工资劳动者人数达到10人以上案件,将同时符合上述两个条件的案件列为重点线索。同理,筛选被拖欠工资时间达三个月以上案件、劳动者人数分别为1人至9人案件、人均被拖欠的工资达5000元至2万元以上的案件,将同时符合三个条件的案件也列为重点线索。将前述重点线索与行政机关已移送犯罪线索数据比对,排查出达到刑事立案标准但行政机关未移送犯罪线索给公安机关的案件线索,进一步人工核查处理。方法二,通过小包公·法律AI平台实证分析系统对裁判文书进行筛查,在追索劳动报酬纠纷类案件中筛选出已经行政机关责令支付的案件,再按照方法一的方式进行对比碰撞,排查出疑似行政机关应当移送未移送犯罪线索案件,进一步人工核查处理。

监督点二:公安机关"应当受案未受案""应当立案未立案"。方法一,将人力资源和社会保障部门移送公安机关犯罪线索与公安机关受案数据、立案数据进行比对,排查出公安机关应当受案未受案或者应当立案未立案的重点线索。后续进行人工核查,推动线索有效转化成案。方法二,将从政府公开网站检索出行政机关公布重大劳动保障案件与公安机关受案数据、立案数据进行比对,排查出公安机关应当受案而未受案或者应当立案而未立案的重点线索再进行人工核查。

【案件办理】

检察机关在办理拒不支付劳动报酬罪监督案件过程中,打破部门数据壁垒,从多个渠道获取相关数据,提炼监督点后建立大数据监督模型，运用对比分析方法和电子表格函数等工具，批量生成监督线索，有针对性对行政机关移送犯罪线索工作和公安机关立案侦查工作开展监督，实现从个案发现到类案监督，再到系统治理的转变。

三、普通犯罪检察应用场景

普通犯罪刑事检察领域，数字检察应用场景广阔，不仅能够提升线索发现和证据收集质效，归集类案规律，为检察人员提供更全面、细致的审查视角，还能够推动社会综合治理的创新和发展，预防和减少犯罪的发生。在以推进醉驾综合治理为切入点的轻罪系统治理，以及扫黑除恶常态化、环境资源保护等领域，数字检察发挥的作用越来越重要，有力推动了治罪与治理有机结合，服务和保障经济社会平稳发展。

（一）涉黑恶类案监督

2021年5月，中共中央办公厅、国务院办公厅印发《关于常态化开展扫黑除恶斗争巩固专项斗争成果的意见》指出，牢固树立以人民为中心的发展思想，加强系统治理、依法治理、综合治理、源头治理，持续保持对黑恶势力违法犯罪的高压态势，形成有效震慑。全国扫黑除恶斗争领导小组2023年第一次会议提出"常态化扫黑除恶斗争任务就是'防滋生、打新增'，必须保持'严'的震慑""对黑恶组织惯常实施的故意伤害、聚众斗殴、强迫交易等犯罪的警情、线索、案件，要重点审查、串并分析、建模深挖"。发现在早、处置在小是常态化扫黑除恶斗争时期的新方向新要求，通过大数据建模主动发现涉黑恶案件线索，能够有效提高线索排查效率，并提升案件查处针对性，助推跨地域多部门协同作战，实现精准打击、打早打小，遏制黑恶势力滋生蔓延。

开展涉黑恶案件线索排查主要的监督点可分为：一是疑似涉黑恶重点人员线索排查，针对故意伤害、寻衅滋事、聚众斗殴等涉黑恶犯罪常见犯罪类型，排查多次违法的疑似涉黑恶重点人员线索。二是涉黑恶犯罪"保护伞"线索排查，将筛选出的重点人员与"刑事挂案"进行比对筛查，发现可能存在的涉黑恶犯罪"保护伞"线索。如青海省检察院的涉黑恶线索类案监督模型[①]，通过"四类刑事案件"和"四类治安案件"的分筛串并，推送反查重点人员及"保护伞"线索。三是针对黑恶势力惯常实施的欺行霸市、暴力垄断市场等行为，排查强迫交易、故意毁坏财物、非法经营、非法占地、滥开滥采等行政案件，对违规下行案件开展立案监督。四是"套路贷"类案线索排查，刑民联动，提炼民间借贷纠纷、借款合同纠纷当中"砍头息"、高利息等数据要素，从"套路贷"类案中挖掘可能存在的诈骗、敲诈勒索、虚假诉讼等涉黑恶犯罪线索。五是洗钱线索排查，通过调取资金流转数据、通讯记录、聊天电子数据，排查发掘洗钱犯罪线索，开展立案监督和追捕追诉。

案例六：涉黑恶类案监督

【关键词】

涉黑涉恶　立案监督　刑拘下行　保护伞

【要旨】

重点聚焦黑恶势力犯罪组织惯常实施的寻衅滋事、敲诈勒索、故意伤害等违法犯罪行为，通过构建涉黑恶案件线索大数据法律监督模型，及时发现可能存在的应当立案未立案、久侦不结、"保护伞"等线索，铲除黑恶犯罪滋生土壤，推动常态化扫黑除恶向纵深发展。

【线索发现】

涉黑恶案件中，组织成员曾因寻衅滋事等违法行为被行政拘留但未做刑事处理的情况并非个案，不仅影响到组织违法犯罪事实和组织成员作用地位的认定，而且可能存在漏罪漏犯等情形。通过建立大数据法律监督模型，对重点类别多次行政处罚案件研判，可批量发现涉黑涉恶领

---

① 韩萍、徐鹏：《大数据监督模型揪出黑恶势力犯罪"漏网之鱼"｜青海省检察院应用大数据构建"涉黑恶线索类案监督模型"》，载《法治日报》2023年8月23日，第4版。

域应当立案而未立案等监督线索。

【数据赋能】

监督点一：多次行政违法未刑事立案类案监督。从公安机关调取寻衅滋事、敲诈勒索、聚众斗殴行政处罚案件、刑事立案案件、犯罪嫌疑人数据，通过对"姓名（或证件号码）""同案人姓名""案件名称"等内容进行筛选，获取同一人有三次以上同类违法行为的案件数据；其中对于寻衅滋事、敲诈勒索类案通过"发现时间"进一步排查同一人两年内三次以上实施同类违法行为的案件数据。再将上述行政处罚案件数据与刑事立案案件数据、犯罪嫌疑人数据，按照身份信息进行比对，排除已刑事立案案件，得出寻衅滋事、敲诈勒索、聚众斗殴案件应当立案而未立案线索。后续通过人工进行核查。

监督点二：故意伤害类案立案监督。从公安机关司法鉴定中心调取已出具的人体伤情鉴定意见数据，另从公安机关调取已受理涉人身伤害案件数据，通过被害人身份信息，碰撞筛选出已受理未做鉴定案件线索，人工核查可能涉及轻伤以上伤情的监督公安机关补充鉴定。从已受理且鉴定人体损伤达轻伤、重伤案件中剔除已刑事立案案件，得出应当立案未立案案件线索。后续通过人工进行核查。

监督点三："刑拘下行"类案监督。排查涉黑恶重点类型案件采取刑事拘留措施后久侦不结，未移送检察机关审查起诉的线索，开展类案监督（详见侦查活动监督应用场景）。

监督点四：将前三个监督点中筛查出来的应立案未立案和应移送审查起诉未移送线索进行比对筛查，对承办单位重合的线索进行人工核查，研判原因，筛出可能存在的涉黑恶"保护伞"线索。

【案件办理】

按照集约化建模、类型化建模的思路，涉黑恶案件线索类案监督集群构建4个子模型，包含筛查立案监督线索发现、侦查活动监督线索、"保护伞"线索等职能，能够对具有涉黑恶犯罪趋势的重点人员做到露头就打、应办尽办。同时，有效扩大监督线索来源，以实现"在办案中监督、在监督中办案"的目标，防止漏犯漏罪。

（二）醉驾综合治理

近年来，醉驾案件数量逐年攀升，严重危害人民群众生命财产安全和道路交通安全，亟待积极构建醉驾综合治理体系，从源头减少酒驾醉驾案件的发生。数字赋能醉驾专项治理，能够促进传统的被动治理模式向更为积极主动的治理方式转变，帮助构建醉驾治理屏障。通常情况下，醉驾专项治理的监督点主要体现在以下方面：应当立案而未立案；应当移送审查起诉而未移送（参见刑事检察通用类应用场景的侦查活动监督内容）；事故责任认定超期；"刑事下行"降格处理；涉行刑反向衔接问题如应吊销驾驶证而未吊销、应注销从业资格而未注销、非法改装机动车未被作出行政处罚；审判监督如行政罚款未折抵罚金、行政拘留未折抵刑期或适用速裁程序未当庭宣判等。

1. 立案监督

调取公安机关案件警情记录、立案数据以及事故责任认定书等数据，从公安机关案件警情记录、事故责任认定书数据中筛查出致人死亡事故中负主责或全责的肇事者和致人重伤事故中负主责或全责且有酒驾或毒驾的肇事者信息，剔除肇事者死亡数据，与公安机关立案数据进行比对，筛查出应当立案而未立案监督线索。

2. "刑事下行"类案监督

调取公安机关交通管理部门行政处罚数据，根据危险驾驶罪中醉驾、超载、超速的不同情形入罪标准进行分组分析，按照血液酒精含量达到 150mg/100ml 以上；从事校车业务或旅客运输，超过额定乘员的 20% 载客或超过规定时速 50% 行驶等条件进行数据筛查，排查出可能属于"刑事下行"降格处理的案件线索。

3.事故责任认定超期监督

对全国检察业务应用系统交通肇事罪案件卷宗转化为电子文本,提取现场勘查日期和道路交通事故认定书制作日期,筛查出现场勘查之日起10日内未制作道路交通事故认定书的案件。再以"鉴定""逃逸"等为关键词检索卷宗电子文本,比对剔除因鉴定或涉案人员逃逸等无法在规定期限内制作道路交通事故认定书的案件,锁定事故责任认定超期的案件线索。

4.应吊销未吊销机动车驾驶证监督

对于危险驾驶类案件,提取全国检察业务应用系统危险驾驶案件犯罪嫌疑人数据,调取公安机关交通管理部门吊销机动车驾驶证行政处罚数据,二者按照身份信息进行比对,筛选出应吊销机动车驾驶证而未吊销监督线索;对于交通肇事类案件,提取全国检察业务应用系统判决已生效交通肇事案件被告人数据,调取公安机关交通管理部门吊销机动车驾驶证行政处罚数据,二者按照身份信息进行比对,筛选出应吊销机动车驾驶证而未吊销监督线索。

5.道路运输行业驾驶员从业资格监督

向公安机关交通管理部门调取已吊销机动车驾驶证行政处罚人员数据,与道路运输管理部门提供的道路运输从业资格证、出租汽车驾驶员从业资格证数据进行碰撞,筛查出注销从业资格证的监督线索。

6.非法改装行政处罚监督

从全国检察业务应用系统提取交通肇事罪、危险驾驶罪刑事案件生效判决书,转化为电子文本,筛查出含有"改装""加装"等关键词的案件数据。调取公安机关交通管理部门行政处罚数据。对上述两类案件数据按照身份信息进行比对碰撞,筛查出非法改装机动车但未被作出行政处罚的监督线索。

7.行政罚款未折抵罚金监督

从全国检察业务应用系统提取判处罚金刑的危险驾驶案件数据,调取公安机关交通管理部门涉危险驾驶人员被处以罚款的案件数据,将两项数据进行比对,筛查出既被处以行政罚款又被判处了罚金刑的案件线索,再进行人工核查。

8. 行政拘留未折抵刑期监督

调取公安机关交通管理部门行政处罚案件数据,从全国检察业务应用系统中提取危险驾驶罪判处拘役被告人数据,通过比对身份信息,筛查出既被处以行政拘留又被判处了拘役的案件线索,再进行人工核查。

9. 适用速裁程序未当庭宣判监督

从全国检察业务应用系统提取危险驾驶罪适用速裁程序案件数据,对开庭时间、判决时间进行比对,筛查出适用速裁程序未当庭宣判的案件线索,再进行人工核查。

上述监督点的具体线索排查方法仅列出了数据获取相对便捷,监督线索相对集中,排查步骤相对简单的部分,实践中可根据工作实际进行进一步挖掘。如"刑事下行"类案监督中,可结合"两高两部"《关于办理醉酒危险驾驶刑事案件的意见》细化排查条件,对于血液酒精含量80mg/100ml 以上不满 150mg/100ml 但具有从重情节的违规下行案件线索做进一步排查。通过数字赋能,可以更全面地发现、堵塞醉驾治理方面的监管漏洞,提高整体执法司法水平,营造良好的交通安全环境。

(三)环资类案监督

为了进一步落实习近平生态文明思想和党的二十大精神,检察机关结合专项工作,借助数据赋能拓宽检察监督路径,推进生态环境领域全链条、深层次治理,切实维护国家利益和社会公共利益。通常情况下,破坏环境资源保护刑事案件主要涉及对森林、水源和土地等自然资源的破坏,数字赋能生态环境保护可以结合上述三大领域进行综合分析。

1. 涉林领域的监督

主要涉及滥伐林木、盗伐林木、非法占用农用地以及掩饰、隐瞒犯罪所得、犯罪所得收益等犯罪。一方面，可重点关注是否存在二年内因非法占用并毁坏公益林地、商品林地违法行为受过多次行政处罚，或者按比例折算合计已达到有关标准但未刑事立案的线索，进一步核查是否存在违法拆分、降格处理的违法情形。比如，清远市某检察院构建的涉林类案件监督模型，主要结合国家森林督查违法图斑（以下简称"违法图斑"）案件数据、行政执法案件数据、公安机关的立案侦查数据进行比对，发现立案监督线索。另一方面，可重点关注盗伐、滥伐林木违法犯罪的下游犯罪，即非法收购林木的刑事案件应移送未移送、应立案未立案的情形。比如，通过引入行政执法公示平台、"两法衔接"平台等数据，搭建数据库，筛查"既有卖方也有买方"的目标数据，开展监督线索排查[①]。

2. 涉水领域的监督

主要涉及污染环境、非法捕捞水产品等犯罪。可重点关注涉内河、沿海地区的船舶污染、企业非法排污、非法捕捞等违法行为涉嫌犯罪线索应移送未移送的情形。一方面，可以借用卫星遥感数据、行政部门监管数据碰撞分析，确定污染环境责任主体，对涉嫌刑事犯罪的案件线索监督依法移送。另一方面，可以从投诉信息、行政执法数据等提取时间、空间、事件、频率等要素，将多个相关联的异常问题进行综合分析研判，确定监督方向，有效发现监督线索，如福建省福州市检察院构建的闽江流域非法捕捞监督模型[②]。

3. 涉土地领域的监督

主要涉及非法占用农用地、非法采矿、污染环境、非法处置进口

[①] 韦磊、李豪、邓莹莹：《全链条打击破坏森林资源违法犯罪》，载《检察日报》2024年1月1日，第2版。

[②] 张仁平、郭三维、薛文洪：《法律监督模型让关联数据"说话"｜福建福州：数字思维成为检察官办案思想自觉和行动自觉》，载《检察日报》2023年11月19日，第3版。

的固体废物等犯罪。一方面，可重点关注本地特色土地资源的治罪与治理。比如，吉林省柳河县检察院构建的"黑土地"保护法律监督系统[①]，利用卫星遥感监测数据等，分析区域内重要耕地的变化趋势，发现非法占用农用地立案监督线索。另一方面，可重点关注与土地资源相关的行业领域的治罪与治理。比如，房地产领域非法采砂类案监督模型。该模型通过开采前后三维界面模型比对，核算出砂石偷采储量，发现立案监督线索。

案例七：涉森林资源类案监督

【关键词】

违法图斑　能动履职　科技赋能　诉源治理

【要旨】

近年来，滥伐林木、非法占地等案件时有发生，严重影响了生态环境资源的可持续发展，造成国家资源重大损失。检察机关办理破坏环境资源案件时，通过深入分析研判，归纳个案线索，充分运用大数据思维开创法律监督新模式，以"违法图斑"为索引，深挖立案监督、漏捕漏诉等监督线索，同时运用"科技+检察"办案模式，提升案件质效，有力打击破坏环境资源犯罪，筑牢保护生态安全司法屏障。

【线索发现】

清远市某检察院在办理一宗滥伐林木案中发现，林业部门在借助国家森林督查违法图斑查办案件线索时，立案查处时间、移送案件时间均明显滞后。经梳理分析，此类情况并非个案现象。检察机关遂以违法图斑为切入点，建立涉森林资源类案监督模型，通过调取行政执法案件信息、违法图斑信息、公安机关受立案数据等进行分析，批量排查

[①] 张苏苪：《【走近一线检察官】黑土地上，检察长巡田为哪般？》，载"最高人民检察院"微信公众号，2023年6月2日。

监督线索。

【数据赋能】

监督点一：以"违法图斑"为索引开展监督。通过向林业部门调取国家森林督查违法图斑、违法图斑台账数据，比对公安机关受理、立案的破坏森林资源类刑事案件数据，筛查已下发国家森林督查违法图斑但林业部门未依法移送犯罪线索、公安机关未依法立案侦查的监督线索。

监督点二：以"行政处罚"数据为基础开展监督。首先，向自然资源部门、林业部门调取行政处罚案件数据，将违法行为人信息、处罚时间、违法时间、毁坏林地种类及数量、林木流向等关键信息梳理形成涉林案件信息数据库；其次，通过数据比对筛查出同一违法行为人毁坏公益林地、商品林地两种林地的案件，核查按相应比例折算合计达到立案标准的线索，筛查出二年内曾因非法占用农用地受过三次以上行政处罚的线索；再次，比对公安机关受理、立案数据及检察机关受理的刑事案件数据，排查行政机关应当移送未移送，公安机关应当立案未立案的监督线索。

监督点三：以涉林案件信息数据库为基础开展下游犯罪监督。从全国检察业务应用系统中调取盗伐林木、滥伐林木类刑事犯罪案件数据后进行关键信息梳理整合，补入涉林案件信息数据库，通过提取林木流向、资金流向等关键信息进行分析，锁定与行为人进行非法交易的重点目标，剔除公安机关已立案的数据，排查非法收购、运输盗伐、滥伐林木的监督线索。

【案件办理】

检察机关以"违法图斑"为索引建立监督模型，对涉及辖区的涉林地案进行了系统梳理，批量发现监督线索20条，对涉林地类犯罪打击形成规模效应。同时，邀请特邀检察官助理为案件分析提供专业的参考意见，结合调卷核实的情况，依法监督林业部门移送涉嫌犯罪案件2件，监督公安机关立案 11 件。在监督过程中，针对林业部门、自然资源部门在林木采伐、土地资源利用等管理工作中存在的问题，通过制发检察建议，督促行政部门建立"事前—事中—事后"闭环式的监管机制，从源头推动生态环境领域的行业治理。最后，为进一步延伸对环境资源保护的触角，与惠州、韶关、广州等地检察机关联合协作，签订《粤港澳大湾区北部生态环境和自然资源联合保护机制》，形成多方参与、一体联动的共治格局，为守护绿水青山织就最严密的"法网"。

（四）卖淫类案监督

涉卖淫类违法犯罪活动不仅破坏社会秩序、传播严重疾病，而且败坏社会风气，破坏社会道德底线，历来都是重点查处打击的对象。但随着非常规卖淫服务形式的出现和作案方式从线下向线上的转移，且不乏国家工作人员为卖淫场所充当"保护伞"，导致卖淫类案件陷入发现难、打击难、处理难的司法困境。建立涉卖淫类案件法律监督模型，有助于批量发现类案监督线索后进行融合监督，全链条打击违法犯罪行为，系统式完善社会治理机制，降低组织卖淫类案件发案率。

实践中，卖淫类案件办理中常见监督点包括：公安机关应当立案侦查未立案侦查；罚金判项错误，犯组织、强迫、引诱、容留、介绍卖淫罪的，罚金未达犯罪所得 2 倍以上，或各共同犯罪人合计判处的罚金未达犯罪所得 2 倍以上；对涉卖淫类犯罪降格处理；徇私枉法等。比如，浙江省湖州市检察院、长兴县检察院建立的涉卖淫案件徇私枉法类案监督模型[①]。

案例八：卖淫类案监督

【关键词】

卖淫　数字画像　刑事下行　审判监督

---

① 贾宇主编：《数字检察办案指引》，中国检察出版社 2023 年版，第 128 页。

【要旨】

近年来，涉卖淫类违法犯罪活动的组织化程度更高、作案隐蔽性更强，成为屡打不尽、屡禁不止的社会毒瘤。检察机关充分利用大数据思维，从个案中提炼该类犯罪案件特征，以集约化、模块化的形式对该类案件从立案侦查、审理裁判、刑事执行整个案件办理过程监督点进行梳理，通过数据筛查、碰撞，精准推送一批涉卖淫犯罪线索，有效遏制涉卖淫违法犯罪活动蔓延势头。

【线索发现】

清远市某检察院在办理某恶势力犯罪集团犯罪案件时，发现存在国家工作人员通风报信现象，且当地查处涉卖淫类案件还存在刑事违规下行、罚金判项错误等问题，有必要对此进行专项监督。为此，检察机关建立涉卖淫人员"数字画像"，并就涉卖淫类案件刑事下行类案监督、罚金判项错误审判监督、徇私枉法类案监督等常见监督点搭建数字模型，深挖监督线索。

【数据赋能】

检察机关开展卖淫类犯罪专项数字监督，以涉卖淫类犯罪案警情信息、行政处罚案件信息、审查逮捕、审查起诉案件信息为基础数据开展大数据法律监督。

监督点一：涉卖淫人员"数字画像"。首先，通过全国检察业务应用系统获取卖淫类刑事案件中涉卖淫人员的身份信息（如绰号等）、社交账号（如微信等）信息、金融账号（如支付宝等）信息等，构建本地涉卖淫人员"数字画像"。其次，以到案涉卖淫人员的微信聊天记录、转账记录作为数据源，对转账记录中交易金额疑似嫖娼费用、卖淫介绍费金额倍数的数据进行提取，排查疑似卖淫交易线索。再者，通过交易线索排查疑似卖淫女、嫖客和介绍卖淫人员的微信昵称、微信账号等信息，比对涉卖淫人员数据库，确定涉卖淫重点线索，并剔除公安机关已立案案件。最后，进行人工核查，确定监督线索。

监督点二：卖淫类案件刑事下行类案监督。调取公安机关近年来办理的涉卖淫类行政处罚数据，围绕构罪要素自动筛选，排查出一年内两次因引诱、容留、介绍卖淫被行政处罚的人员或同一地点因卖淫嫖娼被多次查处的，作为监督立案的重点线索；同一地点同一时间出现多件因卖淫嫖娼被查处的行政处罚案件，作为涉刑案件拆分降格处理的重点线索。最后，进行人工核查。

监督点三：卖淫类案件罚金判项错误审判监督。通过全国检察业务应用系统获取受理的组织、强迫、引诱、容留、介绍卖淫类案件信息，通过筛选罚金数额未达到审结数额2倍以上案件信息，筛查罚金总数未达犯罪所得总数2倍以上的重点线索。最后，进行人工核查。

监督点四：徇私枉法类案监督。对于前述监督过程中反映出的重点线索集中的办案单位，就可疑处警记录、可疑裁判等进一步开展人工分析，审查是否存在降格处理、枉法裁判等线索。

【案件办理】

通过构建涉卖淫人员"数字画像"，建立多种大数据法律监督模型，有效获取监督线索，检察机关发现一年曾两次因引诱、容留、介绍卖淫被行政处罚的人员10人，发现可能为他人从事卖淫活动提供场所或便利的违法线索6条，发现罚金判项错误案件线索5条。上述问题正通过启动监督程序陆续予以纠正。

四、重大犯罪检察应用场景

重大犯罪检察具有案件难度大、社会关注度高、涉及死刑罪名比重大等特点。虽然当前我国犯罪结构已发生变化、轻罪占比上升，但在部分地区严重暴力犯罪、毒品犯罪等严重危害社会治安的犯罪仍比较突出，同时安全生产事故频发也对人民群众生命财产安全造成了巨大威胁。涉重大犯罪检察领域的多场景数字应用为充分发挥检察职能、保障安全的政治环境和稳定的社会环境，提供了有力支撑。

（一）枪爆类案监督

枪支、弹药、爆炸物是极具杀伤力的特殊危险品，管理、使用不当会严重危害社会公共安全、威胁社会安全稳定。为了进一步遏制、预防辖区涉枪爆违法犯罪活动，创造安全稳定的社会环境，检察机关巧用鉴定意见，充分运用大数据思维，从个案剖析与共性分析相结合，将公安机关在侦查活动中对涉枪爆类案件进行鉴定时存在普遍性违法问题提炼成监督规则，运用监督规则将相关数据进行碰撞对比，发掘并核实监督线索，着力形成"数据巡查＋人工审查＋调查核实＋监督处理"的监督闭环，切实提高刑事检察监督质效。涉枪爆类案常见的监督点可分为：应当鉴定未鉴定；应当立案未立案；立而不侦和久侦不结等"刑事挂案"；未依法适用强制措施；徇私枉法等。

案例九：涉枪爆鉴定意见类案监督

【关键词】

涉枪爆　鉴定意见　立案监督　刑事挂案

【要旨】

检察机关依托"侦协办"，融合全国检察业务应用系统、公安机关执法办案系统等系统数据，分析案件特点，归纳要素，以鉴定意见为突破口，对涉枪爆违规下行案件开展专项监督，集成运用审查、调查、侦查手段，发现应当立案、撤案而未依法立案、撤案，立案后久侦不结，强制措施适用违法等类案监督线索，依法督促公安机关规范侦查行为。

【线索发现】

清远市某检察院在办案中发现赵某某曾涉嫌非法持有枪支、寻衅滋事犯罪，但公安机关仅进行了毁坏财物的价格认定，并未对枪支进行鉴定，后对赵某某采取了取保候审强制措施便息于处理。直至多年后赵某某因抢劫案被抓获归案，公安机关才将其涉嫌非法持有枪支、寻衅滋事的犯罪事实一并移送检察机关审查。检察人员认为鉴定意见具有科学性强、证明力高的特点,且是涉枪爆类犯罪案件的重要定案依据,直接影响案件的定罪量刑,有必要以鉴定意见为切入口,开展涉枪爆类案大数据法律监督。

【数据赋能】

检察机关有针对性地从公安机关司法鉴定中心调取涉枪爆鉴定意见文书,从公安机关调取涉枪爆类刑事案件受理、立案、撤案以及刑事拘留数据,从全国检察业务应用系统导出涉枪爆类刑事案件受理信息等数据进行分析研判。首先运用OCR软件对公安机关涉枪爆鉴定文书进行数据转化,提取案情摘要及鉴定意见等关键信息,整合成涉枪爆鉴定数据;再从公安机关涉枪爆类刑事案件受理数据与检察机关受理提请批准逮捕、审查起诉案件数据进行比对,筛选出公安机关已受理但未移送检察机关的涉枪爆案件数据;然后将该数据与涉枪爆鉴定数据进行关联,结合公安机关的立案数据及刑事拘留数据,分类梳理出应立未立、立而不侦、久侦不结或刑拘后违规下行的案件线索。

【案件办理】

检察机关通过对数据进行整合分析,梳理研判了公安机关在办理涉枪爆类案件中存在的问题,形成多层级的执法监督机制,织密执法"监督网"。一方面,针对公安机关应鉴定未开展鉴定、未依法适用强制措施、"挂案"不移等违法情形依法制发纠正违法类检察建议开展监督;另一方面,通过数据比对筛查出应立未立线索,依法启动立案监督程序,并向扫黑除恶办移送有效线索。同时,以案件办理为契机,发挥侦查监督与协作配合机制优势,有效发现侦查薄弱环节及变化趋势,督促公安机关落实涉枪爆案件执法办案全流程综合监督管理,进一步提升公安执法规范化水平与检察监督能力,切实提高办案质量。

(二)涉毒类案监督

近年来,新型毒品层出不穷,毒品交易对象混杂、交易方式隐蔽,在司法实践中往往难以"一网打尽"。检察机关办理毒品犯罪案件过程中多聚焦于个案漏罪漏犯的挖掘，在主动监督、批量监督、全面监督方面亟待发力。大数据法律监督为涉毒类案监督提供了全新的视野和充足的动力，可以通过数字赋能将毒品犯罪个案进行串并联，提炼监督规则，发现类案监督的线索。实践中，涉毒类案监督常见的监督点主要包括：

1. "数字画像"毒品犯罪立案监督

通过多维度数据梳理和积累，建立"数字画像"数据库，筛查应当立案而未立案的线索。比如，浙江省湖州市吴兴区检察院的"数字画像"毒品类案监督[①]。通过梳理毒品犯罪案件中涉毒人员身份、绰号、社交账号、交易账号等信息，搭建涉毒人员"数字画像"数据库，结合勘查到案人员手机电子数据、银行转账记录，对比分析发现批量涉毒犯罪线索，开展立案监督和追诉漏罪漏犯。

2. 涉毒"挂案"监督

由于涉毒案件侦查难度大，往往难以在短时间内侦结，导致一些案件被长期挂起，无法得到及时解决，不仅影响涉案人员的正常生活和工作，也给社会带来了一定的不稳定因素。通过大数据监督，可以对在办涉毒案件进行全面排查，为清理工作提供有力的支持。如清远市某检察院开展的涉毒"挂案"监督，通过将检察机关受理涉毒案件数据，与公安机关在办的涉毒案件数据对比碰撞，结合办案时长即可得出立而不侦和久侦不结的涉毒案件线索，督促公安机关及时清理。

3. 涉毒洗钱犯罪监督

针对涉毒洗钱犯罪线索发现难度大等问题，检察机关可以充分利用反洗钱协作机制，向相关金融机构调取涉案账户的资金往来数据，通过针对性分析，获取毒赃流向重点账号和人员信息，并结合生活轨迹、经济来源、聊天记录等数据深度挖掘洗钱犯罪链条上的监督立案、追诉漏

---

① 贾宇主编：《数字检察办案指引》，中国检察出版社2023年版，第108页。

罪漏犯线索。

4. 毒品寄递监督

近年来，随着毒品打击力度的加强，不少吸毒者将目标转向国家管制的精神药品，以药当毒，而方便快捷的寄递渠道为这类违法行为提供了便利条件。为堵塞平台漏洞，截断利益链条，检察机关经多方数据研判，选取跑腿外卖类同城寄递作为切入点，开展大数据法律监督。比如，外卖人员利用跑腿平台漏洞贩卖国家管制精神药品监督模型。该模型通过国家管制精神药物用药异常数据，与跑腿外卖信息碰撞，排查涉嫌贩卖毒品犯罪线索，经提前介入案件、引导侦查、开展立案监督、制发检察建议等方式开展法律监督，切实切断毒品寄递流通渠道。

5. 涉毒案件量刑不当监督

大数据可以对涉毒案件的量刑进行更准确的评估，通过数据分析和模型构建，可以发现量刑不当的情况，并采取相应的措施进行纠正。比如，对于涉毒案件中以走私、贩卖、运输、制造毒品罪判处十五年以上有期徒刑或无期徒刑、死刑的未并处没收财产，判处其他刑期未并处罚金；判处非法持有毒品罪未并处罚金的情形，可以通过大数据监督进行监督和纠正。

五、经济犯罪检察应用场景

在信息时代，经济犯罪活动呈现网络化、科技化、智能化、隐蔽化、跨国化等特点。伴随新兴业态出现的各类技术手段，使得检察履职面临更大的挑战。因此，检察机关迫切需要在经济犯罪检察领域，构建实施数字检察战略的新模式。通过在净化税收环境、做好反诈防骗、防范金融危机、落实知识产权保护等应用场景中，运用大数据赋能法律监督，进一步加强经济犯罪打击、防范、管理和控制力度，依法保障社会公众利益，推进经济可持续发展。

（一）涉税类案监督

涉税犯罪具有犯罪数额大、犯罪职业化、多种犯罪复合等特点，部分地区甚至出现了犯罪分子利用非法软件、高科技手段实施涉税犯罪，严重威胁国家税收安全和经济秩序。大数据时代背景下，通过数字技术发现涉税犯罪类案中的异常，能够更高效、更精准地开展监督，进行涉税犯罪治理，堵塞监管漏洞。实践中，运用数据赋能开展涉税犯罪活动监督，常见的监督点可分为：

1. 逃税型涉税类案监督

检察人员可以通过调取行政处罚数据比对公安机关受理、立案数据，重点核查纳税人是否存在五年内因逃避缴纳税款受过刑事处罚或者被税务机关给予二次以上行政处罚的行为，依法监督行政机关移送犯罪线索或者公安机关立案侦查。

2. 骗税型涉税类案监督

检察人员可以通过筛查货物品名异常点、结汇时间异常点、收汇金额异常点、付款地与收货地国别异常点，精准指向涉嫌骗税企业，监督公安立案侦查。比如，天津市检察院骗取出口退税类案监督模型（详见本章案例十）。

3. 虚开型涉税类案监督

目前，"空壳企业"成为虚开发票攫取非法利益的主要载体[1]。空壳公司经营内容涉及物流网络运输、能源、煤炭等多个行业，需要利用数字技术对海量数据进行分析研判，为检察履职提供有效的数据支撑。比如，河南省焦作市解放区检察院在办理贺某等人虚开增值税专用发票案时，提取充抵进项的 ETC 发票车辆信息、实际使用石油的车辆信息、增值税专用发票记载的运输车辆信息，利用大数据技术对上述三项数据进

---

[1] 蔡岩红：《"三假"涉税案呈现六方面突出特征 税务部门惩戒修复并举优化营商环境》，载《法治日报》2021年1月22日，第11版。

行比对、碰撞，通过分析发现数万辆车中仅有几辆车信息相符，不符合网络运输要求三项信息相符的规定，认定涉案公司开具增值税专用发票的违法性质，成功认定犯罪。①

4. 涉税"挂案"清理类案监督

涉税案件长期搁置、久侦未决，不仅违反法律规定，也影响企业健康发展。检察机关可以从公安机关调取立案侦查数据，与检察机关受理的涉税刑事案件数据进行比对，结合涉案犯罪嫌疑人强制措施的数据，排查出未对犯罪嫌疑人采取强制措施但立案超过二年、对犯罪嫌疑人解除强制措施之日起十二个月内仍未移送起诉或者作其他处理等撤案监督线索。

案例十：骗取出口退税类案监督模型 ②

【关键字】

出口退税　公安　税务　外汇局　类案监督

【要旨】

出口退税政策对于提高我国外贸出口数量、质量以及出口企业国际竞争力，调整对外贸易结构和国内产业结构具有重要作用。近年来，检察机关在办理骗取出口退税案件中发现，出口退税业务流程复杂、审批环节多，办理骗取出口退税案件存在发现难、查处难、治理难等问题，造成大量国有财产流失，严重扰乱经济秩序。针对上述情况，天津市检察院充分发挥一体化办案优势，从保护国有财产、优化法治化营商环境和服务高质量发展角度出发，依托大数据技术研发监督模型，对出口骗税犯罪进行精准化打击和系统化治理。

---

① 王慧芳、焦冬青、赵静：《涉空壳公司虚开增值税专用发票实务问题探析》，载《中国检察官》2023年第20期。

② 王磊、何家栋：《一家数据大海捞针，三家数据水落石出》，载《检察日报》2023年12月27日，第11版。

【线索发现】

天津市检察院在办理骗取出口退税案件中,发现各行政部门间缺少稳定合作机制,特别是跨地区、跨部门的数据交换存在壁垒,缺乏不同监管数据之间的共享、融通、综合分析。检察机关立足法律监督职能,运用大数据技术建立骗取出口退税类案监督模型。

【数据赋能】

检察机关与税务机关、海关、外汇管理局、人民银行等部门签订合作备忘录,建立数据共享机制。同步调取海关报关数据、船务公司订舱数据、外汇管理机关收结汇数据、税务局退税发票明细数据、涉案企业银行流水数据等。提取海关报关数据中的报关货物品名与出口地数据、船务公司订舱数据中的订舱品名与货物目的地数据、外汇机关的涉案企业收汇结汇时间和金额数据、税务机关退税发票明细中的货物品名与开票时间数据、向上游工厂转账金额和时间数据等。通过对上述数据进行清洗、梳理、碰撞、运算,发现诸多异常点,并通过偏差关系分析、盈利关系分析等算法生成可疑线索列表。

第一步,对海关报关和船公司运单数据进行碰撞,筛查货物品名的异常点。正常报关品名应与运单品名相同,但涉案企业对此却存在大量不一致情况,如报关品名是棉布,运单品名却是浮石,前者退税率13%,后者退税率为0,此种情形可认定该企业有买单配票骗税嫌疑。

第二步,对外汇局收汇与结汇数据进行碰撞,筛查结汇时间的异常点。正常出口企业通常会选择汇率高时卖出外汇,即收汇与结汇的时间通常不是同一天。但涉案企业往往会从地下钱庄借钱进行虚假结汇,每天都会产生高额利息,所以在收汇当天就结汇,通过对比可发现时间上的异常点。

第三步,对海关出口申报价格与外汇局收汇数据进行碰撞,筛查收汇金额的异常点。在正常的外贸出口业务中,进口方一般先支付10%至30%的货款,等货物交付运输或到达时,再支付剩余货款,而涉案企业均为一次性结清货款,通过比对收汇金额即可发现异常之处。

第四步,对付款人所在地与货物收货地数据进行碰撞,筛查付款地与收货地国别不一致的异常点。正常情况下,外商付款地与货物收货地是一致的,而涉案企业中,部分境外买家往往通过国内的地下钱庄付款,而收货地却主要集中在国外。

除此之外,模型还可以碰撞出开票时间、转账金额、转账时间等其他异常检测点。在此基础上,利用偏差关系分析、盈利关系分析等算法对以上异常数据进行分析运算、赋分管理,对异常分值达到预设标准的,即生成线索列表。此时检察人员同步运用数字可视化技术形成涉案出口企业的数字画像,清晰展现涉案企业异常数据汇总情况。

【案件办理】

一是提高办案效率,高效精准监督。2023年以来,滨海新区检察院对全市50家外贸企业近3年的退税数据进行分析碰撞,发现异常数据3.8万余条,精准指向13家涉嫌骗税的企业。目前,该院已将线索移交公安机关并监督立案12家涉案企业,批捕9人,正在审查起诉6人。二是实现全链条打击,维护金融安全。滨海新区检察院将数据碰撞发现的42个地下钱庄账户、147个虚开增值税专用发票、12个非法买卖外汇的犯罪线索推送给公安、税务、外汇等部门进一步查处,实现对骗取出口退税行为的全链条打击,监督效果向上下游犯罪延伸。三是强化国有财产保护,推动诉源治理。办案中,滨海新区检察院加强追赃挽损,在办理上述案件中预计挽回国家税款损失3.6亿余元。对模型运行中发现的行政机关监管漏洞,充分运用检察建议督促堵塞漏洞,发挥类案监督作用。该院还充分发挥公益诉讼检察监督职能,打通各行政机关数据壁垒,强化出口退税全流程监管,推动诉源治理。

(二)电信诈骗治理

电信网络诈骗犯罪往往出现跨域趋势明显、资金渠道隐蔽等特点,所涉罪名存在信息内容碎片化、犯罪链条追踪困难和前端执法监督不足等问题。为了有力有效打击电信网络诈骗犯罪，就必须打破数据壁垒，全面整合各类相关数据，如行政受案、刑事立案、相关裁判和网络信息数据、银行卡数据等。同时，检察人员可以对核心数据，如手机号码、社交账号、金融账号、资金账户等进行身份比对和数字描绘，以全面追踪电信网络诈骗犯罪过程。通过这种方式，检察人员可以批量发现监督线索，实现从个案监督向全链条监督的延伸。此外，检察人员还可以深挖卡头、贩卡团伙，推动相关部门建立常态化联合惩防机制，开展专项综合治理。通常情况下，大数据法律监督在电信网络诈骗治理场景常见的监督点主要包括：

1. 涉"两卡"案件漏犯漏罪监督

由于关联案件分案办理、数据来源限制等问题，"两卡"案件抓获的多是底层"卡农"，幕后卡头却难觅踪迹，这与全链条打击"两卡"犯罪、重点打击"卡头"的要求相去甚远，且"漏人漏卡"问题极为突出，需要通过大数据赋能法律监督，建立"两卡"犯罪上下游人员信息库，深挖"两卡"案件漏犯漏罪线索。

2. 电信网络诈骗犯罪及其衍生犯罪立案监督

一是以罚代刑监督。反电信网络诈骗法已对非法出租、出售"两卡"等行为规定了行政处罚，但要防止案件违法终结在行政处罚阶段，保证达到刑事追诉标准的及时立案。二是衍生犯罪立案监督。随着打击和风控力度的加强，电信网络诈骗犯罪线索愈发隐蔽，而掩饰、隐瞒犯罪所得、犯罪所得收益罪、妨害国（边）境管理犯罪等数量激增，成为检察机关监督重点。电信诈骗犯罪通常涉及人员、信息、技术、资金等四部分衍生行为，检察机关可以分类别通过大数据手段进行深挖和打击。比如，在人员方向上，应关注组织运送他人通过偷越国（边）境或绑架、非法拘禁等行为；在信息方向上，应关注提供信息发布或者搜索、广告推广、引流推广、非法获取他人个人信息等行为；在技术方向上，应关注提供网络资源服务、提供人脸识别或语音合成技术、提供网络技术、产品的制作、维护服务等行为；在资金方向上，应关注提供支付结算服务、转移或转化犯罪所得等行为。

3. 开展追赃挽损

充分运用"一案双查"机制，利用大数据技术，厘清资金流向，在锁定犯罪分子的同时加大追赃挽损力度，尽可能保护被害人权益。如浙江省义乌市检察院以被骗资金流向为基库，根据"两卡"犯罪特性，搭建了"两卡"犯罪"AFTER"数字监督模型（详见本章案例十一），将可疑账户画像附码、技术重组，斩断网络犯罪分子的信息流和资金流。

4. 促进社会治理

目前电信网络诈骗模式呈现多样化等特点，包括刷单返利、虚假投资理财、虚假购物服务、冒充电商物流客服、虚假征信诈骗等。犯罪分子会将这些不同的诈骗模式相互结合，实施更具有欺骗性和迷惑性的诈骗行为，比如，"杀猪盘+虚假投资""赌诈结合型"诈骗模式等。检察机关可联手公安、工信、金融监管、互联网监管等部门，构建多元协同治理格局，通过大数据法律监督，深入分析电信网络诈骗及相关黑灰产业链中的共性问题，进行深度治理，从而进一步压缩电信网络诈骗违法犯罪空间。

案例十一："两卡"犯罪"AFTER"数字监督模型 [①]

【关键词】

"两卡"犯罪　画像附码　立案监督　追赃挽损

【要旨】

在打击整治非法贩卖电话卡、银行卡违法犯罪中，侦查机关倾向于

[①] 吴永强、龚捷、陈曦：《构建数字监督模型，精准打击"两卡"犯罪》，载《检察日报》2023年1月31日，第7版。

对归属于本地的卡主进行立案侦查,当同一被害人涉案资金流向多张卡时,涉案异地卡往往被忽视。而且,一张卡的涉案资金可能来源于多个被害人。因各地信息壁垒,真正的被害人难以被穷尽。浙江省义乌市检察院以被骗资金流向为基础,根据"两卡"犯罪特性,搭建了"两卡"犯罪"AFTER"数字监督模型,通过数字化手段对涉案的被害人交易对手账户进行以"AFTER"为核心的五步筛查,将可疑账户画像、技术重组,达到精准打击"两卡"犯罪的目的。通过搭建"AFTER"模型,及时精准识别可疑账户,能够协助配合侦查机关及时追赃挽损,尽可能保护被害人权益。数字化场景搭建后,对于可疑账户高频关联的开卡网点、从业人员名单,以及操纵普通"卡农"的"卡商"行迹等信息予以统计并预警。

【线索发现】

2020年10月,全国范围内的"断卡"行动正式开启,电信网络诈骗犯罪高发态势得到有效遏制。随着"断卡"行动的深入,一些关键问题也逐渐浮出水面。一是"断卡"打击面广但缺乏深度,被追究刑事责任的往往是"两卡"的提供者("卡农"),背后真正组织"卡农"进行违法犯罪活动的"卡商"却常常平安无事。二是以卡归属地为主的侦查路径存在打击盲区,涉案异地卡往往被忽视。

【数据赋能】

具体包括以下筛查方式:建立基本数据库,根据被害人笔录锁定涉案账户,向银行调取涉案账户交易明细,建立基本信息数据库。

第一步,金额(Amount)。将被害人被骗钱款转入当天的流入流出数额与近一周的流入流出数额进行对比,确定是否有明显的交易额变动,并剔除无异常数据。

第二步,频率(Frequency)。根据被骗资金流入涉案账户后短时间就流出的特点,设定交易资金进出间隔时间的筛选项,将存在相同金额的快进快出现象的账户予以标注。

第三步，门槛（Threshold）。结合帮助信息网络犯罪活动罪这一罪名的相关法律条文、司法解释等内容，将"流水30万元＋查明3000元"构罪标准融入模型中，并分层评估。例如，将被骗资金数额在3000元以上，该账户涉案日流水在30万元以上的设定为一级可疑账户，将其余账户设定为二级可疑账户。

第四步，列举（Enumerate）。针对"两卡"犯罪组织者，对涉案一级账户的开卡地、取现地、户主信息、其他对手账户信息（如支付宝、微信等）等数据予以列举，通过海量数据碰撞，发现重合点较多的地点、资金流入账户，从而达到追索组织者的目的。

第五步，报告（Report）。将上述可疑银行卡的户主身份信息移送至公安机关，与公安机关的办案信息库进行对比，就未在库的人员，经分批核验后，监督公安机关立案。

【案件办理】

2022年1月，义乌市检察院初步搭建"两卡"犯罪"AFTER"数字监督模型。前期先利用被害人报案笔录，锁定涉案账户，并向上述账户开户行发出调查令，建立交易明细基本信息库。通过前两步"金额"与"频率"筛查，发现有75个一级账户流水大额变动均出现在被害人葛某被骗的钱款转入当日，且被害人葛某被骗的钱款在转入后3分钟之内就被转出，据此将这些账户进一步锁定为可疑账户。然后根据法律相关规定，将被害人被骗钱款数额设置为大于等于3000元，当日前后该账户流水金额设置为大于等于30万元，挑选出一级可疑账户19个，其余50多个账户设定为二级可疑账户。将上述可疑账户的相关信息予以列举，并记录上传至数据云端存储，与云端中其他数据进行比对，对于重合度较高的开卡行、开卡地、对手账户，作为"两卡"犯罪组织者线索予以核查。待涉案账户的户主身份明确后，经人工核对无误，与公安机关的办案信息库比对，要求公安机关对这些可疑账户户主进行立案侦查。

"AFTER"模型搭建后，义乌市检察院核查涉"两卡"犯罪线索700

余条，监督公安机关立案74人。全链条打击"两卡"犯罪团伙3个，涉案金额超千万元。另外，对于可疑账户高频关联的开卡网点、从业人员名单，以及操纵普通"卡农"的"卡商"行迹等信息予以统计并预警。检察机关梳理后，向电信、银行监管部门发送检察建议2份，发布刑事检察白皮书1份，推动相关部门对重点行业、重点领域开展专项整治，填补管理制度漏洞，从"治已病"转为"治未病"，高质量推进"断卡"行动向纵深发展。

（三）知识产权类案监督

知识产权检察具有专业性强和"民行"交叉两大特点，通过大数据赋能知识产权能够提升检察监督的精准性，特别是对于强化知识产权刑事立案监督和审判监督的效果最为明显。以商标侵权为例，在知识产权民事侵权案件中隐藏着丰富的刑事立案监督线索和审判监督线索，通过收集裁判文书要素化处理，依据一定规则进行碰撞、比对，可以筛查出相应的监督案件线索。

通常情况下，知识产权检察领域的常见监督点有：

1. 知识产权行刑衔接监督

知识产权行刑衔接监督是确保行政机关与司法机关在处理知识产权案件时能够顺畅衔接的重要工作。检察人员通过梳理市场监督管理部门行政处罚数据，筛选符合侵犯著作权罪、销售侵权复制品罪等追诉立案标准但行政机关未移送公安立案处理的线索。这一监督点旨在防止因行政机关与司法机关之间的信息不畅或工作疏忽，导致侵权行为人逃避法律制裁的情况发生。通过加强行刑衔接监督，检察机关可以促使行政机关及时将涉嫌犯罪的案件移送公安机关处理，从而保障知识产权权利人的合法权益。

2. 著作权虚假诉讼审判监督

著作权虚假诉讼审判监督是防范和打击虚假诉讼的重要手段。检察人员通过梳理法院裁判文书，筛选批量诉讼的原告公司，核查原告公司著作权权属证据。通过这种方式，检察机关能够发现虚假诉讼的线索，加强著作权虚假诉讼审判监督，对于维护公平正义的司法环境具有重要意义。

案例十二：商标侵权合法来源抗辩类案监督

【关键词】

商标权　数字检察　审判监督　立案监督

【要旨】

通过归集法院商标权权属、侵权纠纷民事裁判等数据，提炼同一被告多次被诉同一商标侵权，均以来源合法抗辩，不承担侵权赔偿责任，发现审判监督线索。同时分析多个合法来源均指向同一生产厂商，发现假冒注册商标立案监督线索。

【线索发现】

清远市某检察院走访某企业时，该企业反映市场上有多个商家销售假冒其注册商标的商品，该企业向法院提起民事诉讼。法院经审理认为，侵权商家能提交购销合同、进货单等，证实其销售的商品是正常渠道进货，没有侵权故意，无须承担赔偿责任。该企业反映其多次向法院起诉，均未获得赔偿。检察机关分析后认为，根据《商标法》第64条第2款规定，销售不知道是侵犯注册商标专用权的商品，能证明该商品是自己合法取得并说明提供者的，不承担赔偿责任。实践中同一被告先后多次被诉同一商标侵权，均以来源合法抗辩，除第一次认定不知道是侵权商品外，后续销售行为应当认定为明知是侵权商品。如法院判决认定均不承担侵权赔偿责任，则可能存在判决错误情况，从而发现审判监督线索。同时，通过分析被告提出的侵权商品来源发现涉嫌假冒注册商标犯罪的立案监督线索。

【数据赋能】

第一步，选取商标权权属、侵权纠纷民事案由，通过小包公·法律AI平台获取清远全市相关民事裁判文书。从两个角度筛查案件，设置"合法取得并说明提供者"或"合法来源抗辩"关键词，筛选出被告提出侵权产品有合法来源的案件；设置"赔偿"关键词，反向筛选出法院判决被告无须赔偿的案件。

第二步，将筛选的裁判文书要素化处理，筛选出不同时间多次被告商标侵权且法院认定能说明合法来源不承担责任的案件。

第三步，对第二步筛选出的裁判文书进行人工核查，确定被告是否被诉商标侵权后，仍继续销售侵权商品，法院却仍认定其能说明合法来源，不知道是侵权商品，根据实际情况开展民事审判监督。

第四步，对第二步筛选出来的裁判文书进行要素化处理，提取被告说明的侵权商品来源商家信息，筛选出两个以上被告的共同来源商家。

第五步，将第四步筛选出来的商家名单与天眼查数据进行比对，筛选出仍然存续的商家和法定代表人名单。将存续的商家和法定代表人名单与假冒注册商标罪、销售假冒注册商标的商品罪的案件信息碰撞比对，得出未被追究刑事责任的商家和法定代表人名单，向公安机关移送线索，若公安机关不予立案则据实际情况开展立案监督。

【案件办理】

运用该模型，检察机关共梳理出民事监督线索1条，假冒注册商标犯罪线索2条。为堵塞漏洞，检察机关以该系列案件办理为契机，与法院、市场监督管理部门共同签署《关于加强知识产权协同保护的实施意见》，建立常态化联络机制。

附录：刑事检察常见监督点参考一览表

		刑事检察通用类应用场景
立案监督	1	同一对象多次实施寻衅滋事、非法提供麻醉药品或精神药品、聚众斗殴等同类违法行为，应当立案而未立案
	2	同一对象二年内多次实施盗窃、敲诈勒索、容留他人吸食或注射毒品、在查处卖淫或嫖娼活动中通风报信等同类违法行为，应当立案而未立案
	3	同一对象二年内曾因非法放贷，出版、印刷、复制、发行非法出版物，非法从事出版物的出版、印刷、复制、发行业务，非法经营国际电信业务或者港澳台电信业务，非法生产、销售无线电设备，非法生产、销售赌博机等违法行为受过二次行政处罚，再次实施同类违法行为，应当立案而未立案
	4	同一对象二年内曾因生产、销售不符合食品安全标准的食品，非法生产、销售有毒、有害食品，容留他人吸食或注射毒品，非法提供麻醉药品或精神药品，非法从事资金支付结算业务，非法买卖外汇，扰乱无线电通讯管理秩序、走私假币等违法行为受过行政处罚，再次实施同类违法行为，应当立案而未立案
	5	同一对象一年内曾因掩饰、隐瞒犯罪所得及其产生的收益，引诱、容留、介绍卖淫，在查处卖淫或嫖娼活动中通风报信等违法行为受到行政处罚，再次实施同类违法行为，应当立案而未立案
	6	同一对象一年内曾因抢夺、盗窃、敲诈勒索等违法行为受过行政处罚，再次实施同类违法行为，数额达到追诉标准的50%以上，应当立案而未立案
	7	不构成犯罪或依法不追究刑事责任不批准逮捕的未依法撤案（终止侦查）
	8	解除强制措施之日起十二个月以内或者未采取强制措施但自立案之日起二年以内，仍不能移送起诉或者依法作其他处理的经济犯罪案件，应当撤案而未撤案
	9	从盗窃、诈骗、抢夺、抢劫等多发常见的、转移占有型的侵财案件，筛查出涉嫌掩饰、隐瞒犯罪所得、犯罪所得收益罪的监督立案线索
侦查活动监督	10	刑事拘留超过法定期限
	11	违法延长刑事拘留期限。如对不符合流窜、多次、结伙作案情形的延长拘留期限至三十日
	12	未依法定期解除强制措施。刑拘后变更为取保候审超过十二个月未依法解除，或者变更为监视居住超过六个月未依法解除

续表

		刑事检察通用类应用场景
侦查活动监督	13	刑事拘留案件长期"挂案"。如刑拘后两年内仍未侦查终结移送起诉的案件，对存在怠于侦查、久侦不结的情形，督促、引导公安机关及时开展侦查，依法移送起诉；又如刑拘后因无社会危险性不批准逮捕变更为取保候审超过十二个月或者变更为监视居住超过六个月，依法督促移送起诉
	14	刑拘后不当撤案或者终止侦查
	15	非羁押案件长期"挂案"。取保候审超过十二个月、监视居住超过六个月仍未将案件移送检察机关
	16	对不符合法定条件的人适用刑事拘留、取保候审、监视居住、指定居所监视居住，或者在未出具决定书的情况下适用上述强制措施
	17	撤案（终止侦查）未释放或解除强制措施的
	18	撤案（终止侦查）未及时解除查封、扣押、冻结并及时返还当事人
	19	违规超范围适用另案处理
	20	司法工作人员职务犯罪线索
	21	未通知值班律师为自愿认罪认罚且无委托辩护人的犯罪嫌疑人提供法律帮助
	22	未听取犯罪嫌疑人及其辩护人或值班律师的意见并记录在案随案移送
	23	未向被害人释明认罪认罚从宽规定，将被害人及其诉讼代理人的意见记录在案随案移送
	24	提请批准逮捕书未说明认罪认罚情况
	25	未告知犯罪嫌疑人认罪认罚从宽的法律规定
	26	阻碍辩护人、诉讼代理人行使诉讼权利
	27	发现适用强制措施不当未及时撤销或变更
	28	执行逮捕后未立即送看守所羁押
	29	未经第一次延长羁押期限，羁押超过二个月法定期限；未经第二次延长羁押期限，羁押超过三个月法定期限；未经第三次延长羁押期限，羁押超过五个月法定期限；第三次延长羁押期限后，羁押超过七个月法定期限，未从重要罪行发现之日起重新计算羁押期限起止时间
	30	勘验检查未制作笔录
	31	具有现场勘验检查资格的侦查人员少于二人

续表

		刑事检察通用类应用场景
侦查活动监督	32	搜查未制作笔录
	33	无决定书适用查封、扣押
	34	查封、扣押未制作笔录或清单，主要表现在：只见扣押决定书、扣押清单，未有扣押笔录证实扣押的过程，扣押清单仅显示涉案物品的特征包括数量及重量，缺乏称重及统计的过程
	35	未依法退还与案件无关的查封、扣押财物等
	36	未返还被害人经依法查证属实后的无争议涉案财物
	37	鉴定意见的鉴定主体是否具有资质或者鉴定事项超出其业务范围、技术条件，检材是否原件、检材来源是否合法等
	38	未按规定将鉴定意见送达犯罪嫌疑人、被害人或者其家属
	39	辨认无见证人或见证人不符合法定条件，且未录音录像的
	40	同一辨认人进行多组辨认时重复使用陪衬人或照片
	41	无罪、有罪、罪重、罪轻的证据明显能收集、调取而未收集、调取
	42	未按规定制作调取证据通知书及清单
	43	未附提取过程的说明，无法说明来源合法性
	44	收集、（网络在线）提取、扣押、封存、检查、远程勘验电子数据，未制作笔录、清单
	45	未按照有关规定对不同位置、不同包装的毒品分别进行提取、扣押、封装、称量的
	46	毒品提取、称量、取样未制作笔录
	47	提请批准逮捕未按规定移送无罪、有罪、罪重、罪轻的案件材料、证据
	48	不批准逮捕未在十二小时内释放犯罪嫌疑人
	49	释放被逮捕人、变更逮捕强制措施未书面通知人检察机关
	50	不批准逮捕案件移送审查未按补充侦查提纲补充侦查
	51	提请批准逮捕，未按规定移送社会危险性证据
	52	起诉意见书认定事实、法律适用错误
	53	移送起诉未按规定完整移送证明无罪、有罪、罪重、罪轻的案件材料、证据

续表

刑事检察通用类应用场景		
侦查活动监督	54	未按照补充侦查决定书开展侦查工作的
^	55	补充侦查超过一个月
^	56	未在十二小时内释放在押被不起诉人
^	57	不诉后未按通知及时解除查封、扣押、冻结
^	58	不起诉后未按照检察意见对被不起诉人依法作出行政处罚并及时通知检察机关
审判监督	59	犯罪与刑事责任方面：1. 减少或增加事实认定；2. 认定被告人刑事责任年龄错误；3. "又聋又哑"情节认定错误；4. 犯罪情节轻重与适用罚金数量不对应；5. 单位犯罪认定错误
^	60	刑罚适用方面：1. 免予刑事处罚案件错判附加刑；2. 应宣告而未宣告职业禁止；3. 刑期折抵适用错误；4. 主刑适用错误；5. 剥夺政治权利适用不当；6. 应并处没收财产附加刑而未并处或者错判为罚金；7. 罚金刑适用错误
^	61	刑罚的具体运用方面：1. 涉案财物处理不当；2. 累犯及特别累犯的认定错误；3. 坦白的认定不符合法定时间节点；4. 数罪并罚计算错误；5. 缓刑适用错误；6. 应宣告而未宣告禁止令；7. 不应当适用而适用假释；8. 裁判文书遗漏表述前科
^	62	刑法修改后新旧刑法适用方面：1. 刑法调整量刑档次后量刑适用不当；2. 刑法修改法定刑后量刑不当；3. 刑法调整量刑加重情形后量刑适用不当
^	63	刑法分则罪名适用方面：主要是犯罪数额、犯罪情节直接影响量刑幅度案件中的量刑不当，如交通肇事罪、故意伤害罪、聚众斗殴罪案件出现加重情节却降档量刑；走私、贩卖、运输、制造毒品罪、对非国家工作人员行贿罪、受贿罪案件中出现的法定刑与犯罪数额不匹配等
^	64	程序法方面：1. 一审程序违法；2. 违反审判公开规定；3. 违反开庭审理规定；4. 二审程序违法；5. 法院审理活动违反管辖规定；6. 法院审理活动违反回避制度；7. 违法剥夺或者限制当事人的法定诉讼权利方面；8. 其他审理程序违法；9. 涉案财产判项表述模糊不明、不明确、不具体
两法衔接	65	涉及拒不支付劳动报酬、非法占用农用地、滥伐林木、非法采矿等违法犯罪案件，包括行政执法机关对涉嫌犯罪案件"有案不移"，或者公安机关"有案不受""有案不立"等线索（所涉行业领域较多，在具体监督内容和监督方式上也呈现出较强融合特征，部分内容在行政检察应用场景、公益诉讼应用场景具体说明）

续表

普通犯罪检察应用场景		
涉黑恶类案监督	66	疑似涉黑恶重点人员线索排查。针对故意伤害、寻衅滋事、聚众斗殴等涉黑恶犯罪常见犯罪类型，排查多次违法的疑似涉黑恶重点人员线索
	67	涉黑恶犯罪"保护伞"线索排查。将筛选出的重点人员与"刑事挂案"进行比对筛查，发现可能存在的涉黑恶犯罪"保护伞"线索
	68	针对黑恶势力惯常实施的欺行霸市、暴力垄断市场等行为，排查强迫交易、故意毁坏财物、非法经营、非法占地、滥开砍采等行政案件，对"刑事下行"案件开展立案监督
	69	"套路贷"类案线索排查。刑民联动，提炼民间借贷纠纷、借款合同纠纷当中砍头息、高利息等数据要素，从"套路贷"类案中挖掘可能存在的诈骗、敲诈勒索、虚假诉讼等涉黑恶犯罪线索
	70	洗钱线索排查，通过调取资金流转数据、通讯记录、聊天电子数据，排查发掘洗钱犯罪线索，开展立案监督和追捕追诉
醉驾综合治理	71	立案监督。通过公安警情记录、立案数据及事故责任认定书，筛查出致人死亡事故中负主责或全责的肇事者、致人重伤事故中负主责或全责且有酒驾或毒驾的肇事者，筛查出应当立案而未立案监督线索
	72	"刑事下行"降格处理。根据危险驾驶罪中醉驾、超载、超速的不同情形入罪标准分组分析，按照血液酒精含量达到150mg/100ml；从事校车业务或旅客运输，超过额定乘员的20%载客或超过规定时速50%行驶等条件进行数据筛查从而发现降格处理线索
	73	事故责任认定超期。未在现场勘查之日起十日内未制作道路交通事故认定书
	74	交通肇事刑事案件已生效判决的被告人应吊销未吊销机动车驾驶证
	75	已吊销机动车驾驶证但未注销道路运输行业从业资格证、出租汽车驾驶员从业资格证
	76	非法改装机动车但未被行政处罚
	77	危险驾驶刑事案件被告人行政罚款未折抵刑事判决罚金
	78	危险驾驶刑事案件被告人行政拘留未折抵刑事判决刑期
	79	适用速裁程序未当庭宣判
	80	未有达成赔偿和解协议的案件被害人为可能符合司法救助条件的人员

续表

普通犯罪检察应用场景			
环资类案监督	81	涉林领域：主要涉及滥伐林木、盗伐林木、非法占用农用地以及掩饰、隐瞒犯罪所得、犯罪所得收益等犯罪。可重点关注是否存在二年内因非法占用并毁坏公益林地、商品林地违法行为受过多次行政处罚，或者按比例折算合计已达到有关标准但未刑事立案；盗伐、滥伐林木违法犯罪的下游犯罪，即非法收购林木的刑事案件应移送未移送的情形
	82	涉水领域：主要涉及污染环境、非法捕捞水产品等犯罪。可重点关注涉内河、沿海地区的船舶污染、企业非法排污、非法捕捞等违法行为涉嫌犯罪线索应移送未移送的情形
	83	涉土地领域：主要涉及非法占用农用地、非法采矿、污染环境、非法处置进口的固体废物等犯罪。可重点关注本地特色土地资源以及相关行业领域的治罪与治理，从而发现刑事监督线索
卖淫类案监督	84	涉卖淫犯罪应当立案侦查未立案侦查
	85	卖淫类案件刑事下行类案监督。一年内先后两次因引诱、容留、介绍卖淫被行政处罚的人员或同一地点因卖淫嫖娼被多次查处的，作为立案监督线索开展核查；对同一地点同一时间因卖淫嫖娼被查处的，则可能存在涉刑案件拆分降格处理
	86	卖淫类案件罚金判项错误。犯组织、强迫、引诱、容留、介绍卖淫罪的，罚金未达犯罪所得2倍以上，或各共同犯罪人合计判处的罚金未达犯罪所得2倍以上
	87	卖淫类案件司法工作人员职务犯罪线索
重大犯罪检察应用场景			
枪爆类案监督	88	公安机关对涉嫌犯罪的案件应立案未立案
	89	应当鉴定未鉴定等鉴定意见多发问题（详见通用类应用场景侦查活动监督）
	90	枪爆案件"挂案"监督，包括立而不侦、久侦不结等枪爆案件（详见通用类应用场景侦查活动监督）
	91	未依法适用强制措施监督（详见通用类应用场景侦查活动监督）
	92	枪爆类案件司法工作人员职务犯罪线索
毒品犯罪治理	93	"数字画像"毒品犯罪立案监督。通过多维度数据梳理和枳累，建立"数字画像"数据库，筛查应当刑事立案而未立案的线索
	94	涉毒"挂案"监督（详见通用类应用场景侦查活动监督）

续表

		重大犯罪检察应用场景
毒品犯罪治理	95	涉毒洗钱犯罪监督。向相关金融机构调取涉案账户的资金往来数据，通过针对性分析，可以获取毒赃流向重点账号和人员信息，并结合生活轨迹、经济来源、聊天记录等数据深度挖掘洗钱犯罪链条上的监督立案、追诉漏罪漏犯线索
	96	毒品寄递监督。如通过医保配药数据与外卖平台数据进行碰撞，筛选外卖人员超量配取国家管制精神药品的信息，从中发现毒品犯罪线索
	97	涉毒案件量刑不当监督。对于涉毒案件中以走私、贩卖、运输、制造毒品罪判处十五年以上有期徒刑或无期、死刑的未并处"没收财产"，判处其他刑期未并处罚金；判处非法持有毒品罪未并处罚金
		经济犯罪检察应用场景
涉税类案监督	98	逃税型涉税犯罪监督点。核查是否存在五年内因逃避缴纳税款受过刑事处罚或者被税务机关给予二次以上行政处罚的行为，依法监督行政机关移送犯罪线索或者公安机关立案侦查
	99	骗税型涉税犯罪监督点。通过筛查货物品名、结汇时间、收汇金额、付款地与收货地国别异常点，发现异常数据，精准指向涉嫌骗税企业，监督公安立案侦查
	100	虚开型涉税类案监督。在办理虚开增值税专用发票案中进一步核查是否还有其他企业在未发生实际生产经营或无实际交易的情况下，收受涉案人员虚开的发票用于抵扣税款的情况，可能涉嫌犯罪
	101	涉税"挂案"清理监督点。未对犯罪嫌疑人采取强制措施但立案超过二年、对犯罪嫌疑人解除强制措施之日起十二个月内仍未移送审查起诉或者作其他处理的撤案监督线索
电信诈骗治理	102	建立涉"两卡"犯罪上下游人员信息数据库，匹配公安立案数据，查找漏捕、漏诉线索
	103	电信网络诈骗犯罪及其衍生犯罪立案监督，包括以罚代刑监督，以及掩饰、隐瞒犯罪所得、犯罪所得收益罪、妨害国（边）境管理犯罪、非法拘禁等衍生犯罪立案监督
	104	加强追赃挽损。搭建数字监督模型，厘清资金流向，斩断电信诈骗行为人信息流、资金流

续表

经济犯罪检察应用场景		
知识产权监督	105	知识产权行刑衔接监督。通过梳理市场监督管理局行政处罚数据，筛选符合侵犯著作权罪、销售侵权复制品罪等追诉立案标准但行政机关未移送公安立案处理的线索
	106	著作权虚假诉讼审判监督。通过梳理法院裁判文书，筛选批量诉讼的原告公司，核查原告公司著作权权属证据，发现虚假诉讼线索
金融类案监督	107	与上游犯罪密不可分的案件，如洗钱犯罪，在办理毒品犯罪、黑社会性质的组织犯罪、恐怖活动犯罪、走私犯罪、贪污贿赂犯罪、破坏金融管理秩序犯罪、金融诈骗犯罪的七类上游犯罪中，注意审查是否存在洗钱犯罪线索，推动洗钱犯罪的立案监督；同时要准确区分洗钱罪与七类上游犯罪的共同犯罪，对于公安机关把上游犯罪共同犯罪错立为洗钱犯罪的，可通过并案处理、改变认定、补充移送起诉的方式，一并打击上游犯罪行为

第三章　大数据在刑事执行检察中的深度应用

刑事执行是刑事诉讼的最后环节，而刑事执行检察工作旨在守护刑事执行"最后一公里"，维护法律的权威及公平正义。刑事执行检察工作主要涉及对监外执行、财产刑执行及监管场所的监督。通过大数据赋能刑事执行检察，提升工作质效，实现工作向纵深推进。

一、业务需求

（一）数字化特点

刑事执行检察涉及对刑事强制措施、捕诉审、刑罚交付执行、刑罚变更执行等方面的监督，业务种类繁多且工作任务艰巨，刑事执行检察部门素有"小检察院"之称。刑事执行检察业务与公安、法院、司法局、监狱、看守所等联系密切，各自都有独立的信息化系统，若将其业务进行数字化的整合、统一，复杂性较高、难度较大。

刑事执行检察业务的开展需要公、法、司、监、所等外部机关的支持与配合，因此开展数字检察工作对外部机构的依赖性强，且诉讼的全流程都属于刑事执行的监督范围，对每个节点的监督也必然涉及对该节点的外部数据的获取，数据的来源范围相对较广。[①]

[①] 李弘：《智慧刑事执行检察建设的实践和思考——以山东省济宁市城郊地区检察院信息化建设为样本》，载《第二届新时代优秀检察成果·智慧检务建设论文集》，济宁市城郊地区检察院2021年，第15—30页。

（二）数字化基础条件

刑事执行信息化建设起步较晚，2014年全国检察业务应用系统1.0运行，到2015年12月全国检察业务应用系统的执检子系统全面上线，刑事执行检察业务的信息化建设明显滞后于检察信息技术发展的整体步伐。随着执检子系统的全面运行，刑事执行检察工作理念从办事模式向办案模式转变。2021年11月，全国检察业务应用系统2.0全面线上运行，执检子系统信息化建设稳步推进，弥补了落后的差距，甚至个别的模块业务成为亮点，走在前列。[1] 此外派驻检察"两网一线"[2]已基本建成，刑事执行数字检察具备发展的现实条件，具有可行性。

（三）数字化必要性

1. 解决高质效办案与人员结构失衡矛盾的有效手段

信息化时代对高质效案件办理提出了更高的要求。但因种种原因，刑事执行检察人员结构失衡、老龄化严重、人员力量不足、专业化缺失，在这种背景下，部分检察人员面对纷繁复杂的检察监督业务表现出积极性不足、监督保守被动，认为没有被监管人员非正常死亡、下落不明等严重违法情形出现即可，对其他业务的开展则秉持多一事不如少一事的态度。通过数字检察的建设，刑事执行检察人员在拥抱智能化的同时也能进一步提升监督效率，反过来又能增强业务能力，从而提升工作积极性。

2. 规范办案、保障被监管对象合法权益的整体要求

刑事执行检察业务长久以来形成的办事理念及点多线长面广的业务特性容易出现办案不够规范的情形，而办案不规范有可能导致被监管对象的合法权益受到侵害。通过刑事执行数字检察的建设落地，数字赋能

---

[1] 富东宇、陈光：《刑事执行检察信息化智能化建设的观察与思考》，载《中国检察官》2022年第3期。

[2] "两网一线"指驻监所检察室与监狱、看守所监管信息联网、监控联网，驻监所检察室检察信息分支网络线路。

法律监督以更加客观、可感的方式行使刑事执行检察监督职能，让法律监督更加公正，在实现了规范办案的同时也保障了被监管对象的合法权益。

受制于监督方式、手段、理念等多方制约，传统的刑事执行检察目前总体还处于"个案办理、被动受理"模式，表现出监督的零碎化、浅层次的特征。大数据建模可以揭示刑事执行问题的表现、原因等具有规律性样态的特征，实现从个案到类案及至系统治理，实现生产力的解放。检察人员也因此可以将更多精力用于提升其专业的素质能力上，长此以往，将改变刑事执行检察人员的办案理念及方式，改善本地刑事执行司法环境。

二、监外执行检察应用场景

监外执行并不等同于社区矫正，其包括社区矫正及剥夺政治权利的执行。[1] 对于监外执行的数字检察应用也围绕此两项内容展开。监外执行检察监督的线索数据主要可以分为以下六类：一是交付执行类数据，如法院交付执行社区矫正对象的相关法律文书；二是定位类数据，如社区矫正对象的手机定位轨迹、打卡报备信息；三是管理类数据，如对社区矫正对象谈话教育、跟踪随访、奖惩考核等形成的社区矫正工作档案；四是表现类数据，如社区矫正对象因酒驾等被行政处罚或被再次判处刑罚、刑满释放人员在执行剥夺政治权利期间参与投票选举；五是医疗类数据，如被暂予监外执行人员的复诊病历单；六是经营类数据，如被判处禁止令的社区矫正对象的工商登记、持股情况。

---

[1] 杨春雷、万春主编：《刑事执行检察业务》，中国检察出版社2021年版，第225—227页。

（一）常见监督点及数据分析方法

1. 社区矫正决定机关未及时送达生效法律裁判文书

根据《社区矫正法实施办法》第16条规定，社区矫正决定机关应当在裁判生效之日起五日内通知执行地县级社区矫正机构，并在十日内将法律文书送达执行地的社区矫正机构，同时要抄送人民检察院。

现实中部分法院存在裁判生效后未及时向社区矫正机构送达法律文书，导致在交付接收社区矫正对象过程中，工作衔接脱节，社区矫正对象没有按时办理社区矫正手续，造成社区矫正对象漏管。法院裁判生效时间、执行通知书送达日期等是开展此项数字检察监督的关键要素，可以通过全国检察业务应用系统获取刑事裁判生效日期，向社区矫正机构调取收到法院执行通知书的日期，将上述两个要素作差，如果绝对值大于十日，则是法院未及时送达生效法律裁判文书监督线索。

2. 社区矫正对象未按时到社区矫正机构报到

根据《社区矫正法》第21条规定，人民法院判处管制、宣告缓刑、裁定假释的社区矫正对象，应当自判决、裁定生效之日起十日内到执行地社区矫正机构报到。

社区矫正对象逃避监管、未按规定时限报到，逾期办理社区矫正手续的，属于漏管。法院裁判生效时间、社区矫正对象报到日期等是开展此项数字检察监督的关键要素。可以通过全国检察业务应用系统获取刑事裁判生效日期，向社区矫正机构调取社区矫正对象报到日期，将上述两个要素作差，如果绝对值大于十日，则是社区矫正对象未按时到社区矫正机构报到监督线索。

3. 公安机关、法院未依法向社区矫正机构履行通知义务

根据《社区矫正法实施办法》第41条规定，社区矫正对象被依法决定行政拘留、司法拘留、强制隔离戒毒等或者因涉嫌犯新罪、发现判决宣告前还有其他罪没有判决被采取强制措施的，决定机关应当自作出决定之日起三日内将有关情况通知执行地县级社区矫正机构和执行地县

级人民检察院。

公检法司在社区矫正、司法拘留、行政拘留、刑事强制措施等领域存在信息不对称的情况，往往导致社区矫正机构不能及时掌握社区矫正对象违反法律、行政法规和监督管理等情形，容易造成社区矫正对象应当收监而未收监、迟收监。居民身份证号码等身份信息、强制措施日期、矫正起止日期等是开展此项数字检察监督的关键要素。向公安机关、法院调取被行政拘留、司法拘留、强制隔离戒毒、被采取刑事拘留等强制措施的人员信息台账；向社区矫正机构调取在矫的社区矫正对象人员信息台账。将上述两类台账中的姓名、身份证号码等个人信息进行比对，筛查出在社区矫正期间被行政处罚、司法拘留、采取刑事强制措施的人员台账，再进一步与社区矫正机构收到通知台账比对核实，筛选出公安机关、法院未依法向社区矫正机构履行通知义务的线索。

4. 保外就医的暂予监外执行人员未按规定去医院复查或未向社区矫正机构提交复查情况报告

根据《社区矫正法实施办法》第 24 条的规定，一般情况下，保外就医的，应当到省级人民政府指定的医院检查，每三个月向执行地县级社区矫正机构、受委托的司法所提交病情复查情况。

将社区矫正对象的身体复查台账中相邻两次提交复查报告时间进行碰撞比对，超过三个月则为社区矫正对象未按时对身体复查的监督线索。同时，再将社区矫正对象提交复查情况报告台账与医院诊疗记录数据比对，筛选出已进行身体检查而未提交复查情况报告的监督线索。

5. 社区矫正对象外出申请不合规

《社区矫正法实施办法》第 27 条规定，社区矫正对象确需离开所居住的市、县，一般应当提前三日提交书面申请，并如实提供诊断证明、单位证明、入学证明、法律文书等材料。申请外出时间在七日内的，经执行地县级社区矫正机构委托，可以由司法所批准，并报执行地县级社区矫正机构备案；申请外出时间超过七日但未超过三十日的，需要执行地的县级社区矫正机构批准,超过三十日或者两个月内累计时间超过三十日的,需要报上一级社区矫正机构审批。

规范社区矫正对象外出审批,有利于社区矫正机构对社区矫正对象的管理,同时能降低社区矫正对象外出违法犯罪行为的发生。社区矫正机构的外出审批台账中外出申请日期、外出首日、审批主体等是开展此项数字检察监督的关键要素。一是以申请日期和外出首日进行作差,绝对值小于三日的,则为问题线索。二是提取外出时间和审批主体,外出时间超过七日但未超过三十日的,审批主体是否是执行地的县级社区矫正机构,不是则为问题线索。三是超过三十日或者两个月内累计时间超过三十日的,审批主体是否是执行地的市级社区矫正机构,不是则为问题线索。

6.社区矫正对象违反监管规定,未依法予以训诫、警告、治安管理处罚、收监执行

根据《社区矫正法实施办法》第34—36条、第46条规定,社区矫正对象违反监管规定,社区矫正机构视违反情节严重程度给予训诫、警告、提请公安机关依法给予治安管理处罚、向社区矫正决定机关提出撤销缓刑、撤销假释或者暂予监外执行收监执行建议。

实践中,社区矫正机构存在对社区矫正对象错误使用奖惩措施,可能导致社区矫正对象应当撤销缓刑收监执行未收监执行,不应当撤销缓刑收监执行而被收监执行的情形。社区矫正对象训诫、警告次数、收监执行人员信息等是开展此项数字检察监督的关键要素。从社区矫止对象奖惩台账中筛查出社区矫正对象被给予二次以上训诫、二次以上警告的数据,重点排查出社区矫正对象被给予训诫二次后仍不改正未给予警告、社区矫止对象被给了警告二次后仍不改正的未收监执行等违法线索。

7.社区矫正对象禁止令执行不当

根据《刑法》第38条第2款、第72条第2款以及《社区矫正法实

施办法》第39条规定，被判处管制、宣告缓刑的罪犯，可以根据犯罪情况，同时禁止犯罪分子在执行期间内从事特定活动，进入特定区域、场所、接触特定的人。社区矫正机构应当配合相关单位执行社区矫正对象的禁止令。

调取社区矫正对象的个人基本信息表，筛选出判处禁止令的在矫名单，然后针对具体涉及的禁止令的情况开展数据获取和比对，比如针对禁止从事食品药品行业的禁止令，可以从社区矫正机构调取在矫对象名册，从中筛查出判处禁止令的在矫人员，再利用天眼查、企查查找出相同时间段工商登记信息，对上述数据进行比对碰撞，筛选出是否存在被判处禁止令后仍然从事食品药品行业的监督线索。

8.假释或刑满释放后执行剥夺政治权利附加刑的罪犯脱管、漏管

根据《刑事诉讼法》第270条、《公安机关办理刑事案件程序规定》第311条、第312条规定，剥夺政治权利由公安机关执行，政治权利包括选举和被选举权、出版、制作、发行书籍、音像制品权等。

实践中，公安机关往往重实刑，轻附加刑，忽视对假释或者刑满释放人员剥夺政治权利的执行。可以通过向监狱、看守所调取的假释、刑满释放罪犯的人员信息列表，筛选出仍然在剥夺政治权利期限内的犯罪数据，与公安机关在管罪犯数据比对，筛选出漏管等违法线索。同时，将罪犯所在地出入境数据、基层组织选举数据、国家版本数据中心数据等与公安机关在管罪犯数据比对，筛选出脱管等违法线索。

（二）社区矫正检察典型案例

大数据在社区矫正检察的应用场景，主要依据社区矫正法、《社区矫正法实施办法》以及各省的社区矫正实施细则，聚焦于对社区矫正对象的调查评估、接收、监管、奖惩考核、变更执行、解矫等过程的监督。社区矫正对象的脱管、漏管、再次违法犯罪等问题是社区矫正检察关注的重点，通过数字化场景应用，可以及时发现监督盲点、堵塞漏洞。

案例一：社区矫正检察监督案

【关键词】

社区矫正　行政拘留　刑事强制措施　脱管

【要旨】

解析社区矫正对象在矫期间违法行为，建立社区矫正类检察监督模型，批量发现社区矫正对象在社区矫正期间被采取行政拘留及刑事强制措施的监督线索，监督公安机关和社区矫正机构对社区矫正对象履行监管、惩治职责，同时进一步拓展建立信息共享机制，解决公、检、法、司在社区矫正、司法拘留、行政拘留、刑事强制措施等领域信息不对称的情况，破解信息孤岛困境。

【线索发现】

2022年8月，清远市某基层检察院在社区矫正日常监督检察工作中发现，社区矫正对象钟某某因犯危险驾驶罪于2022年7月被该县法院判处拘役二个月，缓刑三个月，其在矫期间因寻衅滋事被该县公安局行政拘留十五日且脱离监管，但该县公安局未依法将钟某某被行政拘留的情况通知该县司法局。该检察院以此为线索，开展大数据法律监督工作。

【数据赋能】

第一步是向该县司法局获取近两年内的社区矫正对象信息，包括姓名、身份证号码、社区矫正的起止日期（台账1）。

第二步是向公安机关收集相关台账。一是近两年内被采取刑事拘留、取保候审、监视居住等强制措施人员信息，包括姓名、身份证号码、刑事强制措施起止时间（台账2）；二是近两年内被行政拘留的人员信息，包括姓名、身份证号码、行政拘留起止时间（台账3）。

第三步是通过对台账1、2或台账1、3的对比碰撞，筛出社区矫正对象矫正期间被采取刑事强制措施或行政拘留的线索，进一步与社区矫正机构收到公安机关通知台账及社区矫正对象奖惩台账比对核实。

第四步是依法对社区矫正机构、公安机关进行监督。

【案件办理】

运用大数据监督模型，清远市某基层检察院发现公安机关实施刑事拘留等强制措施后未依法告知社区矫正机构的线索5条，发现社区矫正对象在社矫期间涉嫌犯新罪的线索3条，发现社区矫正对象在判决宣告以前还有其他罪没有判决的线索2条，发现社区矫正对象被行政拘留的线索2条。调查核实后依法向公安机关、社区矫正机构发出监督意见，监督收监执行2人，监督社区矫正机构对2名社区矫正对象依法给予训诫、警告等惩处措施。该检察院以类案办理为契机，牵头组织公、检、法、司四家共同召开社区矫正监督工作联席会议，推动建立信息共享工作机制，梳理形成监管工作成员单位的责任清单，创新构建刑事执行多跨协同应用场景，变"多头分散管理"为"一个场景监督"。

（三）剥夺政治权利执行检察典型案例

剥夺政治权利检察工作是刑罚执行监督的关键部分，对维护国家稳定和平安建设具有重要意义。加强对此类罪犯的监管，有助于完善刑事执行检察职能，参与基层治理，使刑罚执行工作更加规范。利用数据模型实现数据资源整合，推动检察机关由个案监督向类案监督转变，助推剥夺政治权利刑罚执行检察形成常态化监督机制。

案例二：剥夺政治权利执行检察监督案

【关键词】

剥夺政治权利　漏管　规范管理

【要旨】

剥夺政治权利的刑罚执行是公安机关的法定职责，规范被剥夺政治权利罪犯刑罚执行和日常管理、防止其违法参选、出版等，是一项严肃的执法司法工作。但长期以来，公安机关没有重视此项刑罚执行工作。清远市某基层检察院通过大数据检察方法从个案办理中发现问题普遍性，遂用大数据查找类案线索，办理了一批剥夺政治权利刑罚执行检察监督案件，有效推动了剥夺政治权利刑罚执行工作的常态化、规范化发展。

【线索发现】

清远市某基层检察院在日常检察中，发现派出所在剥夺政治权利执行期满后没有书面通知被执行人及其所在单位、居住地基层组织。经进一步调查核实，剥夺政治权利刑罚执行工作均由各派出所按户籍地归口管理，但存在管理不规范，甚至出现被剥夺政治权利罪犯没有列入管理的情况。该检察院遂以此为契机，运用大数据查找数据源，分析"刑满释放人员""判处附加刑剥夺政治权利"等要素，筛查出一批剥夺政治权利刑罚执行监督案件线索。

【数据赋能】

清远市某基层检察院先是从清远地区监狱、看守所、韶关地区监狱调取了2020年1月至2022年5月刑满释放人员名册，再筛查出剥夺政治权利人员信息列表，与调取的清远市公安局某分局已列入管理的人员数据进行比对碰撞，得到漏管的人员数据。再对从清远市公安局某分局各基层派出所调取的被剥夺政治权利罪犯管理档案进行审查调查，将执行期满的被剥夺政治权利罪犯数据与已宣布执行期满的被剥夺政治权利罪犯数据进行比对碰撞，发现执行期满未宣布的监督线索。

【案件办理】

运用大数据监督模型，清远市某基层检察院发现清远市公安局某分局剥夺政治权利刑罚执行存在漏管的监督线索73条，发现罪犯剥夺政治权利执行期满公安机关未依法宣布解除剥夺政治权利的监督线索105条，依法向清远市公安局某分局发出46份检察意见书和1份检察建议书，提出的意见及建议均被采纳。该案件的办理，推动公安机关制发《关于进一步规范剥夺政治权利刑罚执行工作的通知》，健全了剥夺政治权利刑罚执行工作机制，规范了剥夺政治权利刑罚执行工作。

三、财产刑执行检察应用场景

刑事裁判涉财产部分执行检察是我国刑事执行检察体系重要组成部分，直接关系到人民法院刑事裁判目的能否得以全面实现。[1] 刑事案件涉财产部分的执行，包括刑罚中的罚金及没收财产，也包括对"准财产刑"的执行，即追缴违法所得及其他涉案财物等因实施犯罪活动而取得的一切财物、违禁品及供犯罪所用的本人财物。大数据在财产刑执行中的检察应用场景主要有终结本次执行不当监督、移送立案执行不当监督、刑事案件涉案财物处置不当监督。财产刑执行检察监督的线索数据主要包含法院涉财产性判项、执行机关的执行数据以及被执行人的房产、社保、公积金、保证金等涉财产信息。

（一）常见监督点及数据分析方法

1. 终结本次执行不当

根据《刑事诉讼法》第 271 条规定，被判处罚金的罪犯，期满不缴纳的，人民法院应当强制缴纳。《人民检察院刑事诉讼规则》第 645 条规定："人民检察院发现人民法院执行刑事裁判涉财产部分具有下列情形之一的，应当依法提出纠正意见：……（四）被执行人有履行能力，应当执行而不执行的……""两高两部"《关于取保候审若干问题的规定》第 33 条规定，如果保证金系被取保候审人的个人财产，且需要用以退赔被害人、履行附带民事赔偿义务或者执行财产刑的，人民法院可以书面通知公安机关移交全部保证金，由人民法院作出处理，剩余部分退还被告人。

该监督点的关键是如何调查终本被执行人是否具有履行能力。调查被执行人履行能力可以通过以下几种方式进行：一是提取刑事涉财产刑

---

[1] 杨春雷、万春主编：《刑事执行检察业务》，中国检察出版社 2021 年版，第 335 页。

执行案件的被执行人信息（含姓名、身份证号码等），与养老金发放信息、社保缴纳信息、公积金缴纳信息等进行碰撞比对，重合的即为监督线索。二是提取公安机关取保候审案件信息（含姓名、身份证号码、取保候审保证金等），与刑事涉财产刑执行案件的被执行人信息进行碰撞比对，重合的即为监督线索。三是以刑事涉财产刑执行案件的被执行人信息为关键词，筛查作为民事诉讼原告且胜诉的案件信息，再筛查有无胜诉款可供财产刑执行，筛查出的结果即为监督线索。

2. 移送立案执行不当

根据最高人民法院《关于刑事裁判涉财产部分执行的若干规定》第7条的规定，由人民法院执行机构负责执行的刑事裁判涉财产部分，刑事审判部门应当及时移送立案部门审查立案。人民法院立案部门经审查，认为属于移送范围且移送材料齐全的，应当在七日内立案，并移送执行机构。根据广东省高级人民法院《关于规范刑事财产执行有关问题的通知》中的相关规定，由法院执行机构负责执行的刑事裁判涉财产部分，各级法院刑事审判部门应在裁判生效后七日内移送立案部门，由立案部门登记立案。

通过调取人民法院涉财产刑执行案件台账，以裁判生效时间和刑事审判庭移送立案部门时间进行碰撞比对，日期相差大于七日的即可作为监督线索。同时，再将刑事审判庭移送立案部门时间与立案时间进行碰撞比对，日期相差大于七日的即可作为监督线索。

3. 刑事案件涉案财物处置不当

根据最高人民法院《关于适用〈中华人民共和国刑事诉讼法〉的解释》第447条第2款的规定，实物未随案移送、由扣押机关保管的，人民法院应当在判决生效后十日以内，将判决书、裁定书送达扣押机关，并告知其在一个月以内将执行回单送回，确因客观原因无法按时完成的，应当说明原因。

通过调取公安机关关于法院通知其负责执行的扣押财物台账，将法院通知时间与裁判生效时间进行比对碰撞，日期相差大于十日的即可作为监督线索。同时，通过罪犯姓名、案由将公安未处置涉案财物数据与检察机关刑事生效裁判案件进行比对，重合的案件即为刑事涉案财物处置不当监督线索。

（二）典型案例

案例三：财产刑执行检察监督案

【关键词】

财产刑执行　终本执行　恢复执行　纠正违法

【要旨】

检察院通过构建刑事裁判涉财产部分执行监督模型，从被执行人取保候审保证金、住房公积金账户、社保记录、养老金等财产数据中甄别、发现可供执行财产线索，加强对刑事裁判涉财产部分执行监督，进一步破解执行难问题，有效提升执行到位率，形成刑事裁判涉财产部分执行和法律监督工作规范、高效、常治的治理新格局。

【线索发现】

清远市某基层检察院在核查黄某某的终本执行卷宗时发现，该案被执行人黄某某犯危险驾驶罪，被判处拘役二个月，缓刑四个月，并处罚金人民币3000元。法院于2023年3月2日以未发现其有财产可供执行为由，终结本次执行程序。检察院通过调取社保局的社保数据发现，黄某某于2023年1月至2023年6月有持续缴纳社保记录，经进一步调查核实，确认其有履行财产刑能力。

【数据赋能】

通过构建财产刑执行大数据检察监督模型，解析在财产刑执行案件中，被执行人有履行能力未履行财产刑缴纳义务，法院未穷尽调查措施终本执行的违法情形。

第一步是先向法院调取刑事生效终本执行台账，包括姓名、身份证号码、终本执行日期等财产刑执行信息（台账1）。

第二步是向社保局、公积金管理中心、公安机关等单位调取被执行人的公积金账户、社保缴纳记录、取保候审保证金等数据信息，并通过天眼查和企查查等软件查询，筛查被执行人担任公司法人、股东及其经营企业等情况（台账2）。

第三步是将台账1和台账2进行数据碰撞比对，重合的案件即可作为监督线索，筛查出有履行能力的被执行人名单。

【案件办理】

清远市某基层检察院依托模型发现监督线索176条，调查核实后制发监督文书，积极跟踪落实，督促法院执行到位32万余元。通过案件办理，进一步强化双赢多赢共赢的工作理念，与法院形成常态化协作机制，推动法院与公积金管理、社保等部门建立信息共享平台，建立执行案件联动分析研判机制，推动实现执源治理。

四、监管场所检察应用场景

监管场所检察监督从司法实践的视角进行分类，主要包括看守所检察监督及监狱检察监督。对于监管场所的数字检察应用场景也围绕此两项内容进行，其数据主要有三类：一是刑罚执行数据，如看守所及监狱收监、出监数据、监狱的减刑假释数据；二是监管场所管理数据，如监所干警对械具使用情况、被监管人员打架斗殴情况；三是监管场所的教育改造数据，如对被监管人员的奖惩考核、学习及劳动改造情况。

（一）常见监督点及数据分析方法

1. 法院向看守所超期送达生效裁判文书

根据最高人民法院《关于适用〈中华人民共和国刑事诉讼法〉的解释》第511条规定，被判处死刑缓期执行、无期徒刑、有期徒刑、拘役的罪犯，交付执行时在押的，第一审人民法院应当在判决、裁定生效后十日内，将判决书、裁定书、起诉书副本、自诉状复印件、执行通知书、结案登记表送达看守所，由公安机关将罪犯交付执行。

通过全国检察业务应用系统填录的生效裁判时间、看守所监管综合信息系统填录的接收人民法院执行文书时间进行数据对碰，分析人民法院是否在裁判生效十日内将执行文书送交看守所，筛查出人民法院超过法律规定时限交付执行文书的监督线索。

2. 看守所违规留所服刑

看守所未依法将死缓、无期徒刑、有期徒刑剩余刑期三个月以上罪犯送交监狱或少管所执行刑罚。根据《公安机关办理刑事案件程序规定》第300条第1款的规定，公安机关接到人民法院生效的判处死刑缓期二年执行、无期徒刑、有期徒刑的判决书、裁定书以及执行通知书后，应当在一个月以内将罪犯送交监狱执行。

首先从全国检察业务应用系统的列表数据中先筛出"无期徒刑以上"（死缓、无期徒刑）的人员。其次从全国检察业务应用系统的列表数据中筛选出"有期徒刑"的人员，以身份信息关联看守所监管综合信息系统列表数据，找出被判处有期徒刑且为实刑的人员。再次以看守所监管综合信息系统列表数据中"刑期截止日期"减去"执行通知书送达日期"，筛选出时长大于三个月的人员（被判处有期徒刑且余刑在三个月以上的人员）。最后从看守所监管综合信息系统中筛选上述名单出入所信息，以"出所时间"减去"执行通知书送达日期"，时长大于三十日的，即为看守所违规留所服刑监督线索。

3. 看守所混管混押

根据《刑事诉讼法》第280条，《人民检察院刑事诉讼规则》第659条第2项、第3项，《看守所条例》第14条等的规定，不同诉讼阶段不同性别的监管对象、成年与未成年监管对象、留所服刑罪犯与犯罪嫌疑人（或被告人）应当分别关押管理，不能混押、混管、混教。

从看守所监管综合信息系统中导出相关在押人员信息，根据"案件编号""所在监室号""年龄"等要素进行比对碰撞，筛查出看守所将同案犯、未成年犯、已决犯与未决犯等混管混押的线索。

4. 审前未羁押被告人判处实刑后未交付执行

根据刑事诉讼法等法律规定，审前未羁押被告人在判处实刑后，法院应作出逮捕决定送交公安机关将被告人收押，然后再将起诉书、判决书、执行通知书和结案登记表一并送罪犯被收押看守所。司法实践中，存在法院未及时送达执行文书，或送达文书后公安机关未及时收押罪犯送监执行的情形。

首先，通过全国检察业务应用系统提取检察机关已起诉，且被告人被取保候审、监视居住或未被采取强制措施的数据后，与法院生效判决数据进行比对，剔除判决未生效案件，以及宣告刑为"缓刑、管制、免处"等案件，得到诉前未羁押的被告人被法院判处实刑的数据。其次，再将得到的诉前未羁押被告人判处实刑数据与看守所的出入所数据进行比对，提取既无出所记录又无入所记录的人员，得到诉前未羁押被告人判处实刑应收未收线索数据。同时，将该数据与法院执行数据进行比对，确认是法院已推送执行但公安机关未依法交付执行线索，或者是法院在判决生效后未依法向公安机关送达执行文书线索。

5. 监内违法不立案、违法撤案

根据《刑事诉讼法》第308条规定，对罪犯在监狱内犯罪的侦查由监狱进行侦查，监狱办理刑事案件，适用本法的有关规定。即罪犯在服刑期间又犯罪的，应当由监狱进行侦查，侦查终结后，由监狱写出起诉意见书，连同案件材料、证据一并移送检察院处理。

首先，通过对监狱狱侦、狱政部门工作总结，监狱总监控室值班记录，狱内110出警记录，分监区、监区犯情记录、监狱狱情分析会等信息，以及派驻检察室现存的控申信件和检察监督等历史资料中能反映罪犯原始表现以及监狱深层次问题的异常信息，以及监狱警告、记过、禁闭行政处罚审批表、械具使用审批表、隔离审查审批表等台账的统计，筛选出三次以上殴打他人的罪犯名单，为破坏监管秩序案件立案监督明

107

其次，通过对监狱罪犯体检、监内就诊、巡诊、外出就诊等医疗信息进行汇总，重点检察罪犯外伤情况，对伤情程度进行初步研判，记录初步判断为轻微伤以上的就医信息的统计，筛选轻微伤以上的人员，结合第一步数据进行比对碰撞，为破坏监狱秩序、故意伤害等案件立案监督排查出有效线索、明确核查方向。

6. 分监区提请减刑、假释后法院减刑、假释裁定下达前，罪犯发生重大违规但监狱未撤回减刑、假释

根据广东省监狱管理局《关于进一步严格依法依规办理减刑、假释、暂予监外执行案件的通知》第3条的规定，在提请减刑、假释后至法院裁定送达前，罪犯受到一次性扣50分以上或者行政处罚等严重违纪情况的，监狱要及时向属地中院申请撤回案件。

首先，通过监狱提供的某一批次减刑、假释的罪犯姓名等信息列表，或者从监狱信息管理系统直接导出数据筛选出某一批次减刑、假释的罪犯姓名等信息列表。其次，通过监狱信息管理系统直接导出日记录、周评议、月考核等罪犯日常表现信息列表，筛选出这一批次罪犯考核截止日至裁定日间全监狱违规罪犯姓名。对以上两项姓名进行"查重"，得到重复出现的姓名，就是启动减刑后违规且被裁定减刑的罪犯名单。

7. 法院对又犯罪罪犯原减刑裁定减去的刑期判决错误，导致罪犯刑期错误

根据《刑法》第70条、第71条的规定以及最高人民法院发布的《关于罪犯因漏罪、新罪数罪并罚时原减刑裁定应如何处理的意见》，罪犯在刑罚执行期间又犯罪，原减刑裁定减去的刑期不计入已经执行的刑期，因此多数情况下刑期会被延长，新判决刑期止日一定大于原判决刑期止日，被判处死缓、无期徒刑的从减为有期徒刑之日起算。

通过监狱侦查终结已移送起诉的案件材料、监狱立案侦查后作出撤

案处理的案件材料、监狱已做调查但未立案的材料、监狱侦查部门查处的罪犯其他重大违规情况的材料,重点查看刑期变化、历次减刑情况等相关信息,只要新判决刑期止日小于原判决刑期止日,则可能是法院将罪犯原减刑裁定减去的刑期计入已经执行的刑期,导致刑期错误。

8. 首次减刑不满起始时间条件

根据广东省高级人民法院《关于办理减刑、假释案件的实施细则》第21条的规定,被判处管制、拘役、有期徒刑的罪犯,减刑的起始时间为:(1)被判处管制、拘役及判决生效后剩余刑期不满二年有期徒刑的,应当执行剩余刑期二分之一以上;(2)被判处不满五年有期徒刑的,应当执行一年以上;(3)被判处五年以上不满十年有期徒刑的,应当执行一年六个月以上;(4)被判处十年以上有期徒刑的,应当执行二年以上。

可以通过提取提请罪犯减刑假释情况登记表和监狱改造系统中的关键数据,运用函数公式进行计算,筛选出有效线索。减刑次数为0的,即本次为首次提请减刑,(刑期止日-入监日期)<2年的,以(考核止日-入监日期)×2≥(刑期止日-入监日期)的,则为合规,否则为线索数据;减刑次数为0的,(刑期止日-入监日期)≥2年的,刑期五年以下(不含五年)的,(考核止日-入监日期)≥1年的,则为合规,否则为线索数据;减刑次数为0的,(刑期止日-入监日期)≥2年的,刑期五年以上(含五年)至十年以下(不含十年)的,(考核止日-入监日期)≥1年6个月的,则为合规,否则为线索数据;减刑次数为0的,(刑期止日-入监日期)≥2年的,刑期十年以上(含十年),(考核止日-入监日期)≥2年的,则为合规,否则为线索数据。

9. 处罚限制期内提请减刑、假释

根据广东省高级人民法院《关于办理减刑、假释案件的实施细则》第10条的规定,罪犯在服刑期间受到警告、记过处罚的,自受到处罚之日起一年内不得报请减刑、假释。罪犯在服刑期间受到禁闭处罚的,自被解除禁闭之日起一年内不得报请减刑、假释。在监狱服刑的罪犯，受到一次性扣 50 分以上处罚的，自受到处罚之日起六个月内不得报请减刑、假释。

将提请罪犯减刑假释情况登记表和警告、记过、禁闭公示表这两个表格以"罪犯编号"为关键词进行比对筛选，在警告、记过、禁闭公示表中保留本次提请减刑、假释的罪犯名单。再将其处罚时间（如禁闭解除时间）与考核止日相比对，时长超过一年的则为合规，否则为线索数据。

将提请罪犯减刑假释情况登记表和罪犯扣分公示表这两个表格以"罪犯编号"为关键词进行比对筛选，在罪犯扣分公示表中保留本次提请减刑、假释且被扣分的罪犯名单。扣分分值大于等于 50 的，将其扣分日期与考核止日相比对，时长超过六个月的则为合规，否则为线索数据。

（二）看守所检察典型案例

看守所检察工作是指人民检察院依法对看守所的执法活动是否符合法律规定实行监督，包括收押管理活动、出所管理活动、教育管理活动、留所执行刑罚罪犯管理活动等。[①] 大数据在看守所检察工作中的应用场景，可以从涉及被关押人员的合法权益保护、教育、健康、安全管理等方面开展，推进"数字赋能监督，监督促进治理"，能够让看守所检察工作从个案办理延伸到类案办理，从而解决一系列深层次问题。

案例四：看守所混押混管检察监督案

【关键词】

看守所巡回检察　混押混管　检察监督

【要旨】

分管分押是指看守所根据在押人员的不同情况而采取的分开关押的管

[①] 杨春雷、万春主编：《刑事执行检察业务》，中国检察出版社 2021 年版，第 117 页。

理制度，是看守所对在押人员进行分类管理的重要措施和有效手段，有利于保证在押人员合法权益，有利于保障刑事诉讼活动顺利进行。通过构建大数据模型，调取看守所在押人员基本信息台账，筛查比对，批量发现混押混管线索，监督看守所依法分管分押，保障在押人员合法权益。

【线索发现】

清远市检察机关在开展看守所巡回检察中发现，某看守所未按法律规定对在押人员分押，存在成年人与未成年人，同案犯、已决犯与未决犯同监仓关押的情形。

【数字赋能】

对在押人员基本信息表按照年龄进行分类，筛选出成年人与未成年人，并分为两表，再将上述两表比对碰撞，监室号相同的则为成年人与未成年人混押混管问题。

对在押人员基本信息表进行分类筛选同案犯信息列表，再将所有同案犯所处监室进行比对碰撞，监室号相同的则为同案犯混管混押的线索。

对在押人员基本信息表进行分类筛选出已决犯和未决犯两表，再将上述两表比对碰撞，监室号相同的则为已决犯与未决犯混押混管的线索。

【案件办理】

通过构建混管混押监督模型，发现成年人与未成年人、同案犯、已决犯和未决犯同监仓关押的线索300条，核查出287条违法情形并发出监督意见。清远市检察机关在看守所巡回检察中，运用大数据监督模型，实现精准监督，督促看守所纠正混管混押违法行为，不仅有效促进了看守所执法规范化，更确保了监管场所的秩序安全稳定和刑事诉讼活动的顺利进行。

（三）监狱检察典型案例

监狱检察工作主要是指对监狱刑罚执行活动和监狱管理执法实行

的监督[①]，检察监督的内容包括狱侦、狱政、罪犯奖惩立功、刑罚变更执行等模块。监狱中再犯罪、违法违规减刑、假释等问题是监狱检察中的工作重点，大数据在监狱检察工作中的应用，可以从检察工作内容入手，聚焦监狱检察监督重点。

案例五：监狱提请减刑检察监督案

【关键词】

监狱　减刑　起始条件　禁止性条件

【要旨】

监狱提请减刑、假释罪犯数据信息量大、相关规则复杂，监狱在押罪犯违规被减刑问题频发，通过个案研判，利用监狱会见管理系统、监管改造系统、狱政管理系统、罪犯生活管理系统、教育管理平台、刑罚执行网上协同办案平台中的数据，建立关于提请减刑起始条件、禁止性条件的提请减刑类案监督模型，判断监狱提请的减刑案件是否存在异常，从而实现快速精准监督。

【线索发现】

某检察院驻监狱检察室在办理2023年第三批减刑假释案件中，发现一名罪犯被判处七年有期徒刑且入监后余刑尚有五年，监区在其执行未满一年六个月就报请首次减刑，违反了相关规定。为对罪犯首次提请减刑起始时间条件和罪犯被处罚后禁止性时间条件严格把关，驻监狱检察室采集了提请罪犯减刑假释情况登记表及监狱相关系统的数据，分析出多个监督线索。

【数字赋能】

通过智能办案与管理系统，获取与汇总有关信息，搭建被判监禁刑

[①] 杨春雷、万春主编：《刑事执行检察业务》，中国检察出版社2021年版，第182页。

罪犯执行与管理的基础数据库，并通过办案系统得以及时的补充、更新，构建监狱提请减刑类案监督大数据法律监督模型。

（1）构建减刑起始时间法律监督子模型。从提请罪犯减刑假释情况登记表以及监狱改造系统导出的罪犯卡片名册中提取出"罪犯编号""减刑次数""刑期止日""入监日期""提请减刑日期""刑期"等要素，运用表格筛选、函数等功能，进行分析、比对、碰撞，挖掘出罪犯不符合首次减刑起始时间条件的监督线索。

（2）构建处罚后限制期内提请减刑、假释监督子模型。从提请罪犯减刑假释情况登记表、警告、记过、禁闭公示表及罪犯扣分公示表中提取出"罪犯编号""警告""记过""禁闭""处罚时间""扣分""提请减刑日期""刑期"等要素，运用表格相关函数，挖掘出罪犯属于减刑禁止期间减刑的监督线索。

【案件办理】

通过该模型的监督，从2023年第三、四批减刑假释案件中，驻监狱检察室排查出罪犯首次减刑不符合减刑起始时间条件的线索15条；排查出罪犯被处罚后，在限制期内仍报请减刑、假释的线索3条。

附录：刑事执行检察常见监督点参考一览表

	监外执行检察应用场景
1	社区矫正机构接受调查委托后未及时通知检察院
2	社区矫正机构未及时完成调查评估或未及时将调查评估文书抄送执行地县级检察院
3	社区矫正决定机关未准确确定执行地
4	社区矫正决定机关未及时送达生效法律裁判文书
5	社区矫正对象未按时到社区矫正机构报到
6	未对社区矫正对象开展分级分类管理
7	社区矫正小组组成人员不合规定
8	保外就医的暂予监外执行人员未按规定去医院复查或未向社区矫正机构提交复查情况报告
9	社区矫正对象外出申请不合规
10	社区矫正对象违反监管规定，未依法予以训诫、警告、治安管理处罚、收监执行
11	未按规定对社区矫正对象进行信息化核查
12	社区矫正对象失去联系后，社区矫正机构未组织查找及将组织查找情况通知检察院
13	社区矫正对象禁止令执行不当
14	公安机关、法院未依法对社区矫正对象被司法拘留、行政处罚、采取强制措施情况履行通知义务
15	未在收到撤销缓刑、假释、收监执行建议后的规定时限内作出裁决
16	收监执行建议书、决定书未同时抄送检察院
17	公安机关未执行对撤销缓刑、假释、暂予监外执行的罪犯追捕
18	人民法院未依法将社区矫正对象的财产性判项及执行情况书面告知社区矫正机构
19	社区矫正对象未在矫正期满三十日前作出个人总结
20	社区矫正对象未按时被解矫
21	解除矫正通知未依法按照规定送达检察机关和公安机关
22	假释或刑满释放后执行剥夺政治权利附加刑的罪犯脱管、漏管

续表

	财产刑执行检察应用场景
23	没有在法定期限内移送立案
24	执行财产刑的范围、顺序不符合法律规定
25	查封、扣押、冻结、划拨等执行措施不符合法律规定
26	对案外人异议处理不当
27	延期缴纳、酌情减少或免除罚金刑不符合法律规定
28	中止执行财产刑不当
29	刑事案件涉案财物处置不当
30	终结本次执行不当
31	终本执行后,未依法定期查询被执行人财产
	监管场所检察应用场景
32	看守所拒绝收押犯罪嫌疑人、被告人、罪犯不当
33	看守所收押犯罪嫌疑人、被告人、罪犯未进行健康和体表检查
34	看守所收押时未依法告知在押人员权利义务以及权利受到侵害时的救济途径
35	所外提解的未按照规定审批并按时返回
36	未按期释放在押人员,出所时未进行人身、物品检查以及财物交接手续
37	看守所执行办案换押制度不严格,应当换押的未及时督促办案机关换押
38	看守所未在在押人员羁押期限届满前七日,向办案机关发出羁押期限即将届满通知书
39	在押人员被超期羁押后,看守所未立即向人民检察院发出超期羁押报告书并抄送办案机关
40	看守所未指定专人负责羁押期限管理工作,催办和超期羁押报告未登记造册。
41	法院未在判决、裁定生效后十日内向看守所送达生效裁判文书
42	看守所未依法将死缓、无期徒刑、有期徒刑剩余刑期三个月以上罪犯送交监狱或少管所执行刑罚
43	看守所未将不同诉讼阶段的监管对象、成年与未成年监管对象、留所服刑罪犯与犯罪嫌疑人(或被告人)分别关押管理
44	审前未羁押被告人判处实刑后,法院未及时送达执行文书,或送达文书后公安机关未及时收押执行

续表

监管场所检察应用场景	
45	监狱对监狱内发生的犯罪行为未依法立案、违法撤案
46	分监区提请减刑假释后法院减刑假释裁定下达前，罪犯发生重大违规但监狱未撤回减刑假释
47	法院对又犯罪罪犯原减刑裁定减去的刑期判决错误，导致罪犯刑期错误
48	罪犯首次减刑不满起始时间条件
49	罪犯受到处罚的限制期内违规提请减刑、假释
50	监狱对符合暂予监外执行条件的罪犯未及时启动暂予监外执行程序
51	被监管人员死亡，监狱干警存在延误治疗、不当治疗等违法情形
52	出监法律文书不齐全、错误，有关监外执行的法律文书未依法送达
53	出监罪犯未按期释放，未进行人身、物品检查

第四章　大数据在民事检察中的深度应用

民事检察监督是民事司法救济的"最后一道防线"。近年来，检察机关坚守创新思维，驱动融合发展，以"审查跳出卷宗，监督跳出诉讼"为行动指南，加大监督力度，实现有效监督，全面推动民事检察专业化和数字化进程。

一、业务需求

在检察工作现代化的时代，面对生效裁判案件、民事审判程序及人员违法、民事执行违法等案件的业务需求，充分发挥民事数字检察优势，高效发现案源线索，解决不专、不会等问题，促进民事检察监督提质增效，是做强民事检察工作的重要突破口。

（一）民事生效裁判案件的特点与数字化监督路径

在民事检察监督的业务中，最基础和最核心的业务是民事生效裁判监督。[1] 最高人民检察院在工作要点中提出要稳保民事生效裁判监督主责主业基本盘，有必要在民事生效裁判监督领域运用数字化手段，持续加强民事生效裁判监督。

---

[1] 于潇：《面向中国式现代化不断健全民事检察监督机制——专访最高人民检察院第六检察厅厅长冯小光》，载最高人民检察院网，https://www.spp.gov.cn/spp/zdgz/202302/t20230217_602156.shtml。

1. 民事生效裁判案件的特点

民事生效裁判案件数量多，案由庞杂，与人民群众日常联系密切。全国检察机关在 2018 年至 2022 年五年间共受理民事生效裁判、调解书监督案件 36 万余件。[①] 据统计，民事案件的案由多达 423 个，涵盖婚姻继承纠纷、合同、无因管理、不当得利纠纷等 42 个方面，关乎人民群众从出生到死亡的合法权益，多为群众身边的"小案"，这些案件均有可能进入检察监督环节。实践中，检察机关受理当事人申请监督的民事案件案由多样，随着经济社会发展，网络服务合同纠纷等新型案件也进入了检察监督的视野。对生效裁判案件的监督，尤其是针对依当事人申请的监督案件案由散乱，不容易要素化、类型化，较难发现个案之间的内在逻辑规律。此外，由于民事生效裁判案件涉及人民群众最关心、最直接、最现实的利益问题，容易滋生司法人员的腐败问题。常见于以权压法过问插手具体案件，借工作中的批示、督促、指导之名干预司法执法活动，串通司法掮客等破坏司法生态行为。

民事生效裁判案件存在一定选择和判断空间，难以界定法官运用自由裁量权范围。《中共中央关于加强新时代检察机关法律监督工作的意见》明确提出，加强对审判工作中自由裁量权行使的监督。因为我国法律制度和司法环境有待完备、法官队伍的生活阅历存在差异和职业化水平参差不齐等主客观原因，法官滥用自由裁量权的现象还不能完全避免。在检察实践中，发现同地区的法院、同法院的法官对同一性质事实认定适用不同证明标准、基于类似事实作出相反裁判、对相同要件事实的证明责任分配不一致、对同一法律条文理解与适用不一致、对法律和司法解释规定不明确或者没有规定、存在重大法律适用分歧、审判和执

[①] 张雪樵：《做强新时代民事检察新闻发布稿》，载最高人民检察院网，https://www.spp.gov.cn/spp/c107228chdfgmcggeqcnpgbshkfhvbehkvkggbtrdknsecdkvppnbsmfr/202302/t20230221_602985.shtml。

行程序存在共性违法行为问题等情形[①]，导致出现"同案不同判""类案不同判"的现象。比如，北京市检察院发现农村房屋买卖合同确认无效后腾房类案件裁判标准不统一，在涉诉房屋尚不具备拆迁条件的情况下，部分法院判决腾房并参照周边地区区位补偿价确定补偿标准；部分法院则认为双方纠纷须待拆迁补偿政策出台后一并解决，驳回当事人的腾房诉讼请求。法官自由裁量权不规范行使对司法公正的形象造成了很大的影响，降低了维护群众利益、司法保障发展以及建设和谐社会的效果。

2.民事生效裁判案件的数字化监督路径

民事检察对生效裁判结果监督的数字办案方法主要是从个案出发，研判民事生效裁判监督点的数字化特征，形成数据筛查规则，通过归集、碰撞法院诉讼活动数据以及相关外部数据，构建数据筛查模型，运用算法分析比对，精准筛查出符合监督特征的案件线索。数字检察能有效保障民事检察监督的精准性和全面性，改变以往难以发现监督线索、难以整合监督工作、难以突出监督成果的局面，变革性提升监督质效。

以运用数字化手段统一法律适用为例。在运用法律方法建构类案检索的思维模型基础上，借助大数据、人工智能等数字科技，通过代码将法律思维模型转化为数字模型，以提高类案检索的效率与准确度。在北京市通州区检察院民法典衔接适用法律监督模型[②]中，该院依托中国裁判文书网、北京法院审判信息网，通过技术手段对2021年1月1日以来通州区法院作出的上万份一审民事生效裁判文书进行筛查分析，掌握2021年1月1日以来法院适用民法典及相关司法解释裁判案件的数量，以及裁判文书中适用新旧法律的整体情况，发现部分文书中存在法律条文适用错误或引用不规范等共性问题。选取不同案由的若干文书，针对

---

① 赵煜亮、刘雅倩、董明玉：《从五个环节入手推进民事检察类案监督》，载最高人民检察院网，https://www.spp.gov.cn/llyj/202112/t20211215_538842.shtml。

② 《北京通州区：构建大数据模型 力促民法典统一正确适用》，载最高人民检察院网，https://www.spp.gov.cn/spp/xsdfljd/202205/t20220525_560563.shtml。

新旧法律衔接适用情况进行对比分析，总结出"民法典施行前后，法律条文适用错误；引用已废止的司法解释或修改前的司法解释条文不规范；引用法律、司法解释、时间效力条文顺序不规范"三大类问题及监督点。该院就其中 221 起案件中存在的民法典及相关司法解释新旧衔接适用的共性问题发出类案检察建议后，检法两部门就如何准确把握民法典的时间效力规定，处理好新旧法律、司法解释的衔接适用，统一类案裁判尺度等问题深入沟通交流并形成共识，确保法律法规统一正确适用。

以运用数字化手段辅助认定事实为例。对生效裁判案件中认定事实部分进行监督，就必须以掌握案情为前提，也就离不开调查核实权的有序行使。利用数字化手段能够收集、归类、分析、研判内部与外部数据，全面地反映案件事实。在广东省珠海市检察院"职业放贷人"类案监督模型中，"两高两部"《关于办理非法放贷刑事案件若干问题的意见》规定"经常性地向社会不特定对象发放贷款"，是指两年内向不特定多人（包括单位和个人）以借款或其他名义出借资金十次以上。司法实践中通常依靠查询涉诉记录认定出借次数，但该院办理的林某某案中，林某某的涉诉记录仅有四次，过度依赖涉诉次数将无法认定为"职业放贷人"。该院从不动产登记中心调取了借款抵押记录，从中提取出抵押权人姓名和抵押时间要素，剔除银行等合法金融主体后分析出高频抵押权人名单，发现林某某实际出借次数高达七十三次，诉讼占比仅 5.5%。通过向不动产登记中心提取不动产借款抵押登记数据，挖掘出"职业放贷人"的真实出借次数，碰撞中国裁判文书网上的民间借贷诉讼数据，能够辅助调查案件事实，还能发现其他"职业放贷人"的民事监督线索。

（二）民事审判程序违法的特点与数字化监督路径

民事审判程序违法是指人民法院在民事审判活动中业已完成的某一

审判程序违反了具体法律规定。① 最高人民检察院在工作要点中要求持续加强民事审判违法监督，督导"二号检察建议"，积极拓宽审判违法监督案件线索来源，要在程序上让公平正义更好更快实现。

1. 民事审判程序违法的特点

实践中民事审判程序违法的表现样态较多，但主要集中在三个方面，一是违反案件受理程序，符合法律规定的起诉和受理条件，应当立案而不立案等；二是违反审判程序和案件审结时限，审理案件适用审判程序错误，法院违反法定审理期限超期限办理案件，或违法收取案件受理费及其他诉讼费用等；三是违反送达程序，法院未按法定方式将相关法律文书送达当事人或其他诉讼参与人、在未穷尽其他送达方式直接使用公告送达等。

另外，民事审判程序违法成因复杂，除了部分审判人员对诉讼程序价值认识不足，从工具论、效率原则的角度来看待诉讼程序等原因外，社会转型期带来的案件多、人员少、经费缺等问题亦是导致民事审判程序违法行为多发的重要原因。从上述可见，民事审判程序违法的问题在实践中类型化和同质化较为严重，尤其是程序中涉及规定"时间"和固定流程"节点"出现问题的频次较高。在数字化监督的背景下，"时间""数量""主体"等数据在要素提取、结构化处理、对比关联碰撞等具体应用中相对其他要素的可操作性、可行性更大，因此，运用大数据监督民事审判程序违法问题的空间较为广阔。

2. 民事审判程序违法的数字化监督路径

以监督审判程序中"时间"违法问题为例。根据《民事诉讼法》第168条的规定，小额诉讼的案件应当在立案之日起两个月内审结。在开展小额诉讼超期限审理的民事审判程序违法行为监督中，检察机关可以

---

① 张雪樵、万春、王轶主编：《民事检察业务》，中国检察出版社2022年版，第166—167页。

借助技术工具批量提取裁判文书中载明的立案时间以及作出裁判文书的时间，将提取出的两组时间数据进行碰撞比对，可有效筛查出审判程序违法案件线索。检察机关首先在小包公·法律AI系统中以"小额诉讼"为关键词检索本地区全部民事诉讼裁判文书，形成涉"小额诉讼"民事案件的基础数据库。通过在系统中智能设置"时间"等标签，分别提取立案时间和裁判文书作出时间，形成结构化信息并导出电子表格。在电子表格中，利用电子表格函数 =DATEDIF（日期1，日期2，"D"）得出相差日期天数后，使用数字筛选功能或条件格式功能标记天数大于"60"的案件，可以有效挖掘从立案之日起超过两个月未审结的案件线索。由于法院延长审理期限的内部审批材料不对外公开，检察机关即便筛查出案件线索后，仍然需要通过人工阅卷等方式开展调查核实工作，但运用数字化手段可以极大提高办案效率。

以监督审判程序中"主体"违法为例。根据《法官法》第36条的规定，法官从人民法院离任两年内，不得以律师身份担任诉讼代理人或者辩护人。法官从人民法院离任后，不得担任原任职法院办理案件的诉讼代理人或者辩护人，但是作为当事人的监护人或者近亲属代理诉讼或者进行辩护的除外。在办理离任法官违规代理民事诉讼案件类案监督中，检察机关聚焦"法官"这一特殊身份"主体"，可以有效发现监督线索。办案中，检察机关向当地组织部调取法院离退休人员名单及其任职履历情况后梳理形成表格清单，然后在裁判文书检索系统平台设置特定辖区、判决时间和文书类型等检索条件后，以离任法官的姓名进行批量检索，可有效检索出离任法官在原就职法院作为代理人参加诉讼的民事诉讼文书，继而碰撞筛选出可疑的离任法官违法代理案件线索，最后通过借助人工手段调卷核查从而排除离任法官作为监护人或近亲属代理的案件，可进一步发现监督线索。通过主体姓名的关联检索，有效减少检察人员在数量庞大的民事案件中逐案排查线索的时间，提升监督效率。

以监督审判程序中"频次"异常问题为例。根据《民事诉讼法》第61条的规定，当事人、法定代理人可以委托1—2人作为诉讼代理人。律师、基层法律服务工作者、当事人的近亲属或者工作人员、当事人所在社区、单位以及有关社会团体推荐的公民，可以被委托为诉讼代理人。在公民违法代理的民事审判程序违法行为监督中，检察机关利用裁判文书检索平台设定具体辖区和裁判时间段，同时在诉讼代理人栏目中以"员工""职员"等为关键词进行检索，可筛选出本地区以员工身份代理参加民事诉讼的案件。将上述案件的诉讼代理人进行高频排序生成电子表格，重点关注出现频次较高的代理人和企业。通过分析研判电子表格中的代理人姓名、企业名称和裁判时间，可以有效发现在较短时间段内同一员工在多家用人单位任职的异常案件，该部分异常案件可作为疑似虚构劳动关系违法从事公民代理业务的违法线索。当然，运用科技手段仅为辅助筛查案件线索，仍需要向法院调阅卷宗材料，人工核查诉讼代理人是否提交有效工作证明、社保缴费记录等信息材料。

(三) 民事执行违法的特点与数字化监督路径

民事执行违法是指人民法院在民事执行活动中违反了具体法律规定，包括消极执行、选择性执行、超标的执行、违法处置被执行财产等违法情形等不规范执行行为。在执行文书数据公开较为欠缺情况下，借助数字化监督路径能够提升民事执行监督办案质效。

1.民事执行违法的特点

民事执行信息联动机制不完善导致有可执行财产而法院未予执行。实施民事执行活动最关键的一点是被执行人财产的可控制性，但相关执行联动单位信息交换不畅通，反馈不及时，存在数据更新滞后、数据采集被动之不足，影响执行数据的准确性、实时性，导致被执行人财产随时存在被转移、被隐匿的风险。各职能部门间的横向共享交流机制尚未形成，异地查控不畅通，信息互通更多停留在书面发函、人工调取的原始阶段。尤其在查控财产工作中，执行联动单位信息互通缺陷问题导致人民法院穷尽现有手段也无法查清被执行人信息，出现被执行人名下有财产但法院调查无果，在检察机关介入后又发现财产的情况。此外相关联动单位消极配合，人民法院缺乏相应的约束机制，进而使"执行难"问题更为突出。

部分执行人员怠于履行职责导致选择性执行、乱执行问题多发。随着经济社会的发展，法院的执行案件数量已多年持续增长，人案配比矛盾突出。有的执行法官名下案件逾千件，比如，清远市清城区法院年办理执行案件逾万件，员额法官仅6人左右，人均办案量1600件以上。在长期超负荷的工作压力下，一些执行人员身心疲惫，难免会产生消极厌战的情绪。此外，一些法院仍重审轻执，将一些能力较弱的人员划入执行队伍，不注重对执行人员的素质培养，平时较少组织必要的业务培训，使得执行人员的司法能力长期得不到提升，不能完全适应新形势下执行工作的需要。有的执行人员对自己要求不严格、工作态度不端正，导致民事执行程序违法行为多发。

被执行人通过将个人财产转移至他人名下等手段恶意规避、逃避执行导致财产调查难度大。进入执行程序后，一部分被执行人想方设法转移隐匿财产，造成无履行能力假象。主要表现在被执行人提供给法院的财产信息多为无价值的财产，真正的财物已由被执行人通过化名、挂名置产等手段进行隐匿，或是与他人恶意串通，进行假抵押、假离婚，通过虚假的经济账目达到逃避应履行支付义务的目的，或是怠于主张到期债权、财产混同、赠与财产等方式转移财产。若直接以申请执行人提供的被执行人财产线索和被执行人提交的财产报告代替财产的调查，未依法穷尽财产调查措施、强制执行措施即采取终结本次执行程序方式结案，将严重影响申请执行人的实体权利。

2.民事执行违法的数字化监督路径

畅通数据获取渠道，多途径归集执行数据。一是打通各机关单位间数据壁垒,通过建立协作配合机制,实现被执行人名下不动产、纳税信息、工作单位等信息精准调查,提升财产核查效率。比如,黑龙江省齐齐哈尔市铁路运输检察院联合齐齐哈尔市铁路运输法院会签了《关于加强民事行政案件执行监督的协作意见》,助力法院破解执行难题。二是充分运用公开数据平台,具体包括法院系统中国裁判文书网、中国执行信息公开网、中国审判流程信息公开网、中国庭审公开网四大司法公开平台,政府机关、第三方企业运营的公开数据平台,比如,开放广东网中的数据超市,可以提供某一地区一段时期的执行结案信息、被执行人名单、失信被执行人名单等执行数据;又如,阿里司法拍卖网、京东拍卖网,可以提供在该平台处置的不动产、机动车、股权等财产的详细拍卖信息。三是盘活检察内部数据,对检察业务系统诸如合同诈骗、虚假诉讼、拒不执行判决、裁定等可能存在刑民交叉的案件数据进行清洗,使之成为民事执行检察监督优质线索源。

比如,广西壮族自治区检察院、广西壮族自治区南宁市西乡塘区检察院构建的网拍房无益拍卖等六种违法情形类案监督模型[1],针对网拍房领域存在的无益拍卖、违法终本、补缴缺漏、定向竞拍、失信移除、安置缺位等常见违法情形,从七大网拍平台、中国执行信息公开网、中国裁判文书网、不动产登记中心提取拍卖信息、信用惩戒情况、终本情况、房屋信息等数据,通过类化数据要素模型统筹碰撞比对,筛查归集网络司法拍卖中的违法线索。从民事执行活动违法行为监督、妨碍司法秩序犯罪立案监督、司法工作人员渎职行为查办等方向,监督支持法院依法行使执行权,有效破解"执行难""执行乱"难题。

找准监督切口,以数字赋能挖掘案件线索。一是数据比对,即通过对两组或以上不同来源数据的主体、时间、采取执行措施依据等进行

---

[1] 孔维华:《"数"里争锋,科技赋能检察提质增效》,载《广西法治日报》2023年11月4日,第1版。

比对，发现违法线索。比如，广东省连山壮族瑶族自治县检察院在开展不动产应解封但未解封监督工作中，通过裁判文书网检索出近年来同级人民法院作出查封和解除查封的执行裁定书，与不动产登记部门涉查封、解封的不动产清单进行比对，可排查出案件已执行完毕但涉案不动产仍处于查封状态、不动产登记部门未对查封到期的不动产进行解封等案件线索。二是数据检索，即通过提炼个案或同类案件的违法特征，归纳出对应关键词进行检索，实现同类问题线索在数据库中的精准定位。如广东省连州市检察院构建的评估程序不规范民事执行大数据监督模型中，针对财产处置成交价低于评估价的但法院仍以评估价而非成交价为标准计算评估费用的情形，以"成交价""评估价""评估报告出具时间""评估收费依据"等为关键词形成表格清单，筛查出成交价低于评估价的案件信息，获取本地区拍卖成功且成交价低于评估价案件线索。三是数据分析，即归集与拟监督问题相关的数据后，通过主体、时间、数量、频次等异常情况推导出可疑案件。

比如，民事财产保全案件执行活动法律模型中，提取与民事财产保全案件执行活动相关联的执保、执行、执恢、执异四类案件信息，通过碰撞比对金额、结案方式、办案期限、裁判结果和执行结果等数据，运用大数据分析、筛选、提示异常案件线索，重点监督超标的、超范围保全问题，跟进监督保全措施转入执行查扣冻措施后的违法问题，对怠于履行协助执行义务、虚假诉讼、拒不执行判决裁定等线索，加强内部线索移送审查，推进民事、行政、刑事、公益诉讼检察融合监督。同步办理类案监督线索，为促进特定领域、环节的系统治理、诉源治理、争议化解提供方向。

二、民事生效裁判结果监督应用场景

民事生效裁判案件的司法公正是人民群众关心的重点问题，而民事检察是监督和纠正民事生效裁判案件中的不当或违法行为，维护人民群众的合法权益。通过数字手段能够统一民事检察监督标准、提升监督质效、提升检察机关司法公信力。

(一) 常见情形

最高人民检察院以民事生效裁判监督工作为主题公布第三十八批指导性案例,并通报相关工作情况。2020年至2022年6月,全国检察机关共办结民事生效裁判监督案件约19.1万件,其中经审查提出抗诉1.2万件、提出再审检察建议2.3万件,抗诉改变率、再审检察建议采纳率均大幅上升。从全国民事案件数据可以看出,民事生效裁判案件监督涉及面广、案件量大,数据资源优势明显,大数据赋能监督具有应用价值。通过梳理民事案件的办案规律,可以发现对生效裁判案件的监督主要集中于合同纠纷,比如借款合同纠纷中借款合同效力认定、借款相关凭证举证、借款利息约定不明、盲目担保、被迫担保、冒名担保、欺诈性担保、忽视诉讼时效或保证期间等问题;建设工程施工合同纠纷中"黑白合同"、挂靠、无权代理问题;劳动纠纷中劳动争议双方的性质、养老或医疗保险待遇、工伤认定等问题;争议婚姻家庭继承纠纷中夫妻共同债务认定、遗产分配等问题。利用民事数字检察能够在事实认定、效力审查、法律适用等方面有效推动解决一些隐蔽性、深层次、"老大难"问题。

(二) 精准监督

精准监督是民事检察工作高质量发展的核心。应发挥类案指导作用,重视具有纠偏、创新、进步和引领价值的案例,避免片面追求数量,强化精准监督,确保公正、准确审理。在支持监督的服务场景中,数字检察主要应用于两个方面,一是要总结个案的特点和规律,通过类案检索把握同类型案件的裁判规则,推动案件"同案同判";二是归纳不同类型民商事案件的特点和规律,通过数据分析和建构模型,辅助检察人员进行类案分析,进而实现类案监督,推动诉源治理。

运用大数据进行类案检索推动"同案同判"。类案检索是在存在法律适用争议，缺乏明确裁判规则或者尚未形成统一裁判规则等情况下，规范裁判权、促进法律统一适用的方法。在类似的案情中，法官的裁判就不应该大相径庭。若无正当理由，而与既有相似案件的处理结果存在较大偏差，将引发当事人对公平正义的质疑，严重损害司法权威和公信力，降低人民群众对司法的满意度。而运用大数据进行类案检索则是促进法律统一实施，实现"同案同判"的重要手段。通过对一个时期、一个区域内同一类型的已生效民事裁判案件进行大数据类案检索，可以进一步明确认定事实、适用法律等问题，为审查类似的生效裁判监督案件提供了重要范例和参考依据，进而统一裁判尺度、规范审判权运行，推进精准监督。

比如，清远市检察院办理的保险合同纠纷领域的伍某交通事故损害赔偿申请监督案，甲运输公司应对谭某、伍某的死亡承担30%的赔偿责任。由于甲、乙两家运输公司签订的安全互助服务协议所约定的互助限额为50万元，能够足额赔偿损失，故法院判令甲运输公司无须再承担赔偿责任。实践中，各地法院在审理涉及安全互助服务的道路交通事故损害赔偿案件的过程中，对于安全互助服务的性质及其效力的认定不尽相同，不同的观点导致裁判的结果截然不同，全国多地存在"同案不同判"现象。检察人员利用小包公·法律AI平台的案例检索功能，以"机动车交通事故责任纠纷"为案由，以"安全互助"为关键词，以"广东省"为地域条件，检索了近五年涉及安全互助服务的道路交通事故损害赔偿案件后发现，有7份判决书认为安全互助服务的性质属于商业第三者责任险，互助公司应当向交通事故受害人承担保险责任；另有8份判决书认为安全互助服务不属于商业第三者责任险，其效力仅及于合同相对人之间。实际上，《保险法》第6条明确规定了保险业务的经营主体，而互助公司通常不具有保险业务经营资质，其提供的安全互助服务不属于商业保险，双方签订的合同仅具有一般合同的效力。具体至该案中，乙运输公司并不属于依法设立的保险公司或其他保险组织，不得经营保险业务。故甲、乙两家运输公司之间的安全互助服务的性质并非商业第三者责任险，相关协议原则上仅在合同当事人之间产生效力。原审法院判决直接由乙运输公司承担保险责任，存在事实认定不清、法律适用错误的情形，清远市检察院依法提出抗诉。2021年4月，法院启动再审程序后作出民事判决书，判决撤销原审判决，改判甲运输公司对伍某一方负赔偿责任，乙运输公司在互助限额内对该笔赔偿承担连带责任。2021年9月，广东省保险业协会发布风险提示，明确安全互助业务并非保险业务。

通过大数据进行类案分析推动深层治理。通过关联分析方法从类似案件之间发现线索，再通过手动排查、分析研判和调查核实，实现对串案、类案进行实质性监督，进而推动深层次治理，是大数据赋能民事检察的重要功能之一。传统的类案分析手段主要是调取大量法院卷宗材料后进行人工审查、筛查和分析，消耗了人力和物力却收效甚微。随着大数据的发展和应用，借助信息化技术手段将海量数据进行要素化、结构化处理，进一步设置有效分类和逐层筛选，减少人工作用的环节，提高发现监督线索的效率和精准度。

比如，清远市检察院办理的民间借贷纠纷领域的吴某民间借贷纠纷抗诉监督案。2014年至2018年，吴某等人向朱某等社会不特定对象多次发放贷款，涉及金额高达4000多万元。非法放贷行为的性质决定了其并非个案，往往涉及多名债务人。检察机关在监督过程中，跳出传统就案办案模式，构建了非法放贷监督模型，发现批量线索，实现类案监督。通过将不动产登记信息数据库和民间借贷诉讼信息数据库进行碰撞，再运用表格函数智能分析软件，筛查出同时存在于两个数据库的高频借贷行为人，再借助审查、调查、侦查三查手段查明事实，可精准发现批量监督线索。一是以关联检索查明放贷主体涉诉情况，通过小包公·法律AI案例检索系统，结合刑事卷宗，运用关键词检索、数字画像等方式，查明非法放贷团伙人员架构、借贷案件诉讼情况。二是以共享数据统计放贷数量，争取公安、不动产登记等部门支持，获取相关人员户籍、关联债权、不动产借款抵押登记等信息，精准统计出非法放贷的次数。三是以统计软件追踪借款资金来源及流向，通过表格的筛选、查找及求和等数据透视功能和银行账单分析软件，逐一定位相关资金流水，查清是否存在套取贷款、高利转贷、"砍头息"、实际借款利息畸高等问题。经审查认为，吴某等人在经营某公司期间以营利为目的多次向朱某等社会不特定对象发放贷款，违反了法律强制性规定，扰乱了国家金融市场和金融秩序，应依法认定所涉民间借贷合同无效。2022年10月起，清远市检察院先后向法院提出抗诉5件，案涉金额达1600余万元。

（三）息诉罢访

检察机关办理的民事申请监督案件中，作出不支持监督申请决定的案件占较大比例。利用数字赋能加强民事监督案件息诉工作，化解矛盾纠纷，维护社会稳定，是坚持和发展新时代"枫桥经验"，切实提升检察环节息诉罢访效果的要求，也是做好民事检察工作的重要内容。

2012年民事诉讼法修改后，增加了当事人向检察机关申请监督必须先向法院申请再审的前置程序。因此，检察机关受理的民事申诉案件当事人均已在法院经历至少两次的诉讼程序，付出了大量时间、金钱成本，却仍未达到预期的结果。尤其是二审的改判结果与一审判决结果截然相反、再审申请又被驳回的情况下，当事人之间的矛盾进一步激化，片面认为法院在事实认定、法律适用或判决结果上枉法裁判，对司法工作的信任已有裂痕。因案件涉及多重法律关系、当事人缺乏法律基本知识等复杂因素，检察机关化解矛盾和释法息诉难度大。如果检察机关仅从法律条文出发，向当事人解释法律规定，难以让当事人真正信服。检察机关可以运用大数据，深入了解当事人的具体情况和诉求后，针对申请监督案件的情况进行类案检索，并对类案判决情况进行汇总、分析，逐一向当事人展示，进行有针对性的解释和说明，让当事人更好地理解法律的规定和背后的逻辑。除了从法律层面向当事人进行解释外，更重要的是打消了当事人内心对法官判案不公的疑虑，极大提高了检察机关释法说理的效率和效果，为息诉罢访奠定良好基础。

比如，张某某与某物业管理有限公司某分公司劳动争议纠纷检察和解案。[①] 2012 年 9 月 10 日至 2016 年 4 月 7 日，张某某工作时间为早 8 时至次日早 8 时，工作 12 小时休息 24 小时，再工作 12 小时休息 48 小时，周六、日不休息；2016 年 4 月 8 日至 2016 年 8 月，每月延时加班至 13 小时。因某物业公司违法解除劳动合同，张某某在某物业公司实际工作至 2017 年 9 月 25 日。张某某诉请法院判令某物业公司支付 2012 年 9 月至 2017 年 9 月延时加班费 45422 元。法院判决，结合张某某出勤天数及基本工资，计算其延时加班工资共计 47000.35 元。某物业公司提交的工资表显示已支付 42830 元固定加班费，仍需支付 4170.35 元。天津市检察院第三分院受理案件后，积极开展调查核实，利用裁判文书的检索平台对相关问题进行检索，发现某物业公司四年来存在近 50 件劳动争议纠纷案件，主要涉及违法解除劳动合同、未依法足额支付延时加班费、带薪年休假工资等问题，且均败诉。经综合分析案情，该院考虑到某物业公司关联案件众多，本案标的额较小，从有利于化解矛盾、促进当事人息诉罢访的角度出发，在征求张某某和某物业公司双方意见后，开展释法说理工作，促成双方和解。为进一步提升案件审查质效，天津市检察院第三分院就本案召开公开听证会，组织双方当事人举证质证。在听证过程中，张某某与某物业公司自愿就该劳动争议纠纷一案达成和解并签署和解协议，天津市检察院第三分院依法作出终结审查决定。此外，该院通过查询中国裁判文书网、询问当事人，利用大数据检索某物业公司涉多起劳动争议纠纷，梳理发现该公司因经营管理漏洞，存在侵害劳动

---

① 最高人民检察院印发的《贯彻实施民法典典型案例（第二批）》案例三。

者合法权益情形。为切实保障劳动者合法权益,推动公司健康发展,该院向某物业公司制发改进工作检察建议,建议该公司提高管理水平、开展法纪教育、保障职工合法权益。某物业公司按照检察建议开展了相关整改工作。

三、民事审判程序违法监督应用场景

在大数据赋能法律监督的背景下,审判程序违法行为往往存在"办一案、牵一片"的情况,同性质、同类型的案件较多,成倍提升民事检察监督案件的办案数量。2022年,全国检察机关共对民事审判活动违法行为提出检察建议6.2万件,占全部民事检察案件的25.9%。[①]

(一)常见情形

民事审判程序违法监督是在民事诉讼活动中的受理环节、审查环节以及结案环节实现全流程的监督。民事诉讼活动受理环节的常见程序违法情形,主要有应当立案而不立案,未在规定期限立案或回复不立案、未在规定期限内送达立案通知书和起诉状副本等程序违法问题。人民法院在受理民事纠纷案件后,自然进入民事诉讼活动的审查阶段,在该阶段常见的程序违法情形,主要有违法适用审判程序、诉讼中止和终结违法、庭审审理不符合法律规定、法官和书记员未在庭审笔录上签字、违反法定审限、扣除审限不当、送达方式错误、送达超期、未送达当事人、公告送达不合法、相关法律文书不规范、财产、证据保全违法等等。人民法院在结案后,仍有可能存在程序违法的情形,比如,裁判文书送达不规范、移送执行不及时以及诉讼费应退未退等。此外,审判程序违法的背后常出现有审判人员违法或者失职的"影子",检察机关依法履行审判人员违法监督职责,推动对隐藏在司法不公案件背后的审判

---

① 《2022年全国检察机关主要办案数据》,载最高人民检察院网,https://www.spp.gov.cn/xwfbh/wsfbt/202303/t20230307_606553.shtml#1。

人员违法行为进行调查、监督、追责，有助于解决民事审判领域深层次违法问题。

（二）受理环节

民事诉讼的受理、立案阶段，是民事诉讼过程的起点。在受理环节，管辖违法、权利义务告知有瑕疵、审判组织成立违法等问题将直接影响当事人的诉讼权利。比如，在立案过程中，法院立案庭对当事人的起诉一般采取单方审查的方式决定是否立案受理。认为符合受理条件的即向起诉人（原告）送达案件受理通知书，同时向被起诉人（被告）送达应诉通知书；认为不符合受理条件的则口头告知起诉人不予受理或书面裁定不予受理，甚至在一些法院，只有在起诉人坚持书面答复时才会得到一纸裁定，出现以口头告知代替书面告知的情况。

以广东省阳山县检察院办理的离婚权利义务书面告知类案监督模型为例。婚姻关系的一方当事人在婚姻关系存续期间，实施法律所规定的重大过错行为，侵害了另一方配偶的合法权益，造成婚姻关系破裂的结果，离婚时对于无过错方配偶所遭受的损害，过错方配偶应承担民事赔偿责任。《民法典》第1091条规定："有下列情形之一，导致离婚的，无过错方有权请求损害赔偿：（一）重婚；（二）与他人同居；（三）实施家庭暴力；（四）虐待、遗弃家庭成员；（五）有其他重大过错。"在原《婚姻法》第46条规定的基础上，删去"有配偶者"的表述，增加"有其他重大过错"作为可以适用离婚损害赔偿的兜底条款。"有其他重大过错"的新增规定，将其他一些确实给对方造成严重损害的情形纳入损害赔偿的范围中，进一步完善了离婚损害赔偿制度。最高人民法院《关于适用〈中华人民共和国民法典〉婚姻家庭编的解释（一）》规定，人民法院受理离婚案件时，应当将《民法典》第1091条等规定中当事人的有关权利义务，即离婚损害赔偿的相关内容书面告知当事人。该司法解释规定了法院受理离婚案件时的书面告知义务，是落实保障无过错方的知情权，有利于无过错方的合法权益的保护及离婚自由原则的实现。

在司法实践中，常见忽略立案受理时的程序规范问题，加之处于新行法律的适应阶段，部分法院可能存在未及时更改立案受理时的既定程序，未在受理离婚案件时，书面告知当事人关于无过错方请求损害赔偿的权利。此时存在类案监督的可能性，利用数字检察予以核查尤为重要。检察机关在运用数字手段进行审查与监督可以从以下方面入手：一是数据获取。在中国裁判文书网等案例检索平台搜索"离婚""解除婚姻关系""婚姻"等关键词，筛查出自2021年1月民法典正式施行以来的离婚纠纷案件以及判决书。面对法院内部系统新推出全国法院裁判文书库，要在原有中国裁判文书网获取最新的公开信息，仍存在一定困难。建议可以另辟蹊径，在当地的人民法院官方网站搜索"排期开庭表"，以此方式筛查出2021年民法典正式施行以来已开庭的离婚纠纷案件。二是调取卷宗。向广东省阳山县法院调取相关案件的卷宗材料，比对人民法院已受理、已开庭、已判决的离婚纠纷案件中，其诉讼卷宗材料有无显示已告知当事人离婚损害赔偿相关权利义务的书面材料。三是类案监督。筛查出离婚纠纷案件中，人民法院对多宗案件当事人均未在受理离婚纠纷案件时，向当事人书面告知离婚损害赔偿相关权利义务，可向法院发出类案检察建议。

（三）审查环节

人民法院在受理民事纠纷案件后，进入民事诉讼活动的审查阶段。数字赋能民事全诉讼流程的监督，在审核诉讼材料、证据交换、委托鉴定、开庭审理、文书送达等实质审查阶段，切实维护当事人的诉讼权利。比如，针对应适用未适用、不应适用却适用简易程序，导致的公正与效率失衡问题，内蒙古自治区鄂尔多斯市杭锦旗检察院研发了人民法院不当适用简易程序监督模型。针对法院违法适用公告送达，剥夺了当事人的辩论权现象，贵州省毕节市纳雍县检察院研发了涉企民事违法公告送达监督模型。以公民违法代理类案监督活动为例：

一是确定监督点，梳理所含违法情形。公民违法代理的主要情形有违法以律师名义参与民事诉讼活动、以员工身份代表多家用人单位参与民事诉讼活动、违法以基层法律服务工作者身份参与民事诉讼活动以及有关社会团体推荐的公民、以亲属身份担任诉讼代理人的案件，存在未依法提交证明材料的违法情形。

二是分析关键词，逐层筛查案件线索。根据目标文书的共同特性，分析抽取关键词，逐层对信息进行过滤，初步确定可疑案件线索。可以使用漏斗分析法，先以"委托诉讼代理人"为关键词筛选出民事诉讼中有代理人的案件，在此基础上，再以"律师""法律服务工作者""员工""法务"等为关键词，辅以人工筛查，提取委托诉讼代理人的姓名、职业、身份等要素，对代理人的身份进一步分类。

三是调取数据，奠定数据核实基础。从监督点所需核实的信息出发，向有关单位调取相关资料。比如，核实是否违法以律师名义参与民事诉讼活动的情形，可向当地司法行政机关、律师协会等调取已被注销、吊销律师执业证书的律师清单，还可向当地组织部门调取法院离任人员信息清单等。核实有关社会团体推荐的公民、以亲属身份担任诉讼代理人的案件，存在未依法提交证明材料的违法情形，向法院调取可疑案件的卷宗材料，重点查阅委托诉讼代理人材料部分。

四是数据碰撞，发现目标案件线索。将检索出的律师清单与被注销、吊销律师职业证书的律师清单、法院离任人员信息清单进行碰撞，同时将代理时间与证书注销、吊销时间、离任时间碰撞，可以发现违法以律师名义参与民事诉讼活动的案件线索。筛选出同一代理人同一时间段作为员工参与的诉讼信息，将被代理人信息进行碰撞，发现以员工身份代表多家用人单位参与民事诉讼活动的案件线索。

五是人工核查，确定监督案件线索。利用大数据可以将检察人员从大量的数据中解放出来，提高工作效率，但没法代替人工对信息进行判断与分析。因此，检察人员还需通过卷宗的审查与数据的分析，最终确定可监督的案件线索。比如，有关社会团体推荐的公民、以亲属身份担任诉讼代理人的案件，需要人工查阅法院卷宗，方可确定是否存在未依法提交证明材料的违法情形。

（四）结案环节

历经受理、诉讼等环节，常规的民事诉讼流程走到了收尾阶段。法院在结案环节应当送达诉讼文书、移送执行案件、归档案件材料、收退诉讼费用等，检察机关利用数字检察能够有效地监督结案环节，确保司法公正和法律正确实施。比如，在诉讼费不规范退还类案监督工作中，诉讼费是当事人到人民法院提起诉讼，利用司法程序解决其纠纷所需要支付的费用。诉讼费收退程序完善与否还关乎案件当事人的直接利益，关乎我国司法的权威性以及"司法为民"理念的践行。虽然对诉讼费制度与诉讼费业务流程有了相应的规定，但是在诉讼费内部控制实践中还存在诉讼费退费目标与相关要求符合度差、控制落实不彻底、信息传递性差、考核监督乏力等问题，导致诉讼费业务出现收费标准不统一、退款程序繁杂、退款周期长等问题。《诉讼费用交纳办法》第53条规定："案件审结后，人民法院应当将诉讼费用的详细清单和当事人应当负担的数额书面通知当事人，同时在判决书、裁定书或者调解书中写明当事人各方应当负担的数额。需要向当事人退还诉讼费用的，人民法院应当自法律文书生效之日起15日内退还有关当事人。"《诉讼费用交纳办法》施行后，确立了胜诉退费的规则，人民法院应当自法律文书生效之日起十五日内将诉讼费用退还相关当事人，再由人民法院向败诉方收取。然而，在司法实践中，前述规范未能得到严格落实，退费的执行程序也较为混乱，导致诉讼费的退还流程不畅[①]，如发现人民法院违反规定以立执行案件方式退还诉讼费，部分胜诉方不懂具体规定，由胜诉方直接承

---

① 陈岑主编：《开启数字检察之门》，中国检察出版社2023年版，第231页。

担了难以取回应当由法院归还诉讼费的风险。

一是在胜诉方不知情或不愿意的情况下，法院判决诉讼费由败诉方径行向原告支付。最高人民法院《关于适用〈中华人民共和国民事诉讼法〉的解释》第 207 条规定："判决生效后，胜诉方预交但不应负担的诉讼费用，人民法院应当退还，由败诉方向人民法院交纳，但胜诉方自愿承担或者同意败诉方直接向其支付的除外。当事人拒不交纳诉讼费用的，人民法院可以强制执行。"最高人民法院《关于适用〈诉讼费用交纳办法〉的通知》第 3 条规定："……诉讼费用由败诉方负担，胜诉方自愿承担的除外。对原告胜诉的案件，诉讼费用由被告负担，人民法院应当将预收的诉讼费用退还原告，再由人民法院直接向被告收取，但原告自愿承担或者同意被告直接向其支付的除外。当事人拒不交纳诉讼费用的，人民法院应当依法强制执行。"虽然在实践中存在许多"径付"诉讼费的现象，但由于《诉讼费用交纳办法》规定胜诉方自愿承担的，可由双方当事人径付方式处理。因此，在利用数字检察排查线索时，应当注意将"胜诉方自愿"的情况排除在外。具体而言：一方面对基础数据库进行初步筛查，在判项中设置"径付""径向""不予退还"等为关键词，筛选出败诉方径行向胜诉方支付诉讼费的案件。另一方面是要通过在判项中设置"同意"等关键词，排除胜诉方同意败诉方直接向其支付的情形。另外，仍需增加人工核查是否在民事案件卷宗中庭审笔录曾经提及的情形。

二是诉讼费违反规定以立执行案方式退还。最高人民法院《关于人民法院立案、审判与执行工作协调运行的意见》第 6 条规定："人民法院在判决生效后退还当事人预交但不应负担的诉讼费用时，不得以立执行案件的方式退还。"该类情形的审查稍有难度，其中涉及狭义上的诉讼活动与执行活动，而民事诉讼复杂且闭环的程序也使检察人员对诉讼执行活动的审查有较大局限性。此时需将诉讼环节和执行环节通过数字化紧密联系起来，将中国裁判文书网中的裁定终结本次执行的内容进行

"诉讼费""案件受理费"等关键词搜索,筛查出在判决生效后未及时退还胜诉方诉讼费用的,改为立执行案的方式退还的,且已终结本次执行结案的情形。

三是二审发回重审、维持一审法院作出不予受理或驳回起诉裁定等案件未退还当事人案件受理费。《诉讼费用交纳办法》第 27 条规定:"第二审人民法院决定将案件发回重审的,应当退还上诉人已交纳的第二审案件受理费。第一审人民法院裁定不予受理或者驳回起诉的,应当退还当事人已交纳的案件受理费;当事人对第一审人民法院不予受理、驳回起诉的裁定提起上诉,第二审人民法院维持第一审人民法院作出的裁定的,第一审人民法院应当退还当事人已交纳的案件受理费。"通常情况下,历经发回重审或一审不予受理、驳回起诉等胜诉方较不明显的环节,诉讼费的退费容易被法院或双方当事人忽略。而监督点的发现,在于多项数据同时碰撞比对,将二审发回重审案件与二审法院诉讼费退还数据进行比对,另外将一审裁定不予受理或驳回起诉案件与一审法院诉讼费退还数据进行比对,从而筛查出可监督情形。

四、民事执行监督应用场景

如果说执行程序是民事诉讼最后一个环节,民事执行检察监督则是社会公平正义最后一道防线。树立数字思维、运用数字手段,有助于提升民事执行检察工作的线索发现、财产调查能力,进一步强化检察监督刚性。

(一)常见情形

民事执行检察的工作重点集中于执行立案、执行送达、财产调查、参与分配、财产保全、确定处置参考价等常见情形,应用于司法拍卖程序、套取公积金、被查封车辆仍在使用、虚假劳动债权执行、终结本次执行程序、民事执行失信惩戒和限制消费措施条件等场景。

（二）线索发现

树立数字检察思维，通过分析法律规定、抽取同类问题的违法特征等方式建模排查，有助于批量发现监督线索，深化治理成效。以广东省清远市检察机关为例，2021年民事执行检察办案量仅20余件，开展数字检察工作后，2022年以数字思维发现线索并成案突破100件。实践中，数字赋能线索发现的常用做法如下：

一是数据比对，即通过对两组或以上不同来源数据的主体、时间、采取执行措施依据等进行比对，发现违法线索。比如，在失信惩戒和限制消费措施监督工作中，通过批量提取中国裁判文书网执行文书中失信被执行人信息，包括执行案号、身份信息、纳入原因、纳入时间等，与中国执行信息公开网失信被执行人名单进行比对，可排查出未按规定删除失信信息的案件线索。

二是数据检索，即通过提炼个案或同类案件的违法特征，归纳出对应关键词进行检索，实现同类问题线索在数据库中的精准定位。比如，在车辆查封监督工作中，在中国裁判文书网中检索"车辆""查封""去向不明""终结本次执行"等关键词，可定位出因被查封车辆去向不明而无法处置的案件线索，再通过进一步调查核实可掌握车辆当前去向，判断是否确实无法查扣。

三是数据分析，即归集与拟监督问题相关的数据后，通过主体、时间、数量、频次等异常情况推导出可疑案件，比如，在虚假追索劳动报酬纠纷执行监督工作中，通过对执行文书库进行数据分析，输出同一主体在同一时期多次被作为劳动仲裁或诉讼案件被执行人的案件后，可作为下一步研判对象。

（三）财产调查

检察机关在执行监督工作中，可依据《人民检察院民事诉讼监督规则》有关调查核实的规定，打通各机关单位间数据壁垒，有针对性地开展被执行人财产调查，提升财产调查效率，助力解决法院财产调查职权主义模式下的"执行难"问题。实践中，数字赋能财产调查的常用做法有二：

一是打通数据壁垒，实现执行财产应查尽查，即通过与自然资源、税务、社保、金融机构等单位建立协作配合机制，实现对被执行人名下不动产、纳税、工作、资金等信息精准调查，比如，清远市检察机关依托上述机制，在抚养费纠纷执行监督工作中查明，部分执行案件虽处于终结本次执行状态，但被执行人名下有财产、有稳定工作收入，遂推动9件抚养费纠纷案件依法恢复执行，有力守护未成年人合法权益。

二是运用三查手段，打击逃避执行行为，即运用数字思维，通过审查、调查、引导公安机关侦查等手段，查明被执行人隐藏、转移、转让财产妨害执行的情形，比如，在某申请执行监督案中，清远市检察机关通过分析人口信息、资金流水、购房记录等数据，助力查明一批被执行人为逃避执行而委托他人代持、价值近3000万元的财产，并推动追究相关人员拒不执行判决、裁定责任，为破解财产调查难注入数字活力。

（四）强化刚性

传统的监督模式下，个案审查存在一定局限性，往往导致法律监督流于形式、信息不畅、刚性不足等问题，而数字检察可以有力避免监督刚性不足、权威较弱等问题。[①]

一是拓展监督深度，树立数字思维，运用三查手段，进一步发掘执行案件中的监督点，从程序性监督深入到实体性监督，比如，广东省清远市清新区检察院通过比对工商登记信息发现，某个体经营饭店虽然名下暂无财产，但饭店属于个体工商户，其经营者未被列为被执行人，遂建议法院依法追加饭店经营者为被执行人，从另一角度切实解决40余名劳动者的讨薪难题。

---

① 陈岑主编：《开启数字检察之门》，中国检察出版社2023年版，第23页。

二是助力类案监督，通过总结个案特征，设计监督规则，将个案监督延伸至类案治理，比如，广东省连州市检察院发现个案中支付评估费不合理的问题，遂总结该类违规付费案件的特征，以类案检察建议助力30余件案件规范评估费支付，并推动人民法院、评估公司、行业协会就规范收费形成共识。

三是促进融合治理，即通过"专项推动、专家带动、专班行动"工作模式，汇聚各业务条线的检察人员共同办案，实现各业务条线间的线索有序互移、数据高效共享、四检融合监督。

四是推动对人监督，通过树立"在办案中监督、在监督中办案"的理念，将民事检察监督与侦查办案有机结合，在侦查线索发现、调查核实过程中融入数字思维，购置智能侦查取证设备，健全侦查信息共享机制，对时间链、人物链、案件链、资金链、财产链等要素进行数据分析，有助于检察机关主动发现执行违法渎职问题，有力提升侦查线索质量与侦查工作效率。比如，在司法网络拍卖监督工作中，清远市检察机关通过对司法网络拍卖数据智能清洗与结构化处理，并对标的物占有使用的情况进行数据分析，查明个别执行人员与被执行人恶意串通伪造租赁合同妨碍债权人实现债权的情况，并推动依法处理。

五、虚假诉讼监督应用场景

最高人民检察院《2023—2027年检察改革工作规划》提出要求健全对虚假诉讼的监督纠正机制。利用数字技术加强对虚假诉讼的防范和打击，是检察机关以高质量检察助推国家社会治理能力和治理水平现代化的重要举措。

（一）一般情况

虚假诉讼案件具有隐蔽性强、案件事实纷繁复杂、调查取证手段刚性不足等特征，以至于检察机关在办理虚假诉讼案件时，面临案件线索发现难，成案率不高等问题。虽然对民事虚假诉讼开展检察监督客观上存在着不小的困难，但在大数据赋能下，检察机关开辟了破解虚假诉讼的新路径。具体而言，在大数据思维的驱动下，检察人员跳脱就案办案的思维窠臼，通过审视海量数据背后的内在关联，根据虚假诉讼案件的高发领域，比如，借贷纠纷、劳资纠纷、保险理赔纠纷设置不同的应用场景，通过数据分析碰撞，挖掘出不同类型的虚假诉讼监督线索。同时，检察人员立足整体性、全局性的思考，不再囿于个案的被动审查，主动发现同类问题以及背后的运行机制所存在的深层次漏洞，紧盯虚假诉讼背后司法工作人员相关职务犯罪。

（二）民间借贷领域

民间借贷纠纷通常涉及的法律关系比较简单，当事人需要举证的证据少、要求低，证据链更加容易形成，虚构案件事实时不会出现明显的破绽。加上民间借贷纠纷的案件审理周期短，且通过民间借贷的形式进行虚假诉讼的收益远大于成本，当事人可以自主将诉讼成本降到最低，从而谋取最大程度的非法利益。在此背景下，民间借贷领域成为虚假诉讼的重灾区。检察人员可以充分借助大数据的检索、筛查、对比、碰撞，有针对性地挖掘民间借贷虚假诉讼的案件线索以及借助大数据突破案件。

对民间借贷案件进行智能分析，确定分析对象。民间借贷虚假诉讼案件中的原告多为以放贷为职业的人员，因此会存在批量起诉不同被告民间借贷纠纷的情形。可以以近五年民间借贷纠纷案件为样本，通过设置"原告：×××"的标签，提取出原告的姓名，并导出表格。通过表格筛选工具，就可以筛查出起诉频繁的原告名单，将其列为重点分析对象。确定分析对象后，可将相应的人员姓名在检察业务应用系统中进行检索，查找分析是否涉及刑事案件。

研判分析对象所涉及的裁判文书。民间借贷领域的虚假诉讼案件，通常具有被告缺席判决的特征，这种情况下难以从裁判文书看出异常点。因此可以反其道而行，转而分析有被告出席庭审且进行抗辩的案件，分析被告抗辩的理由，比如，被告抗辩案涉的民间借贷关系是虚构的、已将借款本金偿还完毕、案涉的借款实际上是赌资、原告借款时存在"砍头息"起诉时虚增借款金额等等，进一步增加对原告是虚假诉讼的嫌疑。若分析对象存在套路贷、寻衅滋事等刑事案件，则可通过文本识别软件对其所涉刑事卷宗进行转化后检索，进一步确定原告利用民间借贷纠纷制造虚假诉讼谋取非法利益的行为。

数字化手段赋能调查取证。确定案件线索后，如何让线索落地是检察机关开展民间借贷虚假诉讼过程中的一大难题。民间借贷虚假诉讼案件突破的关键在于证实涉诉借款合同关系是全部虚构或部分虚构的情形，而自然人之间的借款合同是实践合同，该合同仅有双方当事人的合意不能成立，必须有实际的交付行为，即合同是在贷款人提供借款时成立。因此，应当以借款合同是否成立、诉争的民间借贷关系是否合法、该关系起诉时是否仍然存在、是否已真实履行、履行的金额是否为诉请的借款本金作为调查的重点方向。而在数字检察的背景下，应用数字化审查调查手段，可以更好地帮助检察机关挖掘虚假诉讼案件线索。一方面，借款合同成立的核心在于借款的支付，因此银行流水成为调查核实的关键。对于银行流水的核查，一般调取回来的银行流水时间跨度大，涉及人员多。因此利用数字化的资金流水穿透工具如话单账单分析系统，能够在繁杂的银行流水中迅速发现案涉人员之间的资金往来，以及实际借款款项的来往，进一步确认借款合同是否实际履行。另一方面，要充分利用互联网资源，利用天眼查、百度搜索等公开渠道，查找案涉人员之间的关联关系，如是否为同一公司的股东，是否同时出现在同一场合等，以确认原被告之间可能存在的特殊关系。

比如，河南省郑州市金水区检察院办理的牛某虚假调解监督案。牛某为实现"套路贷"犯罪目的，在支付借款前就强迫被害人李某到法院达成调解，并申请执行李某的房产。检察人员梳理得出牛某和李某在"套路贷"刑事案件中是被告人和被害人，在民间借贷民事案件中是原告和被告，在民事执行案件中是申请执行人和被执行人，从而发现了"套路贷"刑事案件与虚假调解执行的联系。根据此特征，检察人员首先设置了"套路贷"刑事案件与民事执行案件的数据分析方法解析民间借贷纠纷个案，发现虚假调解与"套路贷"刑事案件、执行异议之诉等案件的关联特征；其次提取、比对当事人身份信息、标的额等数据要素，发现虚假诉讼线索；最后通过"三查融合"查明虚假事实，监督纠正虚假调解案件，督促公安机关刑事立案，从多维度精准打击虚假诉讼。

（三）劳动争议领域

劳动争议领域虚假诉讼案件常见情形为：用人单位经营状况恶化，身负巨额债务或涉及多起诉讼，其财产已被法院依法查封、冻结，即将被拍卖。为了转移公司财产，实际经营者或企业高管利用职工工资债权优先受偿炮制虚假的追索劳动报酬纠纷。

一是利用互联网公开信息排查嫌疑企业。基于利用劳动争议制造虚假诉讼的企业一般已经营不善，可能被列入信用"黑名单"。因此，可以通过信用公示平台等互联网公开信息平台查找相关的嫌疑企业，比如，"信用清远网"上显示了广东省清远市辖区全部企业的信用情况，其中包括失信企业名单，从中可以找到清远市辖区内被列为失信被执行人的企业名单，将其列为嫌疑企业。也可以利用本辖区人社部门的官方网站，该网站上会对欠薪企业进行公示，所公示的企业也可以列入嫌疑企业名单。

二是分析嫌疑企业涉及的劳动争议裁判文书。首先，以"追索劳动报酬纠纷""确认劳动关系纠纷"等劳动争议纠纷为案由，在中国裁判文书网、小包公·法律AI平台等案例库检索裁判文书。围绕"被告""原告""起诉日期"等信息筛选同一时间段内高频涉诉的用人单位，与排查到的嫌疑企业名单进行对碰。进一步分析可疑案件裁判文书的内容，比如，诉请的工资金额，庭审的辩论情况，原被告所提交的证据情况，是否满足劳动争议虚假诉讼的案件风险指标。其次，通过检索该劳动争议的执行情况，确认是否已经执行完毕、执行到位的金额以及时间。最后，通过比对劳动争议发生的时间与嫌疑企业被其他债权人起诉、被法院查封、冻结等时间节点，以及企业所负债务总额与劳动争议执行到位总额，进一步确认虚假诉讼的嫌疑。

三是调查核实劳动争议的真实性。要想劳动争议领域虚假诉讼案件的线索落地成案，关键在于确认劳动关系的真实性，而利用数字赋能可以更好地为调查核实其真实性服务。例如，通过向人社部门调取相应的社会保险缴纳情况，可以发现案涉劳动者是否在诉请工作时间段内有在其他企业参保的情况，或者诉请工资是否与该公司其他劳动者的工资水平相一致。可以向税务部门调取嫌疑企业缴纳税款的情况，分析该公司的真实经营情况。可以通过调取银行流水，发现是否为案涉劳动者真实有效发放工资。可以通过利用案涉企业附近的公共摄像头，排查案涉劳动者在诉请的工作时间内是否有到嫌疑企业实际工作。

比如，四川省沐川县检察院构建的虚构劳动关系骗取职工养老保险补缴资格类案监督模型，利用部分临近退休年龄人员虚构劳动关系，采用虚假诉讼、仲裁等方式，骗取企业职工基本养老保险补缴资格，以获得更高的养老保险待遇。通过获取人民法院裁判文书、仲裁机构仲裁文书、市场监督管理部门企业工商登记数据、公安机关公章管理数据、人社部门补缴养老保险数据等进行碰撞、比对，发现虚构劳动关系的虚假诉讼与仲裁线索，开展调查核实，综合运用民事检察、刑事检察等职能监督纠正人民法院、仲裁机构错误裁判、仲裁，移送刑事犯罪立案监督线索，打击骗领养老保险行为，促成多部门建立协作机制，维护社保资金安全，规范基本养老保险秩序。

又如，江苏省苏州市检察院的破产领域虚假劳资债权监督模型。在数据来源上，该检察院从法院获取了民事裁判文书，从市场监管局和企查查获取了企业相关信息，在具体案件办理中则通过个案协查，查询社保信息、公安人口信息等。在研判规则上，以全省近五年劳动债权虚假诉讼为样本进行分析，捕捉案件"普遍"呈现的五大疑点。如劳动债权金额异常、涉诉案件数量异常、主张权利集中性异常、双方对抗性异常、原被告关系异常等，以此形成基础规则。在数据分析步骤上，一是获取了进入破产程序的企业，以及因为没有可供执行的财产被法院裁定终结本次执行的企业；二是运用BERT模型，对劳动类纠纷的裁判文书进行数据筛选；三是将同一个企业的案件汇集在一起，对涉诉较多的企业进行风险排序。A公司进入了该院的视野，其涉劳动报酬纠纷的数量偏多，有15件；涉及的劳动债权总额排序第二，风险靠前。首先，A公司部分个案中主张的劳动债权金额偏高，高于平均金额；而且数额为整数，不太符合工资发放的常情。其次，案件起诉时间和诉讼代理人集中。从时间线看，案件集中在2018年2月至3月，距离破产申请时间（2020年7月）不远；从诉讼代理人看，多个原告集中于一个诉讼代理人。最后，案件中双方没有实质性对抗，所有案件A公司均以欠条方式"自认"债权；多起案件A公司未到庭参加诉讼，法院均缺席判决。针对这条高疑点线索，该院从原、被告关系入手，挖掘破产企业的利益关系人，查询人口信息、社保信息、银行工资发放记录等，发现部分原告与A公司的法定代表人或者利益关系人存在亲属关系。通过数据比对，发现部分原告没有A公司社保缴纳记录，工资发放记录与银行流水不能对应，劳动关系存疑。案件办理中，该检察院还发现未经诉讼直接向破产管理人申报虚假劳动债权的情形，建议法院督促破产管理人予以剔除。对该案涉嫌虚假诉讼的刑事犯罪线索，检察机关均移送公安机关立案侦查，以此实现三个层次的监督。

（四）保险理赔领域

由于机动车交通事故纠纷责任认定程序完善、保险理赔程序简单、理赔周期短，行为人容易通过制造民事虚假诉讼获得生效判决书或调解书的赔偿款获利，保险理赔领域的虚假诉讼主要集中在机动车交通事故领域。实践中，机动车交通事故保险理赔涉及人身伤残鉴定、车辆损失评估、车辆修理等环节，行业垄断强，极易形成黑色产业链，常以团伙形式作案，人员相对固定、分工明确，甚至涉及司法审判人员违法行为的情形。检察人员在日常办案中，要注重挖掘个案背后可能存在的共性问题，梳理出数个核心关键词，作为下一步开展比对排查异常案件的基础。比如，浙江省绍兴市检察院在办理一起涉车辆保险监督案件中，发现汽车修理厂诱骗车主转让理赔权，然后通过虚增维修费用、虚假评估提起民事诉讼骗取保险理赔款情况，通过研究分析，梳理出原告、鉴定机构、修理厂、外地车辆等19个关键数据要素。

比对排查出异常案件。办案中发现，从事保险诈骗的"保险黄牛"以"低价买断"或者"高额抽成"等形式介入交通事故保险理赔案，在取得保险受益人身份后虚构各类虚假理赔证据向保险公司索赔，从中谋取巨大财产利益。而部分保险理赔案件在进入民事诉讼时，委托同一律所的律师代为起诉，并由同一审判人员裁判，案件多数以调解办结。我们可以总结个案中反映的问题，比如，以"机动车交通事故责任纠纷"为案由，通过设定日期检索本地案件，归类得出高频出现的原告诉讼代理人、鉴定机构、保险公司、审判人员，结合伤残鉴定等级较高、理赔金额高、被告保险公司对伤残鉴定提出异议等案情，梳理出一批异常案件。

巧用数字工具突破案件。保险理赔虚假诉讼案件最大的特点在于当事人在制造事故、报警出险、申请理赔、提交理赔材料等步骤伪造证据，来虚构交通事故或者夸大损害程度以骗取非法收入，因此如何识破虚假证据是突破案件的关键。比如，伪造工作证明提高残疾赔偿金等金额的案件。在城镇户口与农村户口存在保险理赔标准不一致的时期，城镇户口的人身损害赔偿标准高于农村户口的人身损害赔偿标准。为了获取更高的赔偿款，"保险黄牛"在买断案件后，往往会采取虚构工作证明的方式来满足城镇户口的条件。因此对于同类型的工作证明的制作在制式、表述上一般都会高度雷同，且集中在某几个用人单位。我们可以通过调取相应用人单位的社保缴费记录、个税缴纳记录等，进行对比碰撞，进一步核实该工作的证明的真实性。又如，伪造车辆维修清单和评估报告虚高维修费用的案件。通过对异常案件进行分析，发现同一个原告或同一个原告的代理人、汽车维修厂、诉前委托评估机构等相对集中，且车辆维修诉前评估报告过于简单，评估金额与维修清单的一致等疑点，可能存在伪造评估报告的可能性。我们可以收集话单信息、社保缴费记录等，核查原告及其代理人、维修厂、评估机构的相关人员是否存在异常关系。另外，通过资金穿透工具，发现赔偿款的最终流向，即资金是否回流到"保险黄牛"账户中，进一步确定虚假诉讼的可能性。

比如，浙江省绍兴市检察机关依托民事裁判智慧监督系统针对多家保险公司反映车险理赔中不正常的数额高、诉讼率高、伤残率高现象进行梳理，进而调查发现绍兴市越城区某汽车修理厂、上虞区某某汽车修理厂经营者伙同员工采用虚增、篡改、捏造事故车维修项目的方式，以进厂维修事故车保险权益受让人的身份提起民事诉讼，虚高金额理赔。绍兴市检察机关通过民刑"双轮驱动"，开展融合监督，其中绍兴市越城区检察院发出再审检察建议24件，上虞区检察院提抗及发出再审检察建议12件，目前法院再审改判11件。对刑事犯罪线索调查核实后移送公安机关并引导侦查，周某某、宋某某、任某某等10人被法院依法判处有期徒刑六个月至四年不等刑罚。同时，针对办案中发现的鉴定费用分担、鉴定评估程序不规范等问题，向鉴定评估管理部门制发检察建议，推动整改落实。

附录：民事检察常见监督点参考一览表

民事生效裁判结果监督		
1	有新的证据，足以推翻原判决、裁定的	在原审庭审结束前已经存在，因客观原因于庭审结束后才发现的
		在原审庭审结束前已经发现，但因客观原因无法取得或者在规定的期限内不能提供的
		在原审庭审结束后形成，无法据此另行提起诉讼的
		再审申请人提交的证据在原审中已经提供，原审人民法院未组织质证且未作为裁判根据的
2	原判决、裁定认定的基本事实缺乏证据证明的	认定的基本事实没有证据支持，或者认定的基本事实所依据的证据虚假，缺乏证明力的
		认定的基本事实所依据的证据不合法的
		对基本事实的认定违反逻辑推理或者日常生活法则的
		认定的基本事实缺乏证据证明的其他情形
3	原判决、裁定认定的基本事实的主要证据是伪造的	
4	原判决、裁定认定事实的主要证据未经质证的	当事人庭后提供的证据未经质证的
		法院主动调取的证据未经质证的
		未让庭后追加的当事人质证的
5	对审理案件需要的主要证据，当事人因客观原因不能自行收集，书面申请人民法院调查收集，人民法院未调查收集的	
6	原判决、裁定适用法律确有错误的	适用的法律与案件性质明显不符的
		确定民事责任明显违背当事人约定或者法律规定的
		适用已经失效或者尚未施行的法律的
		违反法律溯及力规定的
		违反法律适用规则的
		明显违背立法原意的
		适用法律错误的其他情形

续表

		民事生效裁判结果监督
7	审判组织的组成不合法或者依法应当回避的审判人员没有回避的	应当组成合议庭审理的案件独任审判的
		人民陪审员参与第二审案件审理的
		再审、发回重审的案件没有另行组成合议庭的
		审理案件的人员不具有审判资格的
		审判组织或者人员不合法的其他情形,如参加开庭的合议庭成员与合议并作出判决的合议庭成员不一致
8	无诉讼行为能力人未经法定代理人代为诉讼或者应当参加诉讼的当事人,因不能归责于本人或者其诉讼代理人的事由,未参加诉讼的	
9	违反法律规定,剥夺当事人辩论权利的	不允许或者严重限制当事人发表辩论意见的
		应当开庭审理而未开庭审理的
		违反法律规定送达起诉状副本或者上诉状副本,致使当事人无法行使辩论权利的
		违法剥夺当事人辩论权利的其他情形
10	未经传票传唤,缺席判决的	
11	原判决、裁定遗漏或者超出诉讼请求的	
12	据以作出原判决、裁定的法律文书被撤销或者变更的	
13	审判人员审理该案件时有贪污受贿,徇私舞弊,枉法裁判行为的	
14	调解书存在损害国家利益、社会公共利益或虚假诉讼情形	
15	民间借贷纠纷案件的主要监督情形	与夫妻一方恶意串通,捏造夫妻共同债务的
16		与他人恶意串通,捏造债权债务关系和以物抵债协议的
17		与公司、企业的法定代表人、董事、监事、经理或者其他管理人员恶意串通,捏造公司、企业债务或者担保义务的
18		在破产案件审理过程中申报捏造的债权的
19		与被执行人恶意串通,捏造债权或者对查封、扣押、冻结财产的优先权、担保物权的
20		隐瞒债务已经全部清偿的事实,向人民法院提起民事诉讼,要求他人履行债务的
21		通过"砍头息"、虚增借款本金等方式,导致低于借条、借据所载借款金额高于实际借款本金,并获法院支持的
22		实际借款人将债权凭证交由他人提起诉讼的并获法院支持的

续表

		民事生效裁判结果监督
23	民间借贷纠纷案件的主要监督情形	未依法向当事人送达开庭传票等诉讼文书即作出判决，如邮寄地址错误，或适用公告送达不合法，导致当事人未能依法行使诉讼权利的
24		对职业放贷人的民间借贷行为未依法认定无效的
25		对超出法律规定部分的利息予以支持的
26		对借款认定为夫妻共同债务不符合法律规定的
27		除法律另有规定或当事人另有约定外，在债权转让时，以债权受让人不是抵押合同的当事人、未办理变更登记为由，未依法支持抵押权人行使抵押权的主张的
28		出借人事先知道借款人借款用于赌博，法院未认定民间借贷合同无效的
29	机动车交通事故责任纠纷等侵权赔偿类案件的主要监督情形	鉴定报告审查有误或应当鉴定而未委托鉴定的
30		对于侵权人是否系职务行为认定不当
31		举证责任分配不当，导致事实认定错误的
32		在保险公司对保险合同中免除保险人责任的条款，未以足以引起投保人注意的文字、字体、符号或者其他明显标志作出提示的，并未对该条款的内容以书面或者口头形式向投保人作出明确说明的情况下，认定免责条款有效的
33		对证据的关联性和证明力认定有误，导致主要事实认定错误或应当被认定的事实未予认定的
34		侵权赔偿责任认定及比例分担明显错误的
35		连带责任适用明显不当的
36		主要证据未经质证即作为定案依据，主要有：当事人庭后提供的证据未质证的；法院庭后主动调取的证据未质证的；未让庭后追加的被告质证的
37		超越诉讼请求范围裁判的
38		应当追加当事人或第三人而未追加的
39	合同纠纷类案件的主要监督情形	对合同性质定性错误的
40		对合同相对性理解错误的
41		对合同效力认定不当的

续表

		民事生效裁判结果监督
42	合同纠纷类案件的主要监督情形	对违约金的认定错误的，主要是对过高的违约金未根据实际损失，兼顾合同的履行情况、过错程度以及预期利益等综合因素予以调整
43		举证责任分配不当，导致事实认定错误的
44		遗漏诉讼主体或诉讼主体发生变化但未予变更的
45		对公司法定代表人或其他人员的行为是否系职务行为认定不当的
46		对违法建筑确权案件作为民事案件予以受理的
47		以确认无效之诉逃避履行合同义务的
48		核定劳动者是否严重违反用人单位规章制度时未衡平双方权益的
		审判程序违法监督
49		判决、裁定确有错误，但不适用再审程序纠正的
50		调解违反自愿原则或者调解协议的内容违反法律的
51		符合法律规定的起诉和受理条件，应当立案而不立案的
52		审理案件适用审判程序错误的
53		保全和先予执行违反法律规定的
54		支付令违反法律规定的
55		诉讼中止或者诉讼终结违反法律规定的
56		违反法定审理期限的
57		对当事人采取罚款、拘留等妨害民事诉讼的强制措施违反法律规定的
58		违反法律规定送达的，如未及时送达起诉状副本、上诉状副本等法律文书；留置送达时未记明拒收事由和日期，无见证人签名或拍照、录像等；适用公告送达不符合法律规定；受送达人被监禁的，未通过其所在监所转交等
59		其他违反法律规定的情形，如委托鉴定、评估程序存在瑕疵等
60		审判人员接受当事人、诉讼代理人、特殊关系人、中介组织请客送礼或者其他利益，或者违反规定会见当事人、诉讼代理人的
61		审判人员存在贪污受贿、徇私舞弊、枉法裁判的
62		审判人员故意隐瞒、伪造、变造、损毁、偷换证据或者其他诉讼材料的

续表

	审判程序违法监督
63	泄露国家秘密、审判工作秘密（合议庭、审判委员会评议、讨论案件的具体情况或者其他审判执行工作秘密的）、商业秘密、个人隐私或者其他依法依规不得泄露的情况的
64	故意违反法律法规办理案件的
65	因重大过失导致裁判结果错误并造成严重后果的
66	故意违反规定拖延办案、贻误工作的
67	利用职权为自己或者他人谋取私利的
68	接受当事人及其代理人利益输送，或者违反有关规定会见当事人及其代理人的
69	审判人员为本案当事人推荐、介绍诉讼代理人，为律师、其他人员介绍代理本案，要求、建议或者暗示当事人更换符合代理条件的律师的
70	向当事人、律师、特殊关系人、中介组织借款、租借房屋，借用交通工具、通讯工具或者其他物品的
71	在委托评估、拍卖等活动中徇私舞弊，与相关中介组织和人员恶意串通、弄虚作假、违规操作等行为
72	违反《领导干部干预司法活动、插手具体案件处理的记录、通报和责任追究规定》《司法机关内部人员过问案件的记录和责任追究规定》中有关禁止插手、干预、过问案件的规定的
73	违反规定，擅自对应当受理的案件不予受理，或者对不应当受理的案件违法受理的
74	违反规定应当回避而不回避的
75	明知诉讼代理人、辩护人不符合担任代理人、辩护人的规定，仍准许其担任代理人、辩护人的
76	依照规定应当调查收集相关证据而故意不予收集的
77	依照规定应当采取鉴定、勘验、证据保全等措施而故意不采取的
78	依照规定应当采取财产保全措施或者执行措施而故意不采取，或者依法应当委托有关机构审计、鉴定、评估、拍卖而故意不委托的
79	违反规定采取或者解除财产保全措施的
80	故意违反规定选定审计、鉴定、评估、拍卖等中介机构，或者串通、指使相关中介机构在审计、鉴定、评估、拍卖等活动中徇私舞弊、弄虚作假的
81	故意违反规定采取强制措施的

续表

\multicolumn{2}{c	}{审判程序违法监督}
82	指使、帮助他人作伪证或者阻止他人作证的
83	故意向合议庭、审判委员会隐瞒主要证据、重要情节或者提供虚假情况的
84	故意违背事实和法律枉法裁判的
85	因徇私而违反规定迫使当事人违背真实意愿撤诉、接受调解、达成执行和解协议并损害其利益的
86	故意违反规定采取执行措施，造成案件当事人、案外人或者第三人财产损失的
87	故意违反规定对具备执行条件的案件暂缓执行、中止执行、终结执行或者不依法恢复执行的
88	违反规定私自办理案件或内外勾结制造假案的
89	伪造诉讼、执行文书，或者故意违背合议庭决议、审判委员会决定制作诉讼、执行文书的
90	送达诉讼、执行文书故意不依照规定，造成不良后果的，给予警告、记过或者记大过处分
91	违反规定将案卷或者其他诉讼材料借给他人的
92	挪用诉讼费、执行款物、罚没款物、案件暂存款、赃款赃物及其孳息等涉案财物或者其他公共财物的
93	故意违反规定设置收费项目、扩大收费范围、提高收费标准的
94	不应收取案件受理费而收取的
95	收取案件受理费数额不当且未依法退还的
96	未退还胜诉方预交但不应负担的诉讼费用的
97	未按法律规定减半收取诉讼费用的
98	未在判决书、裁定书或者调解书中写明当事人各方应当负担的诉讼费数额的
99	执业律师被注销、吊销律师执业证书后以公民代理人身份代理诉讼案件的
100	公民同时期以多家用人单位员工身份代理诉讼案件的
101	为完成民事调撤案件任务，冒用公民身份信息虚构民事调解和撤诉案件的
102	以公民代理名义大量承揽法律业务，非法从事法律服务的行为的
103	以亲属身份代理的，是否提交了近亲属关系的证明材料的
104	有关社会团体推荐的公民代理情形，不符合最高人民法院《关于适用〈中华人民共和国民事诉讼法〉的解释》第87条规定，未提交当事人所在团体、社区的推荐材料的
105	未依法书面告知离婚损害赔偿请求权的

续表

		民事执行活动违法监督
106	执行立案	未超时效但以超过时效为由不予受理
107		逾期立案
108	执行送达	文书逾期送达
109		文书未送达
110	财产调查	未及时调查申请人提供的财产线索
111		未告知财产调查结果
112	参与分配	错误确定受偿顺序
113		分配方案异议处理不当
114	财产保全	逾期作出保全裁定
115		担保数额不符合规定
116		未履行书面告知查封期限
117		未依法解除保全
118	确定处置参考价	逾期启动定价程序
119		未对财产权属等情况进行调查
120		未通知当事人到场勘验
121		未督促评估机构及时作出报告
122	司法拍卖程序	拍卖前未通知当事人、已知优先权人、担保物权人
123		确定起拍价、降价幅度违法
124		拍卖公告时间过短
125		公告内容不完整
126		公告的税费承担方式违反税收法律规定
127		关联人违规参与竞拍
128		流拍后未在规定期限内再次拍卖变卖
129		虚假带租网拍
130	终结本次执行程序	未依法穷尽财产调查措施而违法终本
131		未依法对已经发现的财产穷尽强制执行措施而违法终本
132		未依法对被执行人穷尽执行制裁措施而违法终本

续表

		民事执行活动违法监督
133	终结本次执行程序	终本前未依法对申请执行人予以告知并征求其意见，侵害申请执行人知情权、参与权
134		未依法向申请执行人送达终本裁定就以终本方式对案件作结案处理
135		违法对非金钱债权执行案件适用终本程序
136		立案之日起未满三个月即适用终本程序
137		适用终本程序的其他违法情形
138	失信惩戒和限制消费措施	对失信惩戒和限制消费措施不加区分、混淆适用
139		对符合纳入失信被执行人名单的被执行人不纳入
140		对符合限制消费情形的被执行人不"限消"
141		将不符合条件的被执行人纳入失信被执行人名单，或者对不符合限制消费情形的被执行人采取"限消"措施
142		对应审慎采取措施或者可以给予一定宽限期的被执行人，违反规定纳入失信名单、发布失信信息或者采取"限消"措施
143		对应当撤销、更正、删除（屏蔽）失信信息或者解除限制消费措施的，不依法撤销、更正、删除（屏蔽）、解除
144		违反纳入失信被执行人名单的风险提示程序
145		违反纳入失信被执行人名单的期限规定
146		违反纳入失信被执行人名单决定书和限制消费令的签发程序和送达程序
147		违反失信信息的录入公布和通报程序
148		违反纳入失信和限制消费的救济程序
		虚假诉讼监督
149		民间借贷纠纷案件
150		以非法占有他人财产为目的的"套路贷"案件
151		以夫妻一方或双方为被告的财产纠纷案件
152		以已经资不抵债或者已经被作为被执行人的自然人、法人和非法人组织为被告的财产纠纷案件
153		以拆迁区划范围内的自然人为当事人的离婚、分家析产、继承、房屋买卖合同纠纷案件

续表

	虚假诉讼监督	
154	群体性追索劳动报酬案件	
155	涉及房屋限购、机动车配置指标调控的以物抵债案件	
156	公司分立、合并和企业破产纠纷案件	
157	涉及驰名商标认定的案件	
158	保险理赔案件	
159	案外人提出的执行异议纠纷案件	
160	通过仲裁裁决、公证债权文书向法院申请执行的非诉执行案件	
161	其他需要重点关注的案件	
162	虚假诉讼的通用风险指标	原告起诉依据的事实、理由不符合常理，存在伪造证据、虚假陈述可能的
163		原告诉请司法保护的诉讼标的额与其自身经济状况严重不符的
164		在可能影响案外人利益的案件中，当事人之间存在近亲属关系或者关联企业等共同利益关系的
165		当事人之间不存在实质性民事权益争议和实质性诉辩对抗的
166		一方当事人对于另一方当事人提出的对其不利的事实明确表示承认，且不符合常理的
167		认定案件事实的证据不足，但双方当事人主动迅速达成调解协议，请求人民法院制作调解书的
168		当事人自愿以价格明显不对等的财产抵付债务的
169		原告为疑似职业放贷人或者其关联关系人，且无法提供完整转账凭证的
170		诉讼代理人违规接受对方当事人或者案外人给付的财物或者其他利益，与对方当事人或案外人恶意串通，侵害委托人合法权益的
171		故意提供虚假证据，指使、引诱他人伪造、变造证据、提供虚假证据或者隐匿、毁灭证据的
172		诉讼代理人或诉讼当事人与司法人员存在不正当接触、交往或者利益输送的
173		诉讼代理人在同一案件中为双方当事人担任代理人或者代理与本人或者其近亲属有利益冲突的法律事务的
174		采取其他不正当手段干扰民事诉讼活动正常进行的

续表

		虚假诉讼监督
175	虚假诉讼的通用风险指标	民事诉讼过程中存在其他异常情况的
176	虚假诉讼中民间借贷纠纷风险指标	当事人之间关系特殊，主要表现在亲戚、朋友、关联公司等具有共同利益的关系
177		当事人诉讼行为高度默契，普遍缺席判决，缺乏实质对抗，或者恶意利用自认规则，以调解或和解等方式结案
178		当事人对借贷发生的原因、时间、地点、款项来源、款项去向等事实叙述模糊
179		交付方式上，一般都声称是以现金交款
180	虚假诉讼中劳动争议纠纷风险指标	用人单位经营状况恶化，身负巨额债务或涉及多起诉讼，其财产已被法院依法查封、冻结，即将被拍卖
181		原告证据单一，如只有劳动合同、签到表等容易伪造的证据
182		诉请工资数额大且多为整数，不符合当地工资水平
183		拖欠工资时间长
184		被告在庭审中快速自认欠薪事实或快速达成调解且短时间内执行完毕
185	虚假诉讼中保险理赔纠纷风险指标	对发生的保险事故编造原因，甚至编造未曾发生的保险事故
186		虚构扩大损失部分，如与汽车修理厂人员串通伪造不实的修理费、鉴定费等票据，与鉴定机构串通伪造鉴定结论虚高伤残等级，与用人单位串通伪造高收入证明
187		利用债权转让、挂靠等关系以交通事故受害人名义提起诉讼等，原告及其代理人集中出现
188		常以团伙形式进行作案，人员相对固定、分工明确，可能涉及审判人员违法情形

第五章　大数据在行政检察中的深度应用

在检察改革的推动下，行政检察面临着创新发展的重大机遇。然而，监督碎片化、浅层化、刚性不足等问题成为行政检察发展的明显短板，迫切需要数字检察这把关键"钥匙"、关键变量，强有力地驱动法律监督工作解题破局。

一、业务需求

运用大数据赋能行政检察，需要注重行政检察的业务特点，科学构建行政检察大数据监督模型，充分发挥大数据在监督办案、纠正违法、促进国家治理中的作用，提升行政检察现代化水平。

（一）行政检察的业务特点

新时代行政检察监督，逐步构建出以行政诉讼为基石、以行政争议实质性化解为牵引、以行政非诉执行监督和行政违法行为监督为新的增长点的多元化行政检察工作格局。

1. "穿透式"监督

行政诉讼法律监督体现为对行政审判权的监督和对行政权的监督，可谓"一手托两家"。基于行政检察监督具有对审判权和对行政权的双重监督功能，行政检察通过对人民法院行政审判和执行的监督，穿透至原行政行为合法性审查，对行政机关的行政行为实施法律监督，故行政检察监督的重要特点是"穿透式"监督。"穿透式"行政检察监督模型可分为四个层次：行政诉讼监督——促进依法行政——化解行政争议——参与社会治理。其中，"行政诉讼监督"是对司法权的监督，是保护公民、法人和其他组织合法权益的有效方式，也是"穿透式"行政检察监督的边界。[①] "穿透式"监督不仅关注个案的公正处理，还通过对个案的梳理和分析，充分利用大数据应用技术深挖背后隐藏的案件线索，发现类案中存在的共性问题，以类案监督形式推动相关行政部门进一步加强整改，提升行政效能，从"办理一案"实现"治理一片"的社会效果。

2. 行政争议实质性化解

开展行政争议实质性化解是近年来行政检察核心工作任务之一。《中共中央关于加强新时代检察机关法律监督工作的意见》要求检察机关全面深化行政检察监督，在履行法律监督职责中开展行政争议实质性化解工作，促进案结事了。行政争议实质性化解要针对行政争议产生的基础事实和申请人在诉讼中的实质诉求，综合运用抗诉、检察建议、公开听证、司法救助、释法说理等多种途径化解争议。以数字化转型为契机，在争议化解过程中引入数字化公开听证、矛盾纠纷多元预防调处化解综合机制等机制，充分听取各方意见，接受社会监督和舆论监督，推动矛盾争议在阳光下解决，真正实现案结事了。数字技术不但扩大行政检察监督的办案量，更为查清行政争议背后的深层次原因提供了路径，为行政争议实质性化解奠定了基础。

（二）行政检察的数字化转型

传统监督方式存在监督不平衡、监督线索少、成案难等问题，厘清当下行政监督发展现状有助于行政检察监督寻找问题症结，明确发展突破口，从而推动行政检察监督提质增效。

[①] 张相军、何艳敏、梁新意：《论"穿透式"行政检察监督》，载《人民检察》2021年第10期。

1. 传统监督方式的局限性

（1）监督不平衡不充分。从最高人民检察院近期公布的主要办案数据来看，与民事检察案件和刑事检察案件受理数相比，行政检察案件数量明显偏低。尤其是裁判结果监督案件"倒三角"现象特别突出，越往下级检察院，案件数量越少，基层检察院基本处于无行政裁判结果监督案件可办状态。传统行政检察监督模式主要依靠检察机关主动对接法院调取卷宗发现案件线索，但是实际上基层检察院能够调取的行政案件卷宗数量非常少，排查行政检察监督线索难度大、不及时。在行政诉讼案件总体数量不多的情况下，一审败诉的当事人往往还会提起上诉，基层检察院便失去了监督管辖权。因此，很多基层检察院几乎没有开展生效裁判监督和审判程序违法监督。

（2）监督线索碎片化。行政检察监督的案源渠道主要包括当事人申请监督、检察机关依职权发现、上级院交办或其他院移送。实践中，行政检察监督线索大多依靠当事人申请监督和检察机关主动对接法院、行政机关。社会公众对行政检察监督的知晓度比较低，当事人主动到检察机关申请监督的较少，行政诉讼检察监督案件线索来源单一。传统监督方式是检察人员通过调取行政诉讼卷宗发现违法情形进行监督，由于直接从法院电子卷宗抓取信息存在一定的技术壁垒，违法情形大多凭人工在海量的数据和文件中筛查，不仅耗时费力，而且难以达到预期效果。

（3）监督成效浅层次。行政检察监督领域广、监督对象多，无论是公安机关还是市场监管、国土、环保、农业、社保等部门，都涉及大量法律法规、行业标准等，检察机关对监督对象和执法情况进行研判分析时，往往存在获取信息不足、知识储备不足的问题。此外，多头管理和监管缺失问题多发、高发，行政检察监督常常停留在书面提出问题和对策的阶段，后续协同并促进相关职能部门"都管""管好"的积极性和参与度不高，相关职能部门亦鲜少邀请检察机关共同参与推进工作，行政监督呈现表层化。

2. 大数据赋能行政检察迎来的机遇

（1）以数据赋能补齐基层短板。大数据为基层检察机关破解线索发现难、成案难问题提供了方法，通过办理个案总结规律，围绕"四大检察"办案数据、政务公开数据和行政机关共享数据，提炼出有效的类案特征和数据运用规则，从海量数据中筛查出类案监督线索，进而开展专项监督。如，广东省清远市某检察院对行政机关征收社会抚养费行政非诉执行线索进行分析研判时，综合运用大数据开展专项类案监督，发现陈某某、林某某等人199件案件的强制执行措施仍未撤销。遂通过发出类案检察建议书，督促卫生健康部门向法院提出撤回强制执行申请，同时对计生政策的修改遗留问题开展行政争议实质性化解，及时回应民众诉求。全面深化行政检察监督，做好基层行政检察工作是重中之重，大数据赋能行政检察监督为建立健全新时代多元化行政检察工作格局插上了科技"翅膀"。

（2）以数据赋能深化监督层次。当前，行政检察"诉讼内监督"和"诉讼外监督"双轮驱动的新型监督格局已经逐步深化。与传统监督方式相比，行政检察工作采取数字监督较为明显的优势是行政检察人员可以从大数据中发现个案异常，由个案以点带面，发现和总结出一般性和倾向性问题。通过数字监督构建监督模型，从海量数据中精准找到类案监督线索，发现管理制度和机制层面的问题和漏洞，提出有针对性的检察建议，从而实现从个案监督到类案监督的转变。进入新时代，行政检察以"做实"为基本要求。[1]依托大数据赋能，检察机关可汇集数据资源，挖掘行政检察监督线索，摆脱监督线索发现难的困境，将精准监督、类案监督等理念融入检察办案，提升行政检察监督的主动性。

（3）以数据赋能提升社会治理效能。行政检察办案在注重监督纠正

---

[1] 张相军、林群晗、马睿：《践行检察大数据战略全面深化行政检察监督——大数据赋能行政检察监督典型案例解读》，载《人民检察》2022年第24期。

个案错漏的同时，越来越注重督促被监督单位从源头和机制上解决同类问题，在注重事后监督纠错的同时更加注重事前防范。在大数据汇集使用过程中，监督方式发生了变革，由传统的针对个案的监督转向基于大数据全样本展开的类案监督，深入挖掘司法审判、行政执法中源头性问题，建议相关单位规范执法司法。信息时代到来之际，检察机关可以利用数字监督优势，拓展行政检察监督线索来源渠道，对与人民群众工作相关的执法领域可能存在的违法问题进行全面排查，推动完善监管制度，促进系统治理。

（三）行政检察的建模思路

科学构建行政检察大数据监督模型，通过数据分析、数据碰撞、数据挖掘发现监督线索或者治理漏洞，推动行政检察办案模式从"个案为主、数量驱动"向"类案为主、数据赋能"转变。

1. 个案线索发现

作为行政检察监督的对象，行政机关、审判机关在执法司法过程中会形成海量的数据，这些数据价值需要被激活，通常情况下一部分数据"在履行法律监督职责中"进入检察监督视野，有的依申请受理，有的依职权启动，由个案引起循序渐进到类案深挖，进而判断类案监督的可行性。在大数据赋能的各种应用场景，通过获取、筛选、比对大量的数据挖掘个案线索，进而发现普遍性问题并开展类案监督。

2. 设置监督点

针对某一个违法情形，可仅设置单个监督点有针对性地筛查出监督线索，而面对某一领域的普遍性问题，集约化模型成为行政检察监督大数据建模的趋势。如广东省检察院依托行政执法与行政检察衔接平台构建行政非诉执行大数据监督模型中，该院在获取行政机关大数据平台中的相关数据后，总结办案中发现的常见违法事项，设定"法院受理环节违法""法院审查环节违法""法院执行实施环节违法""行政行为违法"4个监督点，每个监督点下设2到6个筛查规则，从而拓展前端行政行为合法性及后端执行实施环节的两端监督（具体内容详见案例二）。

3. 获取基础数据

行政检察监督的数据来源渠道，主要通过全国检察业务应用系统、各地检察机关建立的数据应用平台、行政司法机关信息协作平台（如"两法衔接"平台）、中国裁判文书网、政府官方网站、行政司法机关内部数据库、企业信息查询平台等。其中，检察机关的内部数据具有巨大的应用价值，"四大检察"的融合不仅体现在案件办理过程中，也反映在数据应用上，行政检察监督要充分挖掘内部数据价值开展深层次监督。如广东省汕头市龙湖区检察院督促交通管理部门依法吊销涉案人员机动车驾驶证检察监督案[1]中，该院从全国检察业务应用系统导出该院近两年受理的400余件危险驾驶案的嫌疑人列表，与交警部门的行政执法平台数据进行查找比对，从而发现交通安全领域行政违法行为案件线索，依法督促行政机关纠正违法行为。

4. 数据清洗分析

数据的清洗分析因行政检察监督场景变化而繁简不一，但分析方法归纳起来主要有"提取数据要素""数据比对碰撞""数据反比对"三个步骤。第一步：提取数据要素。针对监督目的对获取的数据进行预处理，通过筛选数据关键词去除无用信息，提取有用的数据要素，形成可供筛选的结构化数据，设置一个或多个筛选条件，采用漏斗分析法将大批量的数据缩小范围，形成比对数据库。第二步：数据比对碰撞。通过关联数据集合得到清洗后的数据包，将筛选处理过的结构化数据进行碰撞，得出特定案件相关数据。将筛选处理过的数据与被监督对象数据进行碰撞，得出被监督对象的异常线索。第三步：数据反比对。因数据涉及个人信息保护等情况，从行政机关调取的数据可能存在不完整性或信

---

[1] 《大数据赋能行政检察监督典型案例》，载最高人民检察院网，https://www.spp.gov.cn/spp/zdgz/202208/t20220824_573783.shtml。

息存在更新的可能，调查核实后的数据，需要协调行政机关进行数据反比对，比对出违规问题的确切数据。开展个案数据对比、异常数据研判和类案数据分析，从中找出"监督源"，通过对不同数据的对比、碰撞，从大数据中筛选出符合监督条件的案件。①

二、行政裁判结果监督应用场景

对行政裁判结果的监督，通过监督法院裁判诉争纠纷活动，审查审判活动和行政行为是否存在违法情形，提出监督意见。以大数据检索、分析、处理作为依托，检察机关能更加敏锐地发现司法、执法活动中存在适用法律不一致的共性问题，通过监督促进统一裁判尺度和执法标准，从而保护当事人的合法权益。

（一）常见监督点

《行政诉讼法》第91条和《人民检察院行政诉讼监督规则》第82条至第90条规定了抗诉或提出再审检察建议的法定事由，这些情形就是开展行政裁判结果监督的重点。包括不予立案或者驳回起诉确有错误的；有新的证据，足以推翻原判决、裁定的；原判决、裁定认定事实的主要证据不足、未经质证或者系伪造的；原判决、裁定适用的法律法规确有错误的；违反法律规定的诉讼程序，可能影响公正审判的；原判决、裁定遗漏诉讼请求的；据以作出原判决、裁定的法律文书被撤销或者变更的；审判人员在审理该案件时有贪污受贿、徇私舞弊、枉法裁判行为的。

（二）常见监督情形

1. 土地管理诉讼监督

土地权属登记行政诉讼案件中行政机关被诉的主要原因，包括土地权属记载、审批、调查材料不全，重复登记，越权发证等。而在土地裁

---

① 石峰：《数字赋能行政检察监督提质增效》，载《人民检察》2023年第1期。

决案件中,行政机关被诉的主要原因包括权属来源没有查清、忽视调查程序、越权裁决等。土地权属存在争议,地方政府在颁发土地使用证的行政行为违法的情况下,法院判决证据不充分、适用法律错误成为行政裁判结果监督的常见情形。① 如某村五组与内蒙古自治区巴彦淖尔市某区人民政府和冯某土地行政登记行政抗诉案② 中,某区人民政府将集体所有的土地以划拨形式为冯某办理国有土地使用证的行政行为不符合法律规定,法院行政判决认定事实的主要证据缺乏证据证明,检察机关以此为据提出抗诉,促使错误的判决和行政行为得到纠正。

2. 政府信息公开诉讼监督

《政府信息公开条例》第三章对行政机关主动公开信息做了详细规定,行政机关是否履行主动公开职责以及如何履行主动公开职责是行政检察监督审查的重点。如崔某诉北京市公安局某分局政府信息公开监督案③ 中,户主同意书是北京市公安局某分局办理马某长子及孙子户口迁入的依据,公安分局认为该份户主同意书并非办理这次户口迁移的依据,不属于审批信息,因此未向崔某公开的理由不充分,法院判决存在认定事实不清、适用法律错误的情况,某检察院提请上级检察院抗诉,上级检察院提出抗诉,该案发回重审并得到改判。

3. 医保报销诉讼监督

国家建立新型农村合作医疗(以下简称"新农合")的目的是充分保障参保人员按照国家规定享受医疗保险待遇,在发生特定情形时享有依法从国家和社会获得帮助的权利,法院在认定新农合的报销范围时,要正确理解法律的立法目的和原意。如张某诉辽宁省某县农合局履行报

---

① 杨春雷、万春、姜明安主编:《行政检察业务》,中国检察出版社2022年版,第357页。
② 《2020年十大行政检察典型案例》,载"最高人民检察院"微信公众号,2021年1月28日。
③ 《2021年十大行政检察典型案例》,载"最高人民检察院"微信公众号,2022年1月11日。

销医疗费用职责监督案①中，检察机关经审查发现，《辽宁省新型农村合作医疗项目范围》虽然规定了因"交通事故"发生的诊疗费用不属于新农合的报销范围，但结合社会保险法的立法目的，该"交通事故"不予报销，应当理解为有第三方责任人的侵权交通事故，这与该法中"应当由第三人负担"的不予报销情形相衔接，符合立法目的，法院认为张某的情形不属于新农合的赔付范围，适用法律错误、违反立法目的。为此检察机关提出抗诉，推动人民法院启动再审，纠正错误裁判，维护行政相对人合法权益。

4. 市场主体登记诉讼监督

冒名企业登记不仅侵害他人姓名权，同时由于企业经营过程中难免产生债务纠纷，使得被冒名之人莫名背负连带之债，财产权益亦严重被侵害，检察机关通过诉讼监督督促登记机关撤销冒名企业登记。如王某诉江苏省无锡市某区市场监管局行政登记监督案②中，涉及企业设立核准登记和对举报申请撤销复查处理两个行政行为，王某起诉时未明确表达被诉行政行为是具体指向哪一个行政行为，法院未经释明被诉行政行为直接裁定驳回起诉，适用法律错误，检察机关提出抗诉，并通过督促行政机关自我纠错实质性化解争议。

5. 工伤认定诉讼监督

劳动者遭受伤害或者患病之后申请工伤认定，一旦不能获得行政确认，容易出现行政争议。《工伤保险条例》第14条规定了"因工外出期间，由于工作原因受到伤害或者发生事故下落不明的……"等七种应当认定工伤的情形，检察机关对工伤认定行政案件依法开展监督，对保障劳动者合法权益，督促法院依法公正审理工伤案件，促进行政机关依

---

① 《2021年十大行政检察典型案例》，载"最高人民检察院"微信公众号，2022年1月11日。
② 《2021年十大行政检察典型案例》，载"最高人民检察院"微信公众号，2022年1月11日。

法行政具有重要意义。如何某某诉浙江省某市某区人社局工伤认定监督案[①]中，何某某系在工作时间获公司授权后外出购买物料，摔伤路段也处于合理路线之内，符合工伤情形，法院对何某某不予认定工伤错误，检察机关依法向法院提出抗诉，并同步开展行政实质性化解工作，引导企业与何某某在再审过程中达成和解协议，企业依法支付赔偿款。

6. 住房保障诉讼监督

公租房承租人对行政机关的颁证行为具有诉的利益，与该具体行政行为存在法律上的利害关系。检察机关通过开展行政裁判结果监督，纠正法院确有错误的生效裁判，依法维护当事人合法权益，将国家住房保障政策落到实处。如苏某诉山东省某市房管局、赵某房屋行政登记监督案[②]中，检察机关经审查发现在对涉案房屋进行产权调换过程中，赵某伪造申请材料，相关部门为赵某出具了明显与事实不符的房屋使用权人证明，某市房管局为赵某颁发房屋所有权证的行政行为缺乏事实根据，法院以苏某与被诉行政行为不具有法律上的利害关系，不具有原告主体资格为由，驳回起诉的裁定错误。为此检察机关向法院发出再审检察建议进行诉讼监督。

三、行政审判程序监督应用场景

《人民检察院行政诉讼监督规则》从行政诉讼自身属性和特点出发，明确了人民检察院监督审判程序的范围、监督的具体情形和结案方式等内容，为办理案件提供了法律规范指引，有利于增强行政检察监督实效。

---

① 《2022年十大行政检察典型案例》，载"最高人民检察院"微信公众号，2023年2月19日。

② 《2022年十大行政检察典型案例》，载"最高人民检察院"微信公众号，2023年2月19日。

（一）常见监督点

行政审判程序监督指检察机关对行政诉讼案件的审判程序进行监督，包括对行政审判活动违法以及对行政审判人员违法行为两方面的监督。

1. 对行政审判活动违法的监督

主要包括：判决、裁定确有错误，但不适用再审程序纠正的；调解违反自愿原则或者调解内容违反法律规定的；未在法定期限内决定是否立案、超出审限办结案件的；适用审判程序错误的；保全、先予执行、停止执行或者不停止执行行政行为裁定违反法律规定的；诉讼中止或者诉讼终结违反法律规定的；违反法律规定送达的，常见情形主要有起诉状副本、答辩状副本未送达的；其他应予以监督的情形，如行政机关负责人未出庭的，未依法审查委托代理材料的；合议庭组成不合法的；更换合议庭组成人员未告知的；审理范围超出当事人诉讼请求的；裁定准予撤回起诉违法的；未依法退还案件受理费的；违法公布裁判文书的。

2. 对行政审判人员违法行为的监督

对审判人员违法行为的监督，属于审判程序违法监督中的"深层次监督"。检察机关在办案中应注意发现审判人员违法行为线索，对审判人员涉嫌违法违纪的，依法调查核实后，向有关部门提出处理意见；涉嫌职务犯罪的，依法移送有关部门处理。根据《人民检察院行政诉讼监督规则》第105条的规定，人民检察院发现同级人民法院行政审判程序中审判人员有《法官法》第46条等规定的违法情形且可能影响案件公正审判、执行的，应当向同级人民法院提出检察建议。

（二）监督方法

1. 通过办理生效裁判监督案件发现监督线索

在行政诉讼裁判结果监督案件审查中，检察机关不仅要审查申请人的申请监督理由，还要从审查一审、二审案件卷宗入手，严格审查人民法院在行政诉讼的立案、审查、送达等环节是否存在违法情形，获得更多案源信息和线索储备。

2.通过法院旁听发现监督线索

检察机关通过现场或者线上旁听行政诉讼庭审活动,能够从中发现庭审程序违法线索。如某地检察机关在对一起行政诉讼案件庭审中,发现法院将涉密文件作为证据公开质证,违反行政诉讼法中关于保密证据质证规定,审判程序违法,遂向该法院提出检察建议,规范司法行为。[①]

3.通过"四检融合"发现监督线索

刑事检察、刑事执行检察、控告申诉、民事检察、公益诉讼检察等内设部门在办案过程中发现法院审判人员、执行人员在行政诉讼中有徇私舞弊、枉法裁判等违法行为,可能导致原裁判错误的,应当及时将案件线索移送行政检察部门,畅通内部线索移送。

4.通过公开裁判文书发现线索

检察机关通过查阅裁判文书网,从中发现行政裁判文书质量问题以及行政审判人员违法行为线索,是依职权发现行政诉讼监督案件的重要途径。如蔡某等22人诉某市国土资源局行政诉讼案[②]中,某区检察院通过中国裁判文书网发现该区法院对行政案件实行"立案、审判"二合一,由行政庭审判员直接作出不予立案的裁定,违反立审分立的规定,该区检察院提出检察建议,督促纠正。

(三)常见违法情形

1.法院立案程序违法

检察院审查办理涉及人民法院登记立案程序的监督案件,应当牢固树立诉权保护意识,严格按照登记立案制相关规定进行审查,依法监督纠正阻碍公民、法人或其他组织依法行使行政诉权的违法行为,及时保

---

① 杨春雷、万春、姜明安主编:《行政检察业务》,中国检察出版社2022年版,第85—86页。

② 杨春雷、万春、姜明安主编:《行政检察业务》,中国检察出版社2022年版,第84—85页。

障行政相对人的诉权行使。如山东某养殖中心诉某镇政府强制清除地上物审判程序检察监督案[①]中，某养殖中心于2020年3月13日向某区法院递交行政起诉状，某区法院应当于七日内即2020年3月20日前决定是否立案，但截至某养殖中心向某区检察院申请监督时（2020年3月27日），某区法院既不立案，也不作出不予立案裁定，违反了行政诉讼法及司法解释的规定，当地检察院向该区法院发出检察建议，该区法院接到检察建议后，于当日决定对某养殖中心的起诉予以立案。

2. 人民陪审员违规参与诉讼

人民陪审员可能存在不当履职的违法情形，包括任期届满仍参加行政诉讼案件的审判活动、超越职权范围参加执行工作等情形。如对涉人民陪审员违规参与诉讼进行类案监督中，检察机关发现法院审理行政案件中存在某陪审员任期届满后参加审判活动的情形，遂进一步搜集任期届满的人民陪审员名单及现任人民陪审员名单，并以"人民陪审员"为关键词，有效利用中国裁判文书网等平台的数据检索功能，通过数据碰撞与人工排查相结合的方式，开展人民陪审员履职情况专项监督活动，挖掘出一批人民陪审员违规参加行政审判、执行活动的案件线索，依法制发检察建议，促使法院加强对人民陪审员的规范化管理，提升司法公信力。

3. 法院未保障出庭诉讼权利

原告可以委托诉讼代理人出庭，但原告出庭的诉讼权利亦应得到保障，特别是对于关系原告重要利益的事项，更应明确原告的真实意愿。参加行政诉讼的当事人，不仅期待其实体诉求能够得到满足，同时也关注庭审程序是否规范，其诉讼权利是否依法得到保障。如北京市某区检察院依法保障老年行政诉讼当事人出庭诉讼权利检察监督案[②]中，某区

---

① 《全国检察机关行政诉讼监督典型案例》，载"最高人民检察院"微信公众号，2023年2月19日。

② 《"检察为民办实事"——行政检察与民同行系列典型案例（第十批）》，载"最高人民检察院"微信公众号，2022年12月9日。

法院对9个案件合并公开开庭审理,多名原告本计划与诉讼代理人共同出庭陈述意见,但某区法院仅安排诉讼代理人何某坐在原告席,其他原告则被安排坐在旁听席,法院审理中还存在未依法保障原告的陈述、提出新证据、辩论、陈述最后意见、阅读补正法庭笔录等诉讼权利的问题,该区检察院针对上述问题制发纠正违法类案检察建议,建议法院加强庭审规范化建设,充分保障和便利当事人在庭审中行使诉讼权利,严格规范开庭通知发送程序。

4.法院认定有效送达日期错误

送达日期直接关系起诉期限的计算,行政起诉如无正当事由超过起诉期限,当事人则丧失诉权,法院将不再受理。人民检察院办理行政诉讼监督案件,对于人民法院错误认定法律文书送达日期,以超过起诉期限为由裁定不予立案或者驳回起诉的,应当依法进行监督。如糜某诉浙江省某市住房和城乡建设局、某市人民政府信息公开及行政复议检察监督案(检例第149号)[①]中,检察机关经审查认为,法院一、二审由于认定有效送达日期错误,确定起诉期限起算点错误,导致行政裁定认定事实错误。对此,该市检察院提请浙江省检察院抗诉并获采纳。后续针对法院对类似案件认定送达标准不统一的问题,该市检察院通过与市中级法院磋商,督促法院进一步明确邮寄送达的审查认定标准,严格把握指定代收的送达认定,防止因送达标准把握不准损害当事人诉讼权利。

5.诉讼参与人资格违法

如广东省清远市某检察院办理的公民违法代理行政审判程序违法类案监督案中,对于发现法院在行政审判活动中审核诉讼参与人资格不严的问题进行类案监督(具体内容详见案例一)。

[①]《最高人民检察院第三十六批指导性案例》,载"最高人民检察院"微信公众号,2022年4月18日。

案例一：公民违法代理行政审判程序违法监督案

【关键词】

行政审判程序违法监督　检察建议　公民违法代理　劳动合同关系

【要旨】

检察机关在办案中发现人民法院在行政审判活动中存在未严格审查公民违法代理情形，以个案为切入口，积极发挥数据对法律监督工作的放大、叠加、倍增作用，充分运用大数据挖掘类案监督线索，通过制发检察建议，督促其加强公民代理实质性审查，推进法院对公民代理审查工作规范化。

【线索发现】

清远市A广告有限公司不服清远市甲区城市管理和综合执法局限期拆除广告招牌的行政决定，于2019年11月19日向乙区法院（行政诉讼集中管辖）提起诉讼，广告公司在起诉时向乙区法院提交一份特别授权委托书，以杨某某（出生于1957年12月）作为该公司员工，委托其为该案的诉讼代理人，履行代理诉讼职责。检察机关经调查核实，发现杨某某在提起诉讼时已年满六十周岁，根据《劳动合同法实施条例》第21条规定，其已不符合劳动者就业的法定年龄。同时，广告公司与杨某某签订的是劳务聘用合同书，广告公司也没有为杨某某缴纳社保，广告公司与杨某某是劳务聘用关系而非劳动合同关系，不存在合法劳动人事关系。因此，杨某某不能以广告公司诉讼代理人的身份参加该案的诉讼活动，乙区法院在审理该案过程中存在对诉讼参与人资格审核不严的违法情形。

检察机关对该个案进行分析研判，认为违法代理的情形并非个例，可能存在一批同类案件，有必要运用大数据进行检索、筛查，创建大数据法律监督模型开展类案监督。

【数据赋能】

（一）数据收集

1.检索乙区法院近五年行政审判案件数据（来源于小包公·法律AI平台）。

2.调取近五年广告公司员工社保缴纳记录证明材料（来源于区社保局）。

3.调取行政诉讼卷宗材料（来源于法院）。

（二）数据分析步骤

第一步：运用小包公·法律AI平台筛选出乙区法院2019—2023年行政审判案件数据列表。

第二步：通过上述案件清单，以"公司""诉讼代理人""公司员工"等关键词，提取诉讼代理人是公司员工身份的行政诉讼案件信息及诉讼代理人的信息列表，比对发现同一人员同时代理不同公司的异常线索。

第三步：调取涉案人员社保缴纳记录证明材料，与第二步提取的诉讼代理人的信息列表进行碰撞、比对，筛查出诉讼代理人超出劳动年龄、被代理公司没有为其缴纳社保记录，初步排查出诉讼代理人未与广告公司形成合法劳动合同关系的监督线索。

第四步：向乙区法院调取相关案件卷宗材料，针对其违法代理情形进行核实，对查实的情形进行监督。

（三）数据分析关键点

以"公司""诉讼代理人""公司员工"为关键词截取出有效数据，筛选出判决书、裁定书并提取案号形成案件清单。筛查出诉讼代理人超出劳动年龄、没有被代理公司为其缴纳社保记录，结合清单、卷宗、证明材料等进行核查。

【类案监督】

广东省清远市乙区检察院以个案为切入口，通过数据筛查流程结合人工审查，共发现9件案件存在对公民代理到庭应诉提交身份佐证材料审核不严的违法情形，并向乙区法院发出类案检察建议，推动法院进一步细化公民代理审核工作，严格审查公民代理资格，形成规范的审查制度体系，保障行政案件质量。

四、行政非诉执行监督应用场景

在行政非诉执行中，法院对被执行人财产调查不彻底、终结执行程序后恢复不及时，行政机关怠于跟进履职等情况比较普遍，导致行政处罚款未及时收缴，损害司法公信力。以个案监督作为切口，依托数字赋能，重点开展行政非诉执行终结本次执行类案监督，有利于放大监督效果，实现类案"精准治理""源头治理"。[1]

（一）一般情形

从行政非诉执行监督的范围来看，主要包括两方面：一方面监督人民法院对行政非诉执行申请的受理、审查、裁决和执行实施过程中的违法行为。另一方面，在"穿透式"监督理念下，检察机关立足监督人民法院行政非诉执行过程中，发现行政机关行政行为不规范、违法或者制度漏洞等问题，办可以对之监督。常见监督点如下：

1. 对非诉执行受理环节的监督

主要包括：（1）人民法院对应当受理的行政非诉执行申请不受理或无正当理由超期不作出是否受理裁定，或者违法增设申请执行受理条件，或者受理后未依法通知申请人的。（2）人民法院对不应当受理的非诉执行申请予以受理的。如有强制执行权的行政机关申请行政非诉执行而人民法院予以受理的；行政非诉执行案件存在不具有可执行内容、未履行催告程序、不属于该法院管辖等不满足受理条件的。

---

[1] 王焰明、刘东杰：《以数字化转型实现行政检察监督的"精细治理"》，载《中国检察官》2022年第2期。

2. 对行政非诉执行审查环节的监督

主要包括:(1)人民法院对应当裁定不准予执行的案件裁定准予执行的,主要表现为一是行政决定明显缺乏事实根据,如事实认定不清、证据不足,对违法行为定性明显错误的;二是行政决定明显缺乏法律法规依据,如行政机关不具有行政主体资格、超越职权或滥用职权、适用法律错误的;三是行政决定明显违法并损害被执行人的合法权益,如未告知听证权利、未告知救济途径、未依法送达等明显违反法定程序的。(2)人民法院对应当裁定准予执行的案件,无正当理由裁定不准予执行的。如人民法院错误认为行政机关具有强制执行权而裁定不准予执行的。(3)法院审查裁定内容与申请执行内容不符的,法院应围绕行政机关的请求范围进行审查裁定。如法院遗漏审查申请事项或超出请求范围审查裁定或者裁定内容与申请内容不一致,均应予监督。(4)法院裁定执行主体不明确或不符合法律规定。如法院裁定准予执行但未明确执行主体,或者将应由法院执行的内容,违法裁定由行政机关或地方政府执行,导致案件无法执行。(5)人民法院审查环节存在的其他违法情形。如无正当理由未在规定期限内作出是否准予执行裁定、作出准予执行裁定后不依法向行政机关或裁定执行单位、被执行人送达或延迟送达等。

3. 对行政非诉执行实施环节的监督

主要包括:(1)人民法院裁定准予执行后未依法主动移送执行立案,而要求行政机关再次申请执行的。(2)人民法院怠于执行、超期执行的。(3)人民法院应当采取或变更、解除执行措施而未及时采取或变更、解除的。如人民法院采取查封、扣押、冻结被执行人财产或将被执行人列入失信名单缺乏必要性或不及时的,或者法院未及时将被执行人财产解封、归还、解冻或移出失信名单而损害被执行人合法权益的。(4)人民法院执行不到位的。如未按照裁定书内容全面足额执行、未穷尽法定执行措施就裁定终结本次执行或终结执行、在被执行人未申请延期或分期缴纳的情况下仅执行部分罚款就擅自结案。(5)人民法院采取执行措施不规范的。如查封、扣押财产时未通知被执行人或被执行人的法定代表人到场；对查封、扣押的财产未妥善保管；未制作查封、扣押清单；未制作笔录。（6）人民法院执行通知制作及送达不规范的。如超期通知被执行人、送达方式违法，通知执行内容与法律文书、执行申请确定的义务不一致。（7）人民法院终结本次执行程序不当的。如对行为类执行案件裁定终本；终本前未告知申请执行人，听取其意见；未向被执行人发出限制消费令；未将符合条件的被执行人纳入失信被执行人名单；未依法查找被执行人下落即裁定终本。（8）其他需要监督的情形，如法院未及时将到账的执行款物发放给申请执行人，未经申请执行人同意就擅自终结执行。

4. 对人民法院"裁执分离"案件的监督

主要包括：（1）人民法院裁定的案件不属于"裁执分离"案件领域。实践中，人民法院需结合本地"裁执分离"改革整体推进情况审查、裁定、执行，不宜随意扩张适用范围。（2）人民法院裁定的执行机关不具备执行能力。应注意分析法院裁定执行内容和执行主体是否恰当，重点关注执行机关是否具备执行能力。（3）人民法院裁定执行后未送达执行机关。（4）执行机关的执行行为违反执行依据。执行机关应以法院的准予执行裁定作为执行依据执行实施，检察监督应重点审查执行机关的执行实施行为的对象、范围、数额等方面是否违反执行依据。（5）执行机关是否怠于执行。（6）执行机关执行措施是否恰当。如代履行或停止供水、供电、供气等手段是否恰当、合法，是否违法采取查封、扣押、限制人身自由等措施。

5. 对行政机关的"穿透式"监督

主要包括：（1）没有强制执行权的行政机关作出行政处罚后，急于向人民法院申请强制执行或者逾期向法院申请强制执行的。（2）没有强制执行权的行政机关申请强制执行后无充分事实理由和法律依据撤回执行申请的。（3）行政机关未履行催告程序或催告期限未满即向人民法院申请强制执行的。（4）行政机关申请强制执行时遗漏应申请事项的。（5）案件中止执行、终结本次执行的情形消失后，行政机关怠于向法院申请恢复执行的。（6）人民法院裁定不予执行不当的，行政机关怠于行使申请复议权的。

案例二：广东省检察院依托行政执法与行政检察衔接平台构建行政非诉执行大数据监督模型[1]

【关键词】

大数据监督　行政执法与行政检察衔接平台　行政非诉执行监督

【要旨】

针对实践中行政执法决定不能得到执行的问题，检察机关依托"行政执法与行政检察衔接平台"，获取行政机关大数据平台中的相关数据后，总结办案中发现的常见违法事项，构建并运用行政非诉执行大数据监督模型，有效提高个案办理效率，提升类案监督和系统治理质效。

【线索发现】

广东省检察院在调研中发现，2017—2018年广东省自然资源领域申请法院强制执行案件14230件，最终实施强制执行304件，仅占2.14%，大量的行政决定不能得到执行。实践中，行政非诉执行案件中的被处罚人往往不会主动申请检察监督，一些行政机关、人民法院也缺乏主动移送线索接受检察监督的意识，检察机关因信息不对称，难以知晓和获取相关案件情况。各级检察机关主要通过与行政机关会签文件的方式实现行政非诉执行案件信息共享，有的基层检察机关因办案需要，批量调卷查找线索，易引起人民法院和行政机关的排斥，同时行政非诉

---

[1]《广东省人民检察院公告（2023年第2号）摘编》，载"广东检察"微信公众号，2023年3月16日。

执行监督呈现个案化、碎片化状态，难以发现和分析特定执法领域普遍性、倾向性、根源性问题，检察监督系统性不足。

【数据赋能】

为解决上述问题，广东省检察院建设了行政执法与行政检察衔接平台，通过自动获取行政执法信息平台、行政执法监督网络平台数据，可对接省内各级行政执法机关，依托183种结构化数据和57种执法文书实现特征筛查，将全省各级检察机关在办案中发现的常见违法事项总结为行政非诉执行大数据监督模型，有效提升了工作效率和办案质量。

行政非诉执行大数据监督模型主要依据行政强制法、行政诉讼法、《人民检察院行政诉讼监督规则》和办案经验，按照行政非诉执行监督案件的办案环节设置监督点，共设置筛查规则12条，针对4个常见监督点筛查个案违法情形。研判思路为：

（一）数据来源

1.实时接收行政执法信息平台和行政执法监督网络平台的推送数据，包括行政处罚申请人民法院强制执行信息（来源于行政执法信息平台）；行政执法卷宗（来源于行政执法信息平台）。

2.行政非诉执行案件卷宗（从法院调取）；相关佐证材料（从相关行政机关调取）。

（二）数据要素

针对申请行政非诉执行行为，以申请执行日期、法院立案日期、立案案件通知书送达日期、法院裁定日期、法院裁定结果、行政决定内容等为要素进行分析。

（三）设定监督点

设定"法院受理环节违法""法院审查环节违法""法院执行实施环节违法""行政行为违法"4个监督点。具体如下：

监督点一：法院受理环节违法

1-1 行政机关申请法院强制执行后，法院裁定不予受理；

1-2 行政机关申请法院强制执行后,法院超过五日未作出决定。

监督点二:法院审查环节违法

2-1 行政机关申请法院强制执行后,法院不准予执行;

2-2 处罚事项根据法律规定只能由行政机关强制执行,但法院裁定准予执行;

2-3 法院受理案件后超过三十日未作出裁定。

监督点三:法院执行实施环节违法

3-1 人民法院作出准予执行裁定后,超过三个月未执行完毕;

3-2 执行标的包括非金钱债权,法院裁定终结本次执行。

监督点四:行政行为违法

4-1 行政机关超期未申请强制执行;

4-2 行政机关申请强制执行未经催告;

4-3 相对人提起行政诉讼,行政机关在诉讼期间申请强制执行的;

4-4 执法人员少于两人;

4-5 行政处罚办案期限超期;

4-6 行政处罚决定书未送达相对人。

(四)筛查数据,发现异常

1.自动匹配规则。对行政执法信息共享和案件移送机制接收的案件材料,通过线索移送时的既有案卡项,对照已设定筛查规则进行案卡项对比,自动匹配规则,筛查出异常线索。

2.开展数据比对。进一步对线索的案卡信息、调取的行政执行卷宗进行全面审查,进行数据比对。审查中可列表对契合规则项进行标注,保证不遗漏情形。

3.拓宽两端筛查。行政非诉执行监督案件不仅涉及执行审查环节的审查,还关系前端行政行为合法性及后端执行实施环节的落实,针对这些监督特点,开展大数据两端筛查。运用行政执法信息平台推送的执法数据和行政执行卷宗数据比对,查阅执法卷宗和案卡填录情况,分析关键信息，发现行政机关在行政执法中存在申请强制执行乱、执行事项仍未执行到位的情形。

4.经最高人民检察院批复，行政执法与行政检察衔接平台直接对接全国检察业务应用系统。经初步审查符合行政非诉执行监督受理条件的案件，直接进入全国检察业务应用系统的受理环节，案卡信息自动匹配填录，实现一键受案、一键填录。

【类案监督】

1.通过个案监督经验的积累，推动完善监督点、筛查规则的设置，从而提升行政非诉执行监督案件的成案率。2021年广东省检察机关共办理行政非诉执行监督案件7927件，通过检察建议、移送线索等方式开展监督的案件共计6137件，其中监督人民法院2733件，其中37%的违法情形属于本模型筛查的范围。监督行政机关3404件，其中48%的违法情形属于本模型筛查的范围，极大提升工作效率和办案质量。

2.通过对同一地区一段时期的行政非诉执行线索进行排序、统计、筛查，发现某一地区特定领域案件的普遍性问题，开展类案监督。广东省检察院依托模型部署开展类案监督，9个地市开展农村乱占耕地建房专项监督，制发检察建议575份，整治违法占地3900多亩；5个地市开展追讨农民工欠薪专项监督活动，仅珠海一地就摸排线索2739条，追讨回欠薪244万元。

（二）土地执法查处领域

为加强土地执法查处领域行政非诉执行监督工作，最高人民检察院办公厅与自然资源部办公厅联合签发《自然资源主管部门与检察机关在土地执法查处领域加强协作配合的试点方案》，并在全国检察机关常态化开展"土地执法查处领域行政非诉执行监督"专项活动，加强与自然资源主管部门在土地执法查处领域协作配合，利用大数据技术发掘类案线索，集中办理一批有影响的典型案件，加快建立自然资源行政执法与行政检察衔接平台，开发各类土地查处领域行政非诉执行监督数字模型，切实破解土地行政处罚决定申请强制执行难问题。

1. 常见监督点

（1）法院裁定执行后未依法移交法院执行局执行。如陕西某国土资源分局申请执行退还土地、拆除建筑物、罚款决定检察监督案[1]中，陕西省某国土资源分局在对某区某村委会作出"退还违法占用的集体土地、拆除违法建筑物及罚款"的行政处罚后，向某市某区法院申请强制执行；该区法院在作出准予执行裁定后一直未采取执行措施，并称行政非诉执行案件采取"裁执分离"，申请执行人行政机关在收到准予执行裁定后，到法院立案庭申请立执行案件；该区检察院审查认为，"裁执分离"模式仅适用于申请执行国有土地上房屋征收补偿决定案件等特定行政非诉执行案件，该案不属于前述特定案件，法院要求某国土资源分局到法院立案庭办理立案执行手续于法无据；该地检察机关对"裁执分离"模式进行行政监督，推动此类问题的根本解决。

（2）法院对于非诉执行申请不予受理错误。土地管理法未授权自然资源主管部门强制拆除违法占地建筑物的执行权，自然资源主管部门适用土地管理法作出责令强制拆除违法占地建筑物的处罚决定后，占地违法建设行为人逾期不起诉又不自行拆除的，行政机关应当申请人民法院强制执行，而无权自行强制执行。人民检察院发现人民法院对应当受理的强制执行申请不予受理的，应当依法监督纠正。如安徽省某县自然资源和规划局申请执行强制拆除违法占用土地上的建筑物行政处罚决定检察监督案（检例第148号）[2]中，安徽省某县自然资源和规划局对辖区内未经批准擅自占用土地进行建设的违法行为进行调查后，先后作出多个

---

[1]《全国检察机关行政诉讼监督典型案例》，载"最高人民检察院"微信公众号，2021年8月25日。

[2]《最高人民检察院第三十六批指导性案例》，载"最高人民检察院"微信公众号，2022年4月18日。

包含责令限期拆除违法建筑物等内容的处罚决定，部分行政相对人在法定期限内既不申请行政复议或者提起行政诉讼，又未自行拆除违法建筑物，县自然资源和规划局先后以直接提交、邮寄申请书等方式向县法院申请强制拆除违法建筑物，县法院均不予受理错误，该县检察机关依法开展监督，督促法院对强制执行申请予以受理并裁定准予执行。

（3）法院未依法听取当事人意见。如湖北省某市自然资源和规划局申请执行违法占地行政处罚决定检察监督案[①]中，某市自然资源和规划局认定某家庭农场非法占用集体土地建设猪舍的行为违法，对其作出行政处罚决定，后向法院申请强制执行，法院作出准予强制执行裁定。经某市检察院审查发现，法院在对行政处罚决定的合法性审查过程中，未充分考量行政比例原则在行政执法中的运用，且在作出准予强制执行裁定前发现行政行为存在损害被执行人合法权益的情形，未听取当事人意见，检察机关对此开展行政监督，督促法院撤销原裁定以及自然资源和规划局撤销行政处罚决定书。

（4）法院在非诉执行环节违法终结执行。如王某某违法占用黄河滩地行政非诉执行检察监督案[②]中，县自然资源局对王某某作出罚款及限期拆除违法建筑的行政处罚决定，并向法院申请强制执行。法院作出执行裁定后，仅扣划被执行人王某某银行存款后终结本案执行，违法建设一直未予拆除。检察机关依法督促法院及时恢复执行，使被执行人及时拆除地上建筑物，依法打击违法占用黄河滩地的行为，切实推动黄河流域生态保护。

（5）自然资源部门行政处罚违法。在土地查处领域行政非诉执行监督中，可从法院非诉执行案件"穿透式"监督自然资源主管部门的行政

[①]《"检察为民办实事"——行政检察与民同行系列典型案例（第三批）》，载"最高人民检察院"微信公众号，2021年11月23日。

[②]《"检察为民办实事"——行政检察与民同行系列典型案例（第九批）》，载"最高人民检察院"微信公众号，2022年11月1日。

行为违法问题。如清远市检察机关模块化建设了土地执法领域监督集约化模型，将自然资源土地执法数据与检察业务进行融合，解析自然资源部门的行政处罚决定案件卷宗，筛查遗漏行政处罚罚项、遗漏线索登记情况、法律文书未载明当事人权利义务、送达时间、方式不合法、怠于履行报告职责和逾期申请强制执行等6类违法线索；统计分析行政处罚决定等法律文书材料，通过对行政处罚决定书、违法线索登记表、履行行政处罚决定催告书、行政裁定书等文书分析，发现可能存在的行政违法行为和非诉执行监督线索，对存在的问题采取制发类案监督检察建议纠正程序违法和监督全面履职等相应的监督措施，办理土地执法查处领域非诉执行监督案件65件。

2. 常见数据来源

土地执法查处领域行政非诉执行监督案件的数据收集渠道主要来源于以下三方面：

（1）人民法院数据。包括人民法院在受理、审查、执行等环节形成的行政裁判卷宗、执行卷宗等；法院在中国裁判文书网公开的涉土地执法查处的行政裁判文书、执行裁定文书等。

（2）自然资源主管部门数据。包括自然资源主管部门在履职过程中产生和保存的数据，如涉土地执法查处的卷宗材料、自然资源局在执法信息公示平台等政府公共信息数据开放平台公示的行政处罚决定书等。在河南省通许县检察院建立的"耕地占用税及土地执法非诉执行法律监督模型"中，从自然资源局调取违法占用土地行政执法数据和从法院调取的违法占用土地非诉执行数据对比，从而筛查出行政处罚后未执行到位且未申请法院强制执行的非诉执行案件线索。

（3）卫星遥感数据。卫星遥感数据是揭示地球表面各要素空间分布特征与时空变化规律的数据，比如卫星地图、违法图斑等。此类数据既可以从中国科学院空天信息创新研究院、自然资源主管部门调取，亦可以利用互联网第三方平台的卫星导航地图获取。

3. 监督点生成方法

土地执法查处领域行政非诉执行案件拥有受理、审查、执行等多个环节，每个环节均有不同要素的监督点生成方法，按照要素来进行分类，可以划分以下几类：

（1）日期运算类。该类监督点的特点在于只需要提取相关日期进行运算，得出日期差值，并将差值与法定期间作对比，就能得出各类超期线索。具体包括人民法院超期受理；人民法院超期作出执行裁定；人民法院超期未执结；人民法院未及时移送执行；自然资源主管部门怠于申请法院强制执行；自然资源主管部门送达程序日期超期等监督点。如清远市某检察院建立的"自然资源主管部门怠于申请法院强制执行法律监督模型"，通过批量提取土地执法案件的申请强制执行日期和行政处罚决定日期，利用电子表格批量运算和筛选，可以得到自然资源主管部门怠于申请法院强制执行的线索。

（2）文字筛选类。该类监督点的特点在于只需要通过特定关键词搜索，利用"有"或"无"、"是"或"否"的简单逻辑进行判断，就能得出各类异常线索。具体包括人民法院作出准予或不准予执行裁定违法；人民法院执行措施裁定书适用法律错误，裁定的执行主体错误；执行内容与执行裁定不一致；人民法院无正当理由执行结案；人民法院裁定准予强制执行内容与自然资源主管部门申请强制执行内容不符，又未在裁定中予以明确；行政处罚决定书遗漏罚项；行政处罚决定催告书载明当事人依法享有的陈述权和申辩权等监督点。如清远市某检察院建立的行政处罚决定书遗漏罚项法律监督模型，运用文本搜索工具在海量的行政处罚材料中筛选"没收""限期拆除""恢复土地原状""罚款"等关键词，挖掘出一批行政处罚决定书遗漏罚项的线索。又如黑龙江省林甸县检察院督促自然资源部门规范土地执法检察监督案中，该院以"非法占地"为关键词在中国裁判文书网上全面搜索辖区涉土地执法领域的裁判和执行文书，从而发现行政机关存在遗漏处罚事项的违法行为，开展类案监督（具体内容详见案例三）。

（3）文书筛查类。该类监督点的特点在于需要配合文字筛查手段，判断某种条件下，该份文书是否存在于卷宗材料里，来获得监督线索。具体包括人民法院应受理不受理，不受理又不依法作出不予受理裁定；执法卷宗中无违法线索登记表；针对行政相对人无正当理由仍不履行拆除决定以及被法院驳回强拆申请的，未向人民政府报告等监督点。如清远市某检察院建立的自然资源主管部门未依法登记土地违法线索法律监督模型，运用文本搜索工具在海量的行政处罚材料中搜索"违法线索登记表"关键词和违法线索登记表中的特有名词、段落，精准发现材料中是否存在该份文书，从而获得监督线索。

（4）图像比对类。该类监督点的特点在于需要运用大量科技手段，来完成对地图类图像的对比分析，从而发现异常监督线索。如广东省中山市第二市区检察院建立的督促退还土地、拆除经营性违法建筑物行政非诉执行监督模型，检察机关调取法院已裁定准予执行"退还土地""拆除违法建筑物"的案件土地坐标，与卫星遥感监测数据进行反向比对，获取违法建筑物未拆除完毕的案件线索。

案例三：黑龙江省林甸县检察院督促自然资源部门规范土地执法检察监督案[①]

【关键词】

土地执法　行政处罚　消除违法状态　大数据检索　类案监督

【要旨】

检察机关办理土地执法领域行政非诉执行监督案件，对于法院作出的终结执行裁定，应当重点审查终结执行原因，并同步开展穿透式监

[①] 《大数据赋能行政检察监督典型案例》，载最高人民检察院网，https://www.spp.gov.cn/spp/zdgz/202208/t20220824_573783.shtml。

督。从中发现行政处罚存在违法情形后，运用大数据查询发现同类行政处罚决定存在同类违法问题，开展类案监督。

【线索发现】

2022年3月，林甸县检察院按照大庆市检察院部署，深入推进"土地领域行政检察监督，促进土地领域规范执法"专项活动。经全面检索中国裁判文书网上公布的土地执法领域行政裁判和执行文书，发现"（2020）黑0623执1371号"执行裁定书责令某村委会履行罚款13460.8元。该执行裁定书同时载明，因暂未发现该村委会有其他可供执行的财产，县自然资源局与该村委会达成和解协议，同意长期履行。林甸县检察院认为，根据《土地管理法》第七章规定，土地违法的法律责任不存在单独处以罚款的情形，故执行裁定所涉行政处罚决定可能违法。本案行政处罚金额不高，处罚对象为村委会，但未实际执行，亦不符合常理。遂以执行裁定书上载明的行政处罚决定文号为关键字，在林甸县人民政府网站上的信息公开栏目查询执行裁定所涉行政处罚决定，发现该处罚决定遗漏了"没收在非法占用的土地上新建的建筑物和其他设施"的处罚事项。林甸县检察院研判后认为，该类行政处罚中遗漏处罚事项的情形可能普遍存在，有必要进行大数据检索，并根据检索结果开展类案监督。

【数据赋能】

（一）数据收集

从以下不同途径收集数据：1.行政裁判和执行文书（来源于中国裁判文书网）；2.行政非诉执行卷宗（从法院调阅）；3.行政处罚公开信息（来源于林甸县政府网站）；4.行政执法卷宗（来源于大庆市自然资源局）。

（二）数据分析步骤

第一步：以"非法占地"为关键词在中国裁判文书网上全面搜索辖区涉土地执法领域的裁判和执行文书，其中执行文书包括准予强制执行、中止执行、恢复执行、终结执行、终结本次执行的裁定书等。

第二步：筛选出被执行人为村委会、因达成长期履行执行和解协议执行终结的案件。

第三步：反向查询执行依据。通过执行裁定上载明的行政处罚决定文号在林甸县政府网站上查询到行政机关申请强制执行所涉行政处罚决定。查明存在遗漏处罚事项的相同违法行为，开展类案监督。

（三）数据分析关键点

行政机关作出行政处罚的内容和权限必须严格依照法律规定。运用大数据检索行政非诉执行裁定涉及的行政处罚决定后，将该行政处罚决定与法律规定进行对照，对同类问题进行监督。

一是根据《土地管理法》第七章规定，土地执法领域行政处罚必然包含消除违法状态的罚项。因此，单独处以罚款或者单独处以没收违法所得的行政决定遗漏处罚事项。

二是对于行政法律法规规定多种处罚和处罚的幅度时，行政机关作出行政处罚时自由裁量的范围不能违反法律规定，不能遗漏应当处罚的事项。

【类案监督】

非法转让土地、将农用地改为建设用地、非法占用耕地、非法占用土地等行为对土地用途造成破坏。根据《土地管理法》第77条规定，未经批准或者采取欺骗手段骗取批准，非法占用土地的，由县级以上人民政府自然资源主管部门责令退还非法占用的土地，对违反土地利用总体规划擅自将农用地改为建设用地的，限期拆除在非法占用的土地上新建的建筑物和其他设施，恢复土地原状，对符合土地利用总体规划的，没收在非法占用的土地上新建的建筑物和其他设施，可以并处罚款。林甸县检察院根据该罚则特点，通过反向查询行政处罚决定发现，县自然资源局对辖区几个村委会的非法占地（并非耕地）行为均依据《土地管理法》第77条作出罚款的处罚决定，遗漏了"没收"处罚事项。同时，根据《土地管理法》第七章的规定，土地执法领域的行政处罚均应包含消除违法状态的罚则,检察机关运用大数据检索发现自然资源局对违法占地均仅处以罚款行政处罚,通过制发类案检察建议督促纠正。林甸县自然资源局采纳检察建议,组织开展自查整改工作,加大对执法人员的培训力度,确保法律适用的准确性。对于本案,由于村委会违法占地用于村组织活动场所建设,为改善人居环境、提高公共服务质量提供硬件基础,且未触犯"耕地红线"。在符合用地总体规划的前提下,通过检察监督,村委会补办了用地手续。

(三)交通安全和运输执法领域

为切实解决道路交通安全和运输执法领域突出问题,充分发挥检察职能助推行政执法,最高人民检察院下发《关于加强道路交通安全和运输执法领域行政检察监督工作的通知》,要求各级检察机关开展好道路交通安全和运输执法领域的行政检察监督,推动完善行政执法与法律监督衔接工作机制,监督促进道路交通安全和运输执法领域主管部门及公安交通管理部门依法行政。

1. 常见监督点

围绕"逐利执法"、执法不规范、执法方式简单僵化、执法粗暴、执法"寻租"等五方面问题,从专项整治中获取检察监督线索。

(1)交警部门怠于对行政罚款催告及向法院申请强制执行。如清远市某检察院办理的交通行政处罚非诉执行检察监督案中,交警部门对交通行政处罚未依法履行催告义务,也没有向人民法院申请强制执行,行政执法处于"程序空转"状态,检察机关对此种情况进行法律监督(具体内容详见案例四)。

(2)法院行政非诉执行环节程序违法。如贵州省某县交通运输局申请强制执行左某行政处罚决定检察监督案[①]中,县法院存在执行通知

---

① 《"检察为民办实事"——行政检察与民同行系列典型案例(第七批)》,载"最高人民检察院"微信公众号,2022年9月6日。

书载明事项不规范等问题，某县交通运输局存在超期限扣押、行政处罚决定书载明部分事项错误，检察机关对此分别发出检察建议，督促县法院、县交通局整改。

（3）法院对行政非诉执行审查裁定违法，进而发现交通运输部门作出的行政处罚错误。如广东省某市交通运输局申请执行违法运营行政处罚决定监督案[①]中，甲区检察院在审查市交通运输局向法院申请非诉强制执行案件时，发现市交通运输局错误作出行政处罚决定认定违法主体错误，依法应当撤销。检察机关遂向甲区法院发出检察建议书，要求对本案行政非诉执行审查裁定的错误依法予以纠正，并督促市交通运输局纠正错误的行政处罚决定，撤销对何某的行政处罚，而改为对王某的违法行为作出行政处罚。又如湖南某市执法局申请执行罚款决定检察监督案[②]中，湖南省某市交通运输综合执法局对某汽车客运有限公司作出错误的行政处罚决定并申请法院强制执行，法院裁定准予执行错误，检察机关依法开展监督。

2. 常见数据来源

包括交通行政处罚数据清单；公安机关申请强制执行的案件清单；人民法院对交通行政处罚审查裁定执行案件信息。

案例四：交通行政处罚非诉执行检察监督案

【关键词】

非诉执行监督　交通违法行政处罚　强制执行

【要旨】

在交通执法实践中，交警部门对交通违法行为进行行政处罚后，行

---

① 《2022年度十大行政检察典型案例》，载"最高人民检察院"微信公众号，2023年2月19日。

② 《全国检察机关行政诉讼监督典型案例》，载"最高人民检察院"微信公众号，2023年2月19日。

政相对人既不申请复议、提起行政诉讼，又不按期缴纳罚款，公安机关对此未依法履行催告义务，也没有向人民法院申请强制执行，存在怠于履职的违法情形。检察机关立足行政检察职能，通过数据碰撞、分析研判确定监督线索，依法对上述情形开展监督。

【线索发现】

2023年4月，清远市某检察院在开展交通执法领域专项活动中，发现县公安局在办理卢某光交通行政处罚案件时，对于未缴纳罚款的行政相对人，该局未依法履行催告义务，也未向人民法院申请强制执行，导致罚款未能及时收缴，可能存在未依法履职的情形，遂依职权启动监督程序。

【数据分析方法】

（一）数据来源

1.交通违法行政处罚案件数据清单（来源于公安机关）；2.交通违法行政处罚决定书（来源于公安机关）；3.向调取公安机关申请强制执行的案件信息（来源于公安机关）；4.强制执行案件信息（来源于人民法院执行部门）。

（二）数据分析步骤

第一步：调取交通违法行政处罚案件数据清单，剔除"被处罚人"且"车牌号"为空白的无效数据，筛查出已作出行政处罚决定但罚款未收缴到位的案件列表，提取出"被处罚人姓名""未缴费""处罚时间"的结构化列表一。

第二步：根据列表一调取交通行政处罚决定书，运用OCR技术对已归集的涉交通安全和运输领域行政处罚决定书进行文字识别，对行政处罚文书内如"适用法条""罚金金额""处罚时间""救济途径"等内容进行信息要素化，通过列表信息核查公安机关是否存在法律适用错误、未依法告知当事人救济途径的违法情形，分别筛查出行政处罚法律适用正确的列表二、法律适用错误的数据，对适用法律错误的进行监督。

第三步：根据第二步调取公安机关申请强制执行的案件信息并形成列表，以"当事人"作为关联词与列表二进行关联，并对"处罚时间""催告时间""申请强制执行时间"进行计算，筛查出行政相对人在法定期限内未申请行政复议或者提起行政诉讼、也未履行行政处罚的案件，公安未对行政相对人进行催告或未依法向人民法院申请强制执行的违法线索。

第四步：结合公安机关申请强制执行的案件清单，调取人民法院强制执行案件卷宗，排查案件受理、审理、裁定和执行过程中是否存在不规范情形。

（三）数据分析关键点

1.对行政处罚文书内如"适用法条""罚金金额""处罚时间""救济途径"等内容进行信息要素化，排查出适用法律错误的案件；2.对"处罚时间""催告时间""申请强制执行时间"进行计算，筛查出公安机关未对行政相对人进行催告或未依法向人民法院申请强制执行的违法线索。

【类案监督】

经过数据碰撞发现，检察机关发现非诉执行监督线索31条，通过发出类案检察建议，督促公安机关依法履职，避免行政执法"程序空转"情况，提升行政处罚的公信力、执行力。

（四）护航法治化营商环境领域

最高人民检察院在全国检察机关开展的"全面深化行政检察监督依法护航民生民利"专项活动基础上，部署开展行政检察护航法治化营商环境"小专项"活动，要求发挥行政检察职能，保障市场主体依法平等使用资源要素、公开公平公正参与竞争、同等受到法律保护，引导和促进市场主体守法合规经营，着力营造公开透明的法治化营商环境。

1.常见监督点

在加强涉市场主体行政执行监督方面，依法妥善办理涉及市场主体的行政诉讼执行、行政非诉执行监督案件,对因人民法院执行活动中违法采取执行措施,导致错误或者不当执行企业标的、错列企业为失信被执行人、未及时删除失信信息,或者企业法定代表人被错误限制消费或司法强制措施、超额冻结企业账户资金、超范围扣押企业财产等损害企业合法权益的违法行为,依法予以监督;针对行政机关作出行政行为主要事实不清、证据不足、适用依据错误、违反法定程序或违反信赖利益保护原则等,导致行政非诉执行的依据不合法不合理,或行政机关怠于执行生效裁判损害市场主体合法权益的,依法予以监督。具体如下:

(1)行政主管部门对企业恶意注销行为监管不到位。市场监督管理部门与相关部门信息不互通,部分企业在接受执法检查后行政处罚作出前、收到行政处罚决定尚未执行完毕,通过恶意注销企业逃避行政处罚的执行。如江苏省某木业公司环境违法行政非诉执行检察监督案[①]中,检察机关发现木业公司可能被"恶意注销",致使苏州市生态环境局的行政处罚决定执行申请被法院驳回,遂向市法院发出检察建议,建议该法院撤销原裁定,并通知申请机关变更木业公司股东为被执行人,推动行政处罚落实到位。又如广东省清远市某检察院办理的企业恶意注销逃避行政处罚行政非诉执行类案监督中,核查出企业恶意注销行政非诉执行的案件线索并对此进行监督(具体内容详见案例五)。

(2)行政主管部门申请强制执行时遗漏被执行人。如广东省汕头市某区检察院在办案中发现区工业和信息化局在向法院申请执行过程中存在未追加未足额缴纳出资的股东为被执行人的情况,遂向该局发出检察建议,督促该局申请追加公司股东为被执行人,恢复案件执行。该局接到检察建议后高度重视,采纳检察建议并于当月向法院申请恢复执行。

(3)法院受理、审查、执行实施环节违法。注重对法院应受理而不

[①] 《"检察为民办实事"——行政检察与民同行系列典型案例(第六批)》,载"最高人民检察院"微信公众号,2022年6月16日。

受理、执行措施不到位、违法执结等情形的监督力度，促进公正司法和依法行政，更好地维护企业合法权益，为优化营商环境提供良好法治保障。如广东省广州市某区检察院积极拓宽线索来源渠道，向区内涉及行政非诉执行的十余家相关单位发出《关于提供行政非诉执行案件材料的函》，收集行政机关申请法院强制执行行政执法决定的案件明细，同时借助中国裁判文书网收集线索，办理涉营商环境领域行政非诉执行监督案35件。

2. 常见数据来源

数据的收集方式主要有通过检察内部系统、行政执法信息共享平台、12345政务服务平台等公开数据平台获取，以及向人民法院、行政机关调取等，具体如下：

（1）在全国检察业务应用系统中提取检察机关内部数据，对涉及破坏社会主义市场经济秩序犯罪案件的起诉书、起诉意见书、判决书进行重点核查，加强与刑检部门信息共享，扩大线索挖掘范围。

（2）通过行政执法信息共享平台、"两法衔接"平台等公开数据渠道获取行政执法信息数据，获取重要的线索和证据，再有针对性通过走访、调取材料的形式向主管行政部门提取所需的行政相对主体的名单数据及行政行为的档案材料，如行政处罚、行政许可、行政审批等要素。充分利用多部门联动协作机制，共享行政执法司法信息，实现数据获取覆盖面的扩张，从中挖掘监督点。

（3）批量导出12345政务服务平台的数据，与其他举报平台如12309检察服务中心的信访数据汇总分析，筛查出反映法院及行政机关在行政非诉执行案件中存在违法情形的案件线索。

（4）向人民法院调取行政案件卷宗，以行政相对人为企业的案件作为重点核查对象，以"撤销行政行为""确认行政行为违法"为关键词提取案件信息，形成案件清单后有针对性调取该部分案件的卷宗，对法院行政非诉执行案件的受理、审查、裁定及执行活动，以及行政机关的行政非诉执行活动进行审查。

案例五：企业恶意注销行政非诉执行类案监督

【关键词】

非诉执行监督　恶意注销　逃避行政处罚　溯源治理

【要旨】

某企业在受到行政处罚后行政机关申请强制执行前，企图通过恶意注销逃避行政处罚，导致行政罚款未能及时依法追缴的问题。检察机关综合运用"数据赋能＋三查并举"手段，梳理出恶意注销关键要素开展类案监督，发挥行政检察"一手托两家"职能作用，通过向行政机关和法院制发检察建议督促其依法履职，推动建立信息互联互通机制，从源头上堵塞"恶意注销"漏洞，有效维护国家利益。

【线索发现】

2021年3月22日，清远市生态环境局甲区分局依法对其辖区内某环保新材料有限公司（以下简称环保公司）违法排放废气等环境违法行为作出以下行政处罚：责令改正，罚款552500元，限于接到行政处罚决定之日起十五日内缴纳罚款，逾期缴纳罚款的，每日按罚款数额的3%加处罚款。因环保公司未履行行政处罚决定，且在法定期限内既未申请行政复议，又未提起行政诉讼，清远市生态环境局甲区分局向清远市乙区人民法院（行政诉讼集中管辖）申请强制执行。乙区法院经审查予以立案执行，随后发现该公司已于2021年5月17日办理注销登记，被执行人法律上的主体资格已经灭失，不符合强制执行条件。据此，乙区法院于2022年8月3日启动审判监督程序，裁定驳回清远市生态环境局甲区分局的强制执行申请。

2022年8月10日，乙区检察院在办案中发现环保公司可能存在通过"恶意注销"逃避行政处罚行为，致使清远市生态环境局甲区分局的行政处罚决定执行申请被乙区法院驳回，遂依职权启动监督程序。经调查核实，2021年5月17日，环保公司作出的清算报告显示公司债务0元，资产总额0元，清算组成员陈某某、刘某某签字并通过清算报告。其中，投资人信息显示陈某某认缴45万元，实缴0万元；刘某某认缴5万元，实缴0万元。乙区检察院对该线索进行分析研判，推断企业恶意注销逃避行政处罚的情况并非个例，有必要通过大数据进行分析开展类案监督。

【数据赋能】

（一）数据收集

1. 清远市生态环境局对环境违法行政处罚案件信息清单（来源于广东省行政执法信息公示平台）。

2. 辖区内企业注销登记信息清单（来源于天眼查App）。

3. 生态环境局向法院申请行政非诉执行的法院裁定书（来源于生态环境局、法院、小包公·法律AI平台）。

4. 环境违法行政处罚案件卷宗材料（来源于清远市生态环境局甲区分局）。

5. 企业财产信息，包括企业银行存款、车辆、不动产情况（来源于市场监督局、金融机构、不动产登记中心、车管所）。

（二）数据分析步骤

第一步：检索广东省行政执法信息公示平台搜索行政处罚信息，运用漏斗分析法以"行政处罚""生态环境""清远市"为关键词从中筛查出被行政处罚的企业案件数据，并导出信息清单。

第二步：调取天眼查App上企业注销信息清单，以"注销""环保""公司""清远市""核准日期"为关键词从中筛查出辖区内环保企业注销数据，并导出信息清单。

第三步：将第一步筛查出的被行政处罚环保企业清单与第二步筛查出的注销环保企业清单进行比对，运用DATEDIF函数计算出被行政处罚决定日期与企业注销日期差值，筛查出被行政处罚后一年内注销的企业名单。

第四步：从生态环境局向法院申请强制执行的案件信息中，筛选出未执行完毕的案件清单，与第三步筛查出的已注销企业名单进行比对，筛查出行政处罚未执行完毕的注销企业名单，作为可能存在恶意注销的案件线索。

第五步：针对筛查出的线索开展以下调查核实。一是向市场监督管理部门调取企业注销信息，核查企业注销准确情况。二是向金融机构查询企业账户银行流水，分析被作出行政处罚后的大额支出，是否存在转移被执行财产的可能。三是向不动产登记中心、车管所调取企业不动产和车辆登记信息，查看企业是否存在被作出行政处罚后转让不动产和车辆的情况。四是向市场监督管理局调取企业股东认缴出资信息。综合以上信息，认定其是否存在通过恶意注销逃避行政处罚情形。

（三）数据分析关键点

一是将被行政处罚的企业案件数据与注销企业数据进行比对，计算出被行政处罚决定日期与企业注销日期差值，排查出被行政处罚后一年内注销的企业信息作为风险指标。二是将异常注销的企业名单与未执行完毕的企业名单进行比对，筛出行政处罚未执行完毕的注销企业异常信息，作为可能存在恶意注销的案件线索。

【类案监督】

乙区检察院在个案的基础上寻找行政机关未有效发现企业"注销换壳"逃避行政处罚的监管漏洞，通过创建大数据法律监督模型，对3.9万余条数据进行碰撞、比对，筛查出清远市生态环境部门在作出行政处罚后企业恶意注销情形，精准发现3家企业通过恶意注销逃避行政处罚的违法行为。该院坚持"穿透式监督""一手托两家"的监督理念，分别向清远市生态环境局甲区分局和乙区法院发出检察建议，推动职能部门建立信息共享平台，打破行政执法机关与市场主体登记机关之间存在的信息壁垒，优化营商环境。清远市生态环境局甲区分局和乙区法院均采纳了检察建议，乙区法院遂裁定准予强制执行，并追加原环保公司的股东陈某海、刘某花为被执行人。

五、行政违法行为监督应用场景

行政违法行为检察监督作为全面深化行政检察监督的重要组成部分，目前尚处于探索阶段，要积极稳妥开展行政违法行为检察监督，行政检察监督侧重点在于"单位"的监督，即行政机关违法行使职权或不行使职权的情形。对于行政不行使职权的情形，包括依申请的行政不作为，以及依职权行政不作为。后者由于行政相对人不明确、履职义务不明晰等原因，往往成为行政检察监督的难点，但这也成为大数据法律监督的施展空间。通过数据汇集、碰撞，让隐藏的不作为线索浮现，查找出制约行政效能发挥的深层次原因，推动检察监督从个案办理向类案监督、系统治理转变。

（一）一般情形

检察机关对行政机关违法行使职权或不行使职权开展监督，主要涉及对行政行为是否合法的判断，可从以下方面进行审查：

1. 行政机关超越职权作出行政行为的，即行政机关行使了法律法规没有授予的权力或者行使权力超出了法律法规所设定的必要的范围。如行政执法主体不适格、行政机关适用行政强制措施、行政强制执行没有法律依据的。

2. 行政机关滥用职权作出行政行为，或作出行政行为明显不当的。行政机关滥用职权，即行政机关作出的行政行为虽然在其权限范围内，但未正当行使职权，不符合法律目的、法律原则和法律精神。行政行为明显不当，即行政行为严重违反行政合理性原则而不合适、不合理。多发于具有自由裁量空间的行政处罚案件。

3. 行政机关拒绝履行职责、拖延履行职责等不履行法定职责的。实践中应注重调查核实行政机关是否具有相关职责，可通过到政府、编办、上级机关等了解该行政机关的行政职权和工作范围。应重点监督行政机关怠于向司法机关移送刑事犯罪线索或移送线索后怠于跟进履行职责的情形。

4.行政行为适用法律法规不正确的，即行政机关作出行政行为适用法律法规错误。一般从实体上来判断，即从事实的定性、法律适用范围和效力、法律精神的理解等适用实体性法律法规的角度来把握。如违反从旧兼从轻的法律适用原则、违反一事不再罚原则等的案件。

5.行政机关作出行政行为违反法定程序的，如超期办案、送达违法、未告知当事人申辩权利等。

6.其他应予以监督的情形，如行政机关作出行政处罚时对象错误、遗漏处罚事项等。

需要注意的是，检察机关开展行政违法行为监督，应着重"在履行法律监督职责中发现"和"督促纠正"。对于属于行政机关内部管理规范的问题，如执法档案装卷不规范等，因未对行政相对人产生行政法上的权利义务关系，不宜开展行政违法行为监督。检察机关立足办案实际探索研发应用性和推广性较强的行政检察数字模型，将数据思维、数据技术统筹运用到行政违法行为法律监督工作中。如清远市检察机关运用大数据资源平台构建行政违法行为大数据监督模型，精准排查出行政机关违法作出行政处罚或执法不规范的监督线索（具体内容详见案例六）。

案例六：清远市检察院依托清远检察大数据资源平台构建行政违法行为大数据监督模型

【关键词】

大数据监督　清远检察大数据资源平台　行政违法行为监督

【要旨】

针对刑行交叉案件中，行政机关重复作出行政处罚或者未依法跟进作出行政处罚等违法情形，检察机关依托本地大数据资源平台，以环境资源保护等领域为切入点获取司法机关、行政执法机关的相关数据，构建行政违法行为大数据监督模型，推动司法机关和行政执法机关完善案件处理信息通报机制，实现以监督促进社会治理。

【线索发现】

2021年，广东省清远市辖区内基层检察院办理的朱某行政非诉执行监督案件中，水务部门将朱某违法采砂的犯罪线索移送公安机关后，朱某最终被人民法院判处罚金，随后，水务部门又以同一违法行为对朱某处以行政罚款。朱某因同一违法行为已被人民法院判处罚金，行政机关依法不应再处以行政罚款，检察机关遂监督水务部门撤销对朱某的行政处罚。清远市检察院获悉该案后进一步调研发现，对于同时触犯刑事法律和行政法律法规的案件，相关法律法规对行政机关与司法机关之间的案件移送、处罚顺位及罚项折抵等已作出规定。但实践中行政机关与司法机关的案件处理信息通报机制不完善，行政机关重复作出行政处罚或者未依法跟进作出行政处罚的情形并非个案，有必要通过大数据分析开展专项治理。

【数据赋能】

经过梳理相关规定，清远市检察院依托本地检察机关大数据资源平台，创建了行政违法行为大数据监督模型。该平台汇集了广东省行政执法信息公示平台、中国裁判文书网等多个平台的数据信息以及各职能部门通过各种渠道获取的数据信息，可实现关键词智能搜索，有效提升数据搜集效率。为遵循"在履职中发现"的案件来源要求，检察机关将数据筛查范围设定为经过检察机关刑事审查环节的案件，选取检察机关作出不起诉决定、法院判处罚金或免予刑事处罚的数据与行政机关的行政执法数据进行比对、碰撞，筛查出一批监督线索，有效促进行政检察监督提质增效。

本模型主要依据刑事诉讼法、行政处罚法、原国务院法制办等《关于加强行政执法与刑事司法衔接工作的意见》等法律规范关于行刑交叉案件的相关规定进行构建。研判思路为：

（一）数据来源

1. 破坏环境资源保护领域刑事案件中，检察机关作出不起诉决定及人民法院判决免予刑事处罚案件的相关文书（平台数据来源于全国检察业务应用系统）。

2. 破坏环境资源保护领域刑事案件中，被人民法院判处罚金的刑事裁判文书（平台数据来源于中国裁判文书网）。

3. 破坏环境资源保护领域行政案件中，行政机关所作的行政处罚决定书（平台数据来源于行政执法信息公示平台、行政机关）。

（二）数据要素

针对相关的刑事案件和行政执法案件，以当事人姓名、犯罪/违法关键词（如采砂、滥伐、采矿、捕猎等）、数额、犯罪/违法时间、判决/处罚时间、罚项内容等为要素进行分析。

（三）设定监督点

根据行政违法行为存在怠于履职和违法履职两个方面的情况，分别设定"行政机关怠于跟进作出行政处罚""行政机关重复作出行政处罚"以及"行政机关移送犯罪线索后继续作出行政处罚"3个监督点。具体如下：

监督点一：行政机关怠于跟进作出行政处罚

根据行政处罚法的有关规定，对依法不需要追究刑事责任或者免予刑事处罚，但应当给予行政处罚的，司法机关应当及时将案件移送有关行政机关。

监督点二：行政机关重复作出行政处罚

根据行政处罚法的有关规定，违法行为构成犯罪，人民法院判处罚金时，行政机关已经给予当事人罚款的，应当折抵相应罚金；行政机关尚未给予当事人罚款的，不再给予罚款。

监督点三：行政机关移送犯罪线索后继续作出行政处罚

根据原国务院法制办等《关于加强行政执法与刑事司法衔接工作的意见》第1点第3项的规定，行政执法机关向公安机关移送涉嫌犯罪案件时未作出行政处罚决定的，原则上应当在公安机关决定不予立案或者撤销案件、人民检察院作出不起诉决定、人民法院作出无罪判决或者免予刑事处罚后，再决定是否给予行政处罚。

（四）筛查数据，发现异常

第一步：获取案件清单及文书。（1）获取刑法破坏环境资源保护犯罪一节案件中，检察机关作出不起诉决定或人民法院判处虽构成犯罪但免予刑事处罚的相关决定文书。（2）以刑法破坏环境资源保护犯罪一节所包含的"非法采矿罪等16个具体罪名＋罚金"，以及"非法采矿罪等16个具体罪名＋罚金＋罚款"两种组合为关键词，获取被人民法院判处罚金的刑事判决文书。（3）获取行政机关对非法采矿等下行违法行为所作的行政处罚文书。

第二步：提取数据对比指标信息。对上述文书进行数据清洗，提炼当事人姓名、犯罪/违法关键词（如采砂、滥伐、采矿、捕猎等）、数额、犯罪/违法时间、判决/处罚时间、罚项内容等要素，分别形成不起诉及免予刑事处罚案件数据列表、判处罚金数据列表、行政处罚案件数据列表。

第三步：将数据进行不同维度的对比。（1）将检察机关不起诉及人民法院判处免予刑事处罚案件数据列表与行政处罚案件数据列表进行对比，如对被不起诉人或被告人没有比对出相应的行政处罚信息，则推送为行政机关怠于跟进作出行政处罚监督线索。如对被不起诉人或被告人有比对出相应的行政处罚信息，进一步比对作出不起诉决定或免予刑事处罚的时间与行政处罚时间，如行政处罚时间早于不起诉决定或免予刑事处罚时间，则推送为行政机关执法不规范监督线索。（2）将人民法院判处罚金数据列表与行政机关作出行政处罚案件数据列表进行比对，如同一当事人因同一违法行为既被判处罚金又被处以行政罚款,进一步比对二者处罚顺位。如人民法院判处罚金在前,行政机关处以罚款在后,则推送为行政机关违法作出行政处罚监督线索;如行政机关处以罚款在前,人民法院判处罚金在后且未折抵罚款的,则推送为刑事审判监督线索,后续移送相关部门跟进审查。

第四步:进一步核对案件信息。对于行政机关怠于跟进作出行政处罚监督线索,核实司法机关有无向行政机关通报案件处理结果及移送案件,确保监督的准确性。对于行政机关违法作出行政处罚或执法不规范的监督线索,进一步调取行政执法卷宗进行调查核实。

【类案监督】

1.开展市域行政检察监督专项活动。清远市检察院依托本模型,在全市范围内部署开展行政检察监督专项活动,调取全市相关数据分派至各基层院进行核查。通过大数据梳理碰撞,全市检察机关共排查出自然资源部门在检察机关作出不起诉决定后,未及时跟进作出行政处罚的违法线索12条,并向自然资源部门制发类案检察建议。相关部门采纳检察建议后,已对9件案件跟进作出行政处罚,共处罚金合计500余万元,并已执行到位79万余元。此外,还排查出1条行政机关移送犯罪线索后,在司法机关作出处理决定前便作出行政处罚的监督线索,以及1条人民法院在判处罚金时未折抵已处行政罚款的刑事审判监督线索,已移送相关部门。

2.内外协同,完善案件信息通报机制。针对本模型反映出的行政机关与司法机关之间案件处理信息通报机制不完善的问题,对内,清远市检察院制定《清远市检察机关不起诉案件行政执法与刑事司法衔接工作指引(试行)》,明确刑事检察部门向相关行政机关制发跟进作出行政处罚的检察意见书后,抄送行政检察部门跟进监督行政机关的落实情况,打破内部数据壁垒。对外,清远市检察院分别与清远市自然资源局、清远市林业局联签加强协作意见,进一步完善行政检察、刑事检察与行政执法三方衔接。

（二）行刑双向衔接

行刑衔接是指行政执法与刑事司法双向衔接，又称"两法衔接"制度。2023年7月，最高人民检察院印发《关于推进行刑双向衔接和行政违法行为监督构建检察监督与行政执法衔接制度的意见》，明确落实数字检察战略，依托信息共享平台，充分挖掘运用"两法衔接"和行政违法行为监督数据资源，加强顶层设计、整体统筹，注重办案模型的研发、应用与推广，注重与行政机关的沟通、协调与协同，推动个案监督、类案整改、源头治理，推进"两法衔接"和行政违法行为监督工作走深走实。

1. 常见监督点

行刑双向衔接包括行政执法机关向司法机关移送涉嫌犯罪案件的正向衔接，以及司法机关向行政执法机关移送行政处罚案件的反向衔接。

（1）行刑正向衔接监督。嵌入法律监督大数据筛查线索模型，发现行政执法机关"应移不移"案件线索。如浙江省义乌市检察院办理的知识产权行刑衔接类案监督[1]中，检察机关通过向行政执法机关批量调取侵犯知识产权相关行政处罚案件数据，筛查出已达到著作权类犯罪、商标类犯罪、非法经营类犯罪定罪标准的案件信息，与公安机关的立案信息、全国检察业务应用系统中案件信息进行碰撞，剔除已进入刑事诉讼程序的案件，分析存在行政执法机关应移送未移送的"以罚代刑"监督线索。

（2）行刑反向衔接监督。对于危险驾驶类、交通肇事类不起诉案件，可将被不起诉人员与吊销机动车驾驶证人员数据进行对比，发现尚未进行行政处罚的案件线索，督促公安机关依法作出行政处罚。以清远

---

[1] 贾宇主编：《数字检察办案指引》，中国检察出版社2023年版，第77—85页。

市某检察院为例,该院在开展派出所"巡回"监督专项检察活动中,发现个别醉驾型危险驾驶案被不起诉人驾驶证未及时吊销,经综合研判分析后构建涉驾驶证管理类案监督模型,依托全国检察业务应用系统、清远市检察系统大数据应用平台,结合公安交管部门违法人员驾驶证状态等相关数据进行比对碰撞,经调查核实后督促公安交管部门依法吊销 4 名醉驾违法行为人的驾驶证,对 5 名醉驾违法行为人违规申领的驾驶证予以注销,有效解决刑事处罚和行政追责脱节问题,确保了司法执法公正。又如广东省深圳市某区人民检察院督促开展泥头车综合治理行政检察监督案中,搭建大数据法律监督模型对建筑废弃物实时电子联单、车辆年审、行政处罚、交通事故等数据进行阶梯式递进比对分析,精准锁定各行政主管部门监管盲点,通过反向衔接机制开展针对性行政违法监督。

对于非法占用农用地类、非法采矿类、林木违法类、非法捕捞水产品类等破坏资源类犯罪不起诉案件,可从检察内部系统检索出已向行政机关发出行政处罚检察意见书的案件清单,与行政执法部门的行政处罚数据对碰,排查出发出检察建议书后行政机关未跟进作出行政处罚的违法线索,同步开展行政违法行为监督。如清远市检察机关办理的自然资源领域行刑反向衔接类案监督[①]中,通过调取全国检察业务应用系统数据、广东省行政执法信息公示平台行政处罚信息、林业主管部门、自然资源主管部门、水利主管部门、乡镇人民政府行政执法台账及相关行政处罚决定书,形成电子表格清单,经表格数据碰撞比对,排查出行政机关对不起诉案件怠于跟进作出行政处罚,以及移送犯罪线索后继续作出行政处罚等监督线索,依法开展行政违法行为监督,对 67 件不起诉案件跟进作出行政处罚,切实推动行刑反向衔接工作规范落实。

---

① 陈岑主编:《开启数字检察之门》,中国检察出版社 2023 年版,第 204—210 页。

2. 常见数据来源

（1）检察机关内部数据。主要包括案件数据、人员数据、决策和文书数据，如全国检察业务应用系统案件信息、12309 检察服务中心受理案件的电子卷宗和法律文书等数据。该数据属于检察机关的自有数据，存储于全国检察业务应用系统当中，数据调取方便易得，是一座数据的"富矿"，尤其是不起诉案件的相关数据，是检察机关推动落实行刑反向衔接制度的出发点和着力点。

（2）"两法衔接"平台数据。该平台是建立完善行政执法机关、公安机关、检察机关、审判机关信息共享、案情通报、案件移送的专业平台，主要由各行政执法单位负责信息录入、共享、维护，一定程度上实现行政处罚案件信息数据的互联互通。检察机关对"两法衔接"平台拥有一定的管理权限，可查阅、调取该平台的数据，可作为开展行刑反向衔接监督工作重要的数据来源。

（3）政务公开数据。各级行政机关高度重视政务数据公开工作，在互联网上设立政府开放数据和提供数据获取服务的综合平台，如政府信息公开网、"开放广东"全省政府数据统一开放平台、12345 政务服务热线平台、国家知识产权局中国商标网等。在此类政务公开平台上，涵盖了部分行政处罚、行政许可数据，供社会公众查阅，可作为开展行刑反向衔接监督工作的数据来源。

（4）社会数据。社会数据包括不同渠道归集的数据，如小包公·法律 AI、北大法宝、天眼查等平台，在开展行刑反向衔接监督工作中，可利用社会数据搜集行政部门不便提供的数据，迂回打破数据壁垒。

（5）通过机制建设或与其他部门沟通协调中获取数据，如到法院调取相关案件卷宗材料、到行政部门调取政务信息材料等，对数据进行结构化处理后可作为检察数据池的重要补充，亦是作为核实监督线索的关键手段。

（三）司法行政强制隔离戒毒

2022年3月，最高人民检察院、司法部印发了《关于开展司法行政强制隔离戒毒检察监督试点工作的意见》，在全国开展司法行政强制隔离戒毒监督试点工作。为落实《关于开展司法行政强制隔离戒毒检察监督试点工作的意见》，最高人民检察院发布防止"脱漏管"强制隔离戒毒监督8件典型案例，并联合司法部通报试点工作情况，指导各地深化试点工作。[①]

1 常见监督点

检察机关对戒毒所在履行强制隔离戒毒职责中违法行使职权、不依法行使职权或存在潜在的行政违法和重大事故风险的问题进行监督。包括对以下事项的合法性及规范性实施监督：（1）接收强制隔离戒毒人员入所适用法律法规条款、法律文书规范、权利救济渠道告知等情况；（2）强制隔离戒毒人员重要私人物品的管理；（3）提前解除强制隔离戒毒、延长强制隔离戒毒期限、变更强制隔离戒毒措施为社区戒毒、强制隔离戒毒人员所外就医情况；（4）对毒品流入、戒毒人员脱逃、所内死亡、安全生产事故、重大疫情、涉嫌犯罪等情形处理情况；（5）强制隔离戒毒人员的复议、申诉、检举、揭发、控告等处理情况；（6）依法保障戒毒人员戒毒医疗、教育矫治、康复训练、生活卫生等合法权益及所务公开情况；（7）其他需要监督的事项。

在司法强制隔离戒毒检察监督试点工作中，可依托大数据赋能提升监督质效。如清远市某检察院从刑事检察数据中发掘行政检察线索，搭建强制隔离戒毒类案监督模型，调取戒毒所强制隔离戒毒记录、人民法院关于涉毒案件刑事判决书、监狱罪犯服刑情况、司法局关于刑满释放人员报到清单等数据，经数据比对碰撞，发现强戒人员刑罚执行完毕时强制隔离戒毒期限未满，且不符合提前解除强戒的条件，但办案机关没

[①] 《2023行政检察十大看点》，载"最高人民检察院"微信公众号，2024年1月3日。

有将其送回戒毒所继续执行剩余强制戒毒期限的监督线索。

又如浙江省绍兴市检察院办理的吸毒人员逃避强制戒毒类案监督[①]中,通过对刑事裁判文书进行以"强制隔离戒毒""自首"为关键词的检索,排查出吸毒人员在被决定强制隔离戒毒前后或强制隔离戒毒期间存在自首的轻微刑事案件,如容留他人吸毒罪、盗窃罪,再通过对被告人作案时间、地点、被强制戒毒时间、自首时间、办案人员等数据分析锁定虚假案件,并综合运用调查、侦查手段,深入查办司法工作人员职务犯罪,推动完善强制隔离戒毒与刑罚执行间的衔接管理机制。

2. 常见数据来源

数据的收集方式主要有直接调取、内部数据获取、跨部门数据共享协同、第三方平台数据库获取以及通过数据抓取工具获取。

(1)全国检察业务应用系统数据获取。全国检察业务应用系统内刑检部门的数据,主要包括案件数据及人员数据、文书数据。如开展强制隔离戒毒人员在强制隔离戒毒期间犯罪的人员数据可从全国检察业务应用系统中导出的案件人员信息数据作为初始数据进行比对。

(2)内部线索移送。打通内部线索移送渠道,将各部门办案时发现的行政检察线索及时移送到行政检察部门处理。如刑检部门办理涉毒类刑事案件时,发现涉及行政机关处理涉毒案件时具有不作为、乱作为线索;刑事执行部门在监督社区矫正过程中,发现行政机关在强制隔离戒毒行为中存在不作为、乱作为线索;控申部门受理涉毒类控告申诉线索时,均应及时移送行政检察部门。

(3)行政执法数据。直接向主管行政机关等调取所需要的监督数据,如向司法局调取关于容留他人吸毒罪刑满释放人员属地报到数据;向公安机关调取强制隔离戒毒人员管理数据。

(4)跨部门数据平台共享。向主管行政机关以数据协同共享、信息

[①] 贾宇主编:《数字检察办案指引》,中国检察出版社2023年版,第68—73页。

互享平台等模式方式，获取行政机关业务数据，对刑罚执行完毕后未继续交付执行强制隔离戒毒决定情形，探索开展行政违法行为监督。

（四）特殊群体权益保护

各级检察机关行政检察部门以凝聚治理合力为抓手，加强对妇女、老年人、残疾人、退役军人等特定群体权益保护力度，探索开展涉特殊群体行政违法行为监督，将促进涉特殊群体权益保护行政争议实质性化解贯穿办案全过程。深化与民政、残联等部门的协作联动，建立促进特殊群体权益保护源头治理的长效机制，为维护特殊群体合法权益提供全方位的司法保障。

聚焦涉特殊群体就业、社会保障、治安管理、产权保护、住房保障、社会保障、工伤保险、个人信息保护等重点领域，以及残疾人领取补助奖励、残疾人就业保障金缴纳等重点环节开展监督，主要包括：

（1）就业权益保障监督。对行政机关在劳动力市场的监管行为进行监督，如特殊群体劳动者权益保护、职业培训、劳动保障等方面的执法行为是否规范，劳动保障部门对拖欠劳动者工资的情形是否依法正确履职。及时处理追索劳动报酬或涉劳动者权益纠纷，确保特殊群体的就业权益得到有效保障。

（2）教育权益保障监督。对于适龄特殊群体被限制受教育权利问题教育行政机关怠于监管，如公立学校违法开除残疾学生，要求残疾学生主动退学的，未给予残疾学生政策保障等情形。

（3）社会保障权益监督。行政机关在老年人福利、残疾人福利、妇女儿童福利等社会保障方面违法行使职权或不行使职权，如人社部门未依法向特殊群体人员发放养老保险金，人社部门未依法向特殊群体核发工伤保险金等情形。

（4）法律援助和司法救助。对于特殊群体在法律援助和司法救助方面的问题，如申请法律援助的条件、程序及不予受理的，检察机关可以对此进行监督。又如对司法行政机关违反法律规定不予受理特殊群体申请法律援助的情形进行监督。

检察机关可强化大数据赋能，科学构建行政检察大数据监督模型，利用"大数据+排查"方式加强线索排查，精准高效填堵管理漏洞，完善特殊群体社会保障制度和关爱服务体系。如浙江省杭州市某区检察院督促烟草主管部门依法履职检察监督案[1]中，检察机关运用大数据手段将浙江省烟草专卖局网站公示的专卖许可、收回公告、处罚情况等信息进行碰撞比对，发现涉残疾人烟草专卖许可证被收回、处罚的数量占比极少，从而发现借用或冒用残疾人身份骗领烟草专卖零售许可证的情形普遍存在，并推动开展残疾人证违法"借用"专项治理工作，做好残疾人经营户的权益保障。

六、行政争议实质性化解应用场景

（一）重点案件类型

数字思维在行政争议实质性化解工作中的应用，主要体现在通过对当事人及诉讼信息的关联分析，实现对矛盾的实质性化解、一揽子化解。办案人员可以重点关注以下领域案件，通过数据研判锁定争议焦点，提升化解合力与质效。

1. 涉"程序空转"案件

程序空转是行政诉讼案件的突出问题，大量案件因诉讼主体不适格、超过起诉期限、不属于行政诉讼受案范围等理由被拒于法庭之外。对于经过法院实体审查的案件，即使检察机关提出抗诉，法院再审后改判率依然不高，当事人仍陷于"程序空转"的怪圈，囿于长年累月的诉累纠纷却始终得不到妥善化解。因此，办案人员可以重点关注法院没有进行实体审理或再审仍予以维持的案件，通过同案不同判的思维挖掘监

---

[1]《维护残疾人合法权益行政检察典型案例》，载"最高人民检察院"微信公众号，2023年9月6日。

督案件线索，着眼于实质性化解行政争议，加强对行政行为合法性的审查，深入开展调查核实工作，促进解决当事人的实体诉求。

2. 涉行政处罚案件

行政处罚是最为常见的具体行政行为，也是涉诉案件最多的具体行政行为。最高人民法院发布的行政诉讼类指导性案例中行政处罚类案例占比较高，不仅反映出涉行政处罚的诉讼案件基数多，也体现了行政处罚领域需要统一司法裁判标准的问题也多。因行政处罚引发的行政诉讼案件，主要集中在处罚机关是否具有相应的行政执法权限、行政处罚标准是否合法等等。办案人员在审查行政处罚认定事实、法律适用、程序遵循等方面，可以充分运用关联分析法、对比分析法、漏斗分析法等数据分析方法筛查出监督线索。

3. 涉强制执行案件

行政强制执行是行政执法过程中的"硬骨头"，其中因法律法规模糊导致的认识不一问题较为常见，不仅法院或行政机关与行政相对人存在矛盾，行政机关与行政机关之间、法院和行政机关之间也常有认识分歧。尤其是在土地执法查处领域，当事人以行政机关强制拆除违法建筑的依据不合法或强制执行程序违法等为由提起行政诉讼并不少见。办案人员可以充分运用数字手段证实涉案房屋的违法性及行政处理的合法性，对于损害当事人合法权益的违法行为应当敢于监督纠正。

（二）数据赋能应用思路

1. 类案检索

以类案视角保证个案公正。办案人员在审查案件时，可以通过类案检索排查同类案件在同一地区或不同地区的裁判结果。对于确系同案不同判的案件，充分发挥以抗促和这一行政争议实质性化解的重要手段，通过提出抗诉、发出再审检察建议等形式，推动法院重新准确认定法律事实、明确法律责任，促使当事人达成和解，妥善化解纠纷。如北京周某诉某区人力资源和社会保障局某区人民政府养老保险待遇核准监督案[①]中,检察机关就相关规定的适用问题对司法裁判情况在中国裁判文书网进行类案查询,检索相似案例,为补发养老金诉求的合理性提供充分依据,增强了检察机关监督意见的刚性,为推动行政争议实质性化解打下坚实基础。

2. 数据转化

查清事实、明辨是非是开展行政争议实质性化解的基础和前提,数据支撑在行政争议实质性化解中则服务于查清事实这一基础环节,充分挖掘能够证明案件事实的各类数据资源,把数据灵活转化为事实判断的依据,为争议化解提供动力。如在邓某林等人与广东省清远市某城市管理和综合执法局行政赔偿检察监督案[②]中,检察机关通过调取不同时期的卫星影像图进行对比分析,核实涉案地块属于国有土地性质,查明城市管理和综合执法局的强拆行为虽有程序违法,但并未损害邓某林等人的合法权益,邓某林等人不符合获得国家赔偿的条件,依法应不支持其监督申请。为后续的公开听证、释法说理打下基础,增强检察办案的公开性和公信力,促使邓某林等服判息诉。

3. 平台应用

检察机关开展行政争议实质性化解工作中,针对信息衔接不畅通、部门协同不及时、责任落实不到位等问题,建设行政检察智慧应用平台,通过数据共享、分析研判、锁定争议焦点,明确化解方向,提升化解合力与质效。如浙江省浦江县检察院构建的行政争议实质性化解研判等大数据监督模型[③]中,针对征地拆迁领域行政生效裁判申请监督案件争议点不能聚集、识别困难的问题,研发行政检察智慧应用平台,辅助

---

① 《加强行政检察监督促进行政争议实质性化解典型案例(第二批)》,载"最高人民检察院"微信公众号,2021年2月23日。

② 《"检察为民办实事"——行政检察与民同行系列典型案例(第十一批)》,载"最高人民检察院"微信公众号,2023年4月28日。

③ 参见最高人民检察院发布的《大数据赋能行政检察监督典型案例(第二批)》。

检察人员开展行政争议实质性化解工作。该院在平台上构建了"行民交叉""捆绑诉讼""一人多诉"等6个研判模型，利用平台数据，通过检索当事人姓名，搜索所涉行政决定、行政复议、行政诉讼等案件信息，根据研判模型筛查出争议领域、经历程序、所耗时长、各环节处置意见以及是否集体诉讼、一户多诉等特征，进一步分析争议产生原因对整个案件情况作出全景画像，判断多个诉求中的真实诉求、发现表面诉求背后的实质诉求，精准聚焦争议点，查找突破口，从而明确化解方向，制定针对性化解方案，一揽子化解大批涉诉行政争议案件。

附录：行政检察常见监督点参考一览表

行政违法监督	1	行政许可：未依法公布行政许可（《行政许可法》第5条）
	2	行政许可：剥夺当事人陈述申辩或申请复议、提起诉讼的权利（《行政许可法》第7条）
	3	行政许可：未在法定期限内作出行政许可（《行政许可法》第29—33、37、42条）
	4	行政许可：未审慎审查申请材料（《行政许可法》第34—46条）
	5	行政许可：未建立健全监督制度，未及时纠正行政许可实施中的违法行为（《行政许可法》第10、60、61条）
	6	行政许可：未依法对市场主体提交的申请登记备案、申请行政许可的材料进行审查（《市场主体登记管理条例》第8、9条；《行政许可法》第34—39条）
	7	行政许可：应当撤销行政许可而未撤销。例如被许可人以欺骗、贿赂等不正当手段取得行政许可的，应当予以撤销（《行政许可法》第69条）
	8	行政处罚：违反一事不再罚原则（《行政处罚法》第29条）
	9	行政处罚：违法行使自由裁量权，未依法从轻或减免处罚（《行政处罚法》第32—34条）
	10	行政处罚：行政处罚没有依据或者实施主体不具有行政主体资格的（《行政处罚法》第38条）
	11	行政处罚：未查明行政违法事实、行政处罚的证据不足（《行政处罚法》第40条）
	12	行政处罚：执法人员未取得执法资格，执法人员少于两人（《行政处罚法》第42条）
	13	行政处罚：作出处罚前未依法告知、保障当事人申辩权（《行政处罚法》第44、45、62条）
	14	行政处罚：违法送达告知书、决定书（《行政处罚法》第52、61条）
	15	行政处罚：违法计算加处罚款（《行政处罚法》第73条第3款）
	16	行政强制：违法采取强制措施（《行政强制法》第17—20、61条）
	17	行政强制：未依法履行催告程序、违法送达文书（《行政强制法》第35、38条）
	18	行政强制：未在法定期限内申请强制执行（《行政强制法》第53条）
	19	行政强制：在强制执行过程中违法参与和解（《行政强制法》第42条）

续表

行政违法监督	20	行政强制：有强制执行权的行政单位未依法实施强制执行（《行政强制法》第3—4条、第16—20条）
	21	行政强制：未按时解除查封、扣押措施（《行政强制法》第23—25条、第27—28条）
	22	行政管理：怠于履行对无证经营监管（《无证无照经营查处办法》第2—16条；《行政许可法》第29、39、49—50条；《市场主体登记管理条例》第3、21、36—37条）
	23	行政管理：怠于履行对买卖营业执照监管（《市场主体登记管理条例》第22条）
	24	行政管理：怠于履行对违法占地监管（《土地管理法》第74—77条；《城市房地产管理法》第8—24条；《土地管理法实施条例》第21—23条）
	25	行政管理：怠于履行对建设工程招投标监管（《房屋建筑和市政基础设施工程施工安全监督工作规程》第2—13条）
	26	行政管理：怠于履行对"僵尸"企业进行清理（《市场主体登记管理条例》第30条；2019年国家发改委等13部门联合印发《加快完善市场主体退出制度改革方案》；发展改革委等11部门《关于进一步做好"僵尸企业"及去产能企业债务处置工作的通知》）
	27	行政征收：征收程序违法（《城市房地产管理法》第6条）
	28	行政征收：征收主体不适格（《城市房地产管理法》第11—12条）
	29	行政征收：征收决定、补偿方案违法（《土地管理法》第47条）
	30	行政征收：违法强制拆除（《土地管理法》第83—84条；《土地管理法实施条例》第36条）
	31	行政征收：违反"赔不低于补原则"（最高人民法院《关于审理行政赔偿案件若干问题的规定》第27条）
	32	行政给付：违法给予行政退税（《税收征收管理法》第66条）
	33	行政给付：违法给予行政奖励
	34	行政给付：违法给予优惠政策
	35	行政协议：违法撤销或变更行政协议（《行政诉讼法》第12条；最高人民法院《关于审理行政协议案件若干问题的规定》第11条）
	36	行政协议：未严格按照协议履行行政协议义务（最高人民法院《关于审理行政协议案件若干问题的规定》第11、13条）

续表

行政违法监督	37	行政协议：承诺后未及时签订行政协议（最高人民法院《关于审理行政协议案件若干问题的规定》）
	38	企业信用管理：行政机关作出的行政处罚违法并向法院申请强制执行，导致错误或者不当执行企业标的、错列企业为失信被执行人、未及时删除失信信息，或者企业法定代表人被错误限制消费或司法强制措施、超额冻结企业账户资金、超范围扣押企业财产等损害企业合法权益的违法行为，严重影响企业正常生产经营活动
	39	企业恶意注销：市场监督管理部门与相关部门信息不互通，部分企业在接受执法检查后行政处罚作出前、收到行政处罚决定尚未执行完毕，通过恶意注销企业逃避行政处罚的执行
	40	空壳公司：部分不法分子通过购买他人身份信息或租赁空房等方式设置空壳公司用于不法活动，损害正常的企业营商环境，相关监管部门未及时予以查处
诉讼违法监督	41	立案：未依法落实立案登记（《行政诉讼法》第51—52条；最高人民法院《关于适用〈中华人民共和国行政诉讼法〉的解释》第53条）
	42	立案：未按规定出具不予立案决定书（《行政诉讼法》第51条；最高人民法院《关于适用〈中华人民共和国行政诉讼法〉的解释》第53条、第60条）
	43	审理：违反回避规定（《行政诉讼法》第55条）
	44	审理：违反合理性审查原则（《行政诉讼法》第6条；最高人民法院《关于适用〈中华人民共和国行政诉讼法〉的解释》第63条、第160条）
	45	执行：非诉案件未依法确定执行主体（《行政诉讼法》第95条、第97条；最高人民法院《关于适用〈中华人民共和国行政诉讼法〉的解释》第152条、第155—156条）
	46	执行：虚假结案（最高人民法院《关于人民法院执行工作若干问题的规定（试行）》第64条、第72条）
	47	执行：未及时执行（最高人民法院《关于人民法院执行工作若干问题的规定（试行）》第63条）
	48	执行：违法收取执行款（最高人民法院《关于执行款物管理工作的规定》第6—10条）

续表

诉讼违法监督	49	执行：超标查封，未及时结案、未解除失信名单和高档消费（最高人民法院《关于人民法院民事执行中查封、扣押、冻结财产的规定》第21条；最高人民法院《关于公布失信被执行人名单信息的若干规定》第2—3条、第10—11条）
	50	送达：未及时送达法律文书，并告知陈述、申辩权利（《行政诉讼法》第101条；《民事诉讼法》第87—95条）

第六章　大数据在公益诉讼检察中的深度应用

随着社会经济不断发展，公益诉讼受案范围不断扩大，从最开始的4个法定领域逐渐拓展为"4+N"的办案格局，密切回应了公益保护的现实需求，彰显检察公益诉讼的制度价值和内生动力。大数据时代背景下，检察业务质效的全面提升离不开现代科技的深度融合，公益诉讼的跨越式发展更需以大数据深度融合为支撑。

一、业务需求

近年来，公益诉讼检察工作整体发展态势良好，但在实践中亟须解决的问题也十分突出，如案件线索发现难、调查取证难和工作延伸监督力度不足等问题，严重制约公益诉讼检察的健康发展。[1] 大数据应用为公益诉讼检察工作注入新活力，开启"智慧公益诉讼"办案新模式，不断推动公益诉讼检察工作高质量发展。

（一）传统办案模式的弊端

1. 案件线索发现难

在传统的公益诉讼检察工作中，检察人员办理案件的主要线索来源相对单一，主要包括自然人、法人和非法人组织向人民检察院的控告、举

---

[1] 金石、张运良：《数字技术助力公益诉讼检察的实践探索》，载《中国检察官》2022年第2期。

报,以及人民检察院在办案过程中自行发现。检察机关内部线索移送机制尚未充分激活,移送不及时,衔接不畅;外部线索成案率较低,行政机关主动提供线索的积极性不高,数据更新滞后。此外,传统方式仅依靠人工检索查看线索,导致检察机关在筛选和评估大量数据时工作效率较低。

2. 调查取证难

公益诉讼的调查取证过程,存在调查对象范围广、取证难度大、证明标准高、鉴定周期长等困难。同时,调查取证刚性不足,对于拒不配合调查的情形,实践中缺乏足够反制手段。一方面基层检察院专门负责办理公益诉讼案件的检察人员较少,而公益诉讼的证据大部分来源于行政机关,在取证过程中存在部分行政机关配合度不高,调取证据难度较大,影响了办案进度。另一方面,公益诉讼点多面广,有些线索需要进行大量的数据比对筛查,针对发现的线索进行一一核实,数据处理和分析难度较大,在一定程度上影响办案效率。此外,公益诉讼办案力量不足以适应办案要求,办案人员在专业积累和实践经验上还需提升。

3. 工作延伸监督力度不足

公益诉讼检察相比于传统的诉讼活动、传统的检察职能,具有自身的特殊性。最突出的特点就是主动性和全流程。[①] 然而传统公益诉讼检察工作在办案过程中,主要是对发现的个案线索进行调查核实,确定存在公益受损后进行立案监督,导致案件的办理局限于个案,对于一个领域或者同一类型的案件缺乏系统性的监督。同时,传统的监督范围主要集中在生态环境和资源保护、食品药品安全等领域。在面对不断拓展的新领域时,由于办案人员受制于传统的工作思路和方法,加之不同行政机关之间存在数据壁垒,导致公益诉讼检察工作跨领域、跨行业的延伸监督力度不足,社会治理成效受到限制。

---

① 胡卫列:《国家治理视野下的公益诉讼检察制度》,载《国家检察官学院学报》2020年第2期。

（二）大数据赋能检察公益诉讼发展

高度信息化、专业化的公益诉讼案件的出现，使得传统的检察思维和工作模式已难以应对新挑战、新变化。只有不断推动检察制度变革，才能应对新形势下维护国家利益和社会公共利益的需要。将数字技术广泛应用于法律监督工作，是全面贯彻落实习近平法治思想，以检察工作现代化服务中国式现代化，提高社会治理能力和治理水平的重要举措；也是推动检察工作高质量发展，更好维护社会公平正义，更好满足群众新期待新要求的必然选择。2022年6月29日，全国检察机关正式启动"数字检察"战略。随着检察大数据战略的推进，大数据效能在检察办案监督中逐步释放。大数据赋能检察工作现代化体现在多个领域和层面。其中，"四大检察"融合发展离不开大数据的支撑。特别是在公益诉讼检察领域，案件线索收集难度大、检察机关调查取证权保障不足、公益诉讼案件办理效果不显著等问题的根本解决都需要大数据助力。2024年1月14日，最高人民检察院应勇检察长在全国检察长会议上强调，公益诉讼检察要以专门立法为契机进一步加强，以可诉性持续提升办案精准性和规范性。因此，检察机关更应将数字检察作为公益诉讼检察工作的变革方向、发展动力、办案抓手，通过大数据将公益诉讼检察工作数字化、信息化，提高检察人员解决新矛盾、新问题的能力，转变传统检察思维和办案模式，建设一支全能型、专业化、信息化的高素质检察队伍，推动公益诉讼检察工作高质量发展。

1. 系统扩展案件线索来源渠道，提升公共利益保护司法机制的实效性

公益诉讼案件线索是指能够引导检察机关发现侵害国家利益或社会公共利益情况的信息统称。在公益诉讼检察实践中，检察机关在办案中不得不面对线索发现困难、研判不易等难题。其中，主要原因在于案件线索数量众多、涉及领域繁杂。而大数据技术在公益诉讼检察中的应用则是对这些痛点难点堵点对症下药，推动实现广泛收集线索、智能研判线索的高效诉讼。一方面，公益诉讼检察大数据平台为群众提供了涉及

公益诉讼领域案件的举报通道，鼓励群众在日常生活中监督行政机关依法履职。通过大数据平台低门槛、高效率的线索收集模式，有效拓宽公益诉讼的案件来源。另一方面，大数据平台提供的线索研判辅助功能，可以通过筛选线索以实现对涉案违法行为的准确定位，提高办案效率。

2.突出解决公益诉讼调查与证据搜集环节的核心难题

调查取证是检察机关在履行公益诉讼职能中的重要一环。当前，公益诉讼调查取证工作实践中的主要问题是调查手段不足和调查保障措施不够等，这对于公益诉讼工作的进行是极大的限制和阻碍。[1] 只有证据核实清楚才能作为制发检察建议或提起诉讼的依据，公益诉讼主要的调查手段是拍照、录像及制作询问笔录，案件的证据往往涉及大量的证据材料，包括文字、图片、视频等各种形式。大数据技术可以通过图像识别、自然语言处理等技术辅助检察机关进行证据审查，提高证据审查的效率和准确性。同时，数据库可以汇聚融合检察机关内外部信息资源，采用线上发现收集线索、线下调查核实的方式，提高检察人员取证效率。

3.切实发挥公益诉讼检察"预防性""治未病"制度优势，有效促进源头治理

以往检察机关履行公益诉讼监督职能，往往是通过办案或接受线索移送从而发现监督线索，进入公益诉讼诉前程序。这种监督模式容易导致案源有限，工作碎片化，难以通过类案监督扩大监督成效，极大限制了公益诉讼监督职能的发挥。而数字检察更加注重问题导向，通过解剖执法司法难点、堵点问题，深挖案件背后社会治理漏洞，让检察机关开展类案监督的规则和方法，上升到行政机关诉源治理、系统治理的具体措施，助力行政机关既"治已病"，更"防未病"，将检察公益诉讼职

---

[1] 李纳垒、罗耀灿：《大数据驱动下公益诉讼智慧办案平台构建策略研究》，载《法制博览》2023年第15期。

能优势真正转化为社会治理的有效动能。[1]

(三) 模型构建逻辑与思路

1. 监督点生成规则

公益诉讼监督点的生成应严格遵循行政诉讼法、民事诉讼法以及相关司法解释的规定,以上法律法规为公益诉讼检察监督提供了明确的法律依据和程序规定。运用大数据进行公益诉讼数字建模过程中,监督点的生成往往依赖于案件线索。这些线索可通过检察人员自行发现、群众举报、其他行政机关移送等渠道发现。检察人员可借助数字检察办案模式对海量数据进行筛查、对比和碰撞,更快发现和锁定监督点,从而提高监督工作的针对性和有效性。

(1) 源于日常检察监督办案。依托办案发现线索,是公益诉讼案件线索的重要来源之一。刑事案件的传统地位和办案规模使其成为检察公益诉讼案件重要的线索池。检察机关完善内部"横向"协作配合,畅通公益诉讼案件线索移送,是发现公益诉讼案件线索的关键驱动力。在司法实践之中,刑事检察部门在办理涉及生态环境和资源保护、食品药品安全和英雄烈士保护等领域案件时,需特别关注,并及时将相关线索移交给公益诉讼部门进行深入审查。办案中可以采用总结标签罪名的方法来提高线索发现的效率。将公益诉讼法定领域和最高人民检察院明确要求探索的新领域作为坐标系,对刑法罪名进行梳理,以罪名与公益的关联度为标准归入各个领域,完成刑事罪名在公益诉讼领域的标签化,方便挖掘线索。[2] 比如,生态环境和资源保护领域涉及生态环境、土地和动植物资源方面的刑法条文有第338条至第345条以及第151、152条,

---

[1]《数字赋能,深化国财国土领域检察公益诉讼——最高人民检察院第八检察厅负责人就第四十六批指导性案例答记者问》,载"最高人民检察院"微信公众号,2023年8月5日。

[2] 于浩:《公益诉讼线索发现之刑事路径探寻》,载《检察日报》2021年7月29日,第7版。

共计18个罪名。上述类型的刑事案件,易于发现民事公益诉讼线索。违法行为人除承担刑事责任外,还应承担生态修复和损害赔偿等民事侵权责任。民事检察部门在办理如离婚纠纷、抚养权纠纷等民事案件中发现存在家庭暴力、虐待等问题情形,可能涉及妇女、未成年人权益保护的案件线索,亦应及时移送公益诉讼检察部门。行政检察部门在办理非法占地、环境污染等行政处罚案件中,筛查是否存在未缴纳耕地占用税、环境保护税等税款的情形,移交线索给公益诉讼检察部门,以督促税务机关依法履职,保护国有财产。

（2）源于社会舆论反馈信息。一是依托各类投诉举报平台。如通过12309检察服务热线、12345市民服务热线、12315热线、"公益诉讼随手拍"小程序、粤平安综合网格管理服务应用平台等举报和投诉渠道,提取关键要素筛取监督点,实现对线索的多方位排查、高效率收集。二是充分发挥网络新闻媒体作用。通过电视、网络等途径获取社会大众关注的生态环境和资源保护、食品药品安全和妇女权益保障等民生实事及热点问题,从中研判梳理、摸排出社会影响力大、社会关注度高、涉及面广的事件,以发现受损事实、追踪违法线索,并找准监督点,挖掘深层次的社会治理类问题。三是借助人大代表、政协委员、"益心为公"志愿者等外脑优势。构建衔接人大代表建议、政协委员提案的公益诉讼线索移送机制,畅通人大代表与政协委员反映公益诉讼案件线索渠道,结合使用"益心为公"检察云平台,充分整合人大代表及政协委员反馈、志愿者反映的公益损害问题,通过凝聚社会力量,有效扩充数字检察监督点发现渠道。

（3）源于行政执法信息数据。行政处罚数据作为行政机关对违法行为进行惩戒的一种手段,能反映出行政执法机关是否依法履职,为检察机关提供重要的线索和证据。部分行政处罚信息可以通过行政执法信息共享平台、"两法衔接"平台、"开放广东"平台及广东省数据资源"一网共享"平台等渠道获取。若不能直接下载则可以通过数据抓取技术从行政处罚结果信息公开网页进行抓取。检察人员可通过下载一批行政执法数据，掌握不同部门的行政处罚、行政许可、行政审批等表头（字段）要素，再结合调证需求向有关行政单位调取全面数据。同时，充分利用府检联动协作机制，共享执法司法信息，实现数据获取覆盖面的扩张，从中挖掘监督点。

（4）源于典型案例。2020年5月第十三届全国人民代表大会第三次会议通过的《关于最高人民检察院工作报告的决议》明确提出"积极、稳妥办理安全生产、公共卫生、生物安全、妇女儿童及残疾人权益保护、网络侵害、扶贫、文物和文化遗产保护等领域公益损害案件"。最高人民检察院已发布一系列公益诉讼典型案例，具有重要的示范和引领作用。案例不仅展现了检察监督的过程，还反映了检察人员在办案过程中所面临的挑战、困境，以及相应的思路和对策。在指导办案方面，这些案例为检察人员提供了最直观的参考依据，同时也是挖掘同类案件监督要点最为直接和有效的途径。据此，公益诉讼检察人员在办理案件过程中，要关注典型案例发布，学习掌握如何解决传统领域监督难点问题，熟悉了解新领域探索涉及的具体范围，发现监督点，并结合"损害国家利益和社会公共利益"的基本原则，敏锐发现案件线索。

2. 模型构建逻辑

根据《人民检察院公益诉讼办案规则》等相关规定，公益诉讼立案条件的把握主要考虑两个方面，一是国家利益或者社会公共利益受到侵害，二是可能存在违法行为。检察机关可以此为基础，通过构建模型，运用数字化技术和大数据分析手段，从个案中发现类案线索后进行融合式监督。公益诉讼大数据法律监督模型的建立能极大地提升检察机关在公益诉讼领域的办案效率和监督力度，为维护国家利益和社会公共利益提供有力保障。其中，该类模型可以根据国家利益或者社会公共利益的受损程度划分为实质损害类检察监督模型和预防性检察监督模型。

（1）基于实质损害的模型构建。检察机关针对已经造成公益实质损害的损害行为,构建监督模型,依法进行调查取证、评估确认,通过制发检察建议或向法院提起公益诉讼等方式,及时发现和纠正已经发生的损害行为,保护国家利益和社会公共利益。其中,该类模型可以根据确定的损害类型分为确定损害性质类模型和确定损害范围或程度类模型。

①基于确定损害性质的模型构建。在公益诉讼案件办理过程中,对损害行为的性质进行准确界定是明确调查取证方向、确定损害责任的关键环节。该类模型主要是用于判断涉案实质损害是否属于公益诉讼受案范围,以及是否符合提起公益诉讼的条件;主要通过对案件进行特征提取和模式识别,分析数据、咨询专家意见和第三方鉴定等方式,对损害行为进行深入调查和审查,从而明确监督的依据和对象。比如,江苏省南京市栖霞区检察院构建的国有财产和生态环境保护渣土监管监督模型、成都市检察院构建的瓶装液化气行业安全生产类案监督模型等模型。其中,江苏省南京市栖霞区检察院构建的国有财产和生态环境保护渣土监管监督模型,从 12345 市民服务热线、行政处罚(执法)信息中提取违规倾倒地点信息和倾倒量信息,划定生态地图以确认生态用地土地性质,用筛查出的倾倒地点信息与生态地图信息比对,以确认倾倒点是否系生态土地性质,排查出生态损害民事公益诉讼线索。

②基于确定损害范围或程度的模型构建。在公益诉讼案件办理过程中,准确界定损害范围或程度对于确定损害责任和制定修复方案具有重要意义。随着大数据和人工智能技术的发展,检察机关通过构建模型,利用卫星地图等技术手段进行调查和分析,可以快速从横向方面确定损害行为所造成损害的具体范围;利用三维建模等技术手段进行调查和分析,可以快速从纵向方面对损害程度进行量化评估,确定损害行为造成的损害程度。比如,河北省检察院雄安新区分院构建的水环境(白洋淀生态环境)保护检察动态履职多维工作模型,清远市检察院构建的督促依法监管超范围、超量采矿等涉矿类案监督模型,内蒙古自治区呼和浩特市院构建的检察公益诉讼助力黄河流域生态功能治理监督模型等

模型。其中，河北省检察院雄安新区分院构建的水环境（白洋淀生态环境）保护检察动态履职多维工作模型，通过对白洋淀五大监测站水质数据的趋势预警，对比生态环境情况预警，筛选分析出异常水质区域。江西省南昌市青云谱区检察院房地产领域非法采矿类案监督模型，以含渣土运输工程的房地产项目为重点对象，筛选出基坑底部设计标高低于砂层顶面的情形，再通过详勘报告提取砂层深度等数据建立原始状态下砂矿顶界面三维模型，与利用物化探等技术手段建立的现状砂矿顶界面模型，比对核算出砂石开采总量，从而排查出非法采砂的案件线索。

（2）基于预防性的模型构建。该类模型的构建突破了"无损害无救济"的传统诉讼理念。检察机关在尚未发生实际损害的情况下，通过构建监督模型，运用前瞻性的调查、评估和监督，及时发现潜在的损害风险，采取措施预防损害的发生，从而保护国家利益和社会公共利益。其中，基于预防性的模型构建可以根据损害发生可能性大小分为追求避免损害发生类模型和已明确损害风险类模型。

①基于追求避免损害发生的模型构建。部分侵害公益的行为本身具有潜伏性、隐蔽性和不可逆转性，因此更需要检察机关通过数字赋能，将监督方式从注重事后补救向注重事前预防转变，促进公益损害的源头预防。检察机关通过构建相关模型，针对妇女、老年人等特殊群体权益保护方面所涉及的潜在风险隐患，推动相关行政部门采取适宜措施预防和遏制风险行为，从而避免对特殊群体的权益造成损害。比如，江苏省宝应县检察院构建的妇女权益保护监督模型、浙江省杭州市余杭区检察院构建的流动人口随迁子女权益保护类案监督模型等模型。其中，江苏省宝应县检察院构建的妇女权益保护监督模型，联合政法委等11家单位出台联动协作机制，形成线索推送、应急处置、及时干预、综合调解、司法救助、跟踪回访等多元治理机制，及时有效惩治和预防侵害妇女权益的行为，促进社会综合治理。

②基于已明确损害风险的模型构建。相比于追求避免损害发生类模

型，该类模型属于根据现已掌握的技术和方法可推测出风险发生的结果是确定的，即损害发生的可能性更大。检察机关通过构建模型对已经存在的、可能对国家利益或社会公共利益造成长期或严重影响的损害威胁进行及时、有效的监督和应对，通过司法途径有效弥补现行行政监管力量的不足，形成既相互独立又协同配合的保障体系。比如，内蒙古铁检分院构建的涉铁路安全及铁路周边生态环境保护监督模型、河北省大城县检察院构建的行政机关怠于履行健康证管理职责类案监督模型、江西省南昌市检察院构建的公路客运行业安全生产隐患类案监督模型等模型。其中，江西省南昌市检察院构建的公路客运行业安全生产隐患类案监督模型，以车辆号牌、车辆所有人为关键词，与交警部门提供的超员违法记录进行碰撞分析，确定涉嫌非法改装加装座椅用于超员的营运车辆，通过办理公益诉讼检察类案，督促重点客运企业推进企业合规工作，消除存在的安全生产问题隐患，保障人民群众生命财产安全。

3. 常见数据来源

公益诉讼数字检察工作中的数据来源主要包括直接调取、内部数据、跨部门数据共享协同、政务信息平台第三方平台数据库等。① 下文将结合具体应用场景进行详细论述。

4. 常见分析方法

公益诉讼数字检察工作中运用的数据分析方法主要为5W2H分析法、对比分析法、关联分析法、结构分析法、漏斗分析法等。② 下文将结合具体应用场景进行详细论述。

二、生态环境和资源保护领域应用场景

生态环境和资源保护领域案件在公益诉讼案件中占比较高，一直是

---

① 陈岑主编：《开启数字检察之门》，中国检察出版社2023年版，第38—63页。
② 陈岑主编：《开启数字检察之门》，中国检察出版社2023年版，第119—135页。

公益诉讼检察工作的重点。2020年7月,最高人民检察院在全国检察机关部署开展了为期三年的"公益诉讼守护美好生活"专项监督活动,要求打好环境资源等领域损害公益问题的攻坚战、持久战。但长期以来,环境资源领域公益诉讼检察工作的开展受传统监督方式的制约,存在一定的短板和不足:一是监督线索来源存在被动性和不稳定性,主要依赖于群众举报或者刑事检察部门移送;二是即使发现线索,由于数字思维、手段的缺乏,往往仅是就案办案,难以将监督范围延伸到整个行业、领域。环境资源领域公益诉讼的监督范围较广,涉及环境资源保护、污染防治、生态修复等多个方面。相比较传统的监督履职方式,数字检察监督具有主动全面、精准高效的优势和特点。最高人民检察院第八检察厅在《2023年公益诉讼检察工作要点》中强调,要推动公益诉讼与数字检察深度融合。检察机关在环境资源领域强化数字赋能,深度应用大数据技术,有助于主动筛查发现案件线索,提高调查取证能力,实现对环境资源领域的全方位保护。

(一)监督点生成规则

在上文提及的公益诉讼监督点生成规则中,环境资源领域的监督点生成规则主要包括以下两项:

1. 源于日常检察监督办案

一是在刑事案件办理过程中发现。比如,四川省成都市检察院违法抽取地下水公益诉讼类案监督模型、广东省广州市花都区检察院固体废物跨区域非法转移类案监督模型、江苏省南京市栖霞区检察院国有财产和生态环境保护渣土监管监督模型、江西省南昌市青云谱区检察院房地产领域非法采矿类案监督模型等模型,均是在刑事案件办理过程中发现监督点。二是从行政检察案件办理过程中发现。又如,辽宁省庄河市检察院在办理土地领域行政非诉执行监督案件中发现农用地资源保护不到位的监督点,遂构建监督模型,开展行政公益诉讼监督。

2.源于社会舆论反馈信息

一是依托各类举报平台发现监督点。如广东省清远市清城区检察院在构建油烟污染安全问题大数据法律监督模型时，从12345市民服务热线中获取群众反映的油烟污染问题，从而发现监督点。二是从社会大众关注的环境资源热点问题中研判监督点。比如，针对社会大众关注的黄河生态治理问题，内蒙古呼和浩特市检察院构建黄河流域生态保护大数据模型，对流经市内的黄河干流存在的影响水源涵养、水土保持与荒漠化防治等问题进行溯源治理。三是借助人大代表、"益心为公"志愿者等外脑优势发现监督点。又如，针对市人大代表反映部分汽车维修企业存在随意处置危险废物等环境污染重大隐患问题，浙江省慈溪市检察院构建汽修企业危废整治数字监督模型，督促相关职能部门对产废汽修企业进行专项整治。

（二）常见监督点

按照《环境保护法》第2条的规定，环境资源领域案件包括但不限于水污染、大气污染、土壤污染、固体废物（危险化学品）污染、噪声污染、放射性污染、海洋污染等案件；实践中常见的资源保护类案件主要包括土地资源、矿产资源、林业资源、草原资源、湿地资源、生物资源（含多样性和物种入侵保护）、海洋资源等领域的保护。[①] 由此可见，环境资源领域案件涉及面广，监督点数量庞杂。按照污染、资源类型来划分，环境资源领域数字检察常见监督点如下：

1.水污染与水资源保护

包括在水源保护地排放污染物、从事污染水体活动；船舶油污、生活污水泄漏、排放不符合标准；城市黑臭水体污染；畜牧业养殖污染；违规抽取地下水；违法新建排污口；排污企业未进行排污申报登记；企

---

① 张雪樵、万春主编：《公益诉讼检察业务》，中国检察出版社2022年版，第106—109页。

业偷排污水、向水体排放不符合国家环境保护标准的污染物；污水处理设施不规范；供水设施设备维护不到位等。比如，内蒙古呼和浩特市检察院构建的黄河流域生态保护数字监督模型、四川省成都市检察院构建的违法抽取地下水公益诉讼类案监督模型、广东省连州市检察院构建的非法取水（建筑业、养殖业等水资源费）监督模型、新疆维吾尔自治区阿克苏地区检察分院构建的地下水资源保护（农业灌溉领域）类案监督模型、河南省信阳市检察院构建的基于卫星遥感的水域治理大数据预警模型、陕西省石泉县检察院构建的污水处理设施不规范运行破坏水质类案监督模型、贵州省安顺市西秀区检察院构建的城市排水给水治理公益诉讼监督模型、河北省检察院雄安新区分院构建的水环境（白洋淀生态环境）保护检察动态履职多维工作模型、江苏省无锡市锡山区检察院构建的长江船舶污染治理监督模型等模型的监督点。

2. 大气污染

包括企业无证排放废气；企业排放的废气不符合国家环境保护标准；餐饮业油烟污染；汽修行业未安装污染防治设施；报废汽车、柴油车尾气污染等。比如，新疆维吾尔自治区乌鲁木齐市检察院构建的排污许可证后监管及污染物超标排放法律监督模型、广东省清远市清城区检察院构建的油烟污染安全问题大数据法律监督模型、湖北省武汉市武昌区检察院构建的柴油车尾气污染治理法律监督模型、河北省石家庄市桥西区检察院构建的城市大气污染法律监督模型等模型的监督点。

3. 固体废物污染

包括固体废物贮存、处置场所不符合标准；处置固体废物未采取防渗漏等措施；非法倾倒、堆放固体废物；农用薄膜污染；农药包装废弃物随意丢弃；城市生活垃圾处置不符合规定；违法收集、贮存、利用危险废物；医疗废物处置不规范等。比如，广东省广州市花都区检察院构建的固体废物跨区域非法处置类案监督模型、广东省清远市清新区检察院构建的医疗机构医疗废弃物规范处置公益诉讼大数据监督模型、广东省阳山县检察院构建的违规使用不可降解一次性塑料吸管检察监督模型、上海市静安区检察院构建的汽修危险废物管理数据监督模型、重庆市渝北区检察院构建的非法处置危险废物法律监督模型、江苏省南京市栖霞区检察院构建的国有财产和生态环境保护渣土监管监督模型、上海市崇明区检察院构建的特种车辆非法倾倒固废破坏世界级生态岛环境资源监督模型等模型的监督点。

4. 破坏土地资源

包括未经批准或采取欺骗手段骗取批准而非法占用土地；擅自改变土地用途；临时用地到期未复垦土地；高标准农田保护不到位；拆除违法建筑裁定执行不到位；违法占用土地从事非农生产等。比如，广东省清远市清城区检察院构建的非法占用农用地类案监督模型、福建省平潭综合实验区检察院构建的非法占用海岸线类案法律监督模型、江西省宜春市检察院构建的高标准农田建设质量及建后管护领域类案监督模型、吉林省柳河县检察院构建的"黑土地"保护法律监督模型、吉林省镇赉县检察院构建的加油企业非法占用公路用地公益诉讼监督模型、山西省阳城县检察院构建的临时用地到期未复垦土地法律监督模型等模型的监督点。

5. 破坏矿产资源

包括未取得采矿许可证擅自采矿；超越批准的矿区范围采矿；采取破坏性的开采方法开采矿产资源；未办理河道采砂许可证；未按河道采砂许可证规定的要求或者在禁采区、禁采期采砂；矿山修复不到位或者未修复；尾矿处置不符合规定等。比如，广东省清远市检察院构建的督促依法监管超范围超量采矿等涉矿类案监督模型、江西省南昌市青云谱区检察院构建的房地产领域非法采矿类案监督模型、江西省吉安市检察院构建的矿山生态修复及修复基金管理公益诉讼类案监督模型、浙江省嵊州市检察院构建的非法采矿监督模型等模型的监督点。

6. 破坏林草资源

包括盗伐、滥伐林木，非法使用草原；未经林业主管部门同意擅自改变林地、草原用途；未办理建设用地审批手续擅自占用林地，未办理草原征占用手续占用草原；非法进行开垦、采砂等活动造成林木毁坏、草原植被破坏；"责令补种"等行政处罚执行不到位；未依法复垦复绿；古树名木管护不到位等。比如，浙江省缙云县检察院构建的防火林间道违规建设公益诉讼及公职人员职务犯罪线索移送监督模型、海南省检察院构建的海南热带雨林国家公园数字检察综合监督模型、广东省清远市清新区检察院构建的古树名木保护公益诉讼大数据监督模型、浙江省开化县检察院构建的林业部门"责令补种"行政处罚执行不到位类案监督模型、广东省连山壮族瑶族自治县检察院构建的涉林领域"四检融合"一体监督模型等模型的监督点。

7. 破坏生物资源

主要监督点包括在自然保护区和禁猎区、禁猎期猎捕野生动物；猎捕、杀害国家重点保护动物；非法出售、购买、利用野生动物及其制品；非法食用野生动物；破坏野生动物栖息地；引入外来入侵物种；非法捕捞；非法砍伐、毁坏国家重点保护植物等。比如，海南省琼中县检察院构建的海南热带雨林国家公园数字检察综合监督模型；广东省检察院督促保护世界极危物种猪血木行政公益诉讼案、贵州省沿河土家族自治县检察院诉县自然资源局怠于履行野生动物栖息地保护监管职责行政公益诉讼案、北京铁路运输检察院督促整治违法运输外来入侵物种行政公益诉讼案[①]等模型和典型案例的监督点。

（三）常见数据来源

在上文提及的常见数据来源中，环境资源领域公益诉讼数字检察工作的数据主要来源于：

---

① 《最高检发布生物多样性保护检察公益诉讼典型案例》，载"最高人民检察院"微信公众号，2023年12月28日。

1. 检察机关内部数据

主要涉及污染环境罪、非法占用农用地罪、滥伐林木罪等环境资源犯罪的刑事案件数据，包括涉案人员数据、文书数据等。

2. 外部数据

一是行政机关、企事业单位在履行职责过程中产生和储存的数据。行政机关、企事业单位的数据主要涉及生态环境局、自然资源局、林业局、水利局、税务局、公安局、交通运输局等部门。比如，生态环境局的水质监测数据、饮用水水源保护区坐标及范围以及各部门的环境资源行政处罚信息清单、公安局的矿山企业炸药使用数据、交通运输局的矿山企业治超车辆过磅数据等。二是互联网第三方平台的公开数据。包括执法信息公示平台等政府公共信息数据开放平台、中国裁判文书网等法律信息查询平台、12345市民服务热线等举报平台公开的环境资源数据。

3. 运用科技手段获取的数据

由于环境资源领域公益诉讼的专业性较强，部分数据需要借助一定的科技手段才能获取，常用的包括且不限于以下几种科技手段：一是无人机搭载激光雷达系统。作为一种土地测量技术，该系统通过扫描构建3D模型，能够有效测量三维现实世界，为滥伐林木、非法采矿等数据模型提供数据支持。二是无人机搭载高光谱成像采集系统。利用成像光谱仪，在电磁波的可见光、近红外、中红外和热红外波段范围内获取多个光谱连续的影像技术，能够反映地物的空间特征和光谱特征。该技术手段可应用至水体污染源识别当中，即由无人机搭载高光谱设备对水域进行扫描并采集数据，运用专业软件进行数据处理后，通过污染水体的颜色差异，获取水体污染源分布数据，精准锁定污染源。三是卫星遥感技术。作为能够揭示地球表面各要素空间分布特征与时空变化规律的科学技术，卫星遥感技术能够对地球表面进行高精度、高分辨率的观测，获取大量环境资源领域公益诉讼数字检察所需数据。比如，在非法采矿、滥伐林木等模型中，通过卫星遥感获取涉案地遥感影像资料及坐标周边的地物变化监测资料，能直观地掌握一段时间内该地段的数据变化情况，为数字建模提供基础。

（四）常用分析方法

环境资源领域公益诉讼数字检察工作主要运用以下数据分析方法：

1. 对比分析法

主要通过两组或两组以上的数据进行比较，准确量化分析这些数据之间的差异，发现环境污染或资源破坏的案件线索。

（1）纵向比较法。纵向比较法主要用于通过对比某一事物在不同时期是否存在变化，据此判断相关违法行为是否存在或是否得以消除。比如，在广东省清远市检察院构建的督促依法监管超范围、超量采矿等涉矿类案监督模型中，为确定相关矿山企业非法采矿开始时间及涉案矿区地物变化，清远市检察院向中国科学院空天信息创新研究院申请使用卫星遥感技术，以相关采矿许可证载明的矿区范围拐点坐标确定遥感监测范围，通过卫星遥感历史影像比对确认案涉地已发生超越矿权界限开采的基本事实。[1]

（2）横向比较法。横向比较法可应用于通过对比同一事物在不同区域中的差异，达到锁定异常点的效果。比如，广东省连州市检察院在构建饮用水水源保护区综合治理大数据监督模型过程中，运用无人机搭载高光谱成像采集系统进行定点巡航，收集保护区现场水域进行扫描并采集地图信息可视化数据，直观反映水源保护区污染水体的颜色差异。连州市检察院通过上述污染水体的颜色差异锁定隐蔽的污水偷排、禽畜养殖等情形，从而向相关职能部门制发检察建议督促其依法履职。

（3）标准比较法。通过行业标准或者公式计算得出某行业的数据标准值、理论参考值，与实际值进行比对，考察实际值是否存在异常，进而发现环境资源领域公益诉讼监督线索。

---

[1] 陈岑主编：《开启数字检察之门》，中国检察出版社2023年版，第132—133页。

比如，四川省成都市检察院违法抽取地下水公益诉讼类案监督模型。对于企业违法抽取地下水，破坏水资源的问题，成都市检察院通过工商注册登记信息筛选高耗水重点行业，依据"产量"及行业用水标准计算出屠宰、商混、洗车等高耗水行业的企业理论用水值，再获取自来水用量、取水许可等实际用水值数据，通过两组数据的碰撞得出企业理论用水值与实际用水值的差值，获取水务部门、税务部门对企业违法取用地下水破坏水资源的公益诉讼线索。①

又如，广东省清远市检察院非法处置废弃机油大数据法律监督模型。为发现非法处置废弃机油的线索，清远市检察院将从税务部门调取的机动车维修企业机油进项数量表与从生态环境部门调取的机动车维修企业产废年度情况表进行流程分析，推算出合理的产废数量，以此作为标准。再与危险废物转移联单登记的合法转移危废的数量进行碰撞对比，根据差额情况，筛查发现存在产生、申报处置废弃机油量明显偏少的异常点的维修企业，得出非法处置废弃机油的线索。

2. 关联分析法

指将两组或两组以上不同的数据进行关联，发现它们之间存在的联系，通过对指标、数值进行比较，从而发现环境资源领域公益诉讼监督线索。

比如，广东省清远市检察院机动车清洗行业法律监督模型。针对机动车清洗行业未申领排水许可证向城镇排水设施排放污水的问题，清远市检察院以企业信息为要素，通过分析比较市场监督管埋部门的洗车企业清单与排水许可部门的排水许可证发放清单之间的联系，发现两组数据之间的重复值为申领了排水许可证的洗车企业，该重复值即两组数据间的关联点。剔除重复值后，得出未办理排水许可证的洗车、修车企业

---

① 《大数据监督模型为保护城市地下水筑起屏障》，载"检务科技新动态"微信公众号，2023年9月28日。

的清单，再结合现场调查发现污水排入雨水管网未经环保处理的线索。

又如，上海市崇明区检察院特种车辆非法倾倒固废破坏世界级生态岛环境资源监督模型。针对北长江口特种车辆跨区域非法倾倒固废问题，崇明区检察院以车辆信息为要素，分析公安机关的上海市登记在册特种车辆数据与交通运输部门、绿化市容部门的正规从事危废品、建筑垃圾运输特种车辆备案数据之间的关联点，两组数据的重复值为已备案的特种车辆信息，剔除重复值后，锁定未备案特种车辆车牌号。随后，崇明区检察院向公安机关获取未备案特种车辆进出崇明区主要道路和卡口的数据，对数据中的进出崇明区时间、次数以及在崇明区的停留时间进行分析，聚焦深夜多次进出崇明区，且停留时间较短等信息，分析出该特种车辆可能实施了非法倾倒固废行为。崇明区检察院再以车辆轨迹信息为突破口，发现固体废物的非法倾倒点20余处。

三、食品药品安全、农产品质量安全领域应用场景

民以食为天，食以安为先。2021年6月，《中共中央关于加强新时代检察机关法律监督工作的意见》印发，提出要建立公益诉讼检察与行政执法信息共享机制，加大食品药品安全等重点领域公益诉讼案件办理力度。当前，食品药品、农产品质量安全监管仍面临诸多挑战，如2023年央视"3·15"晚会曝光的香精勾兑泰国香米事件、网上热议的江西高校食堂"鼠头鸭脖"事件，都揭示了原有监管机制和手段的局限性，亟待探索和创新更有效的监管方式。而在食品药品安全、农产品质量安全领域，传统的检察监督方式主要存在以下问题：一是线索来源单一，主要依靠群众举报和从检察办案中发现。二是调查核实困难，此类案件涉及生产、加工、销售等众多环节，监督范围广泛、涉及法律法规繁杂。检察人员往往因缺乏相关的专业技能，导致在调查取证过程中存在"等靠要"数据的情况，从而较难开展精准、全面的检察监督。通过数字赋能检察监督，可以实现跨部门的数据共享和

协作，并对海量数据进行挖掘和分析，使调查取证更为精准、便利、高效，进一步加强食品药品安全和农产品质量安全等工作，确保人民群众"舌尖上的安全"。

（一）监督点生成规则

在上文提及的监督点生成规则中，食品药品安全、农产品质量安全领域的监督点生成规则主要来源于：

1. 源于日常检察监督办案

主要是从办理的刑事案件中发现。比如，陕西省西安市未央区检察院构建的违法从事食品生产经营类案监督模型、广东省清远市清新区检察院构建的督促保护农产品质量安全监督模型等模型。其中，陕西省西安市未央区检察院通过全国检察业务应用系统筛查出涉及食品安全类、销售假冒注册商标的商品的案件清单，排查出食品药品安全类刑事附带民事公益诉讼线索；广东省清远市清新区检察院公益诉讼检察部门通过刑事检察部门办理的涉地理标志产品"清新桂花鱼"投毒案，发现辖区内农药、兽药经营店经营不规范的监督线索。

2. 源于社会舆论反馈信息

在12345市民服务热线、12315平台、粤平安综合网格管理服务应用等平台中，通过搜索"食品药品安全、农产品质量安全"等关键词发现监督点。同时，媒体是社会舆论的重要传播渠道，能够及时揭露食品药品安全、农产品质量问题。检察机关可以通过关注央视"3·15"晚会等媒体报道发现监督点。比如，甘肃省酒泉市肃州区校园周边"辣条"等"五毛食品"行政公益诉讼案[1]、北京铁路运输检察院督促整治直播和短视频平台食品交易违法违规行为行政公益诉讼案、浙江省江山市检察院运用快检技术督促整治校园周边食品安全行政公益诉讼案等全

---

[1] 《重磅！最高检发布26件公益诉讼典型案例》，载"最高人民检察院"微信公众号，2019年10月10日。

国典型案例。其中，甘肃省酒泉市肃州区检察院根据央视"3·15"晚会曝光的"辣条"等"五毛食品"问题，发现校园周边"辣条"等"五毛食品"的监督线索；北京铁路运输检察院通过直播和短视频发现直播和短视频平台销售没有食品标签、生产许可证编号不真实等"三无"食品的监督线索。

3. 源于行政执法信息数据

比如，陕西省西安市未央区检察院构建的违法从事食品生产经营类案监督模型、福建省龙岩市检察院构建的医疗美容法律监督模型。其中，未央区检察院通过从国家企业信用信息公示系统等外源网站获取的在正常经营的食品生产经营企业名单与陕西省食品安全监管公开与查询系统的数据进行对比碰撞，获取未经许可从事食品经营和许可证过期仍从事食品经营的线索。

4. 源于典型案例

比如，山东省滨州市滨城区检察院诉滨城区食品药品监督管理局不依法履职行政公益诉讼案[①]反映出，美团、饿了么、百度外卖等网络餐饮服务第三方平台及辖区内多家入网餐饮服务提供者存在未依法公示食品经营许可证、量化分级信息以及公示的食品经营许可证超过有效期限未及时更新等问题。又如，浙江省杭州市富阳区检察院督促保护冷鲜禽食品安全行政公益诉讼案[②]反映出，"冷鲜禽"未按规定屠宰检疫，"一证两标"（动物检疫合格证、检疫合格标志、企业产品标识标志）缺失的问题。

（二）常见监督点

食品药品安全和农产品质量安全领域数字检察常见监督点如下：

[①] 《重磅！最高检发布26件公益诉讼典型案例》，载"最高人民检察院"微信公众号，2019年10月10日。

[②] 《最高检发布"公益诉讼守护美好生活"专项监督活动典型案例》，载"最高人民检察院"微信公众号，2021年9月9日。

1. 产品不符合安全标准

(1) 食品不符合食品安全标准。比如，致病性微生物、农药残留、兽药残留、生物毒素、重金属等污染物质以及其他危害人体健康的物质含量超过食品安全标准限量的食品、食品添加剂、食品相关产品。(2) 药品不符合国家药品标准。比如，药品所含成分与国家药品标准规定的成分不符的假药、药品成分的含量不符合国家药品标准的劣药。(3) 农产品不符合质量安全标准。比如，含有国家禁止使用的农药、兽药或者其他化合物的农产品。(4) 医疗器械、化妆品不符合国家标准。比如，失效的医疗器械、过期的化妆品。

比如，北京市通州区检察院诉段某某等6人生产销售有毒有害食品刑事附带民事公益诉讼案，浙江省松阳县检察院诉刘某某、纪某某生产、销售有毒、有害食品刑事附带民事公益诉讼案，宁夏回族自治区银川市西夏区农贸市场食用农产品质量安全行政公益诉讼案等案例的监督点。

2. 标识违法、虚假宣传

(1) 标识违法，主要包括食品、药品、医疗器械、化妆品可能危及消费者人身、财产安全，未作出真实的说明和明确的警示，未标明正确的使用方法以及防止危害发生方法的。比如，食品、药品、医疗器械、化妆品的标签未标明名称、规格、净含量、生产日期、保质期等应当标明的其他事项；专供婴幼儿和其他特定人群的主辅食品，标签未标明主要营养成分及其含量；转基因食品未按照规定显著标示等情形。(2) 虚假宣传，主要包括对提供的食品、药品、医疗器械、化妆品、农产品的质量、性能、用途、有效期限等信息作虚假或引人误解宣传。比如，宣传食品、农产品、化妆品有疾病预防、治疗功能；医疗器械有说明治愈率、表示功效的保证；生鲜食用农产品销售者违规使用生鲜灯误导消费者等情形。

比如，湖南省永兴县检察院督促整治婴幼儿配方食品安全隐患行政公益诉讼案、湖南省湘阴县检察院督促整治保健食品虚假宣传行政公益诉讼案、辽宁省鞍山市铁东区检察院督促整治现制现售饮用水安全问题行政公益诉讼案等案例的监督点。

3. 未取得经营资格违规开展经营

主要是指应当取得而未依法取得许可，擅自从事经营活动的行为，如未取得食品经营许可证违规从事食品经营、未取得药品经营许可证违规从事药品经营等情形。比如，上海市虹口区检察院督促整治幼儿托育机构违法违规经营问题系列行政公益诉讼案、湖北省武汉市洪山区检察院督促整治无证销售隐形眼镜及护理液行政公益诉讼案、湖北省石首市检察院督促整治乡镇农村福利院食品安全问题行政公益诉讼案等案例的监督点。

4. 未按规定落实经营管理规定

主要是指在生产、经营过程中，未按照相关法律法规和规范要求，建立并执行管理规定。包括食品经营者未按规定落实进货查验制度、入网经营者未按规定公示食品信息、食品药品从业人员未按规定办理健康证明、药品经营者未按规定遵守药品经营质量管理规范、农产品经营者未按规定建立、保存农产品生产记录等情形。如江苏省徐州市检察院督促保护食品安全行政公益诉讼案、山东省滨州市滨城区检察院诉滨城区食品药品监督管理局不依法履职行政公益诉讼案、新疆维吾尔自治区木垒哈萨克自治县检察院督促整治散装生鲜乳安全问题行政公益诉讼案等案例的监督点。

5. 未落实食品药品行业从业禁止规定

主要是指食品药品领域的从业人员违反了相关的法律法规，没有遵守从业禁止的限制规定。包括生产、销售假药的人员仍从事药品生产经营活动、因食品安全犯罪被判处有期徒刑以上刑罚的人员仍从事食品生产经营活动等违反从业禁止规定的情形。比如，浙江省嵊州市检察院构建的从业禁止类案监督模型、陕西省汉中市汉台区检察院督促落实食品领域从业禁止行政公益诉讼案、河北省广平县检察院督促整改食品领域从业禁止行政公益诉讼案等模型或案例的监督点。

（三）常见数据来源

在上文提及的常见数据来源中，食品药品安全、农产品质量安全领域的数据主要来源于：

1. 直接调取

比如，涉及食品药品安全领域的检察监督可向市场监督管理部门调取商事登记信息、食品和药品经营许可审批清单及相关行政处罚案件信息清单。涉及农产品质量安全领域的检察监督可通过农业管理部门调取农产品生产企业、农民专业合作社信息清单，以及农药、兽药经营许可信息清单和涉农行政处罚信息清单。

2. 跨部门数据共享协同

比如，从12345市民服务热线、12315平台、粤平安综合网格管理服务应用平台等获取涉及食品药品安全、农产品质量安全领域的投诉举报数据。

3. 从第三方平台数据库获取

比如，在未落实食品药品行业从业禁止规定的检察监督中，可通过小包公·法律AI等法律信息查询平台获取辖区内涉食品药品领域犯罪的案件信息数据，从商业信息查询平台天眼查获取企业法定代表人、管理人员等信息。

4. 通过数据抓取工具获取

比如，开展入网经营者未按规定公示食品信息检察监督时，可通过数据抓取工具从网络食品交易第三方平台，如美团、饿了么等外卖平台，获取从事网络食品经营的商家信息和经营情况。

（四）常用分析方法

在食品药品安全、农产品质量安全领域的公益诉讼检察监督中，可综合运用对比分析法、关联分析法等数据分析方法进行数据碰撞、筛选。

1. 对比分析法

比如,福建省龙岩市检察院构建的医疗美容法律监督模型、广东省清远市清新区检察院构建的督促保护农产品质量安全监督模型、清远市检察院构建的督促整治医疗美容行业乱象大数据法律监督模型和食品经营许可类案监督模型等模型。其中,龙岩市检察院构建的医疗美容法律监督模型,将从事医美机构名单中的"机构名称"与从市场监督管理局、市卫健委获取的经登记许可的医疗美容机构清单中的"机构名称"字段进行比对,排查出未办理营业执照、医疗机构执业许可证的监督线索。清远市检察院构建的食品经营许可类案监督模型,通过梳理食品经营许可审批清单,形成食品经营许可证已过期信息清单,与网络食品交易第三方平台的商家经营信息进行比对,筛查发现食品经营许可已过期,但商家尚在从事网络食品经营活动或公示过期食品经营许可证的监督线索。

2. 关联分析法

比如,河北省大城县检察院构建的行政机关怠于履行健康证管理职责类案监督模型、河南省荥阳市检察院构建的食药安全领域检察一体化法律监督线索研判系统模型、广东省清远市清新区检察院构建的督促整治未落实食品药品行业从业禁止规定监督模型等模型。其中,河北省大城县检察院构建的行政机关怠于履行健康证管理职责类案监督模型,利用调取的食品、供水等需要持健康证上岗的从业人员信息,以身份信息、工作单位、疾控中心传染病记录等数据要素为特征,与本地在册健康证持有人信息进行大数据关联碰撞,发现健康证过期、人证分离等违反健康证管理规定的线索。清远市清新区检察院构建的督促整治未落实食品药品行业从业禁止规定监督模型,以"被告人信息和当事人信息"为关联关键词,利用调取的涉及食品药品领域犯罪被判处有期徒刑以上刑罚的被告人信息和因食品违法被吊销许可证的当事人信息以及因生产、销售假药等涉及禁止从业规定的行政处罚案件当事人信息与天眼查平台的企业相关数据进行比对，排查出刑事案件被告人和行政处罚案件当事人名下关联企业，再具体查看关联企业的经营范围是否与食品、药品相关，职务是否为经营者、法定代表人、主要责任人等主要人员，企业状态是否存续等情况，排查出未落实食品药品行业从业禁止规定的线索。

四、国有财产、国有土地使用权出让领域应用场景

国财国土领域公益诉讼工作是检察公益诉讼的重点工作，关系公平正义、国家治理体系现代化以及人民共同富裕。2022年2月，最高人民检察院印发《关于加强国有财产保护、国有土地使用权出让领域公益诉讼检察工作的通知》，要求加大国财国土领域公益诉讼办案力度。然而，检察机关在开展该领域相关工作时会面临以下困难和问题：一是国财国土案件涉及范围广，隐蔽性强。比如，依托"四大检察"融合监督深入挖掘违规领取监督线索存在困难；二是该领域内多数规定涉及专业性强、分布分散的行政机关内部文件内容，文件的获取与处理存在困难。在数字检察的模式下，检察机关可以通过建立大数据法律监督模型，对各类数据进行筛查、比对、碰撞，高效精准发现国财国土的公益诉讼案件线索。在国财国土领域，数字检察的运用能够起到"拨云见日"的效果。

（一）监督点生成规则

在上文提及的监督点生成规则中，国有财产保护和国有土地使用权出让领域的监督点生成规则主要包括以下三项：

1. 源于日常检察监督办案

在办理刑事、民事、行政、公益诉讼检察案件过程中发现国有财产流失问题，可从中提取监督点。比如，浙江省乐清市检察院构建的环保企业违法享受税收优惠类案监督模型。该检察院在办理一起污染环境类刑事案件中发现环保企业在受到行政处罚后违规享受环保退税政策的监督点，从而构建该模型。又如，河南省禹州市检察院个人所得税（国有

财产）类案监督模型。该检察院民事检察部门在办理一件民间借贷纠纷监督案件中发现，对于执行到位的借款利息部分，当事人未缴纳利息税。该检察院经研判后确定监督点，并构建了该模型。

2. 源于社会舆论反馈信息

一是依托各类举报、网格等平台发现监督点。比如，河北省唐山市古冶区检察院接到群众线索反映公租房租户存在欠缴租金的问题，该院以此为监督点构建了公租房管理法律监督模型，收回欠缴租金约70万元。二是从社会大众关注的国有财产保护热点问题中研判监督点。又如，浙江省仙居县检察院从一则关于服刑人员违规领取养老金的新闻入手，深入研究相关政策法规，通过比对全国检察业务应用系统与社保养老金查询系统的数据，最终发现并办理了一批服刑人员违规领取养老金的案件。[①]

3. 源于行政执法信息数据

根据行政机关收缴、发放国有财产的信息提炼出监督点。比如，税务等部门负责征收各类税款及部分非税收入，检察机关可从中提炼出如未依法收缴耕地占用税、增值税、残疾人就业保障金、土地闲置费、城镇垃圾处理费等各类监督点。在此基础上，检察机关可通过登录政府门户网站或直接前往相关行政机关，筛查各部门收取费用、发放资金的有关信息，整理出涉及的费用与补贴、保障等资金，进而开展大数据法律监督。

（二）常见监督点

经综合分析全国检察机关构建的国财国土类数据监督模型，数字检察运用率较高的国财国土监督点可简单分为以下四类：

1. 税收类国有财产

税收是公民为享受政府提供的公共产品、服务而支付的费用，政府依赖税收来履行相关职能，因此税收的有效收缴能够保障供给社会公共

[①] 贾宇主编：《大数据法律监督办案指引》，中国检察出版社2022年版，第218页。

产品、服务以及维护社会公共秩序，其具有典型的公益性。税收类国有财产公益诉讼主要监督点表现为税务部门未对发生了应税行为的纳税人依法征收相应的税款，包含耕地占用税、资源税、环境保护税、个人所得税、增值税等税种。比如，山西省忻州市检察院构建的耕地占用税款清缴检察监督模型、广东省阳山县检察院构建的涉资源税征收类案监督模型、浙江省乐清市检察院构建的环保企业违法享受税收优惠类案监督模型、广东省珠海市检察院构建的漏征漏缴扬尘环保税公益诉讼监督模型、河南省禹州市检察院构建的个人所得税（国有财产）类案监督模型、北京市检察院构建的成品油涉税法律监督数据模型、浙江省嵊州市检察院构建的非标油偷逃税类案监督模型等模型的监督点。

2. 费用性国有财产

该财产是基于法律规定以及国家行政权力行使应取得的财产，其与税收在性质上较为相似，行为人实施某种行为或者维持某项行政许可需要一次性或定期缴纳相应的费用，其主要监督点表现为未定期足额缴纳相应费用，致使国有财产损失，包含水资源费、城市基础设施配套费、水土保持补偿费、土地复垦费、人防工程异地建设费等费用。比如，安徽省蚌埠市检察院构建的水土保持措施落实公益诉讼监督模型、山东省潍坊市潍城区检察院构建的行政机关未依法征收城市基础设施配套费类案监督模型、湖北省十堰市郧阳区检察院构建的残疾人就业保障金征收公益诉讼法律监督模型、广东省连山壮族瑶族自治县检察院构建的水资源费征缴法律监督模型等模型的监督点。

3. 补贴、保障类国有财产

补贴、保障类国有财产是国家因政策扶持或者出于社会保障等支出的各项资金，主要监督点在于部分补贴、保障金的领取人由于条件变动或客观原因失去领取补贴、保障金的资格或者采取欺骗、隐瞒等手段领取了不应领取的补贴、保障金，但审核发放资金的职能部门因存在信息壁垒，无法掌握领取人的资格存续和变动情况，向没有领取资格的人员发放相关补贴、保障金，导致国有财产持续不断流失。包含养老保险金、医疗保障金、城市居民最低生活保障金、困难残疾人生活补贴、重度残疾人护理补贴、创业培训补贴、高龄津贴、植树造林补贴等各类补贴、保障金。比如，广西壮族自治区南宁市良庆区检察院构建的"旱地改水田"项目补贴资金监管及耕地保护模型、山东省临沂市兰山区检察院构建的营运柴油货车报废淘汰补贴资金公益诉讼类案监督模型、浙江省台州市检察院构建的创业培训补贴诈骗立案监督及公益诉讼监督模型、黑龙江省齐齐哈尔市检察院构建的黑土地涉税涉补大数据法律监督模型、青海省西宁市城中区检察院构建的督促追缴生育保险基金法律监督模型、广东省连南瑶族自治县检察院构建的高龄津贴监管安全监督模型、安徽省蚌埠市检察院构建的植树造林补贴公益诉讼法律监督模型、广东省广州市检察院构建的错发多发失业保险稳岗补贴类案国有财产保护公益诉讼监督模型等模型的监督点。

4. 国有土地使用权出让领域

国有土地使用权出让，是指国家以土地所有者的身份将土地使用权在一定年限内让与土地使用者，并由土地使用者向国家支付土地使用权出让金的行为。[①] 其主要监督点涉及国有土地使用权出让收入流失以及在使用土地方面存在的违法行为，包括未按期支付土地出让金、改变土地用途未按规定调整土地出让金、未征收土地闲置费或未按规定无偿收回土地等。

比如，甘肃省武威市检察院构建的闲置土地监督模型、广东省清远市检察院构建的国有土地使用权出让领域违法行为监督模型、青海省互助县检察院构建的"建设工程领域"公益诉讼检察监督模型等模型的监督点。

（三）常见数据来源

在上文提及的常见数据来源中，国有财产保护和国有土地使用权出

---

① 张雪樵、万春主编：《公益诉讼检察业务》，中国检察出版社2022年版，第281页。

让领域的数据主要来源于：

1. 行政机关、企事业单位数据

国有财产保护和国有土地使用权出让领域的大数据模型强调多组结构化数据的碰撞。无论是何种类型的国有财产，均涉及收缴或发放的环节，至少有一组数据源自行政机关。因此，可直接向有关行政机关、企事业单位调取或前往政府信息公开平台获取对应的国有财产数据。比如，广东省连南瑶族自治县检察院在构建高龄津贴监管安全监督模型时，从人社部门及疾控中心获取发放高龄津贴的名单与死亡人员名单。

2. 检察机关内部数据

比如，河南省安阳市检察院在构建带薪服刑模型过程中，从人社部门调取机关、事业单位人员社保缴纳的数据（包含姓名、身份证、缴纳金额、缴纳时间等要素），从全国检察业务应用系统中导出服刑人员的数据（包含姓名、身份证、服刑时间等要素），将两项数据进行关联分析，便能推送出服刑人员在服刑期间仍在领取工资待遇的线索。

3. 高科技手段获取的数据

在部分国有财产保护和国有土地使用权出让领域的模型构建中，获取相关数据需要用到一些高科技手段。比如，开展税收类大数据法律监督时，可通过卫星遥感监测分析获取实际占地面积，发现漏缴耕地占用税线索；通过无人机搭载高光谱、激光雷达测算数据分析是否存在偷排污水等问题，发现漏缴环境保护税的线索。

（四）常用分析方法

国有财产保护和国有土地使用权出让领域公益诉讼数字检察工作主要运用关联分析法来进行数据分析，即将两组或两组以上不同的数据进行关联，找到数据之间存在的联系，通过对指标、数值进行比较，从而发现国财国土领域公益诉讼监督线索。另外，可根据国有财产种类的不同总结出国有财产保护和国有土地使用权出让领域数据分析过程的四项基本逻辑。

1. 税收类国财案件逻辑分析方法

税收类国有财产保护领域的基本逻辑为产生应税行为＋未缴纳税款。税收类公益诉讼数据模型可套用此模板，再结合实际税收与费用的种类，对应缴税款金额作出增减调整。比如，耕地占用税。耕地占用税法中规定占用耕地建设建筑物、构筑物或者从事非农业建设的单位和个人需要缴纳耕地占用税，从中可分析出税务部门已缴纳耕地占用税的信息与产生了耕地占用税应税义务的信息存在直接关联点，其重复值为产生了耕地占用税应税义务且缴纳了耕地占用税的情形。土地管理法规定自然资源主管部门负责土地的管理和监管工作。产生应税义务的占用耕地行为包括经批准合法占用土地以及未经批准或骗取批准非法占用土地的情形。合法占地的数据主要是自然资源主管部门提供的审核用地信息，在其中梳理出相关企业、个人合法审批用地的面积、时间。非法占地的数据包括两种，一种是林业主管部门、自然资源主管部门作出的占地类行政处罚数据以及非法占用农用地等刑事犯罪数据，梳理相关企业、个人非法占地面积、时间；另一种是使用空天院卫星遥感监测获取的企业、个人实际占地面积，用该面积减去合法审批的占地面积，再减去已被刑事、行政处罚的非法占地面积，即得出未合法审批、未被处罚的非法占地信息。最后，将已缴纳耕地占用税信息与合法占地、非法占地的信息进行碰撞，在剔除重复值后，精准发现未缴纳耕地占用税的违法线索。

2. 费用类国财案件逻辑分析方法

费用性国有财产保护领域的基本逻辑为实施了产生行政费用的行为＋行为不存在免缴或缓征、减免等情形＋未缴纳税款或费用。在费用性国有财产的征收工作中，政府常常会发布相应缓征、减免费用等政策。检察机关将免缴费用的名单作为剔除项，可增加数据对比的准确性。比如，山东省潍坊市潍城区检察院在构建行政机关未依法征收城市基础设施配套费监督模型时，便是通过对需要缴纳城市基础设施配套费的名单

（包含自然资源局已规划房地产项目数据、行政审批局已施工房地产项目数据、住房和城乡建设局竣工房地产项目数据）、因政策免缴或少缴城市基础设施配套费的名单以及已经缴纳城市基础设施配套费的名单（财政局配套费入库数据）三组数据进行关联分析，最终一步到位筛查出监督线索，模型推广到潍坊市全市后，共监督行政机关依法追缴城市基础设施配套费1.2亿元。该模型的创建和应用是典型的费用性国有财产公益诉讼数据模型的模板，可将分析方法延伸到其他各种行政费用领域。

3. 补贴、保障类国财案件逻辑分析方法

补贴、保障类国有财产保护领域的基本逻辑为领取补贴、保障资金＋不符合领取条件。一是最初符合条件，后期丧失资格。审核发放补贴、保障的行政机关在最初申领的时候对资金领取者的领取条件进行了审核，但导致领取资格失效的信息是由其他行政机关掌握的，部门之间存在数据壁垒，导致资金领取者在丧失了领取资格后行政机关仍然持续发放相关补贴、保障。二是自始至终不符合领取资格。由于无领取资格的领取者在申报领取资格时采取了隐瞒、欺骗等手段，从而骗取到相关补贴、保障。因此，补贴、保障类国有财产公益诉讼数字检察的数据分析需要将行政机关发放补贴、保障的信息与不符合补贴、保障类资金领取资格者信息进行关联分析。对于补贴、保障类资金的领取者信息，可在补贴、保障的对应主管部门中获取；对于不符合补贴、保障类资金领取资格者信息，可通过关联对应的法律法规，查看该项补贴、保障的领取条件和不得领取情形，分析出所需数据。如浙江省台州市仙居县检察院构建的政府补（救）助资金监管类案监督罗列养老金、医保金、低保、残疾人两项补助等9类政府补（救）助资金，通过关联分析法查找对应的法律法规，识别出对应的不得领取政府补（救）助资金情形，将其与相对应的刑事裁判信息、死亡人员信息等丧失领取资格的数据进行筛查、碰撞、比对，从而筛查出大量的行政机关仍在向丧失领取资格的人员发放相应资金的线索。①

4.国土领域案件逻辑分析方法

在国有土地使用权出让领域，检察机关可以根据国有土地使用权出让后，土地使用权受让人需在约定或规定期限内支付土地出让金、开发利用土地，改变土地用途需经批准并相应调整土地出让金，闲置土地需缴纳闲置土地费等特点，归纳出未按期足额支付土地出让金、改变土地用途未调整土地出让金、闲置土地等三类主要监督点。

（1）未按期足额支付土地出让金。获取国有土地使用权出让信息，提取受让人、宗地编号、出让金支付期限及成交金额等要素；获取已收取土地使用权出让金信息，提取受让人、宗地编号等要素。对上述信息进行关联分析，将同一宗地约定的成交金额、土地出让金支付时间与已支付的土地出让金金额、支付时间进行筛查、碰撞、比对，可筛选出已支付土地出让金金额小于成交金额，或者出让金支付时间晚于合同约定的出让金支付时间的异常信息。

（2）改变土地用途未调整土地出让金。将国有土地使用权出让信息中的土地受让人、宗地编号、土地用途、容积率、出让金额等与建设用地规划许可信息中的用地单位、位置、土地用途、容积率等进行关联分析，筛查出改变了土地用途的宗地编号以及相关土地使用权人信息、出让金额。再与收取土地使用权出让金信息中的宗地编号、土地使用权人以及支付的土地出让金金额进行关联分析，筛选出支付的土地出让金金额等于或者小于国有土地使用权出让信息中的土地出让金金额的异常信息。

（3）闲置土地。将国有土地使用权出让信息中的土地使用权受让人、宗地编号、合同约定动工日期与相关土地所建工程办理的建设工程施工许可证信息中的建设单位、项目地址、动工时间进行关联分析，筛

---

① 贾宇主编：《大数据法律监督办案指引》，中国检察出版社2022年版，第384—400页。

选出动工时间比合同约定动工时间晚一年以上的信息，列为疑似闲置土地信息。以该疑似闲置土地信息为基础：一是碰撞经自然资源主管部门认定为闲置土地的土地信息，筛选出自然资源部门未及时认定为闲置土地的线索；二是将疑似闲置土地信息与经自然资源主管部门认定为闲置土地的土地信息进行汇总，排除重叠信息后与从自然资源部门调取的已征收土地闲置费信息中的土地使用权人、宗地编号、征收金额等进行关联分析，排查出未按规定征收或未足额征收土地闲置费的线索；三是从疑似闲置土地信息中，筛选超过出让合同约定的动工开发日期满两年以上的土地信息，以宗地编号、土地使用权受让人为关键词，与从自然资源部门调取的无偿收回土地信息中的宗地编号、土地使用权人信息进行关联分析，发现未按规定无偿收回土地使用权的线索。

五、安全生产领域应用场景

当前我国正处于工业化、城镇化持续推进的进程当中，生产安全事故易发多发。然而，在生产实践中，仍然存在相关事故责任人已经被追究了责任，但因相同的原因导致的事故依然一再发生等问题。这在一定程度上说明重大安全生产的风险隐患并没有随着个案处理的结束而得到彻底化解，也揭示出原有的监管机制和手段存在一定局限性，必须探索和创新更有效的监管机制和方式。①

2021年修改后的安全生产法正式将安全生产纳入公益诉讼检察法定领域，同时最高人民检察院在《关于贯彻执行〈中华人民共和国安全生产法〉推进安全生产领域公益诉讼检察工作的通知》中明确规定，"针对群众反映强烈、社会影响较大的矿山和尾矿、铁路安全、道路交通、危化品、消防、工业园区、城市建设、危险废物、易燃易爆物品等方面

---

① 《延长公益诉讼链条，防范安全生产重大风险》，载新华网，http://www.xinhuanet.com/comments/20221221/9fce35dc007746519f9e2eae8e4d717b/c.html。

安全隐患，充分发挥检察一体化办案优势，提高发现重大安全隐患线索的能力"。2020年以来，检察机关一直在安全生产领域进行公益诉讼案件办理的实践，也碰到一些难题。一是案件线索发现难。安全生产涉及的行业多、专业性强，公益诉讼办案人员很难在短期内熟练掌握各行业安全生产领域的监管难点和短板，传统的人工摸排线索模式覆盖面小，难以精准发现大批量监督线索。二是调查核实难。安全生产领域公益诉讼案件的调查取证对象具有广泛性、散乱性和一定的隐藏性，传统的调查手段极难在短期内采集到相对完整的线索信息，影响办案积极性和调查取证的效率。三是监督难。安全生产领域案件的成因复杂，责任主体多元，涉及的监督对象包括不同层级的多个行政监管部门，通过公益诉讼方式介入安全生产隐患整治，需要厘清各部门职责，推动多部门联合，对检察办案的专业素养要求较高。因此，更需要检察机关乘着数字检察的东风，依靠大数据赋能挖掘出安全生产领域的批量类案线索，推动重大安全隐患的防范治理。

（一）监督点生成规则

在上文提及的监督点生成规则中，安全生产领域的监督点生成规则主要源于刑事检察监督、行政检察监督等日常办案，以及社会舆论反馈信息以及法律法规中的禁止性规定。

1. 源于日常检察监督办案

比如，北京市检察院构建的涉安全生产的特种作业操作证类案法律监督模型。办案人员在办理伪造、买卖特种作业操作证刑事案件中发现，施工人员持伪造特种作业操作证上岗情形并非个案，遂建立监督模型进行类案监督，精准锁定涉嫌持假证人员，深挖假证产业链，充分发挥行刑衔接效能对制假贩假形成全链条打击，开展涉安全生产特种作业操作证问题治理工作，为安全生产保驾护航。又如浙江省杭州市余杭区检察院在办理一起交通肇事案过程中，发现公安机关对该案中存在的非法改装行为未作处理，存在道路交通安全隐患。该院以此搭建非法改装遗漏行政处罚数字化监督模型，批量发现公安机关未对非法改装行为进行行政处罚的线索，并对所发现的案件线索及时予以查办。

2. 源于社会舆论反馈信息

比如，针对群众在12345市民服务热线反映的安全生产问题，检察机关可立足于个案，确立监督点，进而开展类案监督。海南省海口市龙华区检察院在办理督促整治违法施工安全隐患行政公益诉讼案[①]时，通过"龙检云公益诉讼大数据平台"发现市民投诉辖区某工地违法施工线索，调查核实后发现该项目在施工过程中安全生产防护措施不到位的情形，遂通过个案办理，推动行政机关开展全市建筑工地安全生产隐患专项检查整治。安徽省蚌埠市禹会区检察院在办理诉安徽省裕翔矿业商贸有限责任公司违规采矿民事公益诉讼案[②]时，从媒体报道中获取辖区内某一企业违规采矿引发地面塌陷的监督点。

3. 源于法律法规的禁止性规定

公益诉讼安全生产领域涉及的法律法规众多，检察机关可直接从部分法条的相关规定中提取出监督点。比如，根据《道路交通安全法》第91条规定，因饮酒后驾驶机动车被处罚两次以上的，或醉酒驾驶机动车的，需吊销机动车驾驶证。检察机关可通过排查交通事故相关刑事案件信息和行政处罚信息，筛选应吊销未吊销机动车驾驶证、违反禁止规定重新取得机动车驾驶证的线索，以发现道路交通部门怠于履职的情形。同时刑法、安全生产法等均有类似从业禁止的规定，如《安全生产法》第94条中规定，生产经营单位的主要负责人未履行安全生产管理职责导致发生生产安全事故，受到刑事处罚或者撤职处分的，五年内

[①]《海南发布8宗应急安全领域公益诉讼典型案例》，载"海南政法"微信公众号，2022年6月22日。
[②]《最高检、应急管理部联合发布安全生产领域公益诉讼典型案例》，载"最高人民检察院"微信公众号，2021年3月23日。

不得担任任何生产经营单位的主要负责人；对重大、特别重大生产安全事故负有责任的，终身不得担任本行业生产经营单位的主要负责人。据此，可直接从该条规定中提取监督规则，从而建立安全事故刑事案件从业禁止监督模型。

（二）常见监督点

安全生产领域的检察监督点主要集中在以下几个方面：

1. 道路交通安全领域

包括擅自挖掘、占用道路施工；乡村道路、桥梁警示标志、设施缺失、破损；公共道路照明设备年久失修、缺乏日常维护；街道窨井盖设施设计不合理、破损；各类货运车辆、外省籍车辆、农村客运车辆违法营运；互联网小微型客车租赁行业存在安全隐患；货车非法改装、超载，以及检测机构为非法改装车辆出具虚假检测报告等。比如，江西省南昌市检察院建立公路客运行业安全生产隐患类案监督模型，对公路客运行业安全生产问题进行预防性监督。又如，浙江省杭州市西湖区检察院、安徽省宁国市检察院均构建了非法改装货车虚假检测类案监督模型，以此督促交通运输行业乱象治理。

2. 消防安全领域

包括将厂房、仓库、居住场所设置在同一幢建筑内的企业（俗称"三合一"企业）；"三小"场所、加油站、学校、养老机构、旅馆、小区等重点场所的消防设施存在安全隐患；电动汽车、电动自行车充电设施存在安全隐患；瓶装燃气充装、储存、销售配送、使用环节存在安全隐患；餐饮行业燃气使用存在安全隐患；烟花爆竹生产、经营、储存、运输、燃放环节存在安全隐患等。比如，四川省成都市检察院、成都市大邑县检察院针对瓶装液化气非法掺混二甲醚影响安全生产的问题构建瓶装液化气行业安全生产类案监督模型，对非法充装瓶装液化气进行全链条监督。又如，吉林省长春新区检察院以辖区内小型餐饮单位私建

"夹层"的消防安全隐患为切入口，通过构建小型餐饮单位安全生产大数据监督模型精准摸排"私改夹层"案件线索。

3. 涉渔涉海领域

包括"三无船舶"、商渔船交通安全；高危渔船作业；河船违规涉海运输；渔船违规碍航作业；省内"异地挂靠"渔船整治等。比如，广西壮族自治区鹿寨县检察院在办理督促整治"三无"船舶安全隐患行政公益诉讼案[①]时，针对辖区内的6个乡镇河道中长期无序停泊大量"三无"船舶（无船名船号、无船舶证书、无船籍港），难以溯源监管，常被用于从事非法捕捞、非法采砂等违法活动开展检察监督。又如，浙江省平湖市检察院在办理督促整治涉海涉渔安全隐患行政公益诉讼案[②]时，针对涉海涉渔领域存在的渔民驾驶"三无"船舶出海、私拆船载定位系统、无证作业等安全隐患问题，督促相关部门联合开展专项整治。

4. 危化品安全领域

包括企业重大危险源预警信息处置不闭环、员工长期违反岗位操作规程；违法"小化工"存在安全隐患；非法储存、使用、运输危化品安全隐患等。比如，浙江省海宁市检察院以醇基燃料储存、经营、运输和使用等环节存在的重大安全隐患为监督点，构建醇基燃料全链条安全监管类案监督模型。又如，浙江省嵊州市检察院针对企业非法储存、分装危化品问题构建非法储存危化品危害公共安全类案监督模型。

5 特种设备安全领域

包括电梯使用、管理环节存在安全隐患；景点的玻璃栈道等设施、大型游乐设施存在安全隐患等。比如，辽宁省铁岭市清河区检察院在办

[①]《最高检发布安全生产检察公益诉讼典型案例》，载"最高人民检察院"微信公众号，2023年10月31日。
[②]《最高检发布安全生产领域检察公益诉讼典型案例》，载"最高人民检察院"微信公众号，2022年12月16日。

理督促保护电梯安全行政公益诉讼案[1]时，以部分小区存在的电梯超期未检测、电梯紧急呼叫无应答或应答不及时、未张贴特种设备检验标志等安全隐患问题开展监督，督促相关部门进行整改。

6. 特种作业人员从业资格领域

包括焊工、电工等特种作业从业人员未依法取得特种作业操作资格证书而上岗作业，或未经过专业培训、考核而上岗作业等。比如，安徽省怀宁县检察院构建的特种作业领域持证上岗法律监督模型和北京市检察院构建的涉安全生产的特种作业操作证类案法律监督模型均是围绕特种作业领域从业人员无证或持假证上岗作业建立的。

7. 矿山安全领域

包括矿山使用不符合国家安全标准或者行业安全标准的有特殊安全要求的设备、器材、防护用品和安全检测仪器；未对机电设备及其防护装置、安全检测仪器定期检查、维修，保证使用安全；使用国家明令禁止或淘汰的落后设备、材料及工艺；未依法对矿山存在的冒顶、片帮、边坡滑落、地表塌陷、瓦斯爆炸、煤尘爆炸等危害安全的事故隐患采取预防措施；企业主要负责人和安全生产管理人员未依法经安全生产知识和管理能力考核即上岗等。比如，黑龙江省检察院在办理督促整治小煤矿安全隐患行政公益诉讼系列案[2]时，针对辖区内小煤矿监管混乱、安全事故多发等问题，黑龙江省三级院联动开展公益保护专项监督，有效防范化解重大安全隐患。

8. 建筑工地施工领域

包括建筑工地高层施工中外围防护栏杆、安全立网设置不到位、施

---

[1] 《辽宁省铁岭市清河区人民检察院督促保护电梯安全行政公益诉讼案》，载正义网，http://www.jcrb.com/xztpd/ZT2021/ffjyz_69002/gyss/qaz/ddf/hb11/202205/t20220526_4975396.html。

[2] 《最高检、应急管理部联合发布安全生产领域公益诉讼典型案例》，载"最高人民检察院"微信公众号，2021年3月23日。

工人员安全防护措施不全等问题。比如，山西省晋中市榆次区检察院在办理督促整治违法施工安全隐患行政公益诉讼案[①]时，针对建筑施工单位违法施工、在高风险施工作业过程中未严格采取安全保障措施的问题进行检察监督。

（三）常见数据来源

在上文提及的常见数据来源中，安全生产领域的数据主要来源包括了直接调取、内部数据和第三方平台数据库等。

1. 检察机关内部数据

主要是涉及重大责任事故罪、危险物品肇事罪、危险作业罪等11个罪名的刑事案件的数据，包括案件涉及人员数据、文书数据等。

2. 直接调取的数据

比如，应急管理局、市场监督管理局、自然资源局、交通运输局等部门的行政登记备案数据、行政处罚数据等。政数局、应急管理局、市场监督管理局、自然资源局、水利局、税务局等部门均有专门的管理职能和业务系统，通过衔接机制可精准调取数据。

3. 互联网等第三方平台数据

检察机关可从政府公开信息数据开放平台如"开放广东"平台、广东省执法信息公示平台等获取应急管理局、市场监督管理局、交通运输局等部门的行政处罚决定书、备案公示等数据；也可从法律信息查询平台如中国裁判文书网、中国执行信息公开网、商业信息查询平台如天眼查等平台或网站批量导出数据，并对数据进行结构化处理。

（四）常见分析方法

安全生产领域公益诉讼数字检察工作主要运用以下数据分析方法：

[①]《最高检、应急管理部联合发布安全生产领域公益诉讼典型案例》，载"最高人民检察院"微信公众号，2021年3月23日。

1. 5W2H 分析法

比如，广东省阳山县检察院构建的烟花爆竹行业整治类案监督模型。[1] 针对部分商户违规批发、经营烟花爆竹的情形，该检察院使用 5W2H 分析法对问题进行解构。首先明确事件发生原因（Why），同时，为实现推动辖区内烟花爆竹行业系统治理的预设目标（What），该检察院将目标锁定在烟花爆竹零售商户（Who）。经初步调查，该检察院发现，整个阳山区域（Where）均可能存在较多同类问题，应与相关职能部门共同研究解决问题，且即将到烟花爆竹销售旺季，需在尚未出现严重事故的时间节点（When）开展预防性工作。最终，阳山县检察院使用 5W2H 分析法，快速开展模型构建、线索挖掘工作，并通过制发检察建议、召开公开听证等方式，推动烟花爆竹行业系统治理。

2. 对比分析法

比如，四川省成都市检察院瓶装液化气行业安全生产类案监督模型。[2] 该模型通过获取税务、市场监管等多个部门的燃气经营许可、燃气经营企业购气抵扣税款、液化石油气气瓶充装二维码等百万余条数据，对比分析出瓶装液化石油气充装销售量与液化石油气购买量之间存在的数量差，由此判断存在掺混风险的案件线索。又如，安徽省淮北市检察院在构建网络销售伪劣消防灭火器危害公共安全监督模型时，在摸清了灭火器成本构成后，确定了低于市场价 20% 的灭火器疑似为伪劣产品，通过将成本价与销售价进行比对，筛选出网络销售价格明显偏低的商家，以此快速排查出疑似销售伪劣灭火器店铺的案件线索。

3. 关联分析法

在安全生产领域公益诉讼案件线索排查过程中，可以通过设置一定条件，从海量数据中将相关数据串并起来，寻找相关数据之间的共

---

[1] 陈岑主编：《开启数字检察之门》，中国检察出版社 2023 年版，第 120—121 页。
[2] 《最高检发布安全生产检察公益诉讼典型案例》，载"最高人民检察院"微信公众号，2023 年 10 月 31 日。

通点，进而判断是否存在异常线索。比如，广东省佛冈县检察院创建的小微型客车租赁行业大数据法律监督模型。该模型以"租赁登记、备案"为关联关键词，从交通运输部门调取登记备案的小微型客车租赁经营主体信息、从市场监督部门调取登记在册的汽车租赁的经营主体信息、从交警部门调取登记为"租赁"性质的车辆信息，将上述三组数据进行关联分析，发现数据之间的关联点，快速筛查出小微型客车租赁经营主体未及时登记备案以及用于租赁经营的车辆使用性质为非租赁的问题线索。

六、个人信息保护、反电信网络诈骗、反垄断等领域应用场景

在检察数字化改革背景下，个人信息保护与反电信网络诈骗领域公益诉讼检察面临诸多挑战。一是线索发现难度大。由于个人信息数量种类繁多且高技术手段使得侵权行为极具隐蔽性，检察机关难以精准发现侵权主体与事实。二是调查取证困难重重。实践中，检察机关主要依靠公安机关在刑事侦查活动中提取保存相关证据或自行向行政单位、互联网平台调取数据材料。然而，由于个人信息侵权方式、技术手段、证据类型多样，基层检察人员往往缺乏经验和专业能力，难以满足大数据时代的办案质效要求。三是监督管理面临挑战。行政公益诉讼虽然具有办案周期短、行政机关牵头治理效果好的特点，但在实践中行政机关对于个人信息保护的职权不明确，面对大数据技术和海量信息数据也缺乏应对能力。而在反垄断领域，最高人民检察院印发的《关于贯彻执行〈中华人民共和国反垄断法〉积极稳妥开展反垄断领域公益诉讼检察工作的通知》要求重点关注互联网、公共事业、医药等民生保障领域。其中，在互联网经济快速发展的背景之下，部分互联网经济平台滥用市场支配地位的情形日益突出，但传统的调查取证方式难以掌握企业或平台垄断

行为表现形式以及垄断行为与损害结果之间的因果关系。[①] 为应对上述挑战，检察机关应充分发挥检察公益诉讼的制度效能，强化数字赋能法律监督工作。

（一）监督点生成规则

个人信息保护、反电信网络诈骗和反垄断等领域公益诉讼的监督点主要源于日常检察监督办案、社会舆情反馈信息以及典型案例。

1. 源于日常检察监督办案

在办理的刑事、民事以及行政检察案件中，发现可能侵害公民个人信息甚至帮助电信网络诈骗的公益诉讼监督点。比如，浙江省余姚市发生多宗冒充物流、网购客服退款赔偿类电信诈骗刑事案件。在最高人民检察院的统筹指挥下，浙江省义乌市检察院经梳理相关刑事案件发现，由于电商企业存在快递面单信息未脱敏、落实寄递用户信息安全保护责任不到位等问题，导致内部储存的大量个人信息泄露。上述问题反映出电商云仓等新业态在反电信网络诈骗、个人信息保护上存在监管漏洞。又如，浙江省杭州市余杭区检察院在办理一宗猥亵儿童刑事案件中发现，某短视频 App 未妥善保护未成年人隐私权，违规泄露未成年人个人信息，致使犯罪嫌疑人通过该类信息对多名儿童实施猥亵犯罪。上述问题反映出部分网络运营商在收集、使用公民个人信息中存在违规情形。杭州市余杭区检察院依法督促行政主管部门落实监管责任，规范网络运营商个人信息处理行为。[②]

2. 源于社会舆情反馈信息

一是借势新媒体平台发现监督点。比如，浙江省象山县检察院办案人员在浏览新媒体平台中发现，网民王某诉说某娱乐服务部商家擅自公

[①] 周光富、黄俊杰：《以能动检察推进平台经济领域反垄断治理》，载《检察日报》2022 年 12 月 21 日，第 8 版。

[②] 陈萍：《未成年人个人信息保护领域的公益诉讼实践与优化》，载《中国检察官》2023 年第 19 期。

开自己玩游戏的监控录像的情况，该院通过翻看相关商家新媒体短视频账号发现该账号发布了多个监控视频，视频中能清晰地看到消费者玩游戏的具体时间、正面影像、行为动作，且未作匿名化处理，[①] 反映出部分商家为达商业宣传目的，未经消费者同意擅自收集并公开公民个人信息的情形，侵害了众多不特定消费者权益。

二是借力各类举报、投诉热线平台发现监督点。比如，湖南省长沙市望城区检察院收到群众举报，反映自己和孩子的指纹和人脸等个人生物识别信息被医疗卫生机构过度收集的情况，该院以医疗卫生机构过度收集个人信息与对敏感个人信息保护的内部管理不到位为监督点深挖公共卫生服务信息化建设漏洞。

三是借智人大代表、益心为公志愿者发现监督点。比如，最高人民检察院根据志愿者反映，某景区存在强制要求购票游客录入人脸信息、"刷脸"入园，以及未对采集到的人脸信息定期予以删除的问题。检察机关以此作为监督点，推动相关运营公司建立健全人脸信息采集和使用的制度规范。[②]

3. 源于典型案例

从对典型案例的研判中掌握个人信息保护与反电信网络诈骗监管薄弱环节，是检察机关从全国经验发现监督点的重要方法。比如，2023年最高人民检察院发布的11例检察机关依法惩治电信网络诈骗及其关联犯罪典型案例。这些案例揭示了新型电信网络诈骗手段与相关行政主管部门在个人信息保护中存在的监管漏洞。各地检察机关可以通过吸收典型案例中的办案经验，研析其中可能存在的公益诉讼检察监督点。

[①]《玩游戏视频咋被挂上网？》，载《检察日报》2022年11月24日，第8版。
[②]《个人信息保护检察公益诉讼典型案例》，载最高人民检察院网，https://www.spp.gov.cn/spp/xwfbh/wsfbt/202303/t20230330_609756.shtml#2。

(二) 常见监督点

个人信息保护领域和反电信网络诈骗领域的监督点主要集中在电信、快递、医疗、金融等涉及自然人信息安全行业。从行政机关作为个人信息的处理者与涉及个人信息保护的监管者两个角度出发，结合各地办理反垄断领域的案件情况，个人信息保护、反电信网络诈骗及反垄断领域的常见监督点如下：

1. 政府信息不当公开

电子政务平台或政府门户网站是政府信息公开的重要媒介。行政主体应当严格依照《政府信息公开条例》的规定公开相关信息。实践中，部分行政主体存在不当行使信息公开的权力，对社会公共利益造成损害的行为。具体表现为，行政机关在网站或平台上进行信息公示时，未依法对公民的个人敏感信息（身份证号码、手机号码、家庭住址等）进行去标识化或匿名化处理。比如，辽宁省沈阳市大东区检察院办理的督促规范政务公开个人信息保护行政公益诉讼案，"沈阳市住房保障网"未对公民个人的姓名、身份证号、户籍所在地等个人敏感信息进行匿名化或去标识化处理，侵犯了公示对象的合法权益。[1]

2. 企业单位擅自采集个人信息

部分企业单位为实现营销、宣传或管理目的，在提供相应服务前擅自收集或过度收集客户个人信息（包括基本信息、生物识别信息以及行踪信息）。比如，江苏省无锡市新吴区检察院办理的督促保护服务场所消费者个人信息行政公益诉讼案中，某健身房擅自将会员办卡时提供的照片录入系统作为刷脸进出凭证，并以提供服务需要拒绝客户删除该采集信息的要求。[2]

---

[1] 《个人信息保护检察公益诉讼典型案例》，载最高人民检察院网，https://www.spp.gov.cn/spp/xwfbh/wsfbt/202303/t20230330_609756.shtml#2。

[2] 《个人信息保护检察公益诉讼典型案例》，载最高人民检察院网，https://www.spp.gov.cn/spp/xwfbh/wsfbt/202303/t20230330_609756.shtml#2。

3. 公共服务行业泄露个人信息

一是快递面单上的个人信息泄露，部分快递收寄点、派送驿站存在快递面单未对收寄人姓名、手机号、地址等信息采取隐匿措施，也未进行信息安全提醒等问题。比如，甘肃省平凉市检察院办理的督促整治快递单泄露公民个人信息行政公益诉讼案中，该院辖区内多家快递企业的快递单未对用户个人信息采取隐匿化等有效保护措施，直接显示客户姓名、电话号码等个人信息。①

二是公共服务行业"内鬼"泄露公民个人信息，快递、银行、医院等大量收集个人信息的单位可能存在擅自贩卖个人信息的情形。以快递行业为例，部分快递派送驿站工作人员利用快递查单系统、"巴枪"（快递业数据采集工具）将相关快递寄收件公民个人信息提供给违法人员。比如，广东省深圳市宝安区检察院在办理的付某等人侵犯公民个人信息刑事附带民事公益诉讼案中发现，快递行业普遍存在快递查单系统权限设置过大、查单系统账号和密码安保级别低、"巴枪"管理不到位等问题，存在泄露公民个人信息隐患。②

4. 违规安装人体生物学特征采集识别系统

"人脸""指纹""DNA"属于自然人的生物信息。只有在特定目的和充分必要性的前提下，遵循合法、正当、必要原则，相关单位和个人才可以处理敏感个人信息。但实践中，不少住宅小区、学校、健身房等违规安装"人脸信息识别"门禁系统，在未向技防管理部门申请并通过审核、验收的前提下，擅自在公共区域安装、使用技防系统，存在泄露个人信息的风险，涉嫌侵害不特定多数人的合法权益。以广东省为例，根据《广东省安全技术防范管理实施办法》，公安机关是技防系统的主

---

① 《检察机关个人信息保护公益诉讼典型案例》，载最高人民检察院网，https://www.spp.gov.cn/spp/xwfbh/dxal/202104/t20210422_517106.shtml。

② 《个人信息保护检察公益诉讼典型案例》，载最高人民检察院网，https://www.spp.gov.cn/spp/xwfbh/wsfbt/202303/t20230330_609756.shtml#2。

管部门，发展改革、教育、财政、住房建设等相关单位在各自主管领域承担相应的技防系统监督管理职责。检察机关可以对辖区内使用"刷脸""录指纹"等设备采集公民人体生物学特征的住宅小区、学校、托管机构、工厂、房地产销售部等公共场所进行系统摸排统计，通过查看公安机关审批备案情况是否存在擅自采集公民个人信息的违法行为进行监督。

5. 电信从业人员侵害个人信息

部分电信运营商营业厅或者加盟网点利用为大量用户办理手机业务的便利，私自将用户用于实名登记的相关个人信息进行收集并转卖给不法分子，用于网络推销、网络平台"僵尸粉"，甚至提供给境外电信网络诈骗分子用于违法犯罪活动。比如，江苏省东海县检察院办理的杨某、胡某、吴某等10人侵犯公民个人信息刑事附带民事公益诉讼案[①]，反映出电信行业存在"内鬼"，利用办理手机卡的工作便利，擅自利用客户信息牟利，涉及受害者1.2万余人。

6. App违规收集用户个人信息

部分网络平台App存在违规收集或过度收集App用户个人信息的行为，在App安装使用隐私条款中并未明确Cookie技术收集个人信息的范围，并且在用户不知情的情况下，违规收集、储存用户个人信息，损害社会公共利益。[②] 比如，浙江省杭州市余杭区检察院办理的某网络科技有限公司侵害公民个人信息民事公益诉讼案[③]，某网络公司存在未经用户同意收集使用个人信息、违反必要原则收集与其提供的服务无关的个人信息、未公开收集使用规则等情形，侵害了不特定公民的合法权益。

---

① 《依法惩治侵犯公民个人信息犯罪 | 营业厅"内鬼"拿客户个人信息换佣金》，载《检察日报》2022年8月5日，第4版。

② 王芷彤：《电子政务平台个人信息保护的行政监管研究》，载《中国市场》2023年第20期。

③ 《检察机关个人信息保护公益诉讼典型案例》，载最高人民检察院网，https://www.spp.gov.cn/xwfbh/wsfbt/202104/t20210422_516357.shtml#2。

7. 网络摄像个人信息侵权问题

近年来，智能手机、智能电视、智能摄像头等终端设备存在大量被黑客攻击，泄露个人信息的安全问题。尤其是实时网络视频监控摄像头被不法分子侵入，非法控制他人 IP 摄像头并获取大量生活影像、照片，甚至将一些个人隐秘信息进行兜售进而获利，严重侵害了公民个人信息。

比如，山东省滨州开发区检察院办理的一起非法控制计算机信息系统案，违法行为人李某购买了大量网络摄像头的 IP 地址，非法侵入他人计算机信息系统，对网络摄像头设备中传输和显示的数据随时观看，并进行抓拍、录像、回放等操作。针对该问题滨州开发区检察院向公安机关制发检察建议，建议公安机关加大对重点区域、重点人员的排查、惩治力度。[1]

8. 涉电信诈骗企业监管

部分电信网络诈骗案件存在"空壳公司"擅自转让营业执照、对公账户或者利用公司特殊社会经济身份大批量申领固定电话以帮助实施电信网络诈骗犯罪的行为。实践中，由于信息壁垒等客观因素存在，市场监管部门并未依照规定对涉诈企业营业执照撤销登记或与相关部门进行信息共享，容易导致涉诈风险持续存在。比如，贵州省贵阳市南明区检察院办理的督促规范涉诈企业营业执照监管行政公益诉讼案[2] 中，周某某注册成立三家电子商务有限公司，在办理对公账户后，将三家公司营业执照、对公账户贩卖给他人，后该对公账户被用于实施电信网络诈骗。南明区市场监管局未及时对涉诈企业营业执照撤销登记，并依照规定与金融、电信等部门共享信息，导致涉诈风险持续存在。贵阳市南明

---

[1] 郭树合、李飞霞：《非法操控105台网络摄像头偷窥隐私 检察机关提起刑事附带民事公益诉讼》，载正义网，http://news.jcrb.com/jsxw/2022/202205/r20220518_5739044.html。

[2] 《最高检发布检察机关依法惩治电信网络诈骗及其关联犯罪典型案例》，载"最高人民检察院"微信公众号，2023年11月30日。

区检察院依法向市场监管部门发出检察建议，督促其依法履职。

9. 互联网经济平台滥用市场支配地位

针对社会各方反映较多的"二选一""大数据杀熟"等热点问题，检察机关可以在国务院反垄断委员会《关于平台经济领域的反垄断指南》指引下，对平台垄断行为进行技术分析、电子勘验、鉴定评估。比如，安徽省宁国市Q县检察院发现，Q县某甲网络餐饮平台代理商要求该县多家网络餐饮经营者只能接受其一家提供的平台服务，否则便以下线处理，或提高服务费收取标准、下调星级指数强制网络餐饮商家进行"二选一"，以此排除行业竞争对手。该县检察院经调查取证，向相关行政机关发出行政公益诉讼诉前检察建议，督促该行政机关对Q县某甲网络餐饮平台代理商涉嫌实施不正当竞争行为查证后依法处理，对辖区内网络餐饮平台存在的不正当竞争违法行为开展全面排查整治。[1]

（三）常见数据来源

在上文提及的常见数据来源中，个人信息保护、反电信网络诈骗和反垄断等领域公益诉讼数字检察工作的数据主要来源于：

1. 行政机关、企事业单位收集数据

个人信息保护与反电信网络诈骗领域公益诉讼数字检察数据主要源于行政机关与企事业单位在管理或处理公民个人信息过程中产生的数据记录。一是根据相关法律规定，网信部门、公安部门、工信部门及市场监管部门都是主要的个人信息保护监管主体，可优先收集其在履职过程中产生的数据台账。比如，清远市检察院构建的公共场所强制采集消费者个人信息模型中，将未向公安部门申请、审核及验收，擅自安装使用技防系统作为监督点之一，需要的数据即为公安部门在履职过程中审核、验收技防系统的场所清单，用以排查违规违法安装技防系统的单位。二是装

---

[1] 周婉溶：《强化反垄断　公平竞市场》，载"宁国检察"微信公众号，2023年10月26日。

修装饰、教育培训、医疗就业等行业经营者处理公民个人信息的数据记录。比如，清远市检察院构建的医疗健康个人信息保护模型中，将医疗机构非法向保险代理机构提供患者医疗健康信息进行保险营销作为监督点，需要的数据有医院病历管理系统中的病历信息导出记录等数据。

2. 检察机关内部数据

该类数据主要存储于全国检察业务应用系统中。检察机关对已办涉个人信息、电信网络诈骗领域的刑事、行政或民事案件的内部文书数据进行导出使用。比如，贵州省贵阳市南明区检察院办理的督促规范涉诈企业营业执照监管行政公益诉讼案中，该院导出电信网络诈骗案件中涉案公司名称与市场监督管理部门储存的企业营业信息进行数据碰撞，发现3家涉案公司仍未撤销登记，存在着继续被用于犯罪活动的风险，进而开展监督工作。

3. 互联网数据库

主要有12345市民服务热线、行政执法信息公示网、企查查（企业工商信息查询系统）等数据平台。比如，清远市检察院成立大数据运用办公室，针对政府信息不当公开这一监督点，主动链接广东省行政执法信息公示网等平台，抓取、筛查、梳理出公示内容不规范，可能导致个人信息泄露的相关行政公示信息700余条，覆盖行政处罚、社会救助、低保发放等多个领域。

（四）常用分析方法

个人信息保护、反电信网络诈骗和反垄断等领域公益诉讼数字检察工作主要运用以下数据分析方法：

1. 漏斗分析法

以医疗健康个人信息保护模型为例。首先，可以通过12345市民服务热线查询群众关于医疗健康信息被泄露的举报线索，于"两法衔接"等平台查询涉及泄露医疗健康信息的行政执法案件数据，运用漏斗分析法的方式施加"时间、单位或个人名称等"设置筛选条件对数据进行清洗，发现疑似泄露个人信息的单位地点；随后走访调查辖区内各大医院，了解医院与保险代理机构签订合作协议情况，并初步核实保险代理机构业务人员通过医院手术科室护士站查询病人纸质病历或登录病历管理系统违法获取大量患者医疗健康信息（包括病人姓名、身份证号、联系方式、手术类型等）的情况；最后通过大数据比对分析，发现保险代理机构业务人员手机通话记录与患者办理住院手续时间点相吻合，手机通话的先后顺序反映患者在办理住院手续后不久即会接到保险代理机构业务人员电话，进一步核实患者个人信息泄露的事实。

2. 关联分析法

以公共场所强制采集消费者个人信息模型为例，运用关联分析法设置条件对"四大检察"数据资源库、互联网（如美团、大众点评软件）中的数据进行串并，排查出易发生非法收集个人信息的服务场所，绘制风险防控"数字地图"，将案件或举报事件中相同特征的非法采集个人信息的行为与形式进行归纳分析，通过实地走访涉案服务场所信息管理系统，或引入专业安防科技机构协助调查取证。同时，可以通过向本地公安机关调取辖区内已进行人脸识别备案的场所清单，结合实地走访、发出调查问卷的方式掌握本地安装消费者信息采集系统情况，通过数据间对比分析方式筛查出未经审批备案擅自安装"人脸识别""指纹识别"等信息的系统。

七、英雄烈士保护、军人地位和权益保障、妇女权益保障、无障碍环境建设等领域应用场景

随着 2018 年 5 月 1 日《英雄烈士保护法》、2021 年 8 月 1 日《军人地位和权益保障法》、2023 年 1 月 1 日《妇女权益保障法》和 2023 年 9 月 1 日《无障碍环境建设法》等法律法规的实施，公益诉讼检察的法定办案领域逐渐拓展，国家对特定群体权益的进一步保护也逐步通过立法

得以体现，并取得了良好成效。然而，在实践中仍面临一些挑战：一是特定群体权益保障类案件办案规模需进一步扩大；二是特定群体权益保障类案件的影响范围需进一步拓展。为解决公益诉讼发展中的难题，检察机关立足时代特点，关注大数据实践应用，通过数据赋能推动检察公益诉讼在助力保护特定群体权益方面的发展。

（一）监督点生成规则

英雄烈士保护、军人地位和权益保障、妇女权益保障、无障碍环境建设等领域监督点生成规则主要来源于日常办案、社会舆论反馈信息、行政执法信息数据和典型案例等。

1. 源于日常检察监督办案

比如，广东省深圳市宝安区检察院督促保护妇女旅馆住宿人身安全行政公益诉讼案[1]。办案人员在办理刑事案件中发现部分旅馆因未履行旅客入住登记制度、强制报告义务导致妇女在旅馆受到性侵等人身伤害的案件线索，遂运用检察大数据建立监督模型，精准锁定监督线索，通过制发检察建议督促行政机关依法履职并引导相关旅馆开展企业合规建设，促进保障妇女权益。

2. 源于社会舆论反馈信息

比如，福建省泉州市惠安县检察院督促规范美容美发等领域单用途商业预付卡监管行政公益诉讼案[2]。该检察院接到群众举报称充值未消费完店家便关停"跑路"，办案人员研判后认为美容美发店充值后"跑路"的情形并非个案，积极采取有效措施督促发行单用途商业预付卡的

---

[1]《深圳市宝安区人民检察院督促保护妇女旅馆住宿人身安全行政公益诉讼案》，载《广东公益诉讼检察工作情况（2023年第2期妇女权益保障专刊）》2023年3月9日，第6—9页。

[2]《福建省惠安县人民检察院督促规范美容美发等领域单用途商业预付卡监管行政公益诉讼案》，载《公益诉讼检察工作情况（第4期妇女权益保障专刊）》2022年3月4日，第20—22页。

相关企业及时备案，推动预付卡管理法治化、规范化，维护广大消费者合法权益。又如，浙江省杭州市钱塘区检察院督促保障妇女平等就业权行政公益诉讼案①，"益心为公"志愿者通过App向检察机关反映女性就业歧视线索，办案人员收到线索后随即开展立案调查，依法督促职能部门采取补充招考的方式有效整改，推动招考工作依法规范开展，维护了妇女平等就业的合法权益。

3. 源于人大代表建议、政协委员提案

比如，浙江省瑞安市检察院督促整治月子中心不规范经营行政公益诉讼案②。该院在梳理政协委员提案时，发现多家月子中心存在对产妇进行非法康复诊疗、月嫂等从业人员资质缺失等系列问题线索，积极督促相关部门开展专项整治，并与综合行政执法局联合提出的创新"月子中心监管一件事"改革数字监管模型。又如，山东省宁阳县检察院督促保护汶河阻击战散葬烈士墓行政公益诉讼案③。该院积极推进人大代表建议与公益诉讼检察建议衔接转化，督促行政机关依法开展散葬烈士墓集中管护，运用DNA测序手段核查无名烈士身份，帮助烈士寻亲，切实加强红色资源公益保护。

（二）常见监督点

英雄烈士保护、军人地位和权益保障、妇女权益保障、无障碍环境建设等领域的监督点，主要集中在以下几个方面：

1. 英雄烈士保护领域

包括革命史迹等烈士纪念设施未有效保护及未纳入国家保护范畴，

---

① 《浙江省杭州市钱塘区人民检察院督促保障妇女平等就业权行政公益诉讼案》，载《公益诉讼检察工作情况（第4期妇女权益保障专刊）》2022年3月4日，第12—14页。

② 《浙江省瑞安市人民检察院督促整治月子中心不规范经营行政公益诉讼案》，载《公益诉讼检察工作情况（第5期妇女权益保障专刊）》2023年3月8日，第21—24页。

③ 《山东省宁阳县人民检察院督促保护汶河阻击战散葬烈士墓行政公益诉讼案》，载《公益诉讼检察工作情况（第6期红色资源保护专刊）》2023年3月24日，第26—28页。

行政机关未依法履行职责；严重侮辱、诋毁、贬损、亵渎烈士名誉、荣誉，损害社会公共利益等情形。比如，广东省海丰县检察院督促保护红四师师部旧址行政公益诉讼案①，针对辖区内重点文物保护单位未划定保护范围、未做出标志说明、未建立记录档案、未设置专门管理机构等基础保护措施等情形，海丰检察院通过行政公益诉讼诉前程序督促履职，推动全面保护海陆丰红色革命资源。又如，吉林省集安市烈士陵园保护行政公益诉讼案，针对陵园内杂草丛生、垃圾随意堆放，部分碑体存在破损情况，英雄纪念设施庄严等情形，集安市检察院督促相关职能部门依法履行对青石镇烈士陵园的管理维护职责，促进保护英雄烈士纪念设施庄严、肃穆的环境和氛围。

2. 军人地位和权益保障领域

包括军人、军属在医疗就医、交通出行、文化旅游等方面未享受优先、优待政策，在互联网诋毁、歪曲、丑化军人名誉、形象的问题等。比如，佛山市检察院督促保护军人权益行政公益诉讼案②，针对辖区内未设置"现役军人和优抚对象优先"窗口和标志、未明确提供军人优先服务、优抚对象不一致、覆盖范围不完整、优抚政策依据未更新等情形立案调查，督促相关职能部门履行职责，全面保护军人地位权益。又如，广东省英德市检察院、广州军事检察院军用土地保护行政公益诉讼案③。该检察院针对辖区内某军用土地被非法用于建设塑料加工厂、化工作坊和喷漆厂，露天堆放的大量生产原料、生产废渣、建筑垃圾等情形，制发检察建议督促履职，切实强化国防和军事利益保护。

---

① 《广东省红色革命资源保护检察公益诉讼典型案例》，载"广东检察"微信公众号，2021年6月23日。
② 《佛山市人民检察院督促保护军人权益行政公益诉讼案》，载《广东公益诉讼检察工作情况（2023年第5期涉军领域工作专刊）》2023年11月27日，第3—5页。
③ 《清远英德人民检察院、广州军事检察院军用土地保护行政公益诉讼案》，载《广东公益诉讼检察工作情况（2023年第5期涉军领域工作专刊）》2023年11月27日，第13—15页。

3. 妇女权益保障领域

包括确认农村妇女集体经济组织成员身份时侵害妇女权益或者侵害妇女享有的农村土地承包和集体收益、土地征收征用补偿分配权益和宅基地使用权益；侵害妇女平等就业权益；相关单位未采取合理措施预防和制止性骚扰；通过大众传播媒介或者其他方式贬低损害妇女人格；其他严重侵害妇女权益的情形。比如，广东省中山市第一市区检察院督促消除工作场所性骚扰行政公益诉讼案[1]。中山一区检察院针对多家用人单位未制定预防和制止性骚扰制度，未加强消除性骚扰的宣传、教育和培训，督促相关行政机关依法履职，推动多个职能部门共建妇女权益保障齐抓共管体系。又如，广东省清远市连南瑶族自治县检察院督促公共场所配建母婴室行政公益诉讼案[2]。连南检察院针对辖区内母婴室建设和配置不符合规定、客运站母婴室内堆满杂物、未见防撞角条等监督点，督促行政机关推进公共场所母婴设施建设，维护和保障妇女合法权益。

4. 无障碍环境建设领域

包括未落实出行无障碍保障措施；未落实政务信息、通讯网络、信息技术、公共服务等方面的无障碍信息交流支持和改造；国家机关、事业单位、金融机构、医院、商场、公用事业经营单位等公共和社区服务场所未依法提供无障碍服务；乡村建设行动、城市更新行动、城镇老旧小区改造和居住社区建设中的无障碍设施建设和改造不符合要求等。比如，江苏省扬州市某县检察院督促规范信息无障碍环境建设行政公

---

[1]《中山市第一市区人民检察院督促消除工作场所性骚扰行政公益诉讼案》，载《广东公益诉讼检察工作情况（2023年第2期妇女权益保障专刊）》2023年3月9日，第14—16页。

[2]《清远市连南瑶族自治县人民检察院督促公共场所配建母婴室行政公益诉讼案》，载《广东公益诉讼检察工作情况（2023年第2期妇女权益保障专刊）》2023年3月9日，第9—11页。

益诉讼案①。该检察院针对公共服务网站缺乏语音读屏播报、手语演示、字体图标缩放等辅助浏览功能，部分城乡公交车文字提示、语音报站等设备运行不正常等情形，积极督促履职，为残障人士、老年人消除信息障碍，跨越"数字鸿沟"。又如，江苏省常州市检察院督促整治学校无障碍环境建设行政公益诉讼案②。常州市检察院针对辖区内部分学校没有无障碍厕所、没有无障碍通道、没有无障碍出入口等问题，向相关职能部门制发检察建议，关爱未成年残障人士，为特殊学子铺就无障碍之路。

（三）常见的数据来源

该领域的数据主要来源于直接调取、内部数据、跨部门数据共享协同、政务信息平台、第三方平台数据库等。

1. 全国检察业务应用系统数据

该类数据属内部数据。包括从审查逮捕案件和一审公诉案件中筛选出强奸罪、猥亵儿童罪、强制猥亵、侮辱罪三种刑事案件类型，提取相关案件的提请批准逮捕书、起诉意见书、审查报告、判决书和裁定书等。

2. 行政机关数据

该类数据属跨部门数据共享协同、政务信息平台数据。包括登记在册的公立医疗机构、汽车客运站、旅游景点的信息资料及投诉举报情况资料；公安机关涉家暴的报警信息；公安机关的旅馆入住登记系统、涉案旅馆行政处罚数据等。

3. 互联网数据

该类数据属第三方平台数据库。包括运用舆情分析软件搜索英雄烈士保护相关案件线索；设置关键词"男""男性""限男性""男士优

---

① 《省检察院、省住建厅、省残联联合发布无障碍环境建设检察公益诉讼典型案例》，载"江苏检察在线"微信公众号，2022年7月28日。
② 《省检察院、省住建厅、省残联联合发布无障碍环境建设检察公益诉讼典型案例》，载"江苏检察在线"微信公众号，2022年7月28日。

先""男性优先""不招女性""女性除外"等，排除关键词"男女不限"，在招聘网站中排查招聘信息存在侵犯妇女就业权益的线索，以发现人力资源和社会保障部门怠于履职的情形，等等。

4. 12345 市民服务热线投诉工单数据

该类数据属部门数据共享协同数据。包括可从投诉工单数据识别提取关键词"色狼""尾随""跟踪""偷拍""骚扰"等字段，筛选出女性遭受性骚扰、性侵的投诉举报线索。

(四) 常用分析方法

英雄烈士保护、军人地位和权益保障、妇女权益保障、无障碍环境建设等领域公益诉讼数字检察工作主要运用以下数据分析方法。

1. 对比分析法

比如，广东省清远市清新区检察院构建的维护军人合法权益大数据模型。[①] 该模型运用在营的公立医疗机构、汽车客运站、旅游景点等信息资料与含有"军人、军属"的投诉举报信息比对分析，筛查出涉及军人军属优待政策方面投诉举报的经营主体数据，再与美团、携程等软件中旅游景点的购票信息数据进行比对，从而进一步锁定未全面落实军人军属优先优待政策的经营主体。

2. 关联分析法

比如，广东省深圳市宝安区检察院督促保护妇女旅馆住宿人身安全行政公益诉讼案[②]。该检察院以"旅馆""酒店""强奸""猥亵"等关键词排查相关刑事案件，将性侵害领域犯罪的涉案人员信息、案发旅馆相关信息等进行关联，对比公安机关的旅馆入住登记系统、涉案旅馆行政

[①]《清远检察：公益诉讼工作助力维护军人军属合法权益》，载"清远检察"微信公众号，2023 年 7 月 13 日。

[②]《深圳市宝安区人民检察院督促保护妇女旅馆住宿人身安全行政公益诉讼案》，载《广东公益诉讼检察工作情况（2023 年第 2 期妇女权益保障专刊）》2023 年 3 月 9 日，第 6—9 页。

处罚数据，分析酒店被处罚次数、性侵害刑事案件发案规律等，筛选出相关部门在旅馆业监督管理事务中存在履职不到位线索。

3. 结构分析法

比如，广东省清远市清城区检察院督促加强反家庭暴力联动履职行政公益诉讼案[①]。该检察院通过对调取的公安机关涉家暴的报警信息、涉家暴的离婚诉讼裁判文书、公安行政处罚文书、刑事裁判文书等数据，进行结构化处理。在上述数据的基础上，分类进行筛选，然后进行数据碰撞，排查出多次因家暴多次报警的受害人的线索数据，为维护妇女权益提供助力。

八、探索领域应用场景

在最高人民检察院的指导下，全国各地检察机关积极稳妥拓展公益诉讼的实践领域，除14个法定领域外，还致力于在文物与文化遗产保护、网络暴力治理以及金融等众多其他领域中开展公益诉讼工作。比如，2023年9月25日，最高人民法院、最高人民检察院、公安部联合发布的《关于依法惩治网络暴力违法犯罪的指导意见》规定，检察机关对严重危害社会秩序和国家利益的侮辱、诽谤犯罪行为，应当依法提起公诉，对损害社会公共利益的网络暴力行为可以依法提起公益诉讼；12月28日，最高人民检察院印发《关于充分发挥检察职能作用依法服务保障金融高质量发展的意见》明确探索开展金融领域公益诉讼。截至2023年12月，全国已有29个省级人大常委会出台关于加强检察公益诉讼工作的专项决定，其中有22个对文物和文化遗产领域公益诉讼探索予以明确。实践中，新领域案件的探索仍面临诸多问题，需加强立法供给、统一办案标准以及完善办案规范等方面的工作。因此，需进一

---

① 《最高检会同全国妇联联合发布妇女权益保障检察公益诉讼典型案例》，载"最高人民检察院"微信公众号，2022年11月25日。

步构建"大数据+检察监督+公益诉讼"的监督模式,通过整合大数据资源,构建监督模型,实现对公益诉讼新领域问题的系统监督。

(一)监督点生成规则

文物和文化遗产保护、网络暴力治理和金融等领域监督点生成规则主要来源于日常检察监督办案、社会舆论反馈信息和典型案例等。

1.源于日常检察监督办案

比如,河南省安阳市检察院构建的涉文物犯罪追捕追诉模型。该检察院将到案人员供述中出现的可疑人员的姓名、绰号、代号等关键信息在基础信息数据库和对比数据库中进行检索,通过数字画像,确定证据情况,进而锁定遗漏的同案犯及遗漏的犯罪事实,实现精准追捕,依法惩治和有效防范涉文物犯罪,切实保护国家文化遗产安全。同时,刑事检察部门将多处盗洞及文化层未修复的线索向公益诉讼部门移送,公益诉讼部门到殷墟蘑菇厂现场开展商代文化层保护工作调研,针对盗洞修复问题向职能部门制发检察建议,促进文化遗址多方位保护。

2.源于社会舆论反馈信息

比如,陕西省府谷县检察院在官方微信公众号平台收到群众举报线索和照片,称"镇羌堡遭到破坏"。该院经实地勘查,无人机航拍取证,调取文物档案,以及询问镇羌堡内居民、施工工人、新民镇政府工作人员后查明了公益受损事实。[1] 又如,上海市虹口区检察院从网络新闻媒体报道中得知优秀历史建筑因违法施工受到损害的线索后,对该案以行政公益诉讼立案并开展调查取证,随后制发行政公益诉讼诉前检察建议,协同促成所有权人依法履行修缮职责,保护城市历史风貌。[2]

---

[1]《最高检发布10起文物和文化遗产保护公益诉讼典型案例》,载"最高人民检察院"微信公众号,2020年12月2日。

[2]《最高检发布10起文物和文化遗产保护公益诉讼典型案例》,载"最高人民检察院"微信公众号,2020年12月2日。

（二）常见监督点

文物和文化遗产保护、网络暴力治理和金融等领域的监督点，主要集中在以下几个方面：

1. 文物和文化遗产保护领域

（1）未依法划定、公布文物和文化遗产保护范围、建设控制地带。包括：已编制历史文化街区和历史建筑保护规划，但不报批、不公告施行；随意修改规划、违反规划；未依法划定文物保护范围、建设控制地带，未设置保护标志和界碑；未建立记录档案，未设置专门机构或者专人负责管理；为逃避历史文化保护责任，不申报、不规划，致使文物和文化遗产保护缺乏监督和管理；未对非物质文化遗产予以依法认定、记录、建档的。

（2）违法在保护范围、建设控制地带内进行建设工程。包括：在文物和文化遗产保护范围内，以及毗邻风景名胜区、自然保护区、生态涵养区、重要水系堤防红线内违规建设施工、开发房地产、设置户外广告设施、修建人造景点等和与文物保护无关的工程，致使历史风貌造成破坏，或者城市生态环境、整体格局、水系和文脉遭到破坏，给自然保护、防汛防涝等方面带来隐患；建设单位在新建或者扩建道路中，未经考古调查的情况下仍取得国有建设用地划拨决定书。

（3）违法修缮、迁移、拆除不可移动文物，或进行破坏性建设。包括：责任单位未依法履行对不可移动文物的修缮、保养义务；擅自修缮不可移动文物，明显改变文物原状；擅自在原址重建已全部毁坏的不可移动文物，造成文物破坏；施工单位未取得文物保护工程资质证书，擅自从事文物修缮、迁移、重建，致使历史文化名城名镇名村、街区、历史建筑、文化名胜遭到建设性破坏。

（4）违法危害文物和文化遗产安全。包括：侵占、破坏、污损文物和文化遗产及其保护单位标志；侵占文物和文化遗产保护单位的土地、设施；在保护范围内排放污水、挖沙取土取石、修建坟墓、堆放垃圾，

277

存储易燃、易爆等危险物品；文物管理单位未按照国家有关规定配备防火、防盗、防自然损坏的设施；歪曲、贬损非物质文化遗产、破坏相关实物和场所，或者非物质文化遗产代表性传承人不履行法定义务未被及时督促履行或者更换。

（5）违法改变文物用途。包括：转让或者抵押国有不可移动文物，或者将国有不可移动文物作为企业资产经营的；擅自改变国有文物保护单位的用途；改变国有未核定为文物保护单位的不可移动文物的用途，未依法报告；转让、抵押非国有不可移动文物或者改变其用途，未依法备案；馆藏文物损毁未报文物行政部门核查处理，馆藏文物被盗、被抢或者丢失，文物收藏单位未及时向公安机关或者文物行政部门报告。

（6）非物质文化遗产商业化市场监管不到位。包括：冒用非物质文化遗产传承人资质虚假宣传非物质文化遗产商品；未进行市场主体登记销售非物质文化遗产商品；电商平台直播带货非物质文化遗产商品偷逃税；非物质文化遗产项目专项保护资金落实不到位；涉违法犯罪非物质文化遗产传承人动态监管不到位。

2. 网络暴力治理领域

包括网络暴力行为损害社会公共利益的；网络服务提供者对于所发现的网络暴力信息不依法履行信息网络安全管理义务，致使违法信息大量传播或者有其他严重情节，损害社会公共利益的。

3. 金融领域

包括涉国有金融资产保护、涉金融账户敏感个人信息保护、涉反电信网络诈骗领域金融治理、涉金融领域反垄断和反不正当竞争、涉证券领域检察公益诉讼和预付卡等消费领域金融乱象。[①]

[①] 邱景辉：《顺势而为，拓展金融检察公益诉讼案件范围》，载《检察日报》2023年11月30日，第7版。

（三）常见的数据来源

文物和文化遗产保护、网络暴力治理和金融等领域的数据主要来源于内部数据、行政机关数据和第三方平台数据库等。

1. 内部数据

比如，河南省洛阳市瀍河回族区检察院在构建刑事附带民事公益诉讼监督模型时，从全国检察业务应用管理系统上以文物和文化遗产，故意损毁名胜古迹，倒卖、走私文物，破坏文物，古墓葬，古遗址，古建筑，石窟寺，石刻，壁画，重要史迹，代表性建筑，艺术品，文献，手稿，图书资料，历史文化名城等为关键词筛选侵害文物和文化遗产权益的线索。

2. 行政机关数据

比如，在文物和文化遗产保护领域，可从住建行政部门调取新建或者扩建道路工程项目数据，从文物行政部门调取申请考古调查及批复数据、文物保护单位清单及文物卷宗，从文物考古部门调取考古调查报告数据、土地行政部门调取工程项目土地划拨数据。又如，在金融领域，可从审计、税务、财政、国有资产管理和金融监管等职能部门获取国有金融资产保护等相关数据。

3. 第三方平台数据库

比如，安徽省歙县检察院在构建传统村落保护大数据检察监督模型时，因歙县传统村落众多，该院通过对比不同时期村落卫星遥感图片，借助数字算法筛查出徽派建筑屋顶的颜色变化情况，形成传统村落整体风貌受破坏的案件线索，进一步对县域内 167 个传统村落建立了数字检察监督模型。

（四）常用分析方法

文物和文化遗产保护、网络暴力治理和金融等领域公益诉讼数字检察工作主要运用对比分析法。

比如，广东省广州市黄埔区检察院重大线形工程考古前置法律监督模型。针对辖区内个别新建道路工程中存在未经考古调查擅自开展工程建设的案件线索，黄埔区检察院将住建、文物、土地等行政部门提供的所有数据进行整理，以新建或者扩建道路工程项目为对象，整理出对应数据；递归全部数据，将所有新建或者扩建道路工程项目在表格当中，进一步通过数据筛选排查出有申报考古调查的工程项目；通过对该部分中已获取文物行政部门批复开展考古调查和土地行政部门划拨土地的数据进行梳理，分析该部分中已获取文物行政部门批复开展考古调查和土地行政部门划拨土地的数据，再与文物考古部门出具考古报告数据碰撞，进一步锁定未经考古调查取得国有建设用地划拨决定书的建设单位及工程项目，并进行实地调查开展取证，核查排筛对象的嫌疑。

又如，贵州省黔东南州检察院、雷山县检察院非物质文化遗产商业化市场监管公益诉讼法律监督模型。一是通过调取市场主体和非遗传承人名录数据进行碰撞，筛选出冒用非遗传承人身份进行虚假宣传的市场主体，依法监督市监部门履行职责。二是调取非遗产品商家信息和市场主体登记信息数据进行碰撞，筛选出未进行市场主体登记而销售非遗商品的商家，依法监督市监部门履行职责。三是调取市场主体、税务申报及商家销售数据进行碰撞，筛选出未进行税务申报和未如实进行税务申报的商家，依法监督税务部门履行职责。四是调取非遗项目保护资金拨付以及实际使用信息数据进行碰撞，筛选出非遗项目保护资金落实不到位的情形，依法监督文旅部门履行职责。五是调取非遗传承人名录信息和公安部门违法犯罪信息进行数据碰撞，对涉嫌犯罪的非遗传承人依法监督文旅部门履行职责。

附录：公益诉讼检察常见监督点参考一览表

生态环境和资源保护领域	
1	违法向水体排放污染物
2	违规抽取地下水
3	超标排放污染大气
4	违法产生、收集、贮存、运输、利用、处置固体废物
5	未经批准或者采取欺骗手段骗取批准非法占用土地
6	擅自改变土地用途
7	临时用地到期未复垦土地
8	高标准农田保护不到位
9	拆除违法建筑裁定执行不到位
10	违法占用土地从事非农生产
11	未取得采矿许可证擅自采矿
12	超越批准的矿区范围采矿
13	超规模采矿
14	采取破坏性的开采方法开采矿产资源
15	盗伐、滥伐林木，非法使用草原
16	未经林业主管部门同意擅自改变林地、草原用途
17	未办理建设用地审批手续擅自占用林地，未办理草原征占用手续占用草原
18	非法进行开垦、采砂等活动造成林木毁坏、草原植被破坏
19	古树名木管护不到位
20	非法猎捕野生动物
21	非法出售、购买、利用野生动物及其制品
22	破坏野生动物栖息地
23	引入外来入侵物种
食品药品安全领域	
24	产品不符合安全标准
25	标识违法、虚假宣传
26	未取得经营资格违规开展经营

续表

	食品药品安全领域
27	未按规定落实经营管理规定
28	未落实食品药品行业从业禁止规定
	国有财产保护领域
29	未缴纳耕地占用税、资源税、环境保护税、个人所得税、增值税等税款
30	未缴纳水资源费、城市基础设施配套费、水土保持补偿费、土地复垦费、人防工程异地建设费等费用
31	向不符合领取资格的特定人员发放困难残疾人生活补贴、重度残疾人护理补贴、创业培训补贴、高龄津贴、植树造林补贴等各类补贴
32	向不符合领取资格的特定人员发放养老保险金、医疗保障金、城市居民最低生活保障金等各类保障金
	国有土地使用权出让领域
33	未按期足额支付土地出让金
34	改变土地用途未调整土地出让金
35	未征收土地闲置费
36	未按规定无偿收回土地
	英雄烈士保护领域
37	革命史迹等烈士纪念设施未有效保护及未纳入国家保护范畴
38	严重侮辱、诋毁、贬损、亵渎烈士名誉、荣誉
	军人地位和权益保障领域
39	军人、军属在医疗就医、交通出行、文化旅游等方面未享受优先、优待政策
40	在互联网诋毁、歪曲、丑化军人名誉、形象的问题
	安全生产领域
41	道路交通安全隐患监管
42	场所或生产环节消防安全隐患监管
43	涉渔涉海领域安全隐患监管
44	危化品生产、存储、运输、经营等环节安全隐患监管
45	特种设备安全隐患监管

续表

	安全生产领域
46	特种作业人员从业资格领域安全隐患监管
47	矿山安全领域监管
48	建筑工地施工安全隐患监管
	个人信息保护领域
49	政府信息不当公开
50	企业单位擅自采集个人信息
51	公共服务行业泄露个人信息
52	违规安装人体生物学特征采集识别系统
53	电信从业人员侵害个人信息
54	App违规收集用户个人信息
55	网络摄像个人信息侵权问题
	反垄断领域
56	互联网经济平台滥用市场支配地位
	反电信网络诈骗领域
57	未按照反诈机制规定对批量安装固话严格审批和现场核查，对异常开办申请仍予以办理，对安装地址与申请地址不一致、明显不合理的安装现场未严格核查；对已装固话异常呼出情形未及时采取措施
	农产品质量安全领域
58	农产品不符合安全标准
59	标识违法、虚假宣传
60	未按规定落实经营管理规定
	妇女权益保障领域
61	确认农村妇女集体经济组织成员身份时侵害妇女权益或者侵害妇女享有的农村土地承包和集体收益、土地征收征用补偿分配权益和宅基地使用权益
62	侵害妇女平等就业权益
63	相关单位未采取合理措施预防和制止性骚扰
64	通过大众传播媒介或者其他方式贬低损害妇女人格
65	其他严重侵害妇女权益的情形

续表

	无障碍环境建设领域	
66	未落实出行无障碍保障措施	
67	未落实政务信息、通讯网络、信息技术、公共服务等方面的无障碍信息交流支持和改造	
68	国家机关、事业单位、金融机构、医院、商场、公用事业经营单位等公共和社区服务场所未依法提供无障碍服务	
69	乡村建设行动、城市更新行动、城镇老旧小区改造和居住社区建设中的无障碍设施建设和改造不符合要求	
	文物和文化遗产保护领域	
70	未依法划定、公布文物和文化遗产保护范围、建设控制地带	
71	违法在保护范围、建设控制地带内进行建设工程	
72	违法修缮、迁移、拆除不可移动文物，或进行破坏性建设	
73	违法危害文物和文化遗产安全	
74	违法改变文物用途	
75	非物质文化遗产商业化市场监管不到位	
	网络暴力治理领域	
76	网络暴力行为损害社会公共利益的；网络服务提供者对于所发现的网络暴力信息不依法履行信息网络安全管理义务，致使违法信息大量传播或者有其他严重情节，损害社会公共利益的	
	金融领域	
77	涉国有金融资产保护	
78	涉金融账户敏感个人信息保护	
79	涉反电信网络诈骗领域金融治理	
80	涉金融领域反垄断和反不正当竞争	
81	涉证券领域检察公益诉讼	
82	预付卡等消费领域金融乱象	

第七章　大数据在检察侦查中的深度应用

检察侦查是检察机关的重要职能、维护司法公正的重要手段,[①] 是已知见未知、未知见已知充满挑战性的工作。直接侦查权、机动侦查权、自行(补充)侦查权构成了现有检察侦查权的制度体系。在数字检察背景下,"数据"正在深刻改变着新时代检察侦查工作。大数据战略为检察机关深入贯彻习近平法治思想、破解检察侦查工作难题、推动侦查办案模式变革插上了科技翅膀。树立大数据战略思维,依托大数据技术赋能,是检察侦查工作的未来走向。

一、业务需求

中央政法工作会议提出:"推动大数据、人工智能等科技创新成果同司法工作深度融合。"[②] 大数据与检察工作相融合不仅是时代发展的要求,也是检察工作现代化的要求。最高人民检察院应勇检察长强调,检察侦查要加大力度、务必搞准、稳步推进。这意味着,检察侦查不仅要确保"量"的积累,更要实现"质"的嬗变。传统的检察侦查模式存在内力聚合不足、外力协调不畅导致的被动性、碎片化、浅层次等问题,大数据背景下的检察侦查,给侦查思维、工作方法、办案模式带来了数

[①] 侯亚辉:《健全机制高质效侦查司法工作人员相关职务犯罪案件》,载《人民检察》2023年第14期。

[②] 习近平:《论坚持全面依法治国》,中央文献出版社2020年版,第248页。

字化革新,不再停留在工具论的基础上,而是一种主动性、集成化、深层次的新模式。

(一)检察侦查现状分析

1. 重新定义的检察侦查权范畴

检察侦查权是严惩司法腐败、维护司法公正的重要手段和加强法律监督的重要保障。检察侦查权划分为《刑事诉讼法》第19条第2款规定的对司法工作人员相关职务犯罪案件的直接侦查权、对国家机关工作人员利用职权实施的重大犯罪经严格批准的机动侦查权,以及第170条、第175条等规定的对监察机关、公安机关移送起诉案件"必要时"的自行(补充)侦查权。需要明确的是,这三大侦查权并非重新创设,而是在国家监察体制改革、检察机关职务犯罪侦查权转隶之背景下,检察机关对侦查权进行的部分保留。[①] 其中,检察机关直接侦查权涉及14个罪名,这些罪名的犯罪构成有较多限定,如满足"诉讼监督中""司法工作人员""利用职权犯罪"等条件。机动侦查权与补充侦查权更像是"休眠条款",虽然两者都是检察机关恢复重建后即有的重要职能,但受历史、认识和实践等多方面因素的影响,缺少办案经验,启动职权信心不足。

2. 传统侦查方式对当前检察侦查工作的制约

随着科学技术的发展和人民群众对司法工作的期待不断上升,传统的侦查方式已无法满足新时代检察侦查工作的需求。监察体制改革后,检察机关侦查办案的"软件与硬件"被削弱,检察侦查人员转隶后力量减弱,之前"两化建设"搭建的侦查信息化平台没有发挥应有的作用,与公安、通信、金融等部门的信息查询渠道也不够畅通,给检察侦查工作带来了极大的挑战。此外,受制于传统侦查思维的影响,检察侦查工

---

① 卞建林:《检察机关侦查权的部分保留——以国家监察体制改革与〈刑事诉讼法〉修改为背景》,载《现代法学》2020年第2期。

作要实现破局,亟需工作理念和技术运用的革新。

传统意义上的检察侦查是从庞大的信息中,人工搜查"异常"之"人",主要通过对个案涉案人员的社会关系进行侦查。通过摸排调查、收集相关信息,通过讯问来获取口供,并以此作为侦查的突破口,从而侦办一起案件;而数字背景下的检察侦查则是要穿透数据、甄别"异常"之"案"。[1] 海量的数据以其无限性和锁定性特征,给检察侦查工作打开了新思路,在遵循检察侦查的规律和轨迹中为我所用,能够解决长期以来制约检察侦查线索发现难、核实调查难、证据认定难的困境,给检察侦查工作提供更多的可能性。无论犯罪分子实施何种类型的犯罪、采用何种犯罪手段,都会在虚拟空间和现实空间留下数据及数据交换的痕迹,由此利用数据的汇总、碰撞、对比,从而确认犯罪嫌疑人、确定犯罪事实。[2] 大数据对于检察侦查工作是新机遇也是新挑战,实现新时代高质量的检察侦查工作目标,必须用好大数据赋能这一把打开现代检察侦查大门的金钥匙。

(二)检察侦查数字化转型思路

高质效办好每一个案件,实现实体上和程序上的公平正义,同样是检察侦查工作的基本价值追求。在检察一体化原则下,以有限的资源投入成本取得反腐败斗争的最大效益,是检察侦查工作的应有之义。要实现这一目的,突破当前检察侦查工作"不硬""不强"的困局,就必须完成检察侦查的数字化转型,以数字化思维、数字化技术,促使侦查流程再造、模式重塑、质效升级。

1. 明确政治业务方向

开展大数据赋能检察侦查工作,首要原则就是坚持党的绝对领导,确保工作正确的政治方向。主动融入体系化反腐败工作格局,进一步完

---

[1] 2023年6月29日,刘品新在"数字检察的方法论与法治化"主题讲座时提出。
[2] 李双其:《大数据侦查实践》,知识产权出版社2019年版,第447—448页。

善监检衔接机制，形成制度共识，提升反腐败工作法治化水平。与纪委监察委建立监检衔接机制，在提前介入、案件线索移送、管辖权分配等方面实现畅顺协作。同时，必须把握"务必搞准"的业务方向，不仅要加大办案力度，更要确保每一起案件都能"立得住、诉得出、判得下、效果好"。加大办案力度，就是要破解线索发现难、犯罪事实查证难的问题。侦查人员在掌握全方位的数据基础上，打通个体与时空、事件、场所、轨迹的关联信息，运用数据技术进行对比、碰撞分析，快速锁定犯罪线索、定位犯罪分子或犯罪事实。保证质量，就是要通过大数据对检察侦查的深度融入，助力审讯突破，完善证据链条，查清犯罪事实，准确定性案件，确保把每一起案件都能办成铁案。

2. 树立数字侦查思维

信息化条件下，信息技术是主角，数据是产品；而在数字化条件下，信息技术只是工具，数据成为了主角。[1]数字化是在信息化基础上，把生产生活方式转化为数据形态，实现对数据价值的深度挖掘、应用，形成新的生产力模式，是驱动经济社会发展的新技术手段。早在21世纪初，最高人民检察院就提出了"侦查信息化"的理念，并专门成立侦查信息处，推动检察机关侦查信息化建设，这也为检察侦查的数字化转型奠定了基础。如今实施数字检察战略，以数据赋能检察侦查工作，正好赶上大有可为的时机。实现从"信息引导侦查"到"数字赋能侦查"的演变，检察人员就要树立大数据侦查思维，提高数据分析能力，真正使人与数据有效融合。比如司法工作人员违法犯罪背后，往往都存在利益寻租，利用职权违法办案最终都会体现在对案件的处理结果上。通过大数据思维方式，构建数据模型，梳理批量案件，查找共性问题，锁定"异常案件"和"异常办案行为"，从而精准发现线索，有效查证案件事实。

---

[1] 贾宇主编：《数字检察办案指引》，中国检察出版社2023年版，第2页。

3. 建立侦查协作机制

检察侦查要充分实现大数据的价值，必须健全对内一体化协同履职，对外信息共享协作的工作机制。一是打通侦查数据渠道。构建跨部门、跨地区的数据分享机制，在充分发掘全国检察业务应用系统内生数据的同时，强化其他政法机关、监察机关、通信、金融、铁路、民航以及互联网企业等部门与检察机关的信息共享。二是建立检察侦查特色数据库。侦查数据库是数据赋能检察侦查的基础。直接侦查、机动侦查、自行（补充）侦查，都应当按各自的要求建立切实可行的数据库，实现与法律监督数据池的贯通共享。[1] 鉴于司法工作人员相关职务犯罪案件以地市级检察院立案为主，基层检察院在这类案件侦查中更多处于发现提供线索、配合侦查调查、做好捕诉衔接等补充地位，可以在协调各单位的基础上，充分发挥基层检察院的力量，不断扩充自有数据池，建立具有自身特色的数据库。三是构建侦查一体化办案机制。检察侦查的线索大多数来源于诉讼活动监督中的异常现象，强化检察一体化履职，充分调配上下级办案精干力量，主动融入"四大检察"法律监督格局，构建跨系统、跨专业的融合办案机制，对提升办案质效至关重要。

4. 探索建立检察侦查信息情报系统

检察侦查应当"以数字赋能增强线索分析和侦查取证的精准度和实效性"。目前，全国检察业务应用系统已经具备了较为完善的数据功能，能够通过系统内部办案数据的历史性纵向比较、案卡信息统计、数据导出和类案分析等方式，充分挖掘检察业务数据价值，引导检察侦查工作方向或者服务个案重点攻坚。基于检察侦查自身特色，在检察业务应用系统的基础上，推动实现各行政单位的数据信息共享，探索建立检察侦查信息情报系统确有必要。通过开放型、复合型情报系统，充分发挥技术在数据碰撞预测、线索挖掘拓展、信息识别应用中的强大功能，打造

---

[1] 王祺国：《数字赋能检察侦查的进路》，载《人民检察》2022年第13期。

非接触式侦查办案模式，推动检察侦查工作在办案流程、组织指挥、人物画像、策略推荐等方面系统性重塑。目前，清远市检察院已建立全市检察机关数据应用平台，可以一键实现数据上传、动态更新、模型构建、数据分析和线索推送等功能，使检察侦查信息情报系统的建立有了一定程度的基础支撑。

二、大数据赋能直接侦查应用场景

从近年检察侦查的实践发展来看，立案侦查司法工作人员相关职务犯罪案件取得前所未有的成效，这就要求检察机关必须始终把直接侦查作为检察侦查工作的重点领域，摆在首要位置。大数据在直接侦查中的运用，应涵盖从线索发现到侦查终结的全过程，具体可以从发现有价值的线索、精准研判成案可能性、针对性开展调查侦查、助力审讯突破、提取关键客观证据和深挖彻查窝案串案等多层次融合推进，助力侦查成效叠加倍增，促进社会治理、维护司法公正、增强检察机关法律监督能力、助推政法队伍自我革命。

（一）发现有价值的线索

检察侦查案件大多数来源于检察机关办理的各类案件之中，属于"案件背后的案件"。在以往或者正在办理的案件中，检察机关要注重对案件表现出的具有规律性、共性特征及现象进行归纳和总结，把这些特征及现象提炼成为有针对性的关键词，聚焦某一类案件中的共性问题，搭建监督模型用于数据筛查、比对，以此发现有价值的线索。

目前部分地区构建的刑事现行挂案监督模型、涉卖淫案件徇私枉法监督模型、司法网拍代租拍卖监督模型以及涉黑涉恶"保护伞"监督模型就是此类模型的典型。如广东省某基层检察院在审查起诉一宗涉黑涉恶刑事案件中，发现当地公安机关存在长期挂案、短期撤案、"刑拘下行"案件问题，因而对案件规律、特点进行总结提炼，构建大数据监督模型。通过提取公安机关刑事拘留、撤案、终止侦查的办案数据以及检察机关受理提请逮捕、移送起诉的办案数据，综合运用检察业务系统受理案件数据与公安机关案件数据筛查关键要素，进行碰撞比对，最终得出刑事挂案线索。通过进一步人工核查研判，发现公安机关个别民警在侦查、执法过程中未认真履职，致使黑社会性质组织成员多宗涉枪犯罪未被追究刑事责任。经分析研判、调查核实后，该基层检察院对公安民警黄某某、李某某、郑某某以涉嫌玩忽职守犯罪进行立案侦查。

又如，河南省某市检察院在办理危险驾驶案件过程中，发现个别公安执法人员存在未按法定程序对酒驾人员进行抽血、抽血后未送检、送检后未呈请立案等异常行为，涉及徇私枉法、滥用职权等职务犯罪的可能性较大，于是及时总结发案规律，通过构建危险驾驶执法监督模型，从而发现了一批隐藏较深的危险驾驶领域司法工作人员职务犯罪线索。

案例一：河南省某市检察院办理交警滥用职权案[①]

【关键词】

大数据侦查　危险驾驶执法监督模型　滥用职权罪

【要旨】

针对公安人员现场执法处置危险驾驶类犯罪存在的监督盲区，建立执法监督模型，归集和筛查相关数据，及时发现职务犯罪线索，运用信息化手段收集固定证据，查处交警人员有案不立、压案不查背后涉及的徇私枉法、滥用职权等渎职犯罪的问题。采用"大数据建模＋信息化侦查＋信息化审讯"工作模式，依法办理公安机关在查处危险驾驶类犯罪中相关司法工作人员职务犯罪案件，提升侦查工作质效。

[①] 侯亚辉主编：《新时代司法工作人员职务犯罪侦查取证与案例指引》，中国检察出版社2023年版，第283—286页。

【基本情况】

河南省某市检察院在办案中发现，公安机关在办理危险驾驶案件时存在一些异常行为，比如交警现场查获酒驾人员进行血样送检后，对部分已达危险驾驶罪立案标准的案件不呈请立案，应立不立；对部分酒驾人员抽血后该送检不送检，对部分酒驾人员酒精检测仪数据达到危险驾驶数值不按照程序抽血送检，该查不查；在公安案管系统立案后已显示结案的案件下落不明，隐匿案件。该市检察院以检察业务应用数据、看守所在押人员数据、某法医临床司法鉴定所数据为基础，对该类案件的规律特点进行了总结，初步建立了危险驾驶类案件侦查监督数据模型，通过开展专项监督活动，有针对性提取、汇聚、碰撞相关数据信息，分析发现了一批涉嫌危险驾驶犯罪应处理而未处理的案件，以及背后隐藏的司法工作人员涉嫌职务犯罪案件线索。通过数据分析，实现侦查领域化、类案化办理，能够有效深化监督职能，为强化监督方式提供了新思路、新途径、新动能。

【数据赋能】

（一）数据收集。该模型汇集的数据主要包括：一是全国检察业务应用系统数据。二是信息联网数据信息，比如该市检察院与市监管支队联网的全市看守所在押人员数据。三是需要调取的数据信息，比如定点医院抽血登记数据、医学鉴定机构数据、公安案管系统数据、酒精检测仪吹气检测数据、酒驾人员行政处罚数据等。

（二）综合分析。首先，对调取的该市某法医临床司法鉴定所数据平台中2016年以来公安机关委托血液中乙醇定性、定量检测报告进行数据清洗和治理，形成结构化数据，筛查出酒精含量达到危险驾驶罪标准的人员名单及公安部门委托鉴定民警姓名。其次，通过数据建模平台，以各个数据来源中的姓名、身份证号码为基础条件，以鉴定报告酒精含量大于80mg/100ml为筛选条件分别进行碰撞。一是将医院鉴定中超过80mg/100ml涉嫌危险驾驶人员名单与检察业务系统移送起诉的危险驾驶案件的人员名单进行对比碰撞,仅在一个鉴定中心的数据库中,发现10余名涉嫌危险驾驶犯罪人员在检察业务系统中没有信息;二是将医院血样抽取记录人员名单、送检人员名单与检察业务系统移送起诉的危险驾驶案件进行对比碰撞,发现多名涉嫌危险驾驶犯罪人员没有血样鉴定报告,且在检察业务系统中没有信息;三是将公安机关酒精测试仪数据进行提取和恢复,对于吹气酒精含量超过80mg/100ml的人员与送检人员进行比对,发现多名人员未按照程序进行抽血鉴定;四是将上述碰撞结果与全市看守所在押人员数据进行碰撞,经验证与之前碰撞结果一致。最后,进行研判分析。一是仅在一个鉴定机构短期内就出现多名涉嫌犯罪人员未被刑事处罚的情况,因为工作失误造成可能性极小,存在办案人员故意隐瞒,徇私舞弊滥用职权的可能性极大;二是涉及多名公安交警办案人员,但其中7起案件办案人为同一名民警,目标集中,根据其职责权限,案件存在进一步延伸的可能。

(三)数据运用。为进一步查清事实,该院随即对公安机关案管系统数据进行调取,固定证据。经过对这些数据的再研判,将某公安交警大队民警孙某林确定为重点调查对象。同时,该院成立"专班"开展立案监督,公安机关对此高度重视积极配合,同时成立办案"专班",形成双"专班"驱动。公安机关首先依法对相关涉嫌危险驾驶、交通肇事犯罪人员立案侦查并采取刑事措施,检察机关以此为切入点,主动介入对相关人员讯(询)问工作,双方协同配合,很快证实孙某林"以案谋钱"的犯罪事实,以及其他人员违法违纪的问题。公安机关借此开展了交通违法犯罪案件专项治理,对相关违法违纪干警给予党政纪处理,及时健全规章制度堵塞漏洞,实现了"双赢多赢共赢"的办案效果。至此,调查核实比较成熟,果断对孙某林立案侦查。孙某林到案后,及时对其手机信息进行恢复、提取,发现并固定了其与请托人贾某及当事人马某林串通徇私舞弊的证据,以及与其他部分当事人共谋隐匿案件的内容,发现了尚未掌握的其他犯罪事实,进一步印证了孙某林涉嫌滥用职权的犯罪动机。在大量客观证据面前，孙某林很快供述了收受他人财物后，在办理相关人员危险驾驶、交通肇事犯罪案件时，故意隐匿、瞒报案件的违法犯罪事实。最终，孙某林因在办理19起涉嫌危险驾驶、交通肇事、交通肇事致人死亡犯罪案件中滥用职权，被法院判处有期徒刑四年六个月。

（二）精准研判成案可能性

线索是侦查之源，实践中并不是所有的线索都能成案，调查核实的其中一个重点在于研判线索成案的可能性，而运用大数据信息则能最大限度增强线索的有效性和信息点，为后续侦查提供方向，奠定基础。如广东省某市检察院办理当地法院原刑庭庭长曹某徇私舞弊暂予监外执行案件过程中，侦查人员在调查核实阶段，通过裁判文书网检索出该地法院某一时间段内审理的暂予监外执行案件，对照相关法律规定，筛查出认定标准不统一等案件，标注可疑系数等级，最终发现线索指向的原案伍某某被暂予监外执行一案可疑系数处于高位，从而研判其徇私舞弊的可能性极大。

又如，广东省某基层检察院办理廖某民事枉法裁判案中，通过数据研判出关联人员异常、资金异常的关键信息。侦查人员在调查核实阶段，利用小包公智能法律服务平台搜集所有由廖某主审的交通事故责任纠纷案件共381件，并提取审理时间、代理律师为关键要素。经数据碰撞后发现，律师杨某提出以城镇标准，赔偿那些农村户籍伤亡者的案件胜诉率高达100%。同时，结合调取的廖某及其家庭成员银行交易记录、车辆、房产情况等数据分析后，发现其妻子无业、儿子为普通公司职员，银行账户却有多笔大额存款的交易记录。在2014年至2017年，廖某银行账户的现金存入额，累计达130余万元，这与其公职人员的身份收入明显不符。再以此与上述数据碰撞分析出，该时间段正是廖某审理交通事故纠纷案件数量激增之时，从而研判分析廖某民事枉法裁判的可能性极大，为线索成案打下良好基础。

（三）针对性开展调查侦查

通过严格审批程序，依法调取涉案及关联人员的通话记录、银行流水、房产、出行活动轨迹等大数据信息并开展智能分析，让数据多"说话"、侦查人员少跑腿，有利于精准把握案件重点难点，及时调整侦查方向。如福建省某基层检察院运用大数据打破监管场所信息壁垒，[①] 指引侦查调查方向。在视听资料灭失、被监督对象反侦查意识较强的情况下，通过研发大数据法律监督模型，将分散在监狱刑罚执行部门、狱政管理部门、监狱医院以及分监区等各个部门的信息数据统一录入到法律监督模型的基础数据库，实现对罪犯服刑改造表现以及民警执法管理行为信息的基本覆盖。结合渎职侵权犯罪的犯罪构成和往年办理的个案特征，确定不同类型数据间的关联关系并设置算法规则，经过对数据的筛查清洗以及数据库间的碰撞比对，发现监狱民警涉嫌超法定范围使用警械具、殴打被监管人致轻伤、滥用非制式械具，罪犯重大违规不处理仍提请减刑以及民警长期为多名罪犯携带违规品进监等具有刑事立案价值的职务犯罪线索5条，从而明确检察侦查案件的方向。

又如，湖南省某市检察院办理的张某某徇私枉法案，侦查人员通过提炼、分析公安情报平台、通信记录、通话基站等大数据信息，发现张某某在被立案前频繁和同案犯石某某、龙某某通话，且手机通话基站位置重叠，从而分析出几人见面串供可能性大。通过汇总、分析张某某等关联人员的基本信息、特定关系人、工作履历、所获荣誉和通话记录等各种大数据信息，获悉张某某长期从事侦查工作，具有极强的抗审心理。而且张某某经常出入酒店会所，与不法商人勾肩搭背，嗜赌成性，

[①] 最高人民检察院印发的《大数据赋能司法工作人员相关职务犯罪侦查工作典型案例（第二批）》中，福建省福州市鼓山地区检察院构建不当减刑与民警失渎职衔接监督模型办理监狱民警虐待被监管人案。

由此制定了一个"以证促供"的侦查方案。

案例二：湖南省某市检察院办理张某某等六人徇私枉法案[①]

【关键词】

大数据侦查　数据信息合作　徇私枉法罪

【要旨】

在立案查处案发时间久远、关键证据缺失、犯罪嫌疑人拒不认罪的司法工作人员充当黑社会性质组织"保护伞"案件时，利用大数据赋能侦查，更加注重信息化侦查，运用通信、金融、出行等大数据进行分析研判、对比碰撞，提炼出有助于侦破案件的信息，为调查核实、突破案件、深挖犯罪提供有力支撑。

【基本情况】

2008年8月26日，被害人彭某某在湖南省某县一停车场被涉黑人员吴某某等人殴打成重伤，于七日后死亡（简称"8·26命案"）。案发后，当地矿老板、涉黑人员尚某某先后请托石某某（时任某县委副书记）、张某某（时任某县委政法委书记、公安局局长）帮忙不予追究吴某某等人的刑事责任，二人均答应帮忙，并收受尚某某的贿赂。当天，张某某指使王某（时任某县公安局副局长）、龙某某（时任某县公安局刑侦大队大队长）等人在侦办该案中不追究吴某某等人的刑事责任，致使"8·26命案"主犯吴某某等人未被追究刑事责任。受害人彭某某家属不服，多次上访控告未果。尚某某、吴某某黑社会性质组织未受到应有打击，继续实施新的违法犯罪，称霸一方。2020年2月6日，该地纪委监委把张某某徇私枉法犯罪线索移送该地检察机关办理。该地检察院在运用传统侦查谋略基础上，针对案发时间久远、关键证据缺失、犯罪

[①] 侯亚辉主编：《新时代司法工作人员职务犯罪侦查取证与案例指引》，中国检察出版社2023年版，第290—293页。

嫌疑人串供且拒不认罪等情况，充分运用信息化侦查手段，通过通信、金融、出行等大数据进行分析研判、对比碰撞，提炼出有助于侦破案件的信息，用信息引导侦查，成功突破张某某口供，深挖出石某某、王某等其他5人充当黑社会性质组织"保护伞"的徇私枉法犯罪。2022年7月8日，一审法院认定张某某犯徇私枉法罪，情节特别严重，判处有期徒刑十三年六个月；另犯受贿罪、滥用职权罪，数罪并罚，执行有期徒刑十七年。认定石某某、王某、龙某某、彭某某、石某某5人均犯徇私枉法罪，情节特别严重，分别判处十二年至八年有期徒刑。

【数据赋能】

（一）数据收集。一是利用公安办案系统平台，收集公安机关办理"8·26命案"内部审批文书、侦查案卷等材料。经审查，收集到吴某某等涉嫌故意杀人且在当年未被追究刑事责任的相关证据，初步锁定涉嫌徇私枉法的张某某等公安机关办案人员。二是利用银行信息平台，调取张某某等人银行交易流水数据。经对银行交易流水时间及关联人员信息等数据进行筛选分析发现，"8·26命案"案发前后张某某等与尚某某等人存在交易数据，有利益输送可能，徇私枉法成案可能性较大。三是利用互联网检索平台及政法系统案件受理平台，收集到受害人家属上访控告情况。"8·26命案"案发十二年之久，案件是否超过追诉时效是必须解决的问题。经对上访人员、控告对象等关键词进行检索、分析，收集到案发后受害人家属因不服吴某某等人未被处理进而控告公安人员充当黑社会性质组织"保护伞"的材料，有效解决了此案追诉时效问题。四是利用大数据智能分析系统，汇总各种碎片化的数据信息建立数据库模型，并对犯罪嫌疑人进行"人物画像"。根据张某某等关联人员的基本信息、特定关系人、工作履历、通话记录信息的收集，获悉张某某长期从事侦查工作，侦查办案经验丰富，反侦查意识强，可能已经串供并具有极强抗审心理。据此制定以证到供的侦查方案，并做好零口供定案的准备。

（二）综合分析。办案中，侦查人员以大数据信息为依托，全方位收集关联数据信息，及时进行分析研判，提炼有效数据。一是运用通信、出行轨迹等大数据信息，查出张某某、石某某等串供的事实。运用话单分析软件系统，发现张某某在被立案前与石某某等人通话频繁，且手机通话基站重叠，二人见面串供可能性大。二是查询张某某资产、出行、住宿、消费等大数据信息，查实张某某作案时间。侦查人员运用大数据系统平台调取了张某某及其专职司机上述数据信息，建立张某某等人活动轨迹数据库模型。三是查询银行数据、房产等信息，恢复手机数据。调取张某某及相关人员的银行流水数据信息，运用软件分析系统进行分析，发现张某某经常在晚上和特定人员有频繁、异常的大额转账记录。调取张某某家人及相关人员资产、银行流水数据，利用软件系统进行分析，发现相关人员在春节等特定时间给其家人转账记录，分析张某某可能涉嫌受贿等犯罪事实，顺藤摸瓜发现当地矿老板龙某某、赵某某等人多次给其行贿的事实。四是收集出行、住宿、通话及邮政快递等大数据信息，获取了张某某非常在意、关心其女儿的情况，为亲情审讯奠定了基础。通过分析上述数据信息，发现张某某多年定期给女儿转生活费、经常邮寄土特产和探望女儿的情况，针对性采取亲情感化、教育挽救、唤醒良知等审讯策略，张某某心理防线被彻底击溃，最终痛哭流涕，认罪悔罪。

（三）数据运用。一是深挖出石某某、王某等5人充当黑社会性质组织"保护伞"徇私枉法案。审讯突破张某某后，结合前期收集的涉案人员大数据信息，对其综合分析利用，将大数据信息与实体化侦查手段相结合，以还原涉案人员的各种犯罪痕迹为抓手，深挖出在"8·26命案"中其他充当黑社会性质组织"保护伞"的石某某等5人徇私枉法犯罪并立案侦查，扩大了战果。二是查出张某某新的违法犯罪事实。运用张某某及其家庭成员银行账目，结合房产查询数据，获取了张某某受贿、赌博违法犯罪的事实，经移送相关部门凝聚起查办合力。三是查出黑社会性质组织其他组织者、领导者新的犯罪事实。根据张某某口供，结合大数据信息数据分析，查出了黑社会性质组织领导者尚某某、龙某某行贿的犯罪事实，并移送相关部门。

（四）科学制定审讯计划

办案过程中注重提炼、分析大数据信息，对嫌疑人行为、心理、性格、弱点等"建模画像"，从而有针对性地制定审讯方案。如上述湖南省某市检察院办理的张某某徇私枉法案，经大数据综合分析后制定情感感化的审讯计划。其通过对出行、住宿、通话及邮政快递等大数据信息分析，发现张某某对女儿十分疼爱，经常给生活费、邮寄土特产和探望女儿，以此为突破口制定有关的亲情感化、唤醒良知的审讯策略，促使张某某最终供述罪行、认罪悔罪。

又如采用政策教育的审讯计划，在江苏省某市检察院办理的徐某学民事枉法裁判案，[①]侦查人员通过深入研究民间借贷案件相关法律、司法解释以及办案指引等，发现其办理的一些案件文书裁判证据薄弱、理由牵强、裁判结果明显错误。因徐某学事前串供，其到案后辩称对刘某伟虚假诉讼一案并不知情，判决系根据民事审判盖然性规则、优势证据原则和双方资金往来习惯作出，并无枉法裁判的主观故意。侦查人员依据合法程序，同步对徐某学持有的电子设备进行勘验，发现其与他人有不正当关系的照片、视频以及相关裁判文书的照片，经查询出行记录、外出旅游同住人信息，比对文书照片上载明的当事人身份、从中国裁判文书网收集的徐某学所办案件裁判文书等信息进行碰撞，发现徐某学与其办理的另一宗民间借贷纠纷案原告李某保持不正当关系。针对这种情况的嫌疑人，审讯时要及时从家庭责任、社会责任、法律责任方面进行说服教育，瓦解心理防线，促使供认相关犯罪事实。

---

① 最高人民检察院印发的《检察侦查案件典型案例（五）》中，江苏省徐州市检察院立案侦查徐某学民事枉法裁判案。

（五）提取关键客观证据

注重发挥大数据信息客观真实、可信度高的天然优势，通过数据"串并联"，助推案件侦破事半功倍。如辽宁省某市检察院立案侦查一起徇私舞弊暂予监外执行案，[①] 为查清吴某辉在保外就医期间结婚生子，伪造病情逃避刑罚执行的线索。在吴某辉拒不供述情况下，侦查人员依法调取公安机关信息平台的数据，筛选出吴某辉保外就医关键节点中，相关人员的通话信息、行程轨迹等数据，碰撞发现监狱工作人员周某军在监狱初次上会研究吴某辉保外就医案的前一日，曾主动给吴某辉的胞哥吴某轲打电话。侦查人员提取上述证据进行出示，以此为审讯突破口，不断加大对吴某轲、吴某辉的审讯力度，最终吴某轲、吴某辉交代了通过服药伪造病情，串通司法工作人员违法获批保外就医的全过程。

又如，湖南省某市公安局某派出所原所长刘某、某监狱狱政科原科长姚某某、罪犯邓某某共同徇私舞弊减刑案。刘某为帮助邓某某获得减刑而为其提供虚假立功线索，政法队伍教育整顿期间刘某、邓某某均否认，邓某某辩称自己当时长住海南，没有作案时间。侦查人员依照合法程序，调取了三人的出行轨迹、住宿记录等大数据信息，发现邓某某在案发前后多次从海南往返某地，且有连续多次住宿记录。对出行数据进一步调取后发现，邓某某在向某监狱申请认定立功期间，邓某某和姚某某在外市有同日住宿记录，疑是二人一起去湖南省监狱管理局呈报认定立功，有共同作案嫌疑。审讯时适时出示大数据证据，三人很快供述了共同徇私舞弊减刑的犯罪事实。

（六）深挖彻查窝案串案

运用大数据侦查思维，有效归纳和研判案件发案特征和涉案人员行为特征，以查证的一至两起犯罪事实作为主线，结合司法权力配置特点

[①] 最高人民检察院印发的《检察侦查案件典型案例（五）》中，辽宁省某市检察机关立案侦查张某润、闻某研等四人徇私舞弊暂予监外执行案。

将更多涉案人员、更多涉案事实纳入侦查视野，实现扩线、扩人和扩犯罪事实的系统突破。如广东省某市检察院运用大数据思维研判原法官蓝某某玩忽职守案，侦查人员认为其在审理林某某暂予监外执行一案中不正确履行职责的行为，经研判并非个案。侦查人员通过全国检察业务应用系统调取了近十年来蓝某某担任审判长、审判员的刑事案件，提取被告人、案件名称、强制措施、判决书文号、审结处理、宣告刑、判决书日期等相关要素，运用大数据技术筛查出诉前未羁押被告人的数据，剔除判决未生效案件和宣告刑为非实体刑的数据，进而得到诉前未羁押被告人判处实刑的数据。侦查人员依法调取相关看守所的出入所登记数据，与上述诉前未羁押被告人判处实刑数据进行碰撞比对，发现蓝某某审理的另一宗未交付执行案件。2013年陈某辉因犯抢劫罪被判处有期徒刑三年，蓝某某在判决文书生效后，一直未将罪犯陈某辉交付执行，致使罪犯长期脱离监管。

又如，广东省某市检察院在侦办原法官田某某涉嫌民事枉法裁判案中，通过大数据赋能方式，以案找案、深挖彻查。通过进一步侦查，该领域涉案人员众多、地域跨度大，其他涉案人员罪名被查实的还有行贿罪、非国家工作人员行贿罪、保险诈骗罪、虚假诉讼罪、受贿罪等，涉案犯罪事实多达数百宗，涉案保险公司职员19人、司法鉴定机构4家、鉴定人员6人、医院2家、保险中介30人以及公职人员76人。

案例三：广东省某市检察院办理田某某涉嫌民事枉法裁判案

【关键词】

大数据排查线索　发现案件事实　民事枉法裁判罪

【要旨】

针对法官在办理机动车交通事故案件中呈现的城市与农村赔偿标准的证据认定不统一，重新鉴定标准不一等问题，通过大数据建模比对，全面梳理类案中存在的司法腐败问题，深入排查案件线索，积极向公安机关、纪委监委借力，锁定司法工作人员的职务犯罪行为，维护司法公正，保障人民群众的司法利益。

【基本案情】

田某某利用其担任的法官身份，在审理机动车交通事故民事赔偿纠纷案件过程中，收取代理律师、保险代理中介或保险公司职员的好处费，枉法裁判作出有利于上述主体的有利判决，造成诉讼相对方的财产损失。如通过审查认定城镇户籍与农村户籍、人伤鉴定等级之间的不同赔偿标准，为上述主体牟取非法利益提供帮助。在审理原告吴某诉被告某保险公司交通事故责任纠纷案件中，田某某收取保险代理中介祝某的人民币 2 万元后，支持了原告方按城镇户籍赔偿标准的诉讼请求。在明知原告吴某的城镇户籍证明、工作证明不真实的情况下，田某某无视被告方提出的异议，未依法审查争议的证据和事实，径直判令按照城镇户籍标准计算赔偿金额，造成被告方财产损失人民币 185842.45 元。在原告李某诉被告某保险公司交通事故责任纠纷案中，在原告李某代理律师承诺给予好处费的情况下，田某某明知原告李某的伤残鉴定意见不客观真实，仍不同意被告方重新鉴定涉案伤残鉴定的申请，直接判令被告方按照虚高等级的伤残鉴定作出赔偿，造成被告方财产损失人民币 10.5 万元，事后田某某收取原告代理律师承诺的好处费。侦查人员运用大数据侦查的方式，还排查出田某某另外 8 宗机动车交通事故民事赔偿纠纷案件的枉法裁判事实。

【数据赋能】

（一）数据收集。在调查核实阶段，侦查人员面临枉法裁判的个案难以锁定问题，给立案侦查工作造成较大障碍。为有效解决这一难题，侦查人员充分运用大数据思维，总结保险代理中介交代的骗保方式，提炼出机动车交通事故案件的异常点。例如审判人员对城镇与农村户籍赔偿标准的认定、申请重新鉴定的自由裁量权等，从而确定定罪的核心证据有工作证明、居住证明、伤残鉴定意见等。侦查人员以上述关键要素作为数据收集的基础,通过司法文书裁判文书网、小包公办案辅助系统数据库下载相关的机动车交通事故民事赔偿纠纷案件;依法向相关保险公司调取近十年人伤案件保险理赔的数据;依法调取涉案人员的银行流水、出行活动轨迹等数据。

(二)数据分析。第一步是运用大数据建模建库,通过裁判文书数据、保险理赔案件数据、律师代理案件数据等碰撞比对,并结合其他涉案人员的审讯情况,初步筛选出田某某涉嫌民事枉法裁判的具体个案,为立案侦查提供重要支撑。第二步是佐证输送非法利益的情节。通过分析田某某与鉴定机构的鉴定人员、代理律师、保险中介相关通话记录、行程轨迹等数据,关联出田某某与鉴定机构、律师之间的不正当交往关系,基本锁定违法犯罪线索。第三步是攻克"徇私与枉法"的审讯难题。根据上述大数据碰撞发现的可疑"徇私"情节,提取出相关电子证据与案件卷宗材料进行比对,作为审讯突破的关键证据。在审讯过程中适时出示,证实其在案件中对相关工作证明、伤残鉴定的认定标准不一,逐渐瓦解心理防线,促使其如实交代由于收取他人好处,利用法官职权枉法裁判,为他人牟取非法利益的事实。

(三)数据运用。一是充分运用大数据思维,锁定枉法裁判的具体案件。在民事枉法裁判罪的侦查案件中,锁定法官涉嫌枉法裁判的具体个案是侦查工作的起点和关键点。侦查人员在排查田某某办理的海量案件过程中,提炼出机动车交通事故案件的共性问题,建立保险诈骗案件的大数据模型,通过对数据的筛选、比对、碰撞,最终锁定田某某枉法裁判的具体个案。二是利用大数据的高科技手段加持,全链条协作侦查工作。本案是当地公安机关在侦办保险诈骗系列普通刑事犯罪案件过程中,发现田某某涉嫌民事枉法裁判罪的线索移交检察院。该市检察院高度重视,在利用已建立的数据库和大数据技术的基础上,与公安机关形成信息共享、技术协作的全链条的协作机制,借助公安机关指尖情报系统、资金分析系统、账单话单分析系统等高科技的数据分析系统,侦查核实田某某收受非法利益枉法裁判的犯罪事实。三是跨系统协作办案，释放侦查工作质效。本案中，该市检察院与公安机关、纪委监察委等部门形成数据共享、技术协作机制，实现了"1+1+1>3"的办案效果。通过三部门联合办案的方式，不仅对个案实现普通犯罪与职务犯罪同步侦查，进一步运用大数据赋能类案侦查的思维，深挖彻查窝案串案线索。截至目前，该市检察院深度应用系列案的保险诈骗大数据模型，立案侦查了3件相关司法人员职务犯罪的案件。

三、大数据赋能机动侦查应用场景

根据《刑事诉讼法》第19条的规定，机动侦查权是指，检察机关对公安机关管辖的国家机关工作人员利用职权实施的重大犯罪案件，经省级以上人民检察院决定，可以立案侦查。在检察工作高质量发展的背景下，激活机动侦查权，对增强"四大检察"权威性和刚性具有重要的内生性支撑作用。而数字化时代到来，为法律监督模式深层次变革提供重大机遇，主动探索打造检察数字机动侦查工作模式，是数字检察发展的重要方面，也是新时代检察侦查工作的重点任务。近年来，检察机关通过高效运用大数据手段，从海量数据中精准发现符合启动条件的机动侦查案件线索，以数字画像查证全案事实，穿透深挖案件背后的关联犯罪线索，取得良好成效。

（一）激活案件线索

在司法实务中，国家机关工作人员利用职务实施的公安机关管辖刑事犯罪的常见形态有：在资源领域犯罪占股获利，为娱乐场所涉黄犯罪提供保护，利用职务侵财以及涉黑犯罪等。在数字背景下，围绕以上国家机关工作人员犯罪常见形态，调取所需数据，构建国家机关工作人员共同犯罪数字监督模型，有的放矢地开展大数据的比对、碰撞，可有效发现机动侦查案件线索。针对国家机关工作人员资源领域犯罪占股获利情形，通过归集全国检察业务应用系统筛选近几年受理的非法采矿案件电子卷宗，设置关键词"自然资源局工作人员""占股""通风报信"等，筛查出可能存在国家机关工作人员涉嫌共同犯罪的案件。提取卷宗有涉案国家机关工作人员明确姓名，或卷宗提及的电话号码、绰号、微信号等信息，将其与全国检察业务应用系统刑事案件、公安机关警综平台的立案数据进行碰撞比对，发现涉案未被处理的国家机关工作人员名单。

如浙江省某市检察院创建失信司法工作人员违法犯罪数字监督模型，比对碰撞全市司法工作人员数据和被执行人员数据、征信不良人员数据、异常离职人员数据，获取全市失信司法工作人员数据。数据清洗完毕后，根据失信司法工作人员的工作类别予以区分，分别与羁押数据、裁判数据等进一步碰撞，如将失信司法工作人员数据与看守所送押数据碰撞，获取失信公安民警承办的刑事案件情况。研判已经筛查出的案件，并与银行账单、通讯话单、债权人、涉黑恶罪犯名单等数据进行碰撞，筛查出关联人员、案件数据，从而发现机动侦查案件线索。

长期以来，检察机关主要针对职务犯罪行使侦查权，人民群众对检察机关拥有机动侦查权并不知晓，被国家机关工作人员利用职务实施重大普通犯罪侵害的被害人，往往不会前往检察机关控告，而是向公安机关报案。机动侦查案件线索天然向公安机关而非检察机关汇聚。检察机关可以通过大数据筛查发现公安机关已立案但不宜由公安机关侦查的案件。如广东省某市检察院用广东省公职人员移动办公平台粤政易公安机关工作人员身份信息数据和公安机关警综平台的立案数据进行碰撞，发现一件正在被立案侦查的公安机关工作人员案件。分析案情后，认为办案民警在查办案件过程中实施盗窃并非一个简单的小案，盗窃案件只是"冰山一角"，综合分析出案件有启动机动侦查的必要性。

（二）查证事实助力审讯

在传统的检察侦查审讯中，侦查人员收集证据，一般是通过先行讯问犯罪嫌疑人获取其口供，以此为突破口来侦破其他的客观证据。然而，国家机关工作人员尤其是司法机关工作人员，反侦查能力较强，实施徇私枉法时常会及时销毁证据材料，为侦查人员查明案件事实制造障碍。针对这一情况，通过大数据技术，将案件的众多细节归集汇总，进行数字画像，研判分析犯罪嫌疑人的通讯信息、出行记录、资产状况、银行交易流水等数据，获取犯罪行为动机、模式、规律等犯罪信息和客观证据，形成证据链条突破嫌疑人心理防线。

如广东省某市检察院在办理的杨某某涉嫌盗窃、徇私枉法案中，杨某某可能与收钱放人的派出所所长共同犯罪，涉嫌徇私枉法，但杨某某出于畏罪心理拒不承认，致使审讯工作陷入僵局。为打破僵局，侦查人员调整侦查方向，从寻找当年运毒出租车司机着手，以此查清当年涉毒案件事实。但发现此起涉毒案件在警综系统无立案信息、无纸质资料存档，且被处理的派出所所长讲不出运毒出租车司机的个人情况、参与办案民警讲不出有效信息，难以寻找当年运毒出租车司机。针对这一局面，侦查人员运用数字思维，敏锐抓取到派出所所长徇私枉法案卷宗有关运毒出租车的车牌号含有"87"数字的模糊信息，并考虑到运毒出租车司机经历此事可能会转让出租车、离开当地情况，决定调取案发前后该市出租车车牌信息数据、获取燃油补贴数据、出租车转让数据，筛选出全市出租车车牌中含有相关数字的车辆信息，并与出租车司机获取燃油补贴数据对比碰撞，找出某一车牌有2人以上领取燃油补贴的信息数据。

侦查人员再调取出租车转让信息，找到车牌含有相应数字的车辆转让数据，再与含有相应数字的车辆有2人以上领取燃油补贴的信息碰撞，最终锁定1条有转让且有2人以上领取燃油补贴的疑似运毒出租车司机线索。经向该司机取证，确定了该车为当年被抓的涉毒案出租车，并查明当年的涉毒案过程，即该辆出租车的夜班司机驾驶该出租车前往某乡镇送毒品，被等待的公安抓获，派出所所长收钱放人和车，杨某某参与其中。

毒品去向关乎杨某某责任认定问题。基于查获的毒品可能再利用、再贩卖，根据涉毒犯罪特征，涉毒圈内人（吸毒、贩毒人员）收购该毒品可能性极大。为此，侦查人员主动延伸侦查链，寻找毒品收购人员，从而查明杨某某如何处理毒品、是否存在贩卖查获毒品的情况。围绕寻找毒品收购人员这一关键点，侦查人员利用相关证人提到的"绰号"信息，调取因吸毒被行政处罚、强制戒毒的人员信息以及杨某某任职乡镇因涉毒被判处刑罚的案件材料，进行碰撞比对，找到该绰号人员与毒贩有联系，怀疑该绰号人员帮杨某某将毒品贩卖给毒贩，后查证属实，还原了案件始末，一举突破杨某某心理防线，促使其主动供述该涉毒案的始末。该市检察院从对一宗民警盗窃涉案财物的案件启动机动侦查，通过大数据方式查证事实助力审讯，依法判处犯罪嫌疑人徇私枉法、贩卖毒品等罪名，以及追诉漏犯 4 名。

（三）循线深挖扩战果

检察机关的机动侦查权是其不可或缺的侦查职权之一。就必要性而言，监察委员会的调查权和公安机关的侦查权无法替代检察机关在法律监督中的宪法地位。[1] 司法机关工作人员利用职权实施的盗窃、诈骗、敲诈勒索等犯罪，严重违背司法职业良知，这往往可能隐藏着徇私枉法、滥用职权等检察机关依法可以直接侦查的相关职务犯罪。在办理机动侦查案件时，要注意根据犯罪嫌疑人工作职权内容，进行相关职务犯罪线索的挖掘。

如广东省某市检察院办理的民警杨某某涉嫌盗窃案，调取犯罪嫌疑人所任职派出所的同事名单，与市检察院数据池中的人员信息碰撞，发现犯罪嫌疑人 2012 年在某派出所任职期间，曾参与一起涉毒案件办理，该派出所的所长因该案收钱放人被判处徇私枉法罪，犯罪嫌疑人参与该

---

[1] 张敬：《检察机关机动侦查权分析及完善路径》，载《湖北警官学院学报》2022 年第 35 期。

案的办理却没有承担相应责任的异常情况。因此，承办检察人员将该案作为重点关注的对象，调取相应的卷宗和判决，"三查"并用进行核实，发现杨某某在办理2012年涉毒案件中涉嫌职务犯罪，遂将该线索作为侦查的一个方向一并侦查。同时，通过"刑事案件下行"模型，调取犯罪嫌疑人杨某某任职过的派出所办理过的所有刑事案件，筛查有报案无立案、有立案无移送或撤案处理、移送起诉但存在自首和立功情节的案件，发现6条处理异常的职务犯罪线索。

又如广东省某市检察院通过数字监督模型发现失信司法工作人员与案件当事人、涉黑恶人员存在利益往来的情况后，通过调取侦查卷、检察卷、行政处罚卷、裁判卷等方式重点研判发现线索，根据不同案件类型确定不同的侦查重点。针对与案件当事人之间存在利益往来的情况，进一步委托勘验涉案人员手机信息、调取书证等客观性证据，突破案件当事人的口供，研判侦查人员是否存在盗窃、诈骗及明知严重犯罪，故意降格处理的渎职情况。通过数字分析碰撞，该市检察院发现了26名可疑司法工作人员的线索。

四、大数据赋能自行（补充）侦查应用场景

我国刑事诉讼法规定，检察机关审查案件，对于需要补充侦查的，可以退回公安机关补充侦查，也可以检察机关自行（补充）侦查。可见，自行（补充）侦查权是法律赋予检察机关的一项重要职权，兼具侦查权和监督权的属性。自行（补充）侦查权是检察机关对于刑事案件的部分事实或者证据需要进行补充侦查的，依照法定程序选择对案件事实或者证据做进一步的自行侦查行为，审查起诉阶段和法庭审理阶段均可进行。

自行（补充）侦查制度是审判中心主义下检察人员履行客观取证义务、发挥刑事诉讼主导作用的有效举措。实践中，由于各种原因，运行过程中仍存在规范指引缺乏、意愿能力不强、配套保障不足、沟通效率

不高的困境。大数据时代背景下，大数据的运用可以改变以往过度依赖公安机关查明案件事实的模式。检察机关通过强化跨部门数据共享、提供更为丰富的数据与线索，补强证据链条、排除案件疑点、追诉漏罪漏犯，助力高效自行（补充）侦查，成为激活自行（补充）侦查这一"沉睡权力"的重要引擎。

（一）完善证据链条

大数据可以赋能自行（补充）侦查的"补强性"，通过技术手段补充完善证据链条。针对侦查机关侦办案件存在的取证不够扎实细致、关键证据有时未能调取到位等问题，通过在自行（补充）侦查中运用信息数据分析、对比、碰撞，完善证据体系、完善补强证据、查清事实、准确定性，完善证据链条，从而确保指控犯罪证据确实充分。在电信网络诈骗等犯罪案件办理中，犯罪嫌疑人为逃避或减轻罪责，往往利用网络虚拟世界与现实世界证据关联性弱的特点，出现零口供、翻供，或者虚构无法提供确切证据印证的案件事实进行"幽灵抗辩"。如山东省某市检察院在诈骗案犯罪嫌疑人审查起诉阶段全盘翻供的情况下开展自行（补充）侦查，基于数字化优势，由检察技术人员运用其专业知识对该案中的技术性难题进行分析，组建电子数据恢复提取、语音检验鉴定、司法会计鉴定、数据分析及法庭示证四个数字工作小组，从涉案手机、电脑的相关数据入手，对该案有针对性地开展检验鉴定取证工作，以梳理资金流、人员信息流为突破口，从送检的手机、电脑中约10T的基础数据进行了提取、固定和恢复。最终，取得有效数据3亿多条，帮助办案检察人员梳理出多项新证据，将被害人从69人增加到317人，涉案资金从26万余元增加到74万余元，为案件顺利办结起到了关键性作用。[①]

又如黑龙江省某市检察院利用卫星地图等开放空天大数据资源，在

---

① 卢金增、高忠祥等：《啃下这起骨头案，电子数据审查立了大功》，载最高人民检察院网，https://www.spp.gov.cn/spp/zdgz/202205/t20220531_558623.shtml。

办理涉嫌贩卖毒品和生产、销售伪劣产品、盗窃等刑事案件中发挥了积极作用。一是巧用位置提取软件，绘制犯罪行为轨迹。即在自行（补充）侦查中通过恢复犯罪嫌疑人手机中给买家放置毒品的图片及视频后，通过信息提取软件查看照片和视频的拍摄时间和坐标，再运用智能软件按照时间顺序自动绘制出其贩卖毒品的行动轨迹。二是巧用地图历史数据。还原案发经过。即在自行（补充）侦查中借助卫星地图历史数据中玻璃透光度及颜色的变化情况，佐证行为人所生产的钢化玻璃在安装后一直到被检测时都没有被更换过的事实，驳斥了行为人关于第三方检验鉴定时所提取的玻璃不是其厂生产的钢化玻璃的辩解，为审查起诉提供了良好的证据支撑。三是巧用阳光投射原理，确定案发时间地点。即在自行（补充）侦查中提取查看行为人手机图片中建筑物的阴影角度及长度等信息，并结合案件中所掌握的犯罪地点等证据，通过互联网上公开的信息查询太阳运行轨迹数据，判断出该张照片所拍摄的时间在案发之前，而地点在案发现场附近，促使行为人供认了该起犯罪事实。[1]

（二）排除案件疑点

检察机关在案件审查中，对于经退回公安机关补充侦查但仍然未能排除证据矛盾，导致定性存疑的，应善于运用大数据赋能自行（补充）侦查。检察人员可以亲历性接触并收集证据，有效克服审查的局限性和片面性，更准确地认定事实和适用法律。尤其对于主观犯意存疑的案件，应注重运用复验复查、侦查实验等收集核实相关数据信息，准确认定行为人的主观罪过。同时也有助于及时排查非法证据，避免证据"带病"进入后续法律程序。如贵州省某地检察院对一宗刑事案件审查起诉中，发现龚某过失犯罪的事实存疑。[2] 有关龚某挂错挡误将被害人张某

---

[1] 唐万辉、刘笑臣:《巧借空天大数据探索自行补充侦查新路径》，载《检察日报》2021年7月3日，第3版。

[2] 最高人民检察院印发的《检察机关重大疑难复杂案件自行补充侦查典型案例》中，贵州龚某故意杀人案。

撞死的说法，与现场痕迹和倒车通常操作不符。虽然退回公安机关补充侦查后，完善了部分证据，但是龚某主观方面仍然存疑。检察机关通过对现场复验复查，模拟作案过程收集的行车数据，以及从涉案车辆所在的运输公司调取到案发时车辆内监控抓拍图片和行驶轨迹数据进行分析表明，车辆从启动到撞向墙壁，其间没有采取刹车制动。上述事实进一步表明被告人龚某启动车辆并挂前进挡系故意为之。检察机关通过自行（补充）侦查排除被告人主观上的疑点，对龚某主观上故意杀人的指控，获得人民法院支持。

案例四：广东省某基层检察院办理曾某某等人组织卖淫案

【关键词】

大数据赋能　容留卖淫与组织卖淫　自行（补充）侦查

【要旨】

检察机关在办理审查起诉案件中，对于退回补充侦查未能排除证据矛盾，导致定性存疑的，应当善于运用自行（补充）侦查完善补强证据，查清事实、准确定性。尤其对于主观犯意存疑的案件，应当注重运用大数据分析方法，收集、提取有关的聊天记录、出行轨迹、资金流水等数据进行比对分析，准确甄别行为人口供的真伪，从而对被告人主观罪过这一影响定罪量刑的关键性环节作出客观、公正的认定。

【基本情况】

2021年9月至12月，曾某某从外地招募卖淫女赵某、利某某、陈某某（该三名卖淫女均是未成年人）在某地市区卖淫。唐某在其经营的某养生馆内接到嫖娼男子的需求后，通知曾某某和卖淫女到指定的地点卖淫。通常由卖淫女自行前往卖淫地点，或者由曾某某驾驶车辆将卖淫女接送到指定地点。卖淫女与嫖客谈好价钱、收到嫖资后实施卖淫行为，事后将卖淫一部分钱款交给组织其卖淫的曾某某，一部分交给提供场所的唐某，剩下的由卖淫女自留。

311

公安机关侦查的内容集中在抓捕当天发生的卖淫嫖娼事实，遂认为曾某某、唐某构成容留他人卖淫罪，移送检察机关审查起诉。检察机关发现曾某某和唐某对于各自在犯罪过程中的供述相互矛盾，遂退回公安机关要求补充侦查，要求查明曾某某、唐某是否存在组织未成年卖淫女从外省到本地卖淫，是否管理卖淫女的日常生活以及卖淫收入等事实。

由于退回补充侦查后情况不理想，检察机关启动自行（补充）侦查权。通过大数据赋能自行（补充）侦查方式，全面查清了案件事实真相，将原指控的容留卖淫罪，变更起诉为组织卖淫罪。法院支持了检察机关的起诉事实与罪名，并采用了自行（补充）侦查所得的讯问笔录、核查的电子数据作为定案重要证据。

【数据赋能】

（一）数据收集。从公安机关扣押的两名犯罪嫌疑人曾某某、唐某的手机数据着手，恢复、固定和提取约50G的数据，用数据分析手段进行深度挖掘。一方面排查两犯罪嫌疑人曾某某、唐某的社会关系网，另一方面从聊天数据中发现与案件有关的聊天信息，提取每一笔资金入账、流向的信息。

（二）数据分析。一是对曾某某和唐某的品格及习惯等进行分析。发现唐某作为一名外来的中年妇女，长期沉迷于赌博，精神状态较为焦虑，心理素质较差，检察机关决定以唐某作为案件审讯的突破口。二是证实唐某、曾某某对卖淫女年龄的认知。将其向嫖客介绍卖淫女分类为"少女""小妹妹""少妇"的聊天记录，与其当天组织未成年卖淫女提供服务的聊天记录进行数据比对，精细到交易时间、地点等内容。三是明确组织卖淫的分工模式和利润分成。结合唐某介绍嫖客的交易时间和地点信息，与曾某某接送卖淫女的出行轨迹、车辆的行程轨迹，以及将当天唐某与曾某某微信、支付宝等账户的资金流水一一比对，明确两人商定嫖娼价格、分工和收取分配嫖资的情况。

（三）数据运用。通过出示经上述大数据提取的聊天记录、手机收款记录、出行记录等信息，唐某承认了其是养生馆管理者和实际经营者，为未成年人提供该养生馆作为卖淫场所，并与曾某某等人商定嫖娼价格、分工，与嫖客商定嫖娼价格、地点，参与收取嫖资、分配嫖资等事实。曾某某在电子数据面前，也承认其招募、组织未成年卖淫女卖淫的事实，其与唐某商量好卖淫项目、卖淫价格后，主要负责卖淫女的接送，且与卖淫女共同生活，收取、保管所有卖淫女的卖淫款等的事实。

（三）追诉漏罪漏犯

通过深挖数字潜力，实现从"案卷"证据向"案件"证据拓展，从"书面"审查向"立体化"审查转变，更好地辨明个中真伪，提升事实认定、定罪量刑的精准度，助力依法追诉漏罪漏犯。在自行（补充）侦查追诉漏罪漏犯以及遗漏事实方面较常用的大数据分析方法，主要有以下两个方面：

1. 数据画像

自行（补充）侦查中，通过公安机关已提取有关犯罪嫌疑人的电子数据，侦查人员可以借助各种分析软件，运用数据挖掘等方法，对犯罪嫌疑人或者相关人员的身份、行为特征、兴趣爱好、人际关系等情况进行深入分析，给犯罪嫌疑人勾勒"数据画像"。在大数据画像技术下，犯罪嫌疑人会成为大数据下的"透明人"，其身份信息、行为轨迹、消费习惯、经济状况、家庭关系、兴趣爱好、人际交往等特征一般都会完整地展现出来。

2. 犯罪网络关系分析

犯罪网络关系是指以某一位或者几位犯罪嫌疑人、以某一种或者几种犯罪、以某一类或者几类犯罪为中心，根据该一位或者几位犯罪嫌疑人与其他网络用户的联系频率、互动频率、兴趣相似度、共同好友数量等指标，或者围绕着某一种或者几种犯罪，或者某一类或者几类犯罪，各个犯罪嫌疑人的联系频率、互动频率、共同好友关系等指标，建立起来的网络联系关系网。许多犯罪，特别是一些集团犯罪、团伙犯罪，都具有群体性特点，犯罪成员呈现组织化、团伙化形式，犯罪成员之间有着明确的分工、各司其职、互相配合。对这种犯罪成员之间通过网络的相互联系、分工合作关系的分析，就是"犯罪网络分析"，该方法适用于大多数有组织的犯罪。特别是在网络犯罪呈扩大化趋势的今天，很多犯罪分子都通过网络进行串联，为犯罪网络分析提供了便利的"数据"条件，通过犯罪嫌疑人的即时通信数据、社交数据等，可以还原出犯罪网络关系图，掌握犯罪嫌疑人的全面信息及犯罪组织成员之间的分工合作关系，并以此为突破口，挖掘进一步的犯罪网络关系。

如在打击重婚罪方面，广东省某基层检察院办理的盘某某诈骗、重婚案，在公安机关移送事实只有被害人被诈骗的情况下，运用有效信息抓取技术，对公安机关已依法提取的盘某某微信聊天记录进行关键词分析、对微信交易流水进行流向分析，发现多名男子频繁向犯罪嫌疑人盘某某转账，且部分男子与盘某某聊天记录中出现"结婚"等与婚姻相关字眼。为此，该检察院以此为切入点开展自行（补充）侦查，通过走访调查核实，最终查明该案犯罪嫌疑人盘某某以"结婚"为手段骗取被害人的钱财，并与被害人黄某某在外省登记的婚姻存续期间，与本地多名男子结婚、离婚的事实。又如，在打击毒品犯罪方面，可以通过大数据赋能方式，追诉漏犯漏罪，发现新的犯罪事实。运用大数据思维，以人为中心延伸，发现毒品犯罪嫌疑人违法犯罪记录中未受追究的犯罪线索；以案为中心拓展，发现毒品犯罪案件上下游的刑事案件线索，从个案中发现类案监督线索。同时，其中也会涉及相关司法人员渎职线索，检察机关可基于此并根据案件实际情况，启动直接侦查权或者机动侦查权。

案例五：广东省某基层检察院办理何某某贩卖毒品案

【关键词】

自行（补充）侦查　毒品犯罪　数字赋能　遗漏犯罪

第七章　大数据在检察侦查中的深度应用

【要旨】

运用大数据辅助个案的自行（补充）侦查工作，活用技侦证据、大数据分析等方法，获取关键信息，补强证据链条，助力犯罪事实的认定。检察机关在办理毒品犯罪案件过程中，既要依法追究公安机关已移送的犯罪事实，还要发挥数字思维延伸办案效果，从个案中发现类案监督线索，如从犯罪嫌疑人违法犯罪记录中发掘出未受追究的犯罪线索并移送公安机关，或者发掘职务犯罪线索，以能动履职推动毒品犯罪深入治理。

【基本情况】

2022年下半年，广东省某基层检察院在办理何某某涉依托咪酯案时发现，何某某曾因吸食毒品被基层某派出所处以行政拘留，承办检察官在审查起诉阶段通过进一步调阅行政处罚卷宗，发现其以抵扣借款的方式向吸毒人员提供了一小包毒品（k粉），双方存在毒品交易行为。何某某的行为已涉嫌贩卖毒品罪，但公安机关却以普通行政违法案件进行处理。对此，检察机关启动监督立案程序，向公安机关发出要求说明不立案理由通知书，公安机关核实后予以立案。检察机关认为涉毒人员通常有毒品违法犯罪前科以及衍生出其他犯罪的情况，本案绝非个案，随即以个案为切入点，发挥大数据思维，进一步开展毒品案件遗漏犯罪事实法律监督模型的构建。从犯罪嫌疑人违法犯罪记录中发掘出未被追究的犯罪线索，监督公安机关立案侦查，挖掘出一批涉依托咪酯犯罪嫌疑人未被追究的其他犯罪线索，并依法追诉漏罪，对新型毒品与传统毒品犯罪实现全链条打击。

【数据赋能】

（一）数据收集。围绕毒品犯罪案件中犯罪嫌疑人曾受过刑事处罚及行政处罚的案件，利用侦查监督与协作配合办公室平台，调取公安机关警综系统近五年采取强制措施人员数据7590人、近五年行政处罚信息4670条，从检察业务系统调取刑事涉毒人员名单523人、近五年受理审查起诉的人员数据 6276 人。

（二）数据分析。将上述数据进行对比碰撞，分别得出涉毒人员因其他犯罪被采取强制措施届满后未移送审查起诉的案件信息、涉毒犯罪人员未被认定为刑事犯罪且未受到行政处罚的信息。为了查明事实真相，检察机关通过运用模型分析，对筛选出的上述有关案件信息，从公安机关调取相关处罚卷宗材料，翻阅本单位的档案室刑事档案卷宗，讯问刑事涉毒人员，询问上下游犯罪关联证人，对上述案件进行逐一分析研判。

（三）数据运用。检察机关自行补充侦查核实漏罪线索，依法追诉漏罪漏犯。最终筛查出涉依托咪酯人员遗漏的犯罪事实监督线索 4 条，并针对相应犯罪事实的证据薄弱部分引导公安机关侦查人员补充侦查，完善了证据链条。截至目前，公安机关已针对上述犯罪完成补充移送起诉或刑事立案。

第八章　大数据在未成年人检察中的深度应用

未成年人保护是一项长期、系统的工程，需要全面、辩证、长远的眼光谋划和推进。[1] 如何行"破题之解"、实"突围之举"，数字检察是重要的引擎。目前，未成年人检察业务统一集中办理，在各业务条线中率先实现"四大检察"融合发展。这种更加契合未成年人特点的多维度、集成式、系统性履职方式，统筹解决刑事、民事、行政、公益保护相互交织的问题，能够将最有利于未成年人原则贯穿监督办案全过程、各方面，全方位保障未成年人合法权益。

未成年人检察业务自身跨部门、跨条线、全流程的制度设置，融合式、一体化监督的履职方式，与数字检察一体履职、综合履职、能动履职的理念完全契合。未成年人检察业务所需要的融合式办案思维，有利于通过大数据运用开展法律监督，挖掘类案发生的深层次原因，抓前端、治未病，找到社会治理的最佳切入口，净化未成年人成长环境，以更优更实举措维护未成年人合法利益。

一、未成年人检察数字化转型的基本遵循

大数据时代给检察机关深层次监督指明了方向，也给未成年人检察工作带来了新的契机，对工作思维、理念、方法提出了更高要求。鉴于未成年人检察的工作特性，在数字化转型过程中，应当注意同质化与差

---

[1] 王旭光：《未成年人检察专门化的思考与实践》，载《未成年人检察》2023年第1辑。

异性的结合，遵循特殊理念和基本原则。

（一）特殊理念

理念是行动的指导，价值的体现，是推动社会实践发展的基础性因素。不同的理念指导会产生不同的行为实践效果。清晰、正确、积极、符合实际的理念，有助于指明社会实践前进的方向，提高人类的思维素质和创造力。未成年人检察是以未成年人这一特殊主体为对象建立起来的检察业务，其内在规律、职责任务、诉讼程序、评价标准等与成年司法有着显著区别。[①] 数字检察进一步拓宽了未成年人司法保护维度，结合未成年人检察独有的司法理念，在数字化转型过程中，应当遵循的理念包括特殊保护、优先保护、平等保护、双向保护、综合保护、精准保护等。

1. 特殊、优先保护

未成年人群体正处于身心发育的关键阶段，群体的特殊性决定了其保护理念和措施应当区别于成年人，体现未成年人的特点。这种司法保护理念并非纵容未成年人违法犯罪，也不是简单地不予刑事追究和处罚。未成年人保护应当以未成年人权益保障为最高价值追求，当其他价值追求与其发生冲突时，应当优先选择最有利于未成年人利益的方案，避免"交叉感染"和"标签效应"。未成年人检察数字化转型中，也应当首要考虑特殊、优先保护。在数字归集、模型构建等多方面应以未成年人权利为本位，首要考虑是否有利于实现未成年人利益最大化。

2. 平等、双向保护

平等保护和双向保护，是"法律面前人人平等"的法治基本原则在未成年人司法领域的体现。这意味着无论未成年人的身份、背景或犯罪情况如何，都应该受到公正、公平的对待，其合法权益都应该得到充分

[①] 童建明、万春、宋英辉主编：《未成年人检察业务》，中国检察出版社2022年版，第9页。

的保障。未成年人检察数字化转型实践中,同样需要考虑对未成年人的平等保护和双向保护。比如,通过大数据、人工智能等技术手段,对未成年人相关数据进行全面、客观、准确的分析时,应确保每一个未成年人都能得到同等级别的保护。同时,还应当注重对不同地区、不同群体、不同情况的未成年人进行差异化保护,确保每个未成年人的权益都能得到充分保障。在维护未成年人的整体权益时,我们应同等重视涉案未成年人的特定需求。具体而言,除了确保罪错未成年人的基本权利不受侵犯,我们还应积极保护未成年被害人的合法权益,确保他们得到公平对待。尤其是要注重通过数字化手段,对涉案未成年人的个人信息、案件情况等进行严格保密,确保其隐私权得到充分尊重。此外,还应兼顾社会公共利益,考虑社会公众的接受程度。在数字检察中实现未成年人平等保护和双向保护,是检察机关对未成年人的一项重要原则,也是确保"三个效果"有机统一,以及"双赢多赢共赢"的根本保证。

3. 综合、精准保护

新修订的未成年人保护法明确规定了家庭、学校、网络、社会、政府、司法"六大保护",彰显了对未成年人保护从权利对象向权利主体的转变,未成年人的保护网越织越密,综合保护力度越来越强,对保护的精准性要求也越来越高。未成年人检察数字化转型时,利用大数据、人工智能等技术,对未成年人保护相关数据进行全面、深入分析,可以准确识别出未成年人保护领域存在的问题和隐患,为精准保护提供科学依据。同时,结合数字分析和实际情况,采用多元保护手段,将数字化技术应用于"六大保护"不同场景,确保未成年人合法权益得到全面、有效保护。

(二)基本原则

1. 国家责任原则

未成年人保护法延续了以往保护未成年人的共同责任,还特别凸显了国家的最终责任,尤其是政府相关部门和检察机关在践行国家亲权理念、实现国家兜底责任方面的重要职责。[①] 未成年人检察数字化转型背景下,国家责任体现在推动数字化改革、加强数字化监管、促进数字化教育和强化数字化协作等方面,是为保护未成年人的权益和安全所承担的责任。在数字赋能监督与服务当中,首先要从培养符合党、国家、人民和时代要求的建设者和接班人的大局出发,高站位看待数字赋能未成年人保护在整个国家治理体系当中的作用。

2. 最有利于未成年人原则

随着未成年人保护意识的觉醒,最有利于未成年人原则已经成为一项指导与未成年人利益相关的一切活动的基本准则,[②] 并得到立法确认。新修订的《未成年人保护法》第 4 条规定:"保护未成年人,应当坚持最有利于未成年人的原则。"同时规定了处理未成年人事项,应当给予未成年人特殊、优先保护,尊重未成年人人格尊严,保护未成年人隐私权和个人信息,适应未成年人身心健康发展的规律和特点,听取未成年人意见,保护与教育相结合等。最有利于未成年人原则应当以看得见的方式体现在数字检察中,在数据归集、技术分析、模型构建、具体应用等全过程都应充分考量,并以此作为指导未成年人检察数字化转型的首要原则。但由于未成年人数字检察在我国尚属新生事物,该原则的具体落实,还需要根据数字检察实践进行不断校正和完善。

3. 提前干预原则

未成年人检察不以实现惩罚为首要目的,而以保护未成年人权益、预防再犯、帮教未成年人为出发点、着力点和落脚点。未成年人检察也不以定罪量刑和定分止争为最终目标,而以案件事实为切入点,探究未

---

① 宋英辉:《以检察监督推进新时代未成年人保护》,载《检察日报》2021 年 5 月 14 日,第 3 版。

② 王广聪:《论最有利于未成年人原则的司法适用》,载《政治与法律》2022 年第 3 期。

成年人问题产生的动因，采取必要的干预手段，改善未成年人的心理状况、家庭教养和社会环境，帮助陷入困境的未成年人重回正常轨道，呵护其健康成长。① 未成年人刑事案件的发生，无论是未成年人犯罪，还是未成年人遭受侵害犯罪，都会有一定的诱因。未成年人数字检察要注重从不同角度对影响未成年人成长的各种情况进行全面"数字体检"，发掘人脑难以发现的潜在规律，形成前瞻性判断，以前置性预警的方式对可能引发未成年人重大权益损害风险的因素进行提前干预。

4. 伦理性原则

未成年人数字检察具体实践中，除了遵循道德伦理原则外，还应当遵循数据伦理和司法公正伦理原则。具体来说，要"有所为有所不为"，在社会道德框架内开展一切工作；要遵循未成年人身心发展的规律和特点，尊重未成年人的隐私保护，制定符合其身心发展需求的实施方案和措施；还要遵循未成年人司法内在规律和计算机科学技术专业伦理，以"未成年人本位"思维方式，关注未成年人全面发展，为其提供多元化的数字服务和支持，尊重其自主权和选择权。此外，在采用数字化手段开展工作时不得歧视任何未成年人。

5. 安全优先原则

敏感个人信息承载了更高的人格尊严，且敏感个人信息的泄露与非法使用更容易引发权益侵害。② 对于未成年人群体而言，个人信息数据一旦泄露，对其成长的影响更大。我国数据安全法已经明确规定了数据安全，指的是通过采取必要措施，确保数据处于有效保护和合法利用的状态，以及具备安全保障能力。在开展数字检察工作过程中，针对未成年人的个人信息和隐私，要设置特殊的保护规则，确保不被泄露和滥

---

① 《最高检印发〈意见〉充分履职，聚焦未成年人保护热点难点痛点》，载"最高人民检察院"微信公众号，2020年4月30日。

② 赵宝：《敏感个人信息的界定标准与处理规则》，载《民主与法制时报》2021年11月17日，第4版。

用。因此，在数据归集、技术分析等方面，应当将保障未成年人的信息数据安全放在首位，保证数据使用的合法性和规范性，防止因工作疏忽或失误而造成泄露或滥用的安全问题。还要同时注意平衡数据需求、安全保护与"泛隐私保护""泛安全"之间的界限。

（三）注意事项

1. 注意成年人惯性思维的影响

当代社会是一个以成年人为主体的社会，在处理未成年人事务时容易受成年人惯性思维影响。未成年人数字检察也需要警惕成年人习惯性思维的消极影响，避免忽视未成年人主体地位。在处理未成年人案件时，需要充分考虑未成年人的特殊情况和需求，而不是将成年人的思维和价值观强加给他们。成年人习惯性思维往往受到社会、文化和个人经历等多种因素的影响，存在一些不利于未成年人身心发展的观念和认知，也缺乏对未成年人问题的敏感性和关注度，在处理未成年人相关问题时容易采用简单化和片面化的方式。成年人通常更加关注在未成年人犯罪治理上的工作效率问题，以至于对未成年人的个人隐私权益保护缺乏足够的重视。而过度依赖数字技术解决未成年人问题，容易忽视其他更全面和人性化的解决方案。如过于强调数据分析、精准控制，没考虑到对未成年人的引导和人文关怀，机械化的管理机制会对未成年人成长产生不良影响。此外，成年人习惯性思维可能缺乏对未成年人问题的全面了解和深入体会共情，无法充分考虑未成年人身心特点，难以真正解决未成年人深层次的需求，所以更要坚持未成年人权利本位原则，注重综合施策，以更契合未成年人需求的方式来处理问题。

2. 注意履职边界

未成年人保护"无边界"，可以采取一切符合最有利于未成年人原则的措施处理未成年人事务。但对于检察机关来说，其定位是法律监督机关，在大数据法律监督模型的系统化、诉源性治理背景下，容易引起检察机关"越权、越位"的错误认识,叠加未成年人检察司法保护牵涉面广,未成年人数字检察工作的"边界"问题值得探讨。在模型构建时,要厘清未成年人保护检察履职的职责和边界,坚持"督导而不替代"。在模型应用尤其是个案监督突破后的类案治理中,更要注意坚决不能代替行政部门去行使职权。

3. 注意与综合履职有机结合

"四大检察"综合履职是未成年人检察重要的工作方式,也是新时代未成年人司法保护的新要求。在大数据时代开展未成年人检察工作,要注重推进未成年人"四大检察"综合履职,促进"六大保护"协同发力,以完备的社会支持体系守护未成年人健康成长。在具体工作中,要注意从未成年人检察工作的整体性出发,推进履职方式调整,以实现未成年人保护价值目标为落脚点,在线索发掘、成案处理、外部支持等方面,通过数字化手段加强未成年人检察职能耦合,实现未成年人全面综合保护的"化学融合"。

二、未成年人检察业务数字研判规则

大数据反映的普遍性特征才有类案监督的基础,可复制的模型才有生命力,共性问题才能反映社会治理的深层次需要。在进行未成年人检察业务数字研判过程中,监督点从何而来,如何开展数据归集,怎样搭建监督模型,如何从数据中凝聚态势,洞察个案难以发现的异常和规律,从而找到社会治理的源头性问题,是未成年人数字检察工作最关键的环节。

(一)监督点生成规则

通过对监督行为、监督事项、监督场景等进行解构剖析,提取行为特征并抽象概括出行为规律,进而形成要素化、类型化的审查模型或审查进路，是大数据赋能法律监督的关键。① 涉未成年人大数据法律监督模型的构建不是"空中楼阁""凭空臆造"的，而是源于检察人员对个案"解剖麻雀"式的分析和对类案规律的深入提炼，源于检察人员对办案经验的深入总结和对大数据的分析研判，源于检察人员对法律法规的熟悉把握，以及对未成年人成长需求和公益保护的深度挖掘。以案件办理为小切口，在履行法律监督职责中敏锐挖掘个案背后存在的共性问题，以数据思维、数据方法从个案中提炼、分析出大数据法律监督模型构建的方向和监督规则，从法律法规中研判和未成年人成长需求中挖掘，深入提炼未成年人司法保护的监督点以及数字服务方向，是未成年人数字检察的基础思维。由此可见，要做好、做成"数字赋能监督"，并非在大数据海洋里随手"摸鱼"，而是要有章有法、摸索规律，实现有方向、有成果、有价值的赋能。②

1. 基于案例提炼

基于案例的推理（case-based reasoning）是2018年发布的计算机科学技术名词，③ 旨在通过使用过去的案例和经验来解决问题。在未成年人数字检察工作中，案例推理可以发挥重要作用。一方面，案例推理可以帮助快速找到类似问题和解决方案。当在未成年人检察工作中遇到各种复杂问题和挑战时，可以通过搜索和匹配过去的类案来提供类似问题的解决方案和经验。另一方面，案例推理可以帮助预测未来的问题和趋势。通过分析过去的类案和经验，了解工作中可能出现的问题和趋势，提前采取措施进行应对和预防。因此解剖个案、分析类案，是数字检察监督点最重要的生成规则之一。此种监督点生成规则，在未成年人检察

---

① 董学华：《大数据赋能法律监督的基层策略》，载《人民检察》2022年第21期。
② 贾宇主编：《数字检察办案指引》，中国检察出版社2023年版，第37页。
③ 百度百科：《基于案例的推理》，载百度网，https://baike.baidu.com/item/%E5%9F%BA%E4%BA%8E%E6%A1%88%E4%BE%8B%E7%9A%84%E6%8E%A8%E7%90%86/902632?fr=ge_ala#2。

工作中，以刑事案例提炼最为典型。通过对涉未成年人刑事案件重点罪名的个案进行解剖，以及对某一类罪名进行分析研判，非常容易找到监督点及监督规则。比如，性侵害未成年人犯罪不当下行大数据法律监督模型、督促医疗机构落实侵害未成年人案件强制报告制度大数据法律监督模型等的构建，其监督点的来源一般都是基于类案规律的提炼。

2. 基于法则提炼

未成年人保护领域的法律法规越趋完善，尤其是新出台或修订的民法典、未成年人保护法、预防未成年人犯罪法、家庭教育促进法等，已涉及未成年人成长过程的方方面面，为未成年人数字检察工作提供了有力的法律监督依据。上述法律能否得到不折不扣地落实，是未成年人合法权益能否获得全面保护的基础。未成年人检察数字化工作的开展，正是打开这个关键的钥匙。此种监督点生成方法，不仅包括实体法，也涵盖程序法。在数字化未成年人检察监督中，基于程序法提炼监督点更为典型。比如，在押未成年人合法权益保护大数据法律监督模型、犯罪记录封存制度执行大数据法律监督模型等，就是对规范执行未成年人法律程序方面的监督。

3. 基于权益需求提炼

未成年人处于身心发育的关键时刻，其成长过程每一个阶段都有不同的权利需求。未成年人在社会化过程中受到挫折，合法合理的需求得不到满足或者对应的权利受到损害时，容易遭受不法侵害或走上违法犯罪的道路。因此，未成年人成长过程中的阶段性权利需求，也是数字检察查找监督点的重要考虑因素。这也是未成年人数字检察中，检察人员需要跳出类案思维，实现对未成年人案件个性化办理的具体要求。基于权益需求提炼监督点的做法，在未成年人民事检察、公益诉讼检察当中体现得最为典型。比如，督促监护大数据法律监督模型、控辍保学大数据法律监督模型等，都是针对未成年人成长权益保护开展的法律监督。

4. 基于集体安全提炼

安全是未成年人成长的基础和重要保障。随着社会的多元化发展，未成年人权益面临系统性、扩散性的危险，这种典型性和集中性特征凸显出来的是未成年人公共利益有效保护相对缺乏。国家的任务是应付集体性的危险情况。[①] 家庭场所的居住安全，学校教学的校园安全，社会当中的社交安全、交通安全以及网络安全等，检察机关都可以根据未成年人集体安全保障的公益需要提炼监督点。比如，校车安全监管职责大数据监督模型的构建，就是基于对未成年在校学生交通安全保障的考量。

5. 基于特殊禁止的提炼

未成年人的身体和智力发展尚未完全成熟，他们缺乏足够的判断力和自我保护能力，容易受到伤害。一些不良行为若不加以制止，如吸烟、喝酒、文身、持有管制刀具、夜不归宿、沉迷网络、离家出走等，不仅会对未成年人的身心健康造成损害，还可能导致其他严重的后果。因此，在提炼监督点时，检察人员还可以从未成年人特殊禁止的行为或事项入手，实现精准保护。

以上五种监督点提炼方法，相辅相成，共同形成了未成年人检察特有的监督点生成规则。在具体应用监督点或服务点过程中至少需要包括监督点、监督依据、数据需求、数据来源、碰撞规则、个案例证等一份完整的说明书或工作方案。有了完整的监督规则，才能有针对性地挖掘内部数据、协调外部数据，有序开展数据加工、建模和运算。[②]

（二）数据归集思维定位

数据是社会治理的基础性资源。中共中央、国务院印发的《关于构建数据基础制度更好发挥数据要素作用的意见》提出，数据作为新型生

[①] ［德］哈贝马斯：《在事实与规范之间》，童世骏等译，生活·读书·新知三联书店2003年版，第537页。

[②] 杨秀坤：《"六道工序"做好大数据法律监督模型》，载"检察技术与信息化"微信公众号，2023年11月17日。

产要素，是数字化、网络化、智能化的基础，已快速融入生产、分配、流通、消费和社会服务管理等各环节。未成年人检察进入大数据时代，首要任务是做实数据汇聚、整合、管理、应用，让数据"开口说话"。一方面，与未成年人信息相关的数据，极具隐私性、敏感性等特点，在数据归集共享方面对安全性的顾虑较多；另一方面，未成年人成长阶段性的不同需求和特性，决定了数据归集思维的不同。未成年人数据归集思维是一种系统化、动态性和预防性的思维，旨在通过数据收集、整合和分析，为未成年人权益保护和社会发展提供有力支持。

1. 全面性思维

未成年人数据归集需要从多个角度、多个维度进行收集和整合，包括但不限于家庭背景、教育情况、身心健康、社交关系等方面。只有全面了解未成年人情况，才能提供精准有效的支持和保护。

2. 动态性思维

未成年人数据归集不仅需要收集静态信息，还需要关注未成年人的动态变化。比如，他们的身心健康状况、学业表现、社交关系等都可能随着时间和情境的变化而发生变化。因此，需要持续进行数据收集和分析，以便及时发现问题并采取相应的干预措施。

3. 预防性思维

未成年人数据归集应以预防为主，通过数据分析和预警机制，第一时间发现潜在问题和风险，提前采取相应的预防措施，不仅可以避免或减少问题的发生，还能为未成年人提供更加及时有效的支持和保护。

4. 专业化思维

未成年人保护法对从事未成年人保护工作的人员都提出了"熟悉未成年人身心特点"的专业化要求。专业化资源缺乏会影响数据数量质量。在涉及未成年人的数据信息归集上，应当坚持未成年人主体地位，按照未成年人保护专业化要求进行。这样才能有针对性地使用和处理数据，实现未成年人检察数字化目标。

5. 协同性思维

我国对未成年人保护采取的是共同责任制，开展未成年人数字检察工作全过程也应遵循。未成年人数据归集需要各方的协同合作，包括政府、企业、社会组织等。政府可以提供政策支持和资金保障，企业可以提供技术手段和数据支持，社会组织可以提供专业服务和资源支持。各方形成合力，才能更好地开展未成年人数据归集工作。

6. 最低限度使用思维

数据最低限度使用思维是一种以保护个人隐私和数据安全为核心的思维方式。部分未成年人信息数据隐私性、敏感度极强，处理数据时应当尽量减少使用和保留，在满足需求的前提下，尽可能减少数据的收集、存储和使用，以保护个人隐私和数据安全。对于收集到的数据，应该限制存储时间，避免长期存储产生的泄露风险。

（三）数字模型构建逻辑

未成年人检察工作涵盖"四大检察"各业务，相关业务条线研发、建用的模型天然适用于未成年人检察工作。专门建立的未成年人检察大数据法律监督模型更应着眼于未成年人保护社会治理深层次问题，更应体现未成年人"四大检察"融合履职的法律监督属性。未成年人检察业务"捕、诉、监、防、教"一体化的履职模式，也决定了模型的构建必须考虑惩治、监督、帮教、救助、预防等方面的特殊功能。

1. 基于风险预警的模型构建

人类在享受现代科技进步给日常生活带来的物质和精神满足的同时，科学和技术所具有的"双刃"性质也使得人类社会不得不面对日益滋生的众多危险来源。[1] 虽然风险社会所造成的影响遍及现代社会所有人，但是由于未成年人群体是典型的依赖人群，其生理心理发育的特

---

[1] 王广聪：《未成年人公益诉讼与少年司法国家责任的拓展》，中国检察出版社2021年版，第12页。

殊性决定了他们在家庭、社会生活中处于弱势状况和最易受伤害的地位。[1] 加上家庭、学校、政府、社会等保护可能存在失灵或不足的情况，形成更大范围的未成年人风险，如未成年人空间环境、网络生活等系统性风险。未成年人违法犯罪或者权益受到侵害，往往与其民事、行政权益得不到保障有关。[2] 风险社会背景下，每一起涉未成年人刑事案件发生，包括未成年人犯罪和未成年人遭受侵害犯罪，总会有一些前置性的突出问题或者发案趋势。未成年人数字检察工作既要在治已病上着力，也要在治未病上推进，根据数字化分析发现的突出问题或风险，动态调整监督内容，构建监督模型。此类模型包括：督促整治校园周边环境大数据模型、教育机构从业查询大数据法律监督模型、旅馆业业态治理大数据法律监督模型、学校教职员工入职查询模型等。

2. 基于诉讼监督[3]的模型构建

对刑事、民事、行政诉讼活动的监督是检察机关开展法律监督的基础性工作。数字检察理念已经具体化实践于未成年人检察办案全过程，应当秉承"法定职责必须为"的法治原则，整合社会支持体系框架内外的数据，增强诉讼监督的精准性和有效性，以统一司法办案标准，实现"在办案中监督、在监督中办案"。基于诉讼监督构建的模型涵盖了未成年人检察办案监督的每一个环节，应当以最有利于未成年人为指引，遵循未成年人司法内在规律，以未成年嫌疑人、被告人以及未成年被害人的法定诉讼权利是否被剥夺或者限制为监督重点。此类模型包括：涉未成年人性侵害"刑事下行"大数据法律监督模型、看守所在押未成年人权益保护大数据法律监督模型等。

---

[1] Mussen,P.&Eisenberg-Berg,N.（1977）,Roots of Caring,Sharing, and Helping: The Development of Prosocial Behavior in Children. San Francisco:W.H. Freeman and Company。

[2] 那艳芳：《深化综合履职高质效履行未成年人检察职责》，载《人民检察》2023年第10期。

[3] 这里提到的"诉讼监督"是狭义上的，仅指对公安、司法机关开展未成年人诉讼活动的监督。

3. 基于分级干预的模型构建

分级干预是预防未成年人犯罪法规定的一项预防未成年人犯罪以及重新犯罪的重要制度，也是未成年人检察工作的重要内容。一方面，检察机关通过落实宽严相济刑事政策，坚持教育、感化、挽救方针，精准施策，积极推动和参与未成年人犯罪综合治理；另一方面，检察机关严格按照预防未成年人犯罪法的规定，通过对罪错未成年人重新犯罪预防等的监督，推动形成分级教育矫治体系，使各类教育矫治措施符合罪错未成年人身心特点，最有利于未成年人成长，防止未成年人合法权益被不当侵害，有效实现教育、感化、挽救目的，促使其顺利复学或回归正常社会生活。基于分级干预构建的模型包括：未成年人罪错行为分级干预法律监督模型、医疗机构落实侵害未成年人案件强制报告制度监督模型、未成年人驾驶机动车法律监督模型等。

4. 基于综合救助的模型构建

最高人民检察院《关于全面加强未成年人国家司法救助工作的意见》出台后，检察机关对未成年人司法保护的力度进一步提升，提高了司法救助的准确度和及时性。大数据既可以赋能法律监督使办案更加公正，也可以赋能检察服务使服务更加精准。运用数字技术助力未成年人救助工作，可以显著缓解各类救助政策碎片化、信息不对称等问题，减少救助及时性不足，救助条件审核不准、救助程序脱节、救助协作不畅等问题。这类模型主要包括：督促监护大数据法律监督模型、司法救助线索筛查大数据模型等。

5. 基于再社会化的模型构建

未成年人社会化是个体在成长过程中，通过与社会互动和学习，逐渐适应社会规范、价值观和行为模式的过程。在这个过程中，未成年人通过家庭、学校、同龄群体等途径，学习社会规则、道德准则、文化传统等，逐渐形成自己的社会角色和身份。但未成年人可能会面临一些挫折、挑战和变化，导致他们需要重新适应新的环境和社会群体，这就是再社会化。罪错未成年人再社会化就是这样一个重要过程,旨在帮助罪错未成年人重新融入社会。基于这个逻辑建立的模型主要有:犯罪记录封存制度执行监督模型、助推文身治理大数据法律监督模型等。

在具体的模型构建过程中,除了需要考虑以上五种因素之外,提炼分析关键词也是重中之重。关键词是在信息检索中用来描述信息内容的一组术语。如何在海量的数据里找到关键性的词语,不仅是模型的具体需求,也是检察人员必须学会的技能。通过明确数据筛选目标、选择合适的技术工具和算法、设置相应的搜索条件等,可以实现对关键词的准确提取。类案特征要素里往往蕴含着案件的规律性和倾向性,把这些特征要素提炼成有代表性的关键词,就能集中体现出该类案件的共性特征。再借助设定的逻辑规则,用这些关键词与数据库中的信息进行关联、比对、碰撞、筛选,就能形成相对具体的线索性数据,最终直接指向具体的执法司法对象和环节,为能动发现线索提供强大支撑。

比如,未成年人保护法明确规定了旅馆、宾馆、酒店等住宿经营者接待未成年人入住应当履行的具体义务。根据未成年人入住情况,可以分析提取出"同住人员数量多、年龄和地域分布广""同时同地聚集性同住""长期住宿""入住时间为深夜和凌晨""入住时间和退房时间间隔很短"等未成年人入住异常关键信息,运用大数据碰撞、分析加人工审核的方式,梳理涉未成年人异常入住线索,系统挖掘制度执行存在的漏洞,依法推进一体监督。又如,医疗机构落实强制报告监督模型,依据诊疗结果,最容易提炼的就是"幼女"在诊疗系统中显示"怀孕""人流""引产"等关键词。

(四)信息线索归类方法

借助数字模型力量,对未成年人保护开展深度监督,是实现精准保护的重要引擎。检察人员可以通过对模型挖掘的线索进行综合判断,实现信息线索的精准划分,再通过数字模型办案"五步方法",促使分类划分的信息线索精准成案。基于精准保护的需求，根据不同标准可以将信息线索分为不同类型。

1. 按保护领域不同将线索区分为司法保护类和非司法保护类

经综合研判，对监督点反映的信息线索进行智能排查，归集属于司法保护领域的信息线索，再以信息特征和发生概率为依据，作治安案件、刑事案件、民事案件和公益诉讼案件四类标记，并根据线索类型移送公安机关或开展未成年人检察融合监督。采用同样的方法，对属于非司法保护领域的信息线索，以"五大保护"定义的关键词及逻辑规则为依据，分类标记，以制发检察建议、进行法治宣讲、协同开展家庭教育指导等方式助推协同治理，形成未成年人综合保护合力。①

2. 按检察领域不同将线索区分为刑事领域类、民事领域类、行政领域类、公益诉讼领域类

未成年人检察已经实现"四检融合"和一体履职。通过对数据深入分析，按照"四大检察"领域归集线索，更有利于检察人员综合运用刑事、民事、行政、公益诉讼等司法手段，开展综合履职。比如，通过大数据对比、碰撞，发现辖区内多家校外培训机构存在管理漏洞，个别工作人员存在侵害未成年人犯罪行为，前者属于公益诉讼范畴，后者属于刑事检察范畴，区分后就可以使用不同的司法手段针对性开展工作。

3. 按履职方式不同将线索区分为监督类和非监督类

在司法实践中，需要契合未成年人群体特殊性，尊重未成年人成长规律，以实现未成年人利益最大化。根据未成年人检察"捕、诉、监、防、教"不同履职方式，将线索区分为监督类和非监督类，更有利于实现未成年人检察工作目标。监督类线索的跟进，主要以保护未成年人合法权益以及集体公益为目标；非监督类线索的跟进，主要涵盖对未成年

---

① 《数字检察｜以"数字赋能"提升未成年人司法保护质效〈第4748期〉》，载"辽宁检察"微信公众号，2023年6月2日。

人的观护帮教、综合救助、预防犯罪等服务，其目标是通过精准施策，最大限度预防未成年人犯罪，最大限度避免涉罪未成年人重新犯罪，最大限度修复未成年被害人的创伤。比如，通过大数据手段开展社会调查，有助于检察人员精准识别未成年人走向违法犯罪的原因，有的放矢开展精准帮教。

三、未成年人数字检察多维应用场景

新修订的未成年人保护法、预防未成年人犯罪法赋予了检察机关更重要的职责，检察机关承担了未成年人司法保护的主导责任。新形势下的未成年人检察工作，要牢固树立最有利于未成年人的保护原则，着眼于源头治理、诉源治理，把工作往前推，最大限度地依法阻断涉未成年人案件进入司法程序或者不发生涉未成年人案件。[1] 因此，积极履行法律监督职能，最大限度促进"六大保护"落地见效，形成"化学反应"，是当前未成年人检察法律监督工作的核心目标。着眼于"六大保护"应用场景，运用大数据分析构建法律监督模型，督促职能部门各司其职，实现"1+5＞6""1+5等于实"[2] 的最大、最实效果，合力为未成年人营造良好的成长环境，是未成年人检察数字化转型的最终目标。

（一）家庭保护应用场景

作为未成年人的首要监护人和启蒙老师，父母应竭尽全力为子女创造一个有益于身心健康成长的家庭环境。但在现实生活中，很多父母在不经意间或者由于不能正确履行监护职责、怠于履行监护职责，对未成年人造成了伤害，如放任、唆使未成年人吸烟饮酒，放任或者迫使应当接受义务教育的未成年人失学辍学，允许、迫使未成年人结婚或者为未

---

[1] 那艳芳：《更加自觉将检察司法保护融入"五大保护" 努力推动新时代未成年人检察工作高质量发展》，载《未成年人检察》2021年第4辑。
[2] 那艳芳、陈晓、隆赞：《最高人民检察院第三十五批指导性案例解读》，载《人民检察》2022年第11期。

成年人订立婚约，使未满八周岁的未成年人独自在家，使未满十六周岁的未成年人脱离监护，对于未成年人夜不归宿置之不理等。未成年人保护法、家庭教育促进法等法律赋予了检察机关在家庭保护领域通过制发督促监护令、责令接受家庭教育指导、支持变更监护权等方式督促监护的职权，在大数据应用场景，家庭保护方面是重要的一环。

案例一：广东省英德市检察院督促监护大数据监督案[①]

【关键词】

事实无人抚养儿童　大数据分析　督促监护

【要旨】

检察机关在办理案件中发现存在涉案未成年人缺乏家庭教育指导、脱离学校师长监管，甚至在家庭中遭受侵害等突出问题，研发模型开展大数据法律监督，协同民政、公安、司法、妇联等部门加强工作衔接和信息共享，通过大数据分析，及时发现缺乏监护保障、事实无人抚养、受近亲属侵害等类案问题，以检察建议、支持起诉、制发督促监护令、监督立案等方式督促监护，促推相关行政部门依法履职，切实保障未成年人合法权益。

【线索发现】

余某甲是未成年被害人余某乙的父亲。在一年内，余某甲多次对余某乙实施侵害。余某乙离家出走寻求亲友帮助，被公安机关劝返后，陈述了父亲对其实施侵害的事实。余某乙的母亲因重度残疾无力履行监护职责也无法制止侵害持续。余某甲到案被采取羁押措施后，余某乙处于事实无人抚养状态。检察人员提前介入第一时间将情况反馈至民政部门。检察人员从此案着手，运用大数据思维，经过对2020年至2023年办理的侵害未成年人案件进行分析研判，发现多名未成年人因缺少父母

[①] 陈岑主编：《开启数字检察之门》，中国检察出版社2023年版，第272—287页。

关爱，或与父母发生矛盾等，外出寻找慰藉而被侵害，部分长期夜不归宿、饮酒、早恋等无人监管。上述问题有进行类案监督的必要。

【数据赋能】

英德市检察院从公安机关、民政部门及妇联、社工等单位获取旅馆业入住登记信息、事实无人抚养儿童数据、妇联维权咨询服务记录、相关调查问卷等20余万条数据信息进行数据分析研判。第一步，对旅馆业入住登记信息中的姓名、身份证号、入住时间等信息进行梳理，锁定"未成年人""入住时间为深夜或凌晨""三次以上入住""单独入住""异性同时入住"等关键点。第二步，在其他数据信息中锁定"父母属于死亡、失联、失踪、服刑、精神残障以及相关问卷数据反馈的其他危机因素""父母一栏为空"作为数据关键点。第三步，将上述关键信息比对碰撞，辅以走访调查，核实监护不到位、属于应当纳入事实无人抚养儿童而未纳入、需要依法支持起诉等情况。

【案件办理】

通过大数据分析研判抓取关键线索，发现和引导公安机关查实2名未成年人受侵害的事实，依法追究4名涉嫌性侵的犯罪嫌疑人责任。发现27名未成年人入住信息十次以上，通过走访核实，对监护缺失、不正确或怠于履行监护职责的84名监护人，制发督促监护令督促"依法带娃"，支持起诉或督促变更监护权诉讼案件4件，对经济困难的家庭或儿童给予相关救助。发现旅馆未落实未成年人入住"五个必须"[①] 规定，未与入住未成年人监护人联系确认，未登记监护人信息，制发检察建议督促公安机关对30余家旅馆行政处罚，促使75家旅馆签署承诺书，

[①] 公安部依据未成年人保护法对旅馆业经营者接待未成年人入住提出"五必须"要求：（1）必须询问同住人员身份关系等情况，并记录备查；（2）必须立即向公安机关报告可疑情况，并及时联系未成年人的父母或者其他监护人，同时采取相应安全保护措施；（3）必须查验入住未成年人身份，并如实登记报送相关信息；（4）必须询问未成年人父母或者其他监护人的联系方式，并记录备查；（5）必须加强安全巡查和访客管理，预防针对未成年人的不法侵害。

开展从业培训37场次。走访民政、公安、法院、妇联等多部门，推动建立英德市家庭教育指导中心，共同对全市中小学教师、基层妇女干部等进行家庭教育师资培训，解决家庭教育指导师资难题，开展家庭教育指导线上、线下培训近500场次。

（二）学校保护应用场景

学校是未成年人接受教育，快乐成长的重要场所。学校应当建立未成年人保护工作制度，培养未成年学生遵纪守法的良好行为习惯。实践中，一旦学校保护措施不到位，就容易使未成年学生的利益遭受不法侵害，如对未成年学生实施体罚、变相体罚，违规开除、变相开除学生，歧视学生，安排参加商业活动，教职人员对学生实施侵害等。检察机关主要通过检察建议、公益诉讼等方式进行监督，在大数据应用场景，学校保护方面是关键的一环。

案例二：河北省沧县检察院督促履行校车安全监管职责大数据监督案[①]

【关键词】

未成年人检察　大数据监督　校车安全　行政公益诉讼

【要旨】

检察机关针对校车事故暴露出的校车安全管理问题，加强诉源治理，通过大数据检索、数字建模比对，全面梳理县域内运营校车安全管理隐患，找准监管盲区，通过行政公益诉讼，督促行政机关强化校车安全管理，规范校车运营，保障未成年人出行安全。

【线索发现】

2021年11月，某幼儿园校车驾驶人无证驾驶校车，且严重超载行

[①] 《最高人民检察院发布大数据赋能未成年人检察监督典型案例》，载"最高人民检察院"微信公众号，2023年2月2日。

驶导致车辆侧翻，造成20名幼儿及1名教师受伤的严重后果，涉事司机因危险驾驶罪被立案侦查。该起事故暴露出的校车安全问题引起河北省沧州市检察院关注，在全市部署开展校车安全监督专项行动，切实保障学生出行安全。沧县检察院落实专项行动部署，对本地校车安全运营情况展开调查。经过初步调查，检察机关发现行政审批部门、教育行政部门和公安交警部门分别在校车运营的审批许可、监督管理方面负有相应职责，各自掌握了大量校车运营的相关数据信息，但由于各部门掌握的信息不同步，容易造成监管盲区。由于当地教育行政部门登记的学校在用校车达140余辆，逐一踏访调查耗时耗力且难以保障调查效果，有必要通过对各部门相关校车信息开展大数据分析，更好明确校车安全问题所在，促推监管治理。

【数据赋能】

检察机关通过教育行政、公安交警、行政审批等部门获取校车、司机、学生上下学乘车、运营许可等数据信息，经对这些数据信息的综合分析，筛选出从事校车运营却无校车标识牌、未按期年检的校车，无校车驾驶资格、与登记备案信息不符、未按期审验、有违法犯罪记录以及已满六十周岁的校车司机。国务院《校车安全管理条例》和《河北省〈校车安全管理条例〉实施办法》对校车许可使用、校车驾驶人条件和校车安全管理均有明确规定，由于相关规定未能得到贯彻执行，导致教育行政部门登记的实际使用校车情况与行政审批、公安交警部门掌握的合规校车信息存在差异，数据分析的关键点在于找出不同部门所掌握校车数据之间的"差异项"，这些"差异项"是校车安全问题隐患所在，也是监管盲区的集中体现。

【案件办理】

经大数据比对筛查，检察机关累计筛查出37辆正在使用的无标识牌校车，这些无标识牌校车中有25名驾驶人不具有校车驾驶资格；在有标识牌校车中，5辆校车实际驾驶人与登记不符、5辆校车司机将满六十周岁，需要及时更换；另筛查出私自营运校车业务的大巴、面包车28辆。为确保数据比对的精准性，检察机关随机对两所幼儿园的4辆校车运营情况进行实地调查，调查结果与大数据对比筛查发现的问题相符。2022年4月，沧县检察院作为行政公益诉讼立案，向教育行政部门提出诉前检察建议，要求疏堵结合开展校车规范治理工作，加强日常监管，保障校车运营安全。教育行政部门联合公安部门根据检察建议内容开展联合专项治理，无校车驾驶资格司机被全部替换，驾驶人发生变动的均依法变更许可登记，4辆不合格校车被停运，20余辆私自营运校车业务的非制式车辆被查扣，两名严重超载接送学生上下学的驾驶人被以危险驾驶罪立案侦查。同时，检察机关协调各方开通校车审批许可绿色通道，为30余辆符合标准的无牌校车办理了合法手续，保障学生用车需求。

案例三：广东省清远市清新区检察院控辍保学大数据监督案

【关键词】

未成年人检察　　大数据监督　　控辍保学

【要旨】

检察机关总结近期辖区内发生的暴力犯罪案件特点，发现社会不法分子刻意寻找辍学未成年人帮助或者替代其实施违法犯罪行为，致使辍学未成年人成为违法犯罪的"重点人群"，进而能动履职，构建大数据法律监督模型，调取数据进行碰撞比对分析，研判发案规律，完善"防流控辍"制度，保障未成年人受教育权，督促学校发挥教育引导作用，严格落实控辍保学职责。

【线索发现】

2022年10月某天凌晨，江某某在某酒吧内持啤酒瓶对被害人进行殴打，酒吧工作人员劝离后，江某某纠集3名未成年人持刀在酒吧附近路段追砍被害人，致被害人死亡。清新区检察院对3名未成年犯罪嫌疑人进行社会调查发现，三人均在义务教育阶段辍学，缺乏家庭和学校监管，结识社会青年沾染不良习气导致本次犯罪发生。以此案为切入点，梳理系列涉未成年人暴力犯罪案件，发现涉案未成年人多为辍学或者长期不返校学生，部分学校未按辍学实际情况上报教育行政部门，导致教育行政部门难以掌握真实数据，无法采取针对性举措。有必要通过大数据法律监督，加强未成年人控辍保学工作，做好重点对象帮教转化，预防因辍学引发的违法犯罪。

【数据赋能】

检察机关调取辖区教育部门未成年人学籍资料5万多条、公安机关涉未成年人行政处罚信息1000多条、社会观护基地数据近1000条、未成年人"春风牵手行动"专项工作数据（社工建档立卡数据）1000多条，对以上数据信息进行要素化处理后，形成数据表单，结合办案工作实际，设置筛选关键词如"长期不返校""辍学""厌学"，重点关注异常标签如"盗窃""打架""吸食电子烟""驾驶摩托车"，经过碰撞筛选，发现130条可疑线索。结合实地走访和社会调查，精准锁定辖区内处于义务教育阶段却辍学游走在违法犯罪边缘的未成年人，掌握辍学原因和监护情况，通过与相关部门联合助力，实现辍学未成年人返校就学目标。

【案件办理】

检察机关通过构建大数据法律监督模型将"个案办理"效果升级为"类案监督"成效，促进实现"社会治理"效能，聚合相关职能部门力量对未成年人进行综合保护。针对教育部门对义务教育阶段辍学学生教育管束存在的问题，依据未成年人保护法、义务教育法、《广东预防未成年人犯罪条例》等法律法规对教育系统开展行政公益诉讼立案，制发检察建议书，督促加大"控辍保学"工作力度，全面真实掌握辖区内在校学生状况。为进一步凝聚工作合力，与当地教育部门、未成年人保护中心建立"控辍保学"联合机制，结合区委区政府开展的"未成年人春风行动"工作，对筛查出的重点对象开展一对一跟踪帮教。针对监护不当或者监护失职的监护人制发督促监护令、开展家庭教育指导，督促全面履行监护职责。针对经济困难的未成年人家庭或困境未成年人，及时转介线索给民政部门开展相应救助。

(三) 社会保护应用场景

《未成年人保护法》第 42 条第 1 款规定，全社会应当树立关心、爱护未成年人的良好风尚。这表明未成年人保护依靠的不仅是家庭、学校，还需要全社会共同努力。但在现实生活中，社会方面总会存在不同程度的问题和不足，需要检察机关通过法律监督保障未成年人合法权益。社会保护是大数据赋能未成年人检察工作的常态化应用场景。

案例四：广东省佛冈县检察院净化校园周边经营环境大数据监督案

【关键词】

未成年人检察　校园周边　经营场所　大数据监督

【要旨】

针对校园周边违法开设 KTV、游戏厅、台球室、网吧、酒吧、彩票专营店、烟酒销售点等不适宜未成年人活动的场所，构建校园周边经营环境综合履职大数据法律监督模型，结合实地走访核查，梳理公益诉讼线索，开展针对性、动态化法律监督，督促相关部门依法充分履职，净化校园周边环境，消除安全隐患，保护未成年人合法权益，实现以点带面、全局联动的辐射效应，为未成年人健康成长注入检察智力。

【线索发现】

2023 年 4 月，未成年人邹某某多次伙同他人流窜盗窃香烟。社会调查结果显示，邹某某上学期间染上了吸烟、酗酒、沉迷网络等陋习。通过对该案的综合分析研判，梳理近三年办理的涉未成年人案件，发现多名涉案未成年人在校期间就出现了吸烟、酗酒等不良行为，为防止这些不良行为演变成违法犯罪，佛冈县检察院认为有进行监督的必要性。故针对辖区内中小学、幼儿园数量较多，校园周边商铺数量庞杂，线索排查难、排查慢的问题，充分发挥大数据法律监督优势，利用数字建模方式，查找线索，开展治理，为未成年人营造良好的校园周边环境。

【数据赋能】

检察机关通过烟草专卖、市场监督管理、民政、文化广电旅游体育等部门，获取网吧、酒吧、香烟销售点、KTV、台球室等不适宜未成年人活动场所的地理位置数据，从教育部门获取中小学、幼儿园地理位置数据，借助卫星导航地图测距功能将学校位置数据与经营场所位置数据进行距离测算。通过比对分析，筛查出校园附近违法设立的不适宜未成年人活动的经营场所120家。数据分析的关键点在于比对位置信息。未成年人保护法明确规定，学校、幼儿园周边不得设置营业性娱乐场所、酒吧、互联网上网服务营业场所等不适宜未成年人活动的场所，不得设置烟、酒、彩票销售网点。《国务院关于印发〈中国妇女发展纲要和中国儿童发展纲要〉的通知》《互联网上网服务营业场所管理条例》《中小学校园环境管理的暂行规定》《清远市烟草制品零售店合理布局规定》等法规针对不同场所，对"周边"作出200米、50米等明确限定。由于相关规定未能得到有效贯彻执行，导致中小学校、幼儿园等校园周边仍有此类场所存在，给未成年人保护带来极大隐患，成为检察机关监督未成年人保护法律法规全面落实的关键。

【案件办理】

通过数据比对碰撞，结合卫星导航地图测距功能，发现学校周边50米内售卖香烟商铺线索18条，且部分商铺无证售卖香烟；校园周边200米内设置台球室、游戏厅、网吧、酒吧线索15条。先后向市场监督管理局、烟草专卖局发出行政公益诉讼磋商函。市场监督管理局、烟草专卖局、文化广电旅游体育局等多家单位联合开展校园周边经营环境综合整治行动，相关商铺已进行整改，无证销售烟酒的商铺下架烟酒并承诺不再销售。为实现长效治理，佛冈县检察院联合烟草专卖局、市场监督管理局、文化广电旅游体育局等单位开展座谈，畅通信息交流共享渠道，搭建良性合作机制，实现对校园周边经营环境常态化、动态化、一体化监管，营造良好的校园环境。

案例五：广东省英德市检察院学校教职员工入职查询大数据监督案

【关键词】

未成年人　从业查询　从业禁止　大数据检索

【要旨】

检察机关能动履职，运用大数据法律监督督促教育机构严格落实从业查询从业禁止制度，从源头和机制上把好学校教职员工准入关，及时消除潜在隐患，构建更加牢固的未成年人保护"安全阀"，助力平安校园建设。

【线索发现】

检察机关在办案中发现，辖区内某小学一名教师侵害学生被行政处罚后，仅被调离原学校，仍在其他学校继续任教。担任法治副校长的检察官开展校园普法工作中还发现，大部分学校未开展教职员工入职查询工作。结合近年来教职员工侵害未成年人犯罪案件情况，判定有必要通过大数据法律监督手段开展专项治理。

【数据赋能】

从全国检察业务应用系统、中国裁判文书网收集性侵害、虐待、拐卖、暴力伤害等严重侵害未成年人的案件，或犯罪嫌疑人职业为教职员工的刑事案件基本信息；从教育局、学校、幼儿园等收集教职员工数据信息；从中国政府网、行政执法信息公示平台以及公安机关收集行政处罚案件基本信息。对收集到的信息进行分析、数据碰撞，筛选出具有侵害未成年人违法犯罪行为或其他犯罪行为但仍在学校任教或者从事其他工作的教职人员监督线索。数据分析的关键点和依据在于未成年人保护法规定的"密切接触未成年人的单位招聘工作人员时，应当向公安机关、人民检察院查询应聘者是否具有性侵害、虐待、拐卖、暴力伤害等违法犯罪记录；发现其具有前述行为记录的，不得录用。密切接触未成年人的单位应当每年定期对工作人员是否具有上述违法犯罪记录进行查询。通过查询或者其他方式发现其工作人员具有上述行为的，应当及时解聘"。通过数据分析碰撞，运用大数据检索发现问题，督促教育机构及时解聘相关人员，严格落实从业查询从业禁止制度，推动建章立制。

【案件办理】

通过大数据梳理对比，发现未落实从业禁止制度线索、未按照《关于机关事业单位工作人员被采取刑事强制措施和受刑事处罚实行向所在单位告知制度的通知》履行告知义务从而影响从业禁止制度落实等线索近 10 条，向相关部门发出检察建议。教育部门依法解聘 4 名具有违法犯罪行为的教职员工，并调离长期不重视该项工作的学校主要负责人。教育部门与公安机关达成信息通报机制，公安机关将在行政案件、刑事案件中发现的教职员工违法犯罪的处理情况及时通报教育部门。为从源头上预防和减少密切接触未成年人行业的工作人员侵害未成年人犯罪案件的发生，英德市检察院联合市委政法委等 11 个部门召开联席会议，制定相关实施方案，积极推动入职查询全覆盖，严把入职准入关。

（四）网络保护应用场景

互联网的广泛普及，给人们的生活都带来了诸多便利，也使得未成年人的触网年龄不断降低。《第五次全国未成年人互联网使用情况调查报告》显示，我国未成年网民规模不断扩大，2022 年未成年网民规模已突破 1.93 亿。未成年人尚处于身心发育过程中，心智不成熟容易使其受到网络不良因素的影响，或者沉迷网络，或者权益受到损害。如注册游戏、直播账号致个人信息泄露，沉迷暴力凶杀网络游戏，偷用家长手机观看直播进行大额打赏，受陌生网友诱导拍下隐私部位的照片、视频，甚至相约见面后被迫或自愿发生性行为等。2024年1月1日起施行的《未成年人网络保护条例》明确，未成年人网络保护工作要适应未成年人身心健康发展和网络空间的规律和特点，实行社会共治。网络保护是大数据赋能未成年人检察工作的重要应用场景。

案例六：广东省英德市检察院网络性侵未成年人犯罪大数据法律监督案

【关键词】

网络性侵　综合履职　大数据应用

【要旨】

随着网络的全面覆盖及通信软件的快速发展，借助网络手段实施侵害未成年人的犯罪案件频发，以网络为媒介的无接触型猥亵儿童成为新型犯罪手法引发社会关注。利用网络实施侵害成本低、受害人群广、传播速度快、对被害人身心伤害大，亟须强化对未成年人的网络保护。检察机关善用电子数据，通过"大数据"赋能，深挖隐藏的犯罪事实，消除网络痕迹，推动网络治理，堵塞安全漏洞，织密未成年人综合保护网。

【线索发现】

2020年至2023年，张某某通过网络聊天软件针对性添加在校学生、未成年人为好友，通过语言哄骗、金钱诱骗等方式引诱未成年人进行裸聊或者拍摄发送裸照，"隔空"实施猥亵，并以金钱诱骗幼女与其在旅馆发生性关系，利用网络对多名未成年女学生实施诽谤，造成恶劣社会影响。通过对电子数据的初步分析，检察机关发现，张某某可能存在对其他未成年人实施侵害而未被公安机关发现的犯罪事实，有必要借助大数据手段从其手机数据中深挖犯罪线索。

【数据赋能】

检察机关对公安机关移送起诉的张某某涉嫌猥亵儿童罪一案审查发现，随案移送的张某某的手机存在大量与案件相关的信息。检察机运用自行（补充）侦查权，借助技术手段，深入分析张某某手机上的电子数据，通过语义识别、关键词检索、人物关系分析以及有效信息抓取工具，对张某某进行"网络数字画像"，结合调查核实，深挖出公安机关未发现的犯罪事实，追加起诉两个罪名，严惩侵害未成年人的犯罪行为。充分能动综合履职，与网信部门联合，采取多种措施加强网络信息溯源治理，营造清朗网络空间。

【案件办理】

通过对张某某的手机数据分析，发现并起诉公安机关移送起诉时未认定的一宗猥亵儿童犯罪事实、一宗强奸犯罪事实和一宗诽谤犯罪事实，均获得法院判决支持，体现了检察机关以零容忍态度从严从重惩治性侵未成年人犯罪的决心和力度。为加强对未成年人的网络保护，检察机关以案件办理为抓手，与网络监管部门沟通协商，网络监管部门及时删除了网络上的涉案不实信息、隐私信息，并进一步加强网络监管，维护未成年人的网络合法权益。联合团委、教育、妇联等部门，携手英德市志愿者协会，引入"你我伙伴性教育"公益项目，举办"青伴计划"讲师志愿者线上线下培训班，开展校园普法活动，为未成年人提供优质的网络保护教育课程，提升未成年人自我保护意识和防范侵害能力。

案例七：上海市浦东新区检察院高某某盗窃案——依法综合履职做实预防未成年人沉迷网络治理[①]

【关键词】

不起诉精准帮教　预防未成年人沉迷网络　社会治理检察建议

【典型意义】

随着互联网的广泛运用，未成年人沉迷网络现象日益突出，成为未

---

① 《检察机关加强未成年人网络保护综合履职典型案例》，载"最高人民检察院"微信公众号，2023年5月31日。

成年人违法犯罪的重要诱因。检察机关办理未成年人涉网络犯罪案件，应当高度关注对涉罪未成年人沉迷网络行为的矫治，通过数字赋能、家庭教育指导等手段对其进行精准帮教。同时，对相关网络产品、服务提供者履行预防未成年人沉迷网络义务的情况进行全面调查，针对网络资源下载平台未履行内容审查义务，对破坏未成年人防沉迷系统的软件进行推广问题，以检察建议督促企业强化落实未成年人网络保护责任。检察机关还可以通过召开座谈会、走访行业协会、加强法治宣传等举措助推政府、企业、社会综合发力、齐抓共管，深入推进未成年人网络防沉迷"系统工程"。

【基本案情】

2022年5月至6月，高某某先后多次采用偷拿他人手机进行转账的方式，窃取他人支付宝和银行卡账户中的钱款人民币1万余元，用于网络游戏账号充值和购买装备。2022年6月28日，公安机关以高某某涉嫌盗窃罪移送起诉，鉴于高某某犯罪时系未成年人，具有自首、认罪认罚、积极退赔损失并取得被害人谅解等情节，检察机关依法对其作出相对不起诉决定。

【检察机关履职情况】

（一）深挖犯罪根源，精准开展矫治教育。上海市浦东新区检察院通过社会调查发现，高某某通过某手机应用市场下载了一款游戏代练App，为成年客户代练游戏并获取报酬，每天玩游戏时间长达十余个小时，因沉迷网络游戏而诱发犯罪。检察机关在对高某某作出相对不起诉决定后，根据预防未成年人犯罪法的相关规定，联合公安机关、社工以防治网络沉迷、矫正行为偏差为重点，借助数字化监管平台，对其开展矫治教育。同时，针对高某某父亲去世，母亲再婚，由祖父抚养的情况，委托家庭教育指导站提供家庭教育支持，帮助高某某戒除网络依赖。

（二）制发检察建议，助力企业良性发展。检察机关调查发现，开发运营该手机应用市场的公司未经严格审核，为游戏代练App进行有偿推广、宣传和分发，引诱、鼓励包括未成年人在内的用户，进行网络游戏代练交易，加剧了未成年人沉迷网络的风险。针对该案暴露出的预防未成年人沉迷网络措施落实不到位问题，检察机关向该公司制发检察建议并进行公开宣告，建议其对所有上架 App 进行全面审查，并建立定期巡查制度，畅通投诉受理途径，健全未成年人保护工作机制。该公司全面接受检察建议，主动下架 10 余款问题软件、游戏，并在公司内部成立"未成年人保护工作小组"，建立季度自查、涉未成年人投诉处理专员等工作机制。

（二）多方协同齐抓共管，系统推进网络沉迷治理。为进一步扩大治理效果，检察机关邀请网信办等主管部门、专家学者与该公司及辖区内相关互联网企业，就网络资源下载平台如何预防未成年人沉迷网络进行研讨，帮助企业提升依法经营意识，完善防沉迷技术措施。检察机关还就网络游戏宣传、推广过程中防沉迷措施的落实，与网络游戏行业协会交换意见，推动协会向成员单位发出倡议，倡导对网络游戏产品进行分类，并作出适龄提示。此外，检察机关开展未成年人网络保护法治课堂，并推动该课堂入驻"支付宝"空间站，联合开发"AR奇妙探险GO"青少年网络安全数字体验活动，促进预防未成年人沉迷网络治理长效长治。

（五）政府保护应用场景

政府保护涉及未成年人学习生活的方方面面，是未成年人保护获得实效的重要保证。政府在教育、安全保障、卫生保健、社会救助等方面发挥着最关键作用，同时也是国家监护义务的重要承担主体。政府各职能部门正确履行未成年人保护职责，是检察机关促进"六大保护"形成"化学反应"的核心之义，当然也是未成年人保护大数据应用场景最基础的一环。

案例八：广东省清远市检察院督促落实侵害未成年人案件强制报告制度监督案

【关键词】

医疗机构 未成年人 强制报告 大数据检索

【要旨】

聚焦医疗机构落实强制报告制度不主动、不及时、不规范等问题，构建大数据法律监督模型，系统汇总涉未成年人异常诊疗记录、涉未成年人性侵报案及立案记录等数据，批量发现涉未成年人性侵犯罪立案监督线索，通过刑事立案监督、协同干预、心理救助等方式，加大对性侵未成年人犯罪的打击力度。同时，针对突出共性问题，通过行政公益诉讼、建立联席会议及工作协商机制等，优化强制报告路径，督促监管履职，推进综合治理。

【线索发现】

检察人员在办理彭某某强奸案过程中，发现13岁的被害人芳某2021年6月在某市一家医院引产，但医院未报告，直至2022年1月，芳某才向案发地公安局报案。由于医院没有履行强制报告职责，导致案发滞后，关键证据灭失，检察机关只能对彭某某作出存疑不起诉处理。检察人员认为该问题并非个例，强制报告制度实施以来，因报告主体履职不尽责导致未成年人受到侵害的案件无法第一时间进入司法程序，影响对犯罪分子定罪量刑的情况时有发生，故梳理全市检察机关办理的2020年以来性侵未成年人犯罪案件，通过大数据分析，发现辖区内存在大量涉未成年人异常诊疗记录，有必要在全市范围内开展专项监督，抓好侵害未成年人案件强制报告制度落实。

【数据赋能】

检察机关构建督促落实侵害未成年人案件强制报告制度大数据法律监督模型，通过归集卫生健康部门及医疗机构的未成年人异常诊疗数据，公安机关对侵害未成年人报案的接警、治安处罚、刑事立案数据等，对数据进行要素化处理，以"未满14周岁""怀孕""妊娠""流产""强奸罪""猥亵儿童罪"为关键词进行大数据检索，并与全国检察业务应用系统中的涉未成年人案件数据进行比对，经对数据信息碰撞、筛查、综合分析研判，筛选出因未履行强制报告义务导致司法机关尚未掌握的侵害未成年人案件线索，监护人知情不报警、不履行监护职责等干预线索。数据分析的关键点在于根据强制报告制度的要求在诊疗系统中应当强制报告的情形。通过模型批量输出异常线索，将线索移送公安机关调查或侦查，并对医疗机构落实强制报告情况开展专项监督，系统挖掘制度执行的行业漏洞，依法推进一体监督。

【案件办理】

清远市检察院充分发挥检察一体化效能，收集全市医疗机构诊疗系统等重点行业数据近300万条，批量发现医疗机构未全面落实强制报告制度线索，从中挖掘涉未成年人性侵立案监督线索28条。针对医疗领域落实强制报告制度的共性问题，与卫生健康部门召开诉前磋商会议，制发行政公益诉讼诉前磋商函，督促依法履行监管职责。卫生健康部门组织全系统召开未成年人保护专题工作会议，并将强制报告制度落实工作纳入年度医疗机构绩效考核和民营医疗机构年度校验工作。督促教育部门对5名未履行强制报告职责的教职人员或免职处理，或移送纪委监委立案。对于同步梳理获取的监护不当、监护缺失线索，通过制发督促监护令、亲职教育等方式督促落实监护职责。在机制建设方面，联合相关部门建立联席会议、工作协商、信息共享机制，定期召开会议研究制定专项工作规划、年度计划，确保制度落到实处，"长出牙齿"。

（六）司法保护应用场景

在我国未成年人保护体系之中，司法保护通常处于最后端。[①] 未成年人前端因保护不力而出现的种种问题，会逐渐积累、扩散乃至恶化，当问题严重性达到一定程度时，未成年人就会以违法犯罪或权益受到侵害等方式进入司法机关视野。此时，公安机关、检察机关、审判机关、司法行政部门等就应当依法履职，保障未成年人合法权益。法律同时还赋予了检察机关通过督促或支持相关主体提起诉讼、检察机关直接提起公益诉讼等手段，对侵害未成年人合法权益的行为进行监督的权利。在大数据时代背景下开展未成年人检察工作，司法保护是大数据至关重要的应用场景。

案例九：广东省佛冈县检察院在押未成年人权益保护大数据法律监督案

【关键词】

在押未成年人　大数据监督　权益保护

【要旨】

检察机关秉持"监督促进治理"理念，以问题为导向，构建大数据法律监督模型，精准施策，强化涉罪未成年人在看守所合法权益保护，及时化解涉罪未成年人混管混押、违规留所服刑、未按时进行健康检查等潜在风险，督促强化办案主体责任意识，认真落实安全防范措施和相关规章制度，加强安全隐患排查，共同守护"高墙内"的安全。

【线索发现】

佛冈县检察院驻所检察室在日常巡查中发现，涉罪未成年人在监管过程中存在混管混押、违规留所服刑、未定期体检等多种情形，上述情

[①] 何挺：《走出具有鲜明中国特色的未成年人司法保护之路》，载"最高人民检察院"微信公众号，2023年2月16日。

况在实践中并非个例,有必要开展监督。为切实保护涉罪未成年人在看守所的合法权益,经与看守所协商,对日常管理涉罪未成年人情况开展专项治理。通过对全国检察业务应用系统、看守所业务系统等数据进行归集、碰撞、分析,全面梳理监督线索,制发检察意见书、监督意见书,督促看守所对违法行为进行整改,完善制度、堵塞漏洞,确保监管工作规范化。

【数据赋能】

构建看守所混管混押监督模型,将全国检察业务应用系统中共同犯罪案件的未成年人信息与看守所在押人员的羁押监室、年龄、已决、未决等信息进行碰撞,筛查出未成年同案人羁押在同一监室、未成年人与成年人混管混押、已判决未成年人和未判决未成年人混管混押等违法线索,并调取相关人员档案进一步核实监督。构建涉罪未成年人违规留所服刑监督模型,将法院送达的涉罪未成年人判决执行文书、看守所未成年人入所台账和未成年人出所台账进行对比碰撞,发现涉罪未成年人在判决生效后一个月内未送交管教所的线索,并核实看守所留所服刑未成年人审批表、档案及涉罪未成年人羁押情况,依法进行监督。构建看守所在押未成年人健康检查监督模型,运用看守所未成年人入所台账筛查出关押超六个月的涉罪未成年人,与健康检查台账数据进行碰撞,找出羁押超过六个月的在押未成年人没有按照入所健康检查标准进行健康检查的线索,调取相关档案进一步核实。

【案件办理】

佛冈县检察院以看守所关押未成年人台账、档案等材料为切入口,充分利用全国检察业务应用系统,发挥数据对法律监督工作的放大、叠加、倍增效应,全面核查看守所执行违法线索,排查出看守所涉罪未成年人混管混押、违规留所服刑、在押未成年人健康检查监督等线索140多条,发出检察意见书。看守所高度重视,开展集中整治,对以上线索进行全面核实,并规范整改。以保护未成年人在看守所的合法权益为出发点，拓展"跨部门共享数据"交换机制，定期召开联席会议，畅通信息获取渠道，看守所定期向检察机关通报在押未成年人信息情况，共同维护在押未成年人合法权益。

案例十：广东省英德市检察院未成年人犯罪记录封存制度执行监督案

【关键词】

犯罪记录封存　数字赋能　检察建议　司法保护

【要旨】

犯罪记录封存制度的设立旨在最大限度去除"犯罪标签"，使未成年人就学、就业等不受影响，"无痕"回归社会。犯罪记录封存制度的落实有利于实现未成年人犯罪的司法矫正，防止再犯，有利于社会和谐稳定。检察机关通过大数据法律监督手段，针对犯罪记录封存制度执行不到位的情况，依法监督保障涉罪未成年人合法权益，避免其因犯罪记录未封存陷入就业、就学困境，积极开展四检融合巩固帮教实效，全面落实司法保护责任。

【线索发现】

2022年，被依法不起诉的杨某某因就业入职需要办理无犯罪记录证明，户籍所在地派出所要求杨某某提供不起诉决定书，由于杨某某丢失文书，遂到英德市检察院求助。经核实，对杨某某作出不起诉决定时，已同步将不起诉决定书、未成年人不起诉记录封存通知书移送公安机关法制部门，要求依法对杨某某的犯罪记录进行封存。但派出所反馈并未收到相关文书。这暴露出内部信息不畅通导致犯罪记录封存制度执行不到位的问题。"两高一部"《关于建立犯罪人员犯罪记录制度的意见》、"两高两部"《关于未成年人犯罪记录封存的实施办法》明确规定："犯罪的时候不满十八周岁，被判处五年有期徒刑以下刑罚以及免于刑事处罚的未成年人犯罪记录，应当依法予以封存。"公安机关、人民检察院、人民法院、社区矫正机构均有落实犯罪记录封存制度的工作职责。犯罪记录封存制度执行不到位，不利于涉案未成年人升学、就业和生活，影响帮教效果，有监督必要。

【数据赋能】

检察机关构建未成年人犯罪记录封存制度执行监督模型，调取检察机关移送的未成年人不起诉记录封存通知书签收记录、涉罪未成年人户籍信息，公安机关内部文书流转记录、犯罪记录封存工作台账、出具犯罪记录证明台账，法院符合犯罪记录封存的未成年人判决信息，司法局社区矫正、社会调查档案信息、犯罪记录封存工作台账等数据信息20余万条，以"犯罪时不满十八周岁""被判处五年有期徒刑以下刑罚以及免予刑事处罚""不起诉""封存"等为关键词，关注重点要素如是否建立专门的未成年人犯罪档案库、是否对符合封存条件的涉罪未成年人档案进行封存、封存的时间、有无告知当事人、有无导致严重后果等，通过数据比对分析，找出应当进行封存而没有封存或者应当出具无犯罪记录证明而未出具的线索，进一步开展监督。

【案件办理】

通过构建大数据法律监督模型，发现线索并成案39件。针对犯罪记录封存执行过程中存在的问题，英德市检察院与法院、公安等单位召开专题座谈会，共同深入学习"两高两部"《关于未成年人犯罪记录封存的实施办法》；制发检察建议并获得采纳，法院对符合封存条件的案件判决生效移送执行通知书时，同步移送未成年人犯罪记录封存决定书。结合"巡回社区矫正回头看"专项工作，督促社区矫正中心对符合条件未封存的档案依法予以封存；结合"巡回派出所"监督工作，督促辖区内所有派出所全面整改未成年人犯罪记录封存制度执行不到位的问题，以司法保护助力涉罪未成年人最大限度回归正常社会生活。

（七）综合保护多跨应用场景

作为国家法律监督机关，检察机关履职贯穿未成年人司法保护全过程，在未成年人保护大格局中肩负着重要使命。检察机关要依托数字化改革，以数据驱动更加主动融入其他"五大保护"中，一体推进未成年人合法权益综合保护。涉未成年人综合保护领域多跨应用，是实现"六大保护"化学融合的重中之重，也是未成年人数字检察各种应用场景在具体实践中都应当考虑的问题。

案例十一：广东省英德市检察院未成年人罪错行为分级干预法律监督案

【关键词】

互联网＋检察　分级干预　精准帮教　综合司法保护

【要旨】

检察机关秉承教育为主，惩罚为辅的原则，在办理未成年人共同犯罪案件中，依托数字技术，对罪错未成年人开展分级干预分类处理，既坚持依法惩戒，又注重教育感化，统筹使用制发督促监护令、家庭教育指导、异地帮教等方式，加强未成年人综合司法保护，最大限度挽救罪错未成年人，实现法律效果与社会效果的有机统一。

【线索发现】

2021年11月，林某某、蔡某甲、李某甲、蔡某乙、李某乙（均为十五岁）五人商议后决定抢摩托车。林某某、蔡某甲、蔡某乙先到达某镇停车场附近路边等候。其间，林某某、蔡某甲、蔡某乙看见被害人陈某某（十四岁）等人驾驶摩托车经过，林某某、蔡某乙便驾车追赶并持刀威胁陈某某交出摩托车，蔡某甲则在原地望风等候。林某某、蔡某乙抢得摩托车后回到蔡某甲等候的位置，与李某乙、李某甲会合，由蔡某乙驾驶抢到的摩托车返回，抢到的摩托车放在李某甲家。检察机关在办案过程中发现，存在不少因犯罪嫌疑人不在本地、跟踪帮教效果打折扣的情况，有必要探索"互联网＋检察"新工作模式，创新临界预防备案审查、家庭教育指导、分级预防干预等措施，加强对不满法定刑事责任年龄不予刑事处罚等具有严重不良行为未成年人的矫治教育、临界预防工作。

【数据赋能】

检察机关以大数据、智能化、信息化引领检察工作现代化，积极探索"互联网＋检察"新工作模式，借助 2018 年上线运行的广东首个未成年人网络帮教预防平台——未成年人检察社会服务平台，实现帮教卷宗一键打印，帮教信息一体掌握，帮教预防全天候、全阶段远程监管互动的目的。借助分析软件，运用数据挖掘等方法，对罪错未成年人的成长经历、生活习惯、兴趣爱好、家庭情况、人际交往等情况进行社会调查，给罪错未成年人"数字画像"，运用网络平台实现信息接收、线索转介、智慧帮教、分级干预、精准帮扶的目的。依托与公安机关、司法行政部门建立的机制，实现未达刑事责任年龄罪错未成年人以及未成年社区矫正对象的数据移送与共享，打通数据壁垒，为未成年人顺利回归家庭和社会提供多方支持。

【案件办理】

根据"数字画像"开展智慧帮教分级处理。因林某某、蔡某甲、蔡某乙、李某甲、李某乙居住地及就读学校均在异地，英德市检察院作出不批准逮捕决定后，为预防再犯罪，积极开展诉前观护帮教，充分利用网络帮教平台随时跟踪帮教情况，将矫治效果作为案件处理的重要参考。对没有参与动手抢劫过程、犯罪情节较轻的从犯李某甲、李某乙，经听证后依法作出相对不起诉处理并进行训诫。对在抢劫过程中望风的蔡某甲，经听证后依法作出附条件不起诉处理，设定十个月的考验期及考察方案，委托异地检察机关考察。对动手实施抢劫的林某某、蔡某乙，则依法提起公诉。考虑到林某某、蔡某乙为在校学生，犯罪时年龄、主观恶性、犯罪后果，赔偿损失并获得谅解，认罪悔罪等，经大数

355

据类案检索，提出缓刑量刑建议，让两人顺利完成学业。为推动落实家庭监护主体责任，督促、帮助、指导5名涉案未成年人的监护人依法履行监护职责，形成监管合力，委托家庭教育指导专家开展家庭教育指导，并制发督促监护令，责令家长加强监护，积极接受家庭教育指导。以此案为契机，开创分级干预新模式，创新临界预防备案监督机制，与公安机关共同印发《关于建立不满法定刑事责任年龄涉罪未成年人案件备案审查监督机制的实施办法（试行）》，实现帮教数据共享，共同实现对未达刑事责任年龄涉罪未成年人的矫治教育，如经专门教育委员会评估后送入专门学校等，推动形成分级教育矫治体系，降低未成年人违法犯罪率。注重教育矫治工作的延续性，会同司法行政部门研究出台《关于加强和规范未成年人社区矫正工作的意见》，通过社区矫正教育帮扶检察，共同提升未成年人社区矫正工作质效。

四、未成年人数字检察多元支持体系

在现有法律框架下，未成年人检察社会支持体系可以定义为，在未成年人检察工作中，通过链接各类资源，搭建协作平台，推动政府及其职能部门、各类人民团体、社会组织、专业力量及其他社会爱心力量共同加入，通过社会调查、观护帮教、心理干预、司法救助等各种方式帮助涉案未成年人回归社会。[①] 未成年人检察社会支持体系是一个综合性的系统，旨在为未成年人提供全方位的保护和支持。在未成年人检察数字化进程中，支持体系不仅仅涵盖具体业务需求，也包括了数据的关联和共享支持。

（一）数据整合支持体系

未成年人保护是一项涉及全社会、多领域的系统工程，与未成年人

---

① 童建明、万春、宋英辉主编：《未成年人检察业务》，中国检察出版社2022年版，第525页。

保护相关联的数据纷繁复杂，且呈分散状态，能否实现未成年人保护各领域数据的统一归集，是打造地域性未成年人"六大保护"格局的重要节点。

1. 数据关联与共享难点

实践中，由于部门利益、体制区隔、技术能力等多方面原因，导致数据治理碎片化，在未成年人关联数据共享方面难以形成有效合力。基于数据交换标准以及平台授予权限、数据安全、技术壁垒等，综合治理整体布局被孤立的系统和平台割裂，受数据部门的利益认知影响，缺乏利他分享、部门合作的数据治理理念，数据共享和跨部门信息协同阻力重重。尤其是与未成年人保护相关联的数据方面，因其主体特殊性，归集数据的难度显著上升，出于安全考虑使得各区块链数据难以通过统一的数据平台进行共享。即使已经建立平台，其数据量也难以满足综合治理的需求。在法律法规对职责规定不清晰的领域，实践中也较容易出现部门之间对监管职责互相推诿的情况，如网约房、日租房、公寓等住宿新业态实名登记制度尚无统一规定和标准，对接纳未成年人未落实"五必须"导致未成年人被侵害的问题，行政单位均认为不属于自己监管范围而不管，从而出现"监管真空"。

2. 综合性未成年人保护基础数据库

未成年人保护存在个体差异明显等原因，相较于其他治理或保护的精细化要求更高，多元治理责任主体的有效衔接更为重要，首要解决的是职能部门条和块之间的信息系统整合问题。有必要建立具有地域性和综合性的未成年人保护数据库，形成数字化社会支持平台，最大化实现数字办案和治理效能。比如，针对"六大保护"维度的不同保护需求，统一归集包括户籍信息、学籍信息、困境儿童信息、事实无人抚养儿童信息、残疾儿童信息、家事审判诉讼和执行信息、服刑人员子女信息、未成年人违法犯罪信息、被侵害未成年人信息等各类涉未成年人数据，打通政务、政法的关联数据，形成涉未成年人权益领域的专项数据池。进一步建立以政府保护为基点、以司法保护为屏障、全方位链接其余"四大保护"的闭环地域性数字治理模式，实现未成年人保护领域数字办案和综合治理双轨并行，最大化汇聚数字效能，形成地方保护合力。

广东省目前已经建立了粤平安综合网格管理服务平台，可将未成年人及其家庭的基本信息纳入全省网格化服务管理信息系统数据采集范围，全面采集、提前掌握网格内未成年人信息，特别是农村留守儿童、流动儿童、孤儿、事实无人抚养儿童、残障儿童等未成年人及其所处家庭的基本信息情况。

可以依托未成年人检察公益诉讼观察员制度，探索构建"网格员+"基层妇联、社会工作者、医护人员、律师、检察人员等专业人员组成的儿童保护小组，通过每月定期开展家庭会议、家庭辅导等预防教育，提前掌握未成年人及其家庭的特殊困难和需求，特别是未成年人在身体、情绪、行为和人际交往等方面异常情况，统筹分流给当地相关职能部门研判会商、联动处置，严防侵害未成年人事件瞒报、漏报。充分发挥群众基层组织的监督合力，将未成年人家庭亲权监督纳入基层群众监督体系，在村委会或居委会中设立村民、居民针对家庭亲权监督的自治体系，对辖区内有未成年人的家庭登记造册并定期走访。

还可以联合妇联、村居委探索开展异地监护人监护督促工作，通过大数据核查监护情况，对有能力履行监护责任而不履行的，及时依法给予教育、训诫。通过部门协作，发挥基层治理群防群治优势，及时全面掌握容易遭受侵害的未成年人群体，全力做好预防阻断工作。

(二) 业务主导支持体系

为实现未成年人综合保护，未成年人检察工作中产生了许多需要政府职能、社会力量来满足的需求，如社会调查、观护帮教、心理干预、司法救助等。未成年人检察数字化背景下，在数据归集、模型构建、具体应用等方面，同样存在转介给社会支持体系来满足的需求。实践中，检察机关往往通过建立信息服务平台等多种方式促进社会支持体系发展。

比如，浙江省诸暨市检察院建立的数字化"星海守望"平台，以复犯为核心指标精准智能分级分类，设置阶梯式教育矫治措施，明确监护人的主体责任。同时，根据分级规则，为罪错未成年人配备由社区工作人员、司法社工、辅警及专业人士组成的"3+1"帮教团队，制定个性化帮教方案，通过平台线上学习结合帮教团队线下活动，全方位教育矫治未成年人。[1]

又如，英德市检察院创建未成年人检察社会服务平台，面向罪错未成年人、未成年被害人、在校学生及其他未成年对象及家长，集宣传、帮教于一体，内容包括工作动态、法治播报、案件聚焦、主题活动、法治教育、家庭教育、心理健康、帮教观护、社区论坛等，覆盖未成年人刑事检察工作全部要求。该平台与帮教基地线下预防平台对接，实现全天候、全阶段远程监管互动。取保候审、附条件不起诉以及其他被帮教人员可以远程登录打卡签到，在线接受检察人员、心理咨询师、社工等人员的观护帮教，定期反馈帮教情况；可以自动上传心理报告，由线上线下心理咨询团队对需要帮助的对象进行心理服务。检察人员可以通过手机短信及时了解被帮教人员任务完成情况，解决异地帮教难题。各中小学校可以通过平台投放的法治教育课件对在校学生开展相应的法治教育。全体未成年人及家长都可以通过该平台获得家庭教育、心理健康教育、法治教育，并可以在平台进行心理评估，在社区论坛发帖进行咨询。该平台还可以对积累的数据进行分析，形成预警推动辅助决策，为前置式预防提供参考依据。

---

[1] 范跃红、李伟、林非凡、严凯、王倩霞、何若愚、赖栩栩、楼壮丽、陶晨、章韶兵：《浙江：依法能动履职全力守护"少年的你"》，载《检察日报》2022年10月22日，第8版。

(三) 线索转介衔接机制

社会支持体系与未成年人检察工作的衔接需要建立转介机制。少年司法转介一般指的是，基于儿童最大利益原则的要求，将已经进入少年司法体系中未成年人的需求，转给非司法机构服务与满足的过程。[1] 在数字化背景下，无论是数据关联和共享，还是具体业务的转介，都需要平台或机制来衔接。

实践中，数据分析研判得出的结论，除了满足检察机关自身监督需求外，基于未成年人检察的工作特性和综合保护的社会需求，需要转介给相关责任单位，由其落实或委托给社会组织、专业人员开展干预措施。落实转介机制的主体既包括《未成年人保护法》第6条规定的责任主体，如政府各组成部门，也包括专门承接责任主体需求的相关主体，如社工、心理咨询师、家庭教育指导师等。当然，须由政府等责任主体亲自履行的职责，绝对不能以"政府购买服务"之名转嫁社会组织代行。转介机制需要社会支持体系每一个责任主体配合，需要政府、社会、学校、家庭等各方共同参与。未成年人司法转介机制与社会支持体系的衔接，也需要建立一个统筹中台，比如，英德市检察院建立的全省首个未成年人检察社会服务中心。

未成年人基础大数据平台的建设与应用，有利于整合检察机关与其他部门之间的资源，并通过数据资源共享打通衔接渠道。同时，也需要在技术支持下，将少年司法转介流程进行数字化升级，以实现更加高效、便捷和精准转介的目的。

---

[1] 姚建龙：《少年司法转介——一个初步的探讨》，载《未成年人检察》2016年第1辑。

附录：未成年人检察常见监督点参考一览表

	家庭保护
1	监护人虐待、遗弃、非法送养未成年人或对未成年人实施家庭暴力
2	监护人放任、教唆或利用未成年人实施违法犯罪行为
3	监护人放任、唆使未成年人参与邪教、迷信活动或者接受恐怖主义、分裂主义、极端主义等侵害
4	监护人放任、唆使未成年人吸烟（含电子烟）、饮酒、赌博、流浪乞讨或者欺凌他人
5	监护人放任或迫使应当接受义务教育的未成年人失学、辍学
6	监护人放任未成年人沉迷网络，接触危害或者可能影响其身心健康的图书、报刊、电影、广播电视节目、音像制品、电子出版物和网络信息等
7	监护人放任未成年人进入营业性娱乐场所、酒吧、互联网上网服务营业场所等不适宜未成年人活动的场所
8	监护人允许或者迫使未成年人从事国家规定以外的劳动
9	监护人允许、迫使未成年人结婚或者为未成年人订立婚约
10	监护人违法处分、侵吞未成年人的财产或者利用未成年人牟取不正当利益
11	监护人其他侵犯未成年人身心健康、财产权益或者不依法履行未成年人保护义务的行为
	学校保护
12	学校、幼儿园未依法取得食品经营许可证，未严格按照食品经营许可证载明的经营项目进行经营
13	学校、幼儿园食堂经营过程不符合食品安全标准
14	学校、幼儿园食堂从业人员未持有健康证明，并未在学校、幼儿园食堂显著位置进行统一公示
15	学校、幼儿园食堂采购、使用超过保质期、变质、检验检疫不合格等不符合食品安全标准的原材料、食品添加剂
16	学校、幼儿园食堂未按规定对每餐次加工制作的每种食品成品进行留样备检
17	学校、幼儿园食堂消毒、通风、防尘、防虫、防蝇等卫生设施不完善
18	学校、幼儿园食堂的垃圾、餐厨剩余物的存放和处理不符合安全卫生管理要求或者环保要求等

续表

	学校保护
19	学校、幼儿园采用外购食品配餐的，未选择取得食品经营许可、能承担食品安全责任、社会信誉良好的供餐单位，未对供餐单位提供的食品随机进行检查、检验等
20	学校、幼儿园等未成年人集中活动的场所及其周边储存易燃、易爆、有毒、有害等危险物品
21	学校、幼儿园等未成年人集中活动的场所及其周边存在污水排放、空气污染、噪声污染等情形
22	学校、幼儿园等教育培训机构校内及周边文化市场等存在不良信息，侵害或可能侵害未成年人合法权益
23	学校、幼儿园等教育培训机构教育设施质量存在安全隐患或安全防护、视频监控、疏导标识、警示标志设置等领域严重缺失，侵害或可能侵害未成年人合法权益
24	学校、幼儿园等教育培训机构消防设施设备不符合技术标准，或者未能保持消防供水、消防通信、消防车通道等消防设施的完好有效，存在公共安全隐患
25	学校、幼儿园等教育培训机构无证经营，预防和处置各种灾害、传染性疾病、食品安全事故、意外伤害、性侵欺凌等相关制度不完善，侵害或可能侵害未成年人合法权益
26	学校门口以及周边道路未设置交通警示标志、未规划人行横道线、未根据需要设置交通信号灯设施等
27	使用校车未取得许可，校车未配备逃生锤、干粉灭火器、急救箱等安全设备或超载等违反《校车安全管理条例》有关规定
28	使用校车的学校、幼儿园未建立健全校车安全管理制度，未配备安全管理人员，未定期对校车进行安全检查，未对校车驾驶人进行安全教育
29	侵犯未成年人受教育权，违反国家规定开除、变相开除未成年学生
30	学生义务教育阶段辍学
31	学校占用国家法定节假日、休息日及寒暑假期，组织义务教育阶段的未成年学生集体补课，加重学习负担
32	幼儿园、校外培训机构对学龄前未成年人进行小学课程教育
33	学校、幼儿园、校外培训机构、托育机构、婴幼儿照护机构、早教服务机构等在危及未成年人人身安全、身心健康的校舍和其他设施、场所中进行教育教学活动或照护

续表

	学校保护
34	学校、幼儿园安排未成年人参加商业性活动，向未成年人及其父母或者其他监护人推销或者要求其购买指定的商品和服务
35	学校、幼儿园与校外培训机构合作为未成年人提供有偿课程辅导
36	学校、幼儿园的教职员工对未成年人实施体罚、变相体罚或者有其他侮辱人格尊严的行为
37	违规开办托育机构、早教机构和校外辅导机构
	社会保护
38	生产、销售用于未成年人的食品、药品，属"三无产品"或不符合国家或者行业标准，危害或可能危害未成年人的人身安全和身心健康
39	涉未成年人的食品、药品的生产者未在显著位置标明注意事项，销售者对未标明注意事项的食品、药品予以销售
40	专供婴幼儿特定人群的主副食品包装上应当有的标签中未标明主要营养成分及其含量；营养成分不符合食品安全标准
41	违法编造、散布虚假药品安全信息
42	生产、销售用于未成年人的玩具、用具，属"三无产品"或不符合国家或者行业标准，危害或可能危害未成年人的人身安全和身心健康
43	未成年人玩具、用具的生产者未在显著位置标明注意事项，销售者对未标明注意事项的产品予以销售
44	生产、销售用于未成年人的产品，如眼镜、儿童手表、儿童安全座椅、儿童化妆品、儿童牙膏、儿童座椅等属"三无产品"或不符合国家或者行业标准，危害或可能危害未成年人的人身安全和身心健康
45	未成年人集中活动的公共场所不符合国家或者行业安全标准，没有相应安全保护措施
46	未成年人集中活动的公共场所未对可能存在安全风险的设施定期进行维护，未在显著位置设置安全警示标志并标明适龄范围和注意事项
47	大型的商场、超市、医院、图书馆、博物馆、科技馆、游乐场、车站、码头、机场、旅游景区景点等场所运营单位未按规定设置搜寻走失未成年人的安全警报系统；场所运营单位接到求助后，未启动安全警报系统，未组织人员进行搜寻并向公安机关报告
48	公共场所发生突发事件时，未按规定优先救护未成年人

续表

	社会保护
49	未成年人集中活动公共场所的消防器材不符合技术标准，或者未能保持消防供水、消防通信、消防车通道等消防设施的完好有效，存在公共安全隐患
50	未成年人集中活动（含学校、幼儿园、婴幼儿照护机构、早教服务机构、托管机构、校外培训机构等）的公共场所对传染病等疫情防控工作不到位，危害或可能危害未成年人身体健康
51	爱国主义教育基地、图书馆、青少年宫、儿童活动中心、儿童之家等未按规定对未成年人免费开放
52	博物馆、纪念馆、科技馆、展览馆、美术馆、文化馆、社区公益性互联网上网服务场所以及影剧院、体育场馆、动物园、植物园、公园等场所，未按照有关规定对未成年人免费或者优惠开放
53	城市公共交通以及公路、铁路、水路、航空客运等未按照有关规定对未成年人实施免费或者优惠票价
54	新闻媒体在采访报道涉及未成年人事件中，侵犯未成年人的名誉、隐私和其他合法权益
55	制作、复制、出版、发布、传播含有宣扬淫秽、色情、暴力、邪教、迷信、赌博、引诱自杀、恐怖主义、分裂主义、极端主义等危害未成年人身心健康内容的图书、报刊、电影、广播电视节目、舞台艺术作品、音像制品、电子出版物和网络信息等
56	出版、发布、传播的图书、报刊、电影、广播电视节目、舞台艺术作品、音像制品、电子出版物或者网络信息，包含可能影响未成年人身心健康内容的，未以显著方式作出提示
57	制作、复制、发布、传播或者持有有关未成年人的淫秽色情物品和网络信息
58	刊登、播放、张贴或者散发含有危害未成年人身心健康内容的广告
59	在学校、幼儿园播放、张贴或者散发商业广告
60	利用校服、教材等或在课堂上发布或者变相发布商业广告
61	违规加价出售教材 《广东省中小学教材价格管理办法》（粤发改规〔2022〕3号）：中小学教材实行政府指导价管理。根据计算公式在不超过最高限价前提下确定实际零售价格。纸质教材计算公式：教材零售价格 = 正文印张单价 × 印张数量 + 封面价格 + 插页单价 × 插页数量
62	学校、幼儿园周边设置烟、酒、彩票销售网点
63	向未成年人销售烟、酒、彩票或者兑付彩票奖金

续表

	社会保护
64	烟、酒和彩票经营者未在显著位置设置不向未成年人销售烟、酒或者彩票的标志
65	在学校、幼儿园和其他未成年人集中活动的公共场所吸烟、饮酒
66	向未成年人提供、销售管制刀具或者其他可能致人严重伤害的器具等物品
67	生产、销售或儿童游乐服务经营者用于未成年人的游乐设施,属于"三无"产品或不符合国家或者行业标准,危害未成年人的人身安全和身心健康
68	用于未成年人的游乐设施的生产者未在显著位置标明注意事项,销售者对未标明注意事项的游乐设施予以销售的,儿童游乐服务经营者对未标明注意事项的设施供未成年人使用
69	生产、销售或经营者用于未成年人的游戏游艺设备,属"三无"产品或不符合国家或者行业标准,危害或可能危害未成年人的人身安全和身心健康
70	用于未成年人的游戏游艺设备的生产者未在显著位置标明注意事项,销售者对未标明注意事项的游戏游艺设备予以销售,游戏游艺设备等经营者对未标明注意事项的设备供未成年人使用
71	学校周边200米内、幼儿园周边50米内开设营业性歌舞娱乐场所、互联网上网服务场所、电子游戏场所、酒吧、台球厅以及其他不适宜未成年人活动的场所
72	营业性歌舞娱乐场所、酒吧、互联网上网服务营业场所等不适宜未成年人活动场所的经营者,允许未成年人进入
73	游艺娱乐场所设置的电子游戏设备,除国家法定节假日外,向未成年人提供
74	不适宜未成年人活动场所的经营者未在显著位置设置未成年人禁入、限入标志
75	招用已满十六周岁未成年人的单位和个人,违反国家在工种、劳动时间、劳动强度和保护措施等方面的规定,安排其从事过重、有毒、有害等危害未成年人身心健康的劳动或者危险作业
76	招用未满十六周岁未成年人(国家另有规定的除外)
77	未执行未成年人犯罪记录封存或对解除羁押、服刑期满的未成年人复学、开学、就业有歧视
78	营业性娱乐场所、酒吧、互联网上网服务营业场所等不适宜未成年人活动的场所招用已满十六周岁的未成年人
79	组织未成年人进行危害其身心健康的表演等活动

续表

	社会保护
80	未经未成年人的父母或者其他监护人同意，组织未成年人参与演出、节目制作等活动
81	经未成年人的父母或者其他监护人同意，组织未成年人参与演出、节目制作等活动，组织方未根据国家有关规定，保障未成年人合法权益
82	旅馆、宾馆、酒店等住宿经营者接待未成年人入住，或者接待未成年人和成年人共同入住时，未按规定询问父母或者其他监护人的联系方式、入住人员的身份关系等有关情况
83	住宿经营者发现有违法犯罪嫌疑的，未按规定立即向公安机关报告，未及时联系未成年人的父母或者其他监护人
84	住宿经营者接纳未成年人入住未按规定予以登记
85	未取得医疗美容许可（根据卫生部办公厅《医疗美容项目分级管理目录》规定，清除文身属医疗美容项目），经营者为未成年人提供清除文身等医疗美容项目
86	经营者为未成年人违规提供文身服务，危害未成年人身体权、健康权等
87	经营者未取得监护人同意擅自为未成年人提供医疗美容项目（法律法规另有规定的除外）
88	校园周边副食品、超市等经营场所未取得食品经营许可证并严格按照食品经营许可证载明的经营项目进行经营
89	出版、发布、传播的图书、报刊、电影、广播电视节目、舞台艺术作品、音像制品、电子出版物或者网络信息，含有诱导未成年人文身的内容
90	刊登、播放、张贴或者散发含有诱导未成年人文身、危害未成年人身心健康内容的广告；在学校、幼儿园播放、张贴或者散发文身商业广告
91	校园门口周边摆摊设点或者流动销售食品，占道制售食品，严重影响交通安全和社会管理秩序
92	校园门口周边流动食品经营者，未配备食品经营卫生设施，未按规定公示健康证明，未穿戴清洁的工作衣服，所售卖食品存在安全隐患等
93	校园门口周边违法加工、销售过期食品、"三无"食品等不符合食品安全标准的食品
94	校园门口周边餐馆防尘、防虫、防蝇等卫生设施不完善
95	校园门口周边垃圾、餐厨剩余物的堆放和处理不符合安全卫生管理要求或者环保要求等情形

续表

	社会保护
96	校外托管机构未取得食品经营许可证从事餐饮服务
97	校外托管机构经营从业人员未取得健康证从事餐饮服务
98	校外托管机构采购、使用超过保质期、变质、检验检疫不合格等不符合食品安全标准的原材料、食品添加剂等
99	校外托管机构食堂清洁、消毒、通风、防尘、防虫、防蝇等卫生设施不完善等
100	校园周边交通设施缺失、设置不合理
101	儿童游泳馆不符合国家卫生标准和要求
102	校园内及周边无障碍环境建设不符合《建筑与市政工程无障碍通用规范》国家标准
	网络保护
103	以侵害未成年人身心健康的方式对未成年人沉迷网络进行干预
104	学校、社区、图书馆、文化馆、青少年宫等场所为未成年人提供的互联网上网服务设施，未安装未成年人网络保护软件或者采取其他安全保护技术措施
105	未成年人、父母或者其他监护人要求信息处理者更正、删除未成年人信息，信息处理者未及时采取措施予以更正、删除（法律、行政法规另有规定的除外）
106	网络服务提供者发现未成年人通过网络发布私密信息未及时提示并采取必要的保护措施
107	网络产品和服务提供者向未成年人提供诱导其沉迷的产品和服务
108	网络游戏、网络直播、网络音视频、网络社交等网络服务提供者未针对未成年人使用其服务设置相应的时间管理、权限管理、消费管理等功能
109	以未成年人为服务对象的在线教育网络产品和服务，有插入网络游戏链接，推送广告等与教学无关的信息等情形
110	网络直播服务提供者为未满十六周岁的未成年人提供网络直播发布者账号注册服务
111	网络直播服务提供者未按规定向未成年人用户提供"青少年模式"，未屏蔽不利于未成年人健康成长的网络直播内容，向未成年人提供充值打赏服务
112	为年满十六周岁的未成年人提供网络直播发布者账号注册服务时，未对其身份信息进行认证，未征得其父母或者其他监护人同意
113	网络游戏未经依法审批就予以运营
114	网络游戏服务提供者未要求未成年人以真实身份信息注册并登录网络游戏

续表

	网络保护
115	网络游戏服务提供者未按照国家有关规定和标准，对游戏产品进行分类，作出适龄提示以及未采取技术措施，让未成年人接触不适宜的游戏或者游戏功能
116	网络游戏服务提供者在每日二十二时至次日八时向未成年人提供网络游戏服务
117	遭受网络欺凌的未成年人及其父母或者其他监护人通知网络服务提供者采取删除、屏蔽、断开链接等措施，网络服务提供者接到通知后，未及时采取必要的措施制止网络欺凌行为防止信息扩散
118	网络服务提供者发现用户发布、传播含有危害未成年人身心健康内容的信息，未立即停止传输相关信息，未采取删除、屏蔽、断开链接等处置措施，未保存有关记录，并向网信、公安等部门报告
119	网络服务提供者发现用户利用其网络服务对未成年人实施违法犯罪行为的，未立即停止向该用户提供网络服务，保存有关记录，并向公安机关报告
120	网络产品和服务提供者、智能终端产品制造者和销售者向未成年人提供或未采取有效措施避免未成年人接触含有淫秽、色情、暴力、邪教、迷信、凶杀、恐怖、赌博、涉毒等不良或沉迷内容的图书、报刊、音像制品、网络信息、网络游戏、电子出版物，侵害或可能侵害未成年人合法权益
121	短视频 App 等网络服务提供者未征得儿童监护人同意下，运用后台算法，向具有浏览儿童内容视频喜好的用户直接推送含有儿童个人信息的短视频
122	违反个人信息保护法，侵犯未成年人个人信息安全，利用非法获取的未成年人个人信息进行营销或牟利
123	密切接触未成年人的单位互联网使用存在安全隐患，可能或存在泄露未成年人信息
124	信息处理者通过网络处理未成年人个人信息未遵循合法、正当和必要的原则，处理不满十四周岁未成年人个人信息，未征得未成年人的父母或者其他监护人同意（法律、行政法规另有规定的除外）
	政府保护
125	国家机关、法律法规授权行使公权力的各类组织及法律规定的公职人员，密切接触未成年人行业的各类组织及其从业人员，在工作中发现未成年人遭受或者疑似遭受不法侵害以及面临不法侵害危险，未及时向公安机关报案或举报
126	密切接触未成年人的单位招聘工作人员时，未按规定向公安机关、人民检察院查询应聘者是否具有性侵害、虐待、拐卖、暴力伤害等违法犯罪记录
127	密切接触未成年人的单位通过查询或者其他方式发现其工作人员具有上述行为记录的，仍予以录用的或未及时解聘

续表

	政府保护
128	密切接触未成年人的单位每年未按规定定期对工作人员是否具有性侵害、虐待、拐卖、暴力伤害等违法犯罪记录进行查询
129	违反从业禁止应予处罚而未处罚（可与入职查询制度相结合，同步审查）
130	市场监管部门未在办理市场主体登记注册时，对于经营范围中包含文身服务活动的市场主体在其营业执照相关经营范围后明确标注"除面向未成年人"，未指导其自觉依规经营
131	商务部门未配合相关部门，未指导行业协会督促美容经营者不得向未成年人提供文身服务
132	民政部门未加强社会组织登记管理，违规审批同意社会组织开展未成年人文身服务，未指导从事文身服务的社会组织不向未成年人提供文身服务
133	卫生健康部门违规审批同意医疗卫生机构（含医疗美容机构）开展未成年人文身服务项目，未督促医疗卫生机构（含医疗美容机构）不向未成年人开展文身服务，并对有意愿"去除文身"的未成年人提供规范医疗美容服务
	司法保护
134	询问未成年被害人、证人，未依法通知其法定代理人或者其成年亲属、所在学校的代表等合适成年人到场，并采取适当方式，在适当场所进行，保障未成年人的名誉权、隐私权和其他合法权益
135	讯问未成年嫌疑人，未通知法定代理人到场；法定代理人无法到场时，未通知合适成年人到场
136	合适成年人不适格，系案件诉讼代理人、辩护人、证人、鉴定人员、司法人员、利害关系人、服刑人员等
137	办理未成年人遭受性侵害或者暴力伤害案件，在询问未成年被害人、证人时，未采取同步录音录像等措施
138	办理未成年人遭受性侵害或者暴力伤害案件，在询问女性未成年被害人、证人时，非由女性工作人员进行
139	办理遭受性侵害或者暴力伤害以外的案件，讯问、询问女未成年人时没有女性工作人员在场；将女性合适成年人作为女性工作人员
140	社会调查后未随案移送社会调查报告；社会调查报告内容不翔实、真实性存疑，无法全面反映未成年犯罪嫌疑人的犯罪原因、成长经历等
141	违规适用亲情会见并影响诉讼程序正常进行，如：法定代理人、近亲属等与案件有牵连的；案件事实没有基本查清，主要证据不确实、不充分，安排会见、通话影响诉讼活动正常进行

续表

	司法保护
142	未经未成年犯罪嫌疑人、被告人及其法定代理人同意对其进行心理测评
143	刑事和解时未听取当事人和其他有关人员意见，未成年人的法定代理人或其他成年亲属不在场；侦查机关适用刑事和解而撤销案件；和解违背当事人自愿原则；和解内容侵害第三方合法权益或者违背公序良俗
144	相关未成年人犯罪信息管理机关接受查询不符合程序性规定；相关单位根据国家规定申请查询犯罪记录的，公安机关、人民法院、司法行政机关超出查询范围提供相关记录；未进行犯罪记录封存；违规披露犯罪记录及未成年人涉罪信息
145	应当分案处理的案件未分案办理、分别起诉
146	违规披露涉案未成年人的隐私及个人信息
147	多次询问未成年被害人，询问时未考虑未成年被害人身心特点，对被害人造成"二次伤害"
148	未成年被害人没有必要出庭而出庭；未采取相应的保护措施；未通知被害人开庭时间及地点
149	未成年被害人或法定代理人提出法律援助申请的，未提供帮助；法律援助机构未函告结果
150	公安机关在立案阶段未告知被害人案件移送情况及不立案理由
151	侦查阶段未将用作证据的鉴定文书及时告知被害人
152	检察机关在审查起诉阶段未听取未成年被害人及其法定代理人意见；审查起诉阶段未规范告知被害人诉讼权利；未听取被害人及其诉讼代理人的意见
153	在作出附条件不起诉决定前未听取被害人意见；未将不起诉决定书送达被害人或其近亲属及其诉讼代理人；对于被害人提出的量刑意见未记录在案并附卷
154	审判机关未按规定通知被害人开庭时间、地点，未告知被害人享有的权利
155	未成年犯罪嫌疑人没有委托辩护人的，未为其提供辩护人
156	取保候审没有优先适用保证人担保；保证金起点数额有误（采取保证金形式取保候审的，保证金的起点数额为人民币1000元；被取保候审人为未成年人的，保证金的起点数额为人民币500元）
157	未遵循未成年犯罪嫌疑人本人意愿适用认罪认罚
158	在讯问未成年犯罪嫌疑人时未同步录音录像
159	未成年人未与成年人分别关押、分别管理、分别教育

续表

	司法保护
160	超越职能管辖范围侦办其他侦查、检察、监察机关管辖的案件；未经指定管辖而超范围管辖
161	应立案而未立案，撤案后又发现新的事实证据而未按规定重新立案侦查；对行政执法机关移送案件应当立案而不立案；与民事案件关联的经济案件未按规定立案；要求说明不立案理由七日内未回复；人民检察院通知立案十五日内未立案等
162	未达到立案标准而立案；属于民事纠纷、经济纠纷或其他违法立案情形的；对不属于同一法律事实的关联民事案件要求人民法院移送案件、裁定驳回起诉、中止诉讼、判决驳回诉讼请求、中止执行或者撤销判决、裁定，或者要求人民法院撤销仲裁裁定；要求说明立案理由七日内未回复；人民检察院通知撤案既不提出复议、复核也不撤销案件等
163	报请核准追诉案件，未根据核准决定是否监督撤案；经济犯罪案件未按特殊规定撤案；因重大立功或涉及国家重大利益而撤案，未经最高人民检察院核准等
164	撤案（终止侦查）未释放或者解除强制措施的；撤案（终止侦查）未及时解除查封、扣押、冻结等
165	具有法定回避情形不回避；对当事人回避申请在二日内（情况复杂的五日内）未作出决定；对当事人的复议申请未在五日内作出决定或未书面通知申请人；对回避人员诉讼活动是否有效决定错误，可能影响案件依法公正处理等
166	未依法通知法律援助机构指派律师提供辩护；未依法转交告知法律援助申请；同案犯罪嫌疑人委托同一名辩护律师，未要求更换等
167	不批准辩护律师会见危害国家安全、恐怖活动犯罪案件犯罪嫌疑人未说明理由；辩护律师了解案件有关情况，并依法告知并记录在案；违反规定，对辩护人、诉讼代理人提出的回避要求不予受理或者对不予回避决定的复议申请不予受理；未依法听取辩护人、诉讼代理人意见；辩护律师提出的书面意见未随案移送；辩护律师收集的犯罪嫌疑人不在现场、不应追究刑事责任的证据，未核实记录并附卷等
168	未依法向律师履行告知、转达、通知和送达义务；办案机关认定律师不得担任辩护人、代理人的情形有误的；对律师依法提出的申请，不接收、不答复；依法应当许可律师提出的申请未许可的；依法应当听取律师的意见未听取的；其他阻碍律师依法行使诉讼权利的行为
169	辩护人涉嫌犯罪，未依法由办理辩护人所承办案件的侦查机关以外的侦查机关办理；辩护律师涉嫌犯罪被采取强制措施、侦查机关未在四十八小时以内通知其所在的律师事务所或者所属的律师协会等

续表

	司法保护
170	未有效保障证人、鉴定人、被害人及其近亲属安全；未有效保障报案人、控告人、举报人、扭送人及其近亲属安全；报案人、控告人、举报人、扭送人、辨认人不愿意公开姓名、身份和报案、控告、辨认行为未保守秘密等
171	无拘传证适用拘传；拘传证填写不完整、不规范；对犯罪嫌疑人以外的人适用拘传；拘传犯罪嫌疑人到非其所在市、县内指定地点；拘传未保障饮食和必要的休息时间；对人大代表、政协委员适用拘传未履行法定程序等
172	拘传时间超过十二小时；案情特别重大、复杂，需要采取拘留、逮捕措施的，拘传持续时间超过二十四小时；以连续拘传的形式变相拘禁等
173	无取保候审决定书适用取保候审；法律文书填写不完整、不规范；对不符合法定条件的人适用取保候审；对人大代表、政协委员适用取保候审未履行法定程序；取保候审期限届满未依法予以解除等
174	适用取保候审同时采取保证人和保证金方式的；适用取保候审保证人明显不符合法定条件等
175	应当退还而不退还保证金、不应当没收而没收保证金、无决定书没收保证金等
176	取保候审期间不继续侦查；期限届满解除取保候审未通知相关人员及有关单位，严重影响当事人合法权益
177	取保候审决定机关未通知派出所执行；执行派出所怠于履行监管职责；对未履行保证义务的保证人未依法及时处理；对违反取保候审规定的犯罪嫌疑人未依法及时处理等
178	无监视居住决定书适用监视居住；法律文书填写不完整、不规范；对不符合法定条件的人适用监视居住；适用监视居住违有关实施场所规定；对人大代表适用监视居住未履行法定程序；对政协委员适用监视居住未履行法定程序；监视居住期限届满未依法予以解除或者变更等
179	监视居住期间不继续侦查；对违反监视居住规定的犯罪嫌疑人未及时依法处理等
180	无刑事拘留证、延长刑事拘留期限通知书适用刑事拘留、延长拘留期限；法律文书填写不完整、不规范；对不符合法定条件的人决定刑事拘留；未在二十四小时内将被拘留人送看守所；未在二十四小时内通知被拘留人的家属；未在二十四小时内对被拘留人进行讯问；发现不应当拘留或者拘留不当未立即释放；对人大代表、政协委员适用刑事拘留未履行法定程序等
181	对不符合流窜、多次、结伙作案情形的延长拘留期限至三十日；适用刑事拘留超过法定期限等

续表

	司法保护
182	未在二十四小时内制作逮捕证；逮捕证填写不规范、不完整；执行逮捕后未立即送看守所羁押；未在二十四小时内通知被逮捕人家属；未在二十四小时内讯问被逮捕人；未在三日内送达批准逮捕执行回执，未能执行未注明原因；对人大代表、政协委员执行逮捕未履行法定程序等
183	对变更强制措施申请未在三日内决定；未告知不同意变更解除强制措施决定或未说明不同意理由；发现适用强制措施不当未及时撤销或变更；变更强制措施、释放被逮捕人不当；捕后变更强制措施未在三日内书面通知人民检察院；对人民检察院释放或者变更强制措施建议未在十日内回复；未在一个月内对已办理拘留逮捕手续的在逃犯罪嫌疑人网上追逃等
184	未经第一次延长羁押期限，羁押超过二个月法定期限；未经第二次延长羁押期限，羁押超过三个月法定期限；未经第三次延长羁押期限，羁押超过五个月法定期限；第三次延长羁押期限后，羁押期限超过七个月法定期限等
185	未在羁押期限届满七日内提请延长羁押；提请延长羁押移送材料不完整、不规范；提请延长羁押文书主要内容不完整、延长羁押起止时间计算错误等
186	未从重要罪行发现之日起重新计算羁押期限起止时间；对不符合另有重要罪行范围的重新计算羁押期限；未报批准逮捕的人民检察院备案等
187	对犯罪嫌疑人以外的人适用传唤；适用传唤未制作传唤证或者超范围适用口头传唤；传唤证填写不完整、不规范；口头传唤未在讯问笔录中注明；传唤犯罪嫌疑人到非其所在市、县内指定地点或住处；以连续传唤的形式变相拘禁；传唤持续时间超过十二小时；案情特别重大、复杂，需要采取拘留、逮捕措施的传唤持续的时间超过二十四小时；传唤未保证饮食和必要的休息时间
188	未在第一次讯问或者采取强制措施之日起告知犯罪嫌疑人委托辩护等诉讼权利义务；讯问聋、哑犯罪嫌疑人无通晓聋、哑手势的人参加；讯问不通晓当地语言文字的犯罪嫌疑人，未配备翻译人员；讯问无阅读能力的犯罪嫌疑人，未宣读笔录；讯问未保证饮食和必要的休息时间
189	讯问时侦查人员少于2人；被送交看守所羁押后未在看守所讯问；讯问同案犯没有个别进行；未对可能判处无期徒刑、死刑及法律规定其他重大犯罪案件同步录音录像；未按规定对讯问进行完整录音录像或者有剪接、删改的；讯问笔录关键事实与讯问录音录像内容严重不符等
190	讯问笔录时间、地点等事项填写不完整、不规范；讯问笔录未经证人、被害人核对、签名（盖章）、捺指印；证人、被害人拒绝签名（盖章）、捺指印，未在笔录中注明；讯问时侦查人员未签名；亲笔证词、陈述未按规定签收或者未要求证人、被害人签名、捺指印；讯问笔录高度雷同存在复制粘贴现象等

373

续表

	司法保护
191	未告知证人、被害人诉讼权利义务；询问聋、哑证人、被害人无通晓聋、哑手势的人参加；询问不通晓当地语言文字的证人、被害人，未配备翻译人员；询问无阅读能力的证人、被害人，未宣读笔录；询问未保证饮食和必要的休息时间
192	询问时侦查人员少于2人；询问证人、被害人没有个别进行；超出法定地点范围询问；询问未出示工作证件及证明文件；向证人、被害人泄露案情或表示对案件的看法；同步录音录像不完整或与询问笔录不一致等
193	勘验检查未制作笔录；现场勘查未按规定拍摄现场照片、绘制现场图；重大案件现场勘查未按规定录音录像；勘验检查笔录不规范、不完整、不准确；参与勘验检查的人员、见证人未在笔录中签字、盖章；被检查人员、物品持有人拒绝在检查笔录、提取痕迹、物证登记表上签名或无法查清持有人的，未在笔录或登记表中注明；解剖尸体通知书无家属、使领馆官员签名或未注明原因等
194	未对与犯罪有关的场所、物品、人身、尸体进行勘验或者检查；未按人民检察院要求复验、复查；未按规定保护现场；具有现场勘验检查资格的侦查人员少于2人；未由女工作人员或者医师对妇女进行身体检查；勘验检查有尸体的现场无法医参加；勘验检查无见证人或见证人不符合法定条件，且未录音录像的；未及时提取、采集与案件有关的痕迹、物证、生物样本等证据；提取、采集与案件有关的痕迹、物证、生物样本等证据不符合要求
195	侦查实验未制作笔录或制作不规范；侦查实验造成危险、侮辱人格或者有伤风化；侦查实验未录音录像等
196	根据搜查证对犯罪嫌疑人、可能隐藏罪犯或者犯罪证据的人的身体、物品、住处等地方以外的对象搜查；搜查未向被搜查人出示搜查证；无证超范围，包括非紧急情况的无证搜查和对依法制发的搜查证列明的搜查对象以外的对象进行的搜查等
197	搜查未制作笔录；侦查人员和被搜查人或其家属，邻居或其他见证人未在搜查笔录上签字、盖章；搜查笔录记录不规范、不完整、不准确；被搜查人或其家属拒绝签名、盖章或不在场，未在搜查笔录上注明等
198	执行搜查的侦查人员少于2人；搜查无见证人或者见证人不符合法定条件，且未录音录像；搜查妇女的身体未由女工作人员进行等
199	无决定书适用查封、扣押
200	查封、扣押未制作笔录或清单；侦查人员、见证人员、持有人未在扣押、登记保存笔录、清单上签字或者盖章；查封扣押笔录、清单记录不规范、不完整、不准确；无法确定持有人或者持有人拒绝签名，未在扣押笔录、清单上注明；扣押贵重财物未依法拍照或者录像等

续表

	司法保护
201	对非涉案财物、文件进行查封、扣押；对明显应该查封、扣押的财物、文件不予查封、扣押；执行查封、扣押的侦查人员少于 2 人；查封、扣押无见证人或者见证人不符合法定条件，且未录音录像；未依法退还与案件无关的查封、扣押财物等；退还与案件无关的查封、扣押财物超过三日；未返还被害人经依法查证属实后无争议的涉案财物；未依法随案移送无人领取的被害人财物；未经法定程序扣押价值较高或影响生产经营的财物、文件；未经法定程序查封不动产或不宜移动的特定动产；违法查封、扣押严重影响民营企业生产经营等
202	对查封、扣押的财物、文件未妥善保管或者封存；对作为犯罪证据但不便提取的财物、文件未按规定处理；不易保管的扣押财物未按规定处理；诉讼终结前提前处理作为证据使用的违禁品；贪污、挪用、私分、调换、违反规定使用查封、扣押的财物及其孳息等
203	未经法定程序对存款等财产进行查询；未经法定程序对存款等财产进行冻结等
204	对与案件无关的存款等财产进行查询；对与案件无关的存款等财产进行冻结；未告知对冻结的债权、股票、基金份额等财产有权申请出售；无正当理由不批准出售冻结的债权、股票、基金份额等财产申请；应当冻结或继续冻结存款、变现价款等财产而未冻结；对不得冻结的账户和款项予以冻结；重复冻结犯罪嫌疑人的存款等财产；冻结的存款等财产超过涉案金额范围的；未依法在三日内解除冻结与案件无关的存款等财产；违法冻结严重影响民营企业生产经营；贪污、挪用、私分、调换、违反规定使用冻结的财物及其孳息等
205	应当鉴定而未鉴定；暗示、要求或强迫鉴定人作出某种鉴定意见；送检材料、样本来源不明；未确保检材在流转环节的同一性及不被污染、损坏；指派或聘请的鉴定机构不具备法定资质或鉴定事项超出其业务范围、技术条件；因侦查人员过错导致鉴定意见出现重大失误、疏漏影响案件处理等
206	未审查发现鉴定文书缺签名、盖章或未附鉴定机构、鉴定人的资质证明；未审查发现鉴定机构不具备法定资质或鉴定事项超出其业务范围、技术条件；未审查发现鉴定人员少于 2 人；未审查发现鉴定人员不具备资质、职称，或故意作虚假鉴定、违反回避规定；未审查发现鉴定对象与送检样本不一致；未审查发现鉴定内容有明显遗漏；未审查发现鉴定意见不完整、委托事项无法确定；未审查发现鉴定意见依据明显不足；未按规定将鉴定意见送达犯罪嫌疑人、被害人或者其家属等
207	应当补充鉴定而未补充鉴定；应当重新鉴定而未另行指派或聘请鉴定人重新鉴定；不准予补充、重新鉴定，未书面通知申请人

续表

	司法保护
208	辨认未制作辨认笔录；辨认笔录无侦查人员、辨认人、见证人的签字或者盖章；辨认笔录内容不规范、不完整、不准确；辨认笔录未附辨认对象名单或名单与辨认对象不符等
209	主持辨认的侦查人员少于2人；辨认无见证人或见证人不符合法定条件，且未录音录像的；未个别进行辨认；被辨认的人数少于7人，物品少于5件，照片少于10张；被辨认对象特征明显有别于其他对象；辨认前使辨认人见到辨认对象；向辨认人明示或者暗示辨认对象；同一辨认人进行多组辨认时重复使用陪衬人或照片；聋、哑人辨认时没有通晓聋、哑手势的人参加；不通晓当地语言文字的人辨认时未配备翻译人员等
210	未经立案采取技术侦查措施；未经设区的市一级以上公安机关负责人批准采取技术侦查措施；对法律规定范围以外的案件采取技术侦查措施；对犯罪嫌疑人、被告人以及与犯罪活动直接关联的人员以外的人采取技术侦查措施；未按照批准的措施种类执行技术侦查措施；未按照批准的适用对象执行技术侦查措施；采取技术侦查措施有效期限届满，未及时解除，且未依法批准延长；对采取技术侦查措施过程中知悉的国家秘密、商业秘密和个人隐私未依法保密；对采取技术侦查措施收集的材料未按法定用途使用；对采取技术侦查措施收集的与案件无关的材料未依法及时销毁并制作记录；采取技术侦查措施收集的材料作为证据使用时，采取技术侦查措施决定书未归入诉讼卷随案移送等
211	未经县级以上公安机关负责人决定实施隐匿身份侦查的；未经县级以上公安机关负责人决定实施控制下交付；隐匿身份实施侦查过程中使用促使他人产生犯罪意图的方法诱使他人犯罪；隐匿身份实施侦查采用可能危害公共安全或者发生重大人身危险的方法等
212	采取刑讯逼供、威胁等非法方式收集犯罪嫌疑人、被告人供述；采用引诱、欺骗以及其他非法方法收集犯罪嫌疑人、被告人供述；采用暴力、威胁以及非法限制人身自由等非法方法收集证人证言、被害人陈述；采用引诱、欺骗以及其他非法方法收集证人证言、被害人陈述；应当对证据收集的合法性出具说明或提供证明材料而拒不出具、提供；收集物证、书证不符合法定程序、可能严重影响司法公正，不能补正或作出合理解释等
213	以暴力、威胁等方法阻止证人作证；指使他人作伪证；无罪证据明显能收集、调取而未收集、调取；有罪证据明显能收集、调取而未收集、调取；罪重、罪轻证据明显能收集、调取而未收集、调取；对行政机关收集的言词证据未重新询问、讯问；未按规定制作调取证据通知书及清单；未规范制作调取证据通知书及清单，或无相关人员签字未注明原因；伪造、隐匿、销毁、篡改、调换证据或帮助当事人毁灭、伪造证据；伪造、隐匿、销毁、篡改、调换证据之外的文书材料；过失导致证据丢失、毁损或改变特征；侦查中涉及国家秘密、商业秘密、个人隐私的未依法保密；其他违法收集、调取、保全证据和文书材料等

续表

	司法保护
214	物证、书证应收集、调取原物、原件而未收集、调取；物证的照片、录像、复制品或者书证的副本、复制件与原物、原件不符；物证的照片、录像、复制品或者书证的副本、复制件非由2人以上制作；物证的照片、录像、复制品或者书证的副本、复制件无制作人关于制作过程以及原物、原件存放于何处的文字说明和签字等
215	提取视听资料未附提取过程的说明，无法说明来源合法；侦查中视听资料制作存在威胁、引诱当事人等违反法律、有关规定的情形；视听资料制作、取得的时间、地点、方式等有疑问，不能提供必要证明或者做出合理解释；未写明制作人、持有人身份，制作的时间、地点、条件和方法；复制件制作不规范等
216	电子数据系篡改、伪造；侦查中电子数据有增加、删除、修改等情形的未附说明，影响电子数据真实性；未采取有效措施保护电子数据完整性；未按要求计算电子数据完整性校验值；收集、提取、检查电子数据违反相关规定，将提取数据存储在原始存储介质中或安装新程序未说明
217	未按规定对网络在线提取、远程勘验过程进行同步录像或者拍照、截屏；能够扣押原始存储介质未扣押封存；扣押后未规范封存原始存储介质的；未按规定收集与被扣押原始介质相关联的证据；需要进行电子数据检查的，存储介质拆封过程未录像或拍照，或未将电子存储介质通过写保护设备接入到检查设备进行检查；检查电子数据存储介质无法使用写保护设备且无法制作备份的，未注明原因，且未进行录像
218	收集、提取的原始存储介质或者电子数据，冻结的电子数据移送不规范；对无法直接展示的电子数据，未附功能说明或数据同一性说明；无见证人或者见证人不符合法定条件，且未录音录像；未采取拍照录像等方式对电子数据侦查实验过程进行客观记录等
219	收集、（网络在线）提取、扣押、封存、检查、远程勘验电子数据，未制作电子笔录、清单；收集、（网络在线）提取、扣押、封存、检查、远程勘验电子数据，未规范制作电子笔录、清单，或无法定人员签字未注明原因；未经法定程序对电子数据进行冻结等
220	未按照规定移送采取技术侦查措施收集的证据材料、相关文书及说明材料；未按规定移送隐匿身份侦查收集的证据材料、相关文书及说明材料的；未按规定移送控制下交付收集的证据材料、相关文书及说明材料
221	未按规定对不同位置、不同包装的毒品分别进行提取、扣押、封装、称量的；毒品称量及称量所用衡器不符合有关规定、标准；毒品取样未按照有关规定要求的方法和标准进行的；毒品取样未按照有关规定要求的方法和标准进行的

续表

	司法保护
222	毒品的提取、扣押、封装、称量、取样等工作，违反犯罪嫌疑人在场、见证人见证或者拍照、录像有关规定的；毒品提取、称量、取样未制作笔录
223	未规范制作毒品提取、称量、取样笔录，或无相关人员签字未说明原因；毒品称量、取样、送检的编号、名称、外观特征与笔录和扣押清单不一致的；未对毒品、制毒物品、毒品原植物及其种子或幼苗进行鉴定
224	未对应当鉴定含量的毒品进行鉴定；未按规定对痕迹、生物检材、笔迹进行比对鉴定；毒品未在规定时限三日或七日内送检
225	毒品含量鉴定检材与成分鉴定来源不一致，未一一对应的；未规范提取并保存涉案手机内聊天记录、文档等相关信息，或未对删除损坏的信息进行恢复提取等
226	符合逮捕条件且不符合监视居住条件，应当提请批准逮捕而未提请批准逮捕；存疑不捕补充侦查后，符合逮捕条件且不符合监视居住条件，应当提请批准逮捕而未提请批准逮捕等
227	提请批准逮捕书明显遗漏重要事实和情节，或认定的犯罪事实与在案证据证明的犯罪事实明显矛盾；提请批准逮捕认定的罪名与事实明显矛盾等
228	未按规定移送无罪的案件材料、证据；未按规定移送有罪的案件材料、证据；未按规定移送罪重、罪轻的案件材料、证据等
229	未按规定在提请批准逮捕书中说明社会危险性情况；未按规定收集移送社会危险性证据材料等
230	不批准逮捕未在十二小时内释放犯罪嫌疑人；未在三日内送达不批准逮捕决定执行回执；不批准逮捕案件再次提请批准逮捕未补充侦查；不构成犯罪或依法不追究刑事责任不捕的未依法撤案（终止侦查）等
231	释放被逮捕人、变更逮捕强制措施未书面通知人民检察院；不批准逮捕案件移送审查起诉未按补充侦查提纲补充侦查；批准逮捕案件未按继续侦查取证意见开展侦查工作等
232	移送审查起诉认定的犯罪嫌疑人（单位）明显遗漏在案证据证明的犯罪嫌疑人（单位）；移送审查起诉认定的犯罪事实明显遗漏在案证据证明的犯罪事实；移送审查起诉认定的犯罪情节明显遗漏在案证据证明的犯罪情节；移送审查起诉认定的犯罪事实、情节与在案证据明显矛盾；移送审查起诉认定的罪名与犯罪事实明显矛盾；共同犯罪未写明各犯罪嫌疑人的地位、作用，分别写出处理意见；提出附带民事诉讼而未注明等
233	移送审查起诉未按规定完整移送证明无罪的案件材料、证据；移送审查起诉未按规定完整移送证明有罪的案件材料、证据；移送审查起诉未按规定完整移送证明罪重、罪轻的案件材料、证据等

续表

	司法保护
234	未按照补充侦查决定书开展侦查工作；就补充侦查工作开展情况出具虚假工作说明；发现新的同案犯或新的罪行需要追究刑事责任，未重新制作起诉书；补充侦查超过一个月；未按检察机关要求及时收集和提供法庭审判所必需的证据材料；未协助人民检察院自行侦查等
235	未在十二小时内释放在押被不起诉人；未按通知及时解除查封、扣押、冻结；未按照检察机关意见对被不起诉人依法作行政处理并及时通知检察机关等
236	未告知犯罪嫌疑人认罪认罚从宽的法律规定；未通知值班律师为自愿认罪认罚且无委托辩护人的犯罪嫌疑人提供法律帮助；未听取犯罪嫌疑人及其辩护人或值班律师的意见,并记录在案随案移送；向犯罪嫌疑人作出具体从宽承诺等
237	未向被害人释明认罪认罚从宽规定，并将被害人及其诉讼代理人意见记录在案随案移送；未随案移送被害方出具的谅解意见等
238	提请批准逮捕书未说明认罪认罚情况；起诉意见书未写明犯罪嫌疑人认罪认罚情况等
239	未依法听取当事人和其他相关人员意见，并记录在案；未依法对和解的自愿性、合法性进行审查；未依法对主持制作和解协议书并由双方当事人及其他参与人员签名等
240	未按规定移送没收违法所得意见书及相关证据材料；收到启动没收违法所得程序通知书后，未按要求启动的；在逃的犯罪嫌疑人到案后，未及时通知人民检察院等
241	对不符合法定条件的犯罪嫌疑人提出强制医疗意见；收到启动强制医疗程序通知书后，未按要求启动的；对涉案精神病人的鉴定程序违反法律规定的；超范围超限度采取临时保护性约束措施或未及时解除的；应采取临时保护性约束措施而未采取等
242	利用职权，非因法定事由、非经法定程序，或超越法律规定权限和程序，剥夺他人人身自由；利用职权，非因法定事由、非经法定程序，或超越法律规定权限和程序，搜查他人身体、住宅
243	使用肉刑或变相肉刑，使犯罪嫌疑人在肉体上或精神上遭受剧烈疼痛或痛苦以逼取供述的；使用暴力或变相使用暴力，逼取证人证言
244	滥用侦查权限，有超期羁押六个月以上或伪造、隐匿、毁灭证据等情形的；玩忽职守，有超期羁押六个月以上或嫌疑人因拘留逮捕未依法交付执行又实施犯罪等情形
245	徇私枉法、徇情枉法，对明知是无罪的人而使其受追究，或者对明知是有罪的人而故意包庇不使其受追诉

续表

	司法保护
246	利用押解、提审等职权，私放在押的犯罪嫌疑人；严重不负责任，不履行或者不认真履行押解、提审等职责，致使在押的犯罪嫌疑人脱逃，造成严重后果的；涉嫌犯罪的其他侦查违法行为等
247	不应当适用缓刑而适用；应当宣告缓刑而未宣告；缓刑考验期不符合法律规定；宣告缓刑错误
248	法律未对相关罪名或量刑档次规定罚金，却判处罚金，如故意毁坏财物罪，对数额较大或者多次敲诈勒索的，规定了并处或者单处罚金，但对数额巨大或者有其他特别严重情节的，并未规定罚金
249	法律规定应当并处罚金，却没有并处罚金，如信用卡诈骗罪；法律、司法解释规定了罚金刑幅度，而判处的罚金不在幅度内
250	对被告人减轻处罚后，刑法对相应的量刑档次没有规定罚金，却判处罚金，如寻衅滋事罪，只有判处五年以上十年以下有期徒刑的，才可以并处罚金；判处五年以下有期徒刑、拘役或者管制的，没有规定罚金
251	判处罚金未区分主从犯等具体情形，有违罪责刑相适应原则；判处罚金，应当根据犯罪情节决定罚金数额
252	错误适用罚金刑（1） 《刑法修正案（八）》规定敲诈勒索罪要并处罚金，根据"两高"《关于办理敲诈勒索刑事案件适用法律若干问题的解释》，在2013年该解释施行以后实施的敲诈勒索犯罪，罚金数额应当在2000元以上、敲诈勒索数额的2倍以下；违反民事优先原则，承担民事赔偿责任的犯罪分子，同时被判处罚金，其财产不足以全部支付的，或者被判处没收财产的，应当先承担对被害人的民事赔偿责任
253	错误适用罚金刑（2） 犯组织、强迫、引诱、容留、介绍卖淫罪的，应当依法判处犯罪所得2倍以上罚金，共同犯罪的，对各共同犯罪人合计判处的罚金应当在犯罪所得的2倍以上。在组织卖淫罪中，因其本质上控制整体卖淫活动，其所谓犯罪所得，一般情况下就是指收取嫖娼人员所有费用的总和
254	执行剥夺政治权利期间犯新罪未按规定数罪并罚
255	司法解释明确规定对某类人员某种情形下应当判处禁止令，而没有判处，对于利用职业便利实施强奸、猥亵未成年人等犯罪的，人民法院应当依法适用从业禁止
256	犯罪物品的处理，对追缴的财物未发还给被害人或者对被害人的合法财产未及时返还；对违法所得未予以追缴或者责令退赔；对查扣的违禁品和供犯罪所用的本人财物未予以没收
257	判决、裁定对起诉指控的部分事实未认定，影响定罪量刑，判决、裁定错误减少认定起诉指控的犯罪事实或犯罪数额导致量刑不当

续表

	司法保护
258	定性错误，检察机关和人民法院对犯罪构成的认识不一致，导致判决、裁定认定罪名与起诉不一致；想象竞合犯，对法定刑轻重理解有误；选择适用新旧刑法、司法解释时，对法定刑轻重理解有误；因对罪数问题把握不当，导致定性不当等
259	犯罪完成形态认定错误，未能正确区分犯罪既遂与犯罪未遂、犯罪未遂与犯罪中止
260	累犯、再犯情节认定错误，不应认定累犯而认定，应当认定累犯未认定，如犯前罪时未成年而认定累犯，前罪被判处缓刑而认定累犯，本罪判处拘役而认定累犯，毒品犯罪中再犯没有认定等
261	自首、坦白情节认定错误，对于自动投案、如实供述两个要件把握不准确，导致认定自首错误：仅因形迹可疑被盘查时主动交代，但司法机关从在其身上、随身携带的物品、驾乘的交通工具等处发现与犯罪有关的物品的，错误认定自首；主动投案，但在办案机关掌握其犯罪事实前没有如实供述的，错误认定自首；主动交代同种罪行，错误认定自首等
262	立功情节认定错误，被告人具有立功情节未予认定，或者相反情形：被告人供述的是共同犯罪事实或其在犯罪中掌握的同案犯基本信息，错误认定立功；被告人检举揭发他人犯罪线索的来源不合法，错误认定立功等
263	主、从犯认定错误，对在共同犯罪中地位、作用相当的被告人区分主从犯，或对明显起次要或辅助作用的被告人未认定为从犯，要特别注意单纯根据共同犯罪中不同分工来判断其地位、作用而区分主从犯的错误
264	"又聋又哑的人"认定错误，对又聋又哑的人未予认定；将只聋不哑、只哑不聋，或者仅有轻度听说障碍的被告人认定为又聋又哑的人
265	对刑法分则规定的量刑情节认定错误，如向在校学生贩卖毒品，未认定"情节严重"，利用、教唆未成年人非法持有毒品，未认定"情节严重"，对于纠集未成年人犯罪的量刑情节，如聚众斗殴中纠集未成年人参加的，未在量刑时予以增加等
266	法院审判对影响定罪量刑的证据未经质证：辩方在庭审后提交可能影响认定犯罪事实，或者涉及认罪、退赃、和解、自首、立功、帮教条件等可能影响量刑的新证据，或审判人员在庭外收集的相关证据，法院在未经质证的情况下采信作为裁判依据；原审法院未对非法证据启动法庭调查程序，径行排除证据，导致事实认定错误
267	审判组织违反法律规定等程序问题：案件开庭审理后更换合议庭成员，未再次开庭即作出裁判；合议庭成员或独任审判员主体不适格，如没有正式法律职务；无罪辩护的审理适用简易程序独任审判制、判处三年以上有期徒刑的简易程序案件未组成合议庭审理

续表

	司法保护
268	法院未依法保障涉案未成年人诉讼权利：未成年被告人没有委托辩护人的，未通知法律援助机构指派律师为其提供辩护；未依法通知被告人辩护人参加庭审，未听取辩护人意见；审判时，未通知未成年被告人的法定代理人或者其他符合法律规定的人员到场；对未成年被告人是少数民族的，未向其告知可以申请翻译回避等权利
269	法院审判未充分保障当事人的隐私权，违反规定公开审理有关国家秘密或者个人隐私的案件，如通过网络直播方式进行直播涉及未成年人隐私和未成年人被告人的案件
270	法院适用认罪认罚程序错误，未按照认罪认罚程序进行审理、无法定理由否定对被告人适用认罪认罚从宽制度、被告人在审理阶段违反取保候审规定逃脱，法院在判决时仍认定被告人适用认罪认罚从宽制度等
271	法院排除证人证言不当，采用暴力、威胁等非法方法收集的证人证言、被害人陈述，未予以排除等
272	法院量刑畸轻畸重，量刑虽在法定幅度内，但明显罪刑不相适应；量刑低于或高于法定幅度，无法定加重处罚情节而加重处罚；无法定减轻处罚情节而减轻处罚；减轻处罚至下一个量刑幅度以下；部分犯罪有减轻处罚情节而对全案减轻处罚等；数罪并罚时的量刑错误，对先减后并还是先并后减适用错误；对并科还是限制加重选择错误，如对罚金刑没有执行总和数额或计算错误，执行刑期或数额超过总和
273	罪犯被裁定减刑后，因发现漏罪或者又犯新罪而依法进行数罪并罚时，错误将经减刑裁定减去的刑期计入已经执行的刑期；前罪没有执行，没有与后罪数罪并罚；刑期折抵错误，监视居住折抵刑期错误；暂予监外执行的期间是否计入刑期认定错误等（监外执行不计入刑期的情况有两种：通过贿赂等非法手段被暂予监外执行，在暂予监外执行期间脱逃。暂予监外执行不计入刑期是通过列举法规定的，只有在满足不计入刑期的两种情况时，才会不计入刑期，反之，没有上述两种情况的，都计入刑期）
274	看守所未及时督促办案机关办理换押手续；未在未成年犯罪嫌疑人、被告人羁押期限届满前七日以内向办案机关发出羁押期限即将届满通知书；未成年犯罪嫌疑人、被告人被超期羁押后，没有立即书面报告人民检察院并通知办案机关；收到未成年犯罪嫌疑人、被告人及其法定代理人、近亲属或者辩护人提出的变更强制措施、羁押必要性审查、羁押期限届满要求释放或者变更强制措施的申请、申诉、控告后，没有及时转送有关办案机关或者人民检察院等
275	公安机关未按规定办理换押手续；决定重新计算侦查羁押期限、经批准延长侦查羁押期限，未书面通知人民检察院和看守所；对未成年犯罪嫌疑人、被告人进行精神病鉴定，没有书面通知人民检察院和看守所等

续表

	司法保护
276	法院在一审、二审阶段未按规定办理换押手续；违反刑事诉讼法的规定重新计算审理期限、批准延长审理期限、改变管辖、延期审理、中止审理或者发回重审；决定重新计算审理期限、批准延长审理期限、改变管辖、延期审理、中止审理、对被告人进行精神病鉴定，没有书面通知人民检察院和看守所等
277	未成年人社区矫正未与成年人分别进行；未成年社区矫正对象的档案信息未予以保密；未完成义务教育的未成年社区矫正对象，社区矫正机构未通知并配合教育部门为其完成义务教育提供条件等
278	支持起诉：针对父母或者其他监护人性侵害、出卖、遗弃、虐待、暴力伤害未成年人，教唆未成年人实施违法犯罪行为，胁迫、诱骗、利用未成年人乞讨，以及不履行监护职责严重危害未成年人身心健康的行为
279	支持人身安全保护令申请：针对未成年人遭遇家庭暴力或有面临家庭暴力的现实危险情形
280	支持未成年人提出宣告监护人失踪或死亡申请：针对父母双方或者一方长期失联，无法履行监护职责，导致未成年人处于监护空白的情形
281	支持未成年人提出抚养费纠纷诉讼：针对离婚协议或者离婚诉讼判决、调解后，父母一方未履行支付抚养费的情形
282	支持未成年人提起继承权纠纷诉讼：针对侵害未成年人（包括胎儿）继承权的情形
283	支持未成年人提起精神损害赔偿纠纷诉讼：针对未成年人遭受性侵伤害造成精神损害的情形
284	支持未成年人提出人格权（受教育权、姓名权等）纠纷诉讼：针对侵害未成年人人格权的情形
285	支持提出涉未成年人财产利益纠纷诉讼：针对侵害涉未成年人财产利益的情形
286	法院未优先执行抚养费，法院将未成年人纳入失信名单
287	对审判人员违反审判程序行为的监督，包括调解违反自愿原则或者调解协议的内容违反法律、应当立案而不立案、审理案件适用审判程序错误、违反法定审理期限、违反法律规定送达等
288	对审判人员个人不法行为的监督，如接受当事人及其委托代理人请客送礼或者违反规定会见当事人及其委托代理人，审判人员实施或者指使、支持、授意他人实施妨害民事诉讼行为，尚未构成犯罪的以及其他违反法律规定的情形等
289	人体损伤鉴定新旧《损伤标准》（2014年1月1日前后）适用错误
290	猥亵对象包含已满十四周岁和不满十四周岁，认定一罪错误（猥亵对象包含已满十四周岁的女性和未满十四周岁的女童，以及时间持续跨越了被害人十四周岁前后两个时间节点，即使被害人为同一人，但侵害的是不同客体，是两种犯罪行为，符合不同的犯罪构成要件，应数罪并罚）

续表

	司法保护
291	对符合犯罪条件的猥亵行为进行治安管理处罚而未进行刑事处罚，如因未直接身体接触，采用网络手段实施猥亵行为而不予入罪（刑事下行）
292	既有猥亵行为又有强奸行为时适用罪名错误（如果猥亵行为与强奸行为间隔较长，已经超过生理上二行为自然延续过程的，则不再具备吸收关系，应依照强奸行为和猥亵行为数罪并罚）
293	实施猥亵行为造成被害人轻伤以上后果的，适用法律错误（实施猥亵未成年人犯罪，造成被害人轻伤以上后果，同时符合《刑法》第234条或者第232条的规定，构成故意伤害罪、故意杀人罪的，依照处罚较重的规定定罪处罚）
294	公安机关接到未成年人被性侵害的报案、控告、举报，未及时受理，迅速审查；对于符合刑事立案条件的，未立即立案侦查，重大、疑难、复杂案件立案审查期限超过七日；具有下列情形之一，公安机关未在受理后直接立案侦查：（一）精神发育明显迟滞的未成年人或者不满十四周岁的未成年人怀孕、妊娠终止或者分娩的；（二）未成年人的生殖器官或者隐私部位遭受明显非正常损伤的；（三）未成年人被组织、强迫、引诱、容留、介绍卖淫的；（四）其他有证据证明性侵害未成年人犯罪发生的
295	公安机关发现可能有未成年人被性侵害或者接报相关线索，以案件不属于本单位管辖为由未及时采取制止侵害行为、保护被害人、保护现场等紧急措施
296	公安机关受理案件后，经过审查，认为有犯罪事实需要追究刑事责任，但因犯罪地、犯罪嫌疑人无法确定，管辖权不明，受理案件的公安机关未先立案侦查
297	法院确定性侵害未成年人刑事案件开庭日期后，未将开庭的时间、地点通知未成年被害人及其法定代理人
298	办理性侵害未成年人刑事案件，对于涉及未成年人的身份信息及可能推断出身份信息的资料和涉及性侵害的细节等内容，审判人员、检察人员、侦查人员、律师及参与诉讼、知晓案情的相关人员未予以保密；对外公开的诉讼文书，披露未成年人身份信息及可能推断出身份信息的其他资料，对性侵害的事实未以适当方式叙述
299	办案人员到未成年人及其亲属所在学校、单位、住所调查取证的，采取驾驶警车、穿着制服或者采取其他可能暴露未成年人身份、影响未成年人名誉、隐私的方式
300	询问未成年被害人，未选择"一站式"取证场所、未成年人住所或者其他让未成年人心理上感到安全的场所进行
301	办理性侵未成年人案件，犯罪嫌疑人到案后，办案人员未第一时间了解其有无艾滋病的；发现犯罪嫌疑人患有艾滋病的，在征得未成年被害人监护人同意后，未及时配合或者会同有关部门对未成年被害人采取阻断治疗等保护措施

第九章 大数据在控告申诉检察中的深度应用

经济社会的快速发展和信息技术的广泛应用,为控告申诉检察工作提供了强大的硬件基础。随着数字检察战略的推进,控告申诉检察数字化的重要性日益凸显。通过数字化手段提高涉检信访处置、检察监督、司法救助、律师执业权利保障以及检察听证等工作的质效,是大数据时代背景下控告申诉检察工作发展的趋势。

一、业务需求

传统的控告申诉检察工作模式对检察人力成本有较大的依赖,还存在办案时间长、工作效率低、类案释法说理不足等弊端,难以满足新时代人民群众对检察工作的新期待。突破这一困局,需要更新思维理念,革新工作模式,借力科技提高生产力,以解决传统模式的现实弊端,引领新时代控告申诉检察工作高质量发展。

(一)控告申诉检察数字化必要性

1. 涉检矛盾化解面临新的更大挑战

信访工作是送上门来的群众工作,"把心贴近人民"是信访工作实现人民价值取向的本质要求。[1] 实现"案结事了"而不是"结案了事",

---

[1] 陈国庆、万春、孙长永主编:《控告申诉检察业务》,中国检察出版社2022年版,第5页。

把群众的操心事、烦心事、揪心事变成暖心事是接访工作的价值追求。随着群众法治意识的提升，涉法涉诉信访工作量越来越大，带来了更多的接访压力和挑战，影响了矛盾纠纷的化解力度、深度和广度，距离达到控告申诉案件实质性化解的结果目标仍有较大差距。

2. 传统控申办案模式难以适应当前的工作要求

传统的控告申诉检察工作主要依赖于纸质文书审查和口头释法说理，案件办理效果有待优化，说理能力有待提升，线索挖掘亟须重视，融合思维需要强化。检察机关应当通过大数据建模拓宽控告申诉检察工作的思路，以数字化转型革新控告申诉检察办案模式，提高工作效率和质量。

3. 丰富的信访数据资源有必要进一步开发利用

控告申诉检察部门常态使用的 12309 中国检察网、信访信息系统和全国检察业务应用系统等，具备整合各类案件信息的功能，已汇集形成控告申诉检察业务初步的"数据池"。海量的信访数据正在深刻改变着新时代的控告申诉检察工作，而高效精准、及时全面地挖掘和利用这些"数据"的内在价值，能为依法监督、科学决策提供有力支持。控告申诉检察工作数字化转型，已经积累了坚实基础，必要且必行。

（二）控告申诉检察数字化建构路径

控告申诉检察工作是基础性、监督性、社会性、群众性的检察工作，在数字赋能上更应当强调整体性、系统性、开放性、服务性，更应当注重实用、便捷、贯通、共享，在提升服务群众能力、服务办案水平、服务治理效果上见实效。[1] 控告申诉检察的数字化建构路径需要从平台建设、数据资源整合、模型构建、大数据技术应用和智能化辅助等多个方面入手，全面提升数字赋能的效率和准确性。

---

[1] 孙颖：《坚持以习近平新时代中国特色社会主义思想为指导 努力在推进浙江控告申诉检察现代化上起好步》，载《控告申诉检察工作指导》2023 年第 3 辑。

1. 建立数字化平台

数字化转型的基础是数据，实现数据的储存、应用、共享需要平台作为载体。建立具备数据收集、分析、处理和存储等功能的数字化平台，是实现控告申诉检察数字化转型的关键环节。通过平台实现案件线索分流、转办，接访工作智能化分析，控告申诉案件的数字化管理等，能大幅度提高工作效率和质量。

2. 强化数字技术支持

在数字化平台的基础上，通过运用大数据技术，可以对海量数据进行实时分析和处理，实现数据资源有效整合，具体包括信访数据、案件数据、律师执业数据、特殊群体数据等。通过对以上数据信息的收集、分析和处理，挖掘出控告申诉数据中有价值的信息，发现规律和问题，为控告申诉检察工作提供更加精准的数据支持。

3. 借助智能化技术辅助决策

智能化辅助办案不仅能提高办案效率，还能提高精准性。检察机关通过智能化技术，对控告申诉案件进行案件筛查分类、案件归纳分类、信访风险评估、案件处理意见参考等，为检察人员提供更加准确、高效的支持，实现同类案件同类处理，差异案件精准研判，确保案件定性和法律适用准确。

二、控告类案件应用场景

控告权是公民基本权利之一，也是对国家机关及其工作人员进行监督的一项权利。检察机关办理的控告案件是因公安机关、人民法院和人民检察院及其工作人员违法或不当行使刑事方面的职权致公民合法权益受到侵害引发的案件。[1] 司法实践中，阻碍辩护人及诉讼代理人依法行

---

[1] 陈国庆、万春、孙长永主编：《控告申诉检察业务》，中国检察出版社2022年版，第107页。

使诉讼权利案件和刑事立案监督案件是基层检察机关办理较多的控告类案件。以大数据赋能控告类案件办理，拓宽案件来源，提升办案质效，保障案件当事人、辩护人及诉讼代理人控告权利，是控告申诉检察数字化应用场景的重要一环。

（一）律师执业权利保障

律师作为法律专业人员，以辩护人、诉讼代理人等身份参与刑事诉讼，依法维护当事人合法权益。2019年以来，全国检察机关持续开展了保障律师执业权利监督工作，审查办理阻碍律师依法行使诉讼权利案件，在检察机关办理控告类案件中占据重要位置。司法实践中，阻碍律师依法行使诉讼权利案件的线索来源，主要包括辩护人、诉讼代理人特别是律师控告，办案部门在履职过程中发现线索后主动向控告申诉检察部门移交等情形。该类案件存在线索来源单一性、检察监督滞后性等问题，检察机关可以通过大数据检索、数字建模比对，敏锐捕抓线索，找准监督对象，依法能动履职，充分保障犯罪嫌疑人、被告人辩护权，保障律师执业权利。

1. 常见监督情形

《人民检察院刑事诉讼规则》明确规定了检察机关办理的16种阻碍律师依法行使诉讼权利行为的情形。目前，全国各级检察机关主要运用大数据模型对委托或指派类、知情类以及会见通信类的阻碍律师依法行使诉讼权利案件开展检察监督。主要监督情形包括：公安机关、人民检察院、人民法院及其工作人员应当通知而不通知法律援助机构为符合条件的犯罪嫌疑人、被告人指派律师提供辩护或者法律援助；公安机关、人民检察院、人民法院及其工作人员违法限制辩护律师同在押、被监视居住的犯罪嫌疑人、被告人会见和通信；公安机关、人民检察院、人民法院及其工作人员未依法将开庭的时间、地点及时通知辩护人、诉讼代理人；公安机关、人民检察院、人民法院及其工作人员未依法向辩护人、诉讼代理人及时送达涉案的法律文书或者及时告知案件移送情况。

2. 委托或指派类

委托或指派类阻碍律师依法行使诉讼权利的情形，主要包括未依法告知有权委托律师、未转达或未转交委托律师要求和应通知未通知指派律师等。这类案件实质上是对当事人诉讼权利的侵犯，发生之初往往尚未与律师建立联系，检察机关若能在履职过程中第一时间发现这些问题和线索，则可以解决由律师主动提请控告、申诉所带来的滞后性等问题。通过大数据对案件进行批量分析，不仅能精准发现异常线索，进行针对性跟踪处理，还能维护当事人合法权益，保障律师执业权利。

比如，广东省英德市检察院构建的未按规定为特殊人群指定法律援助类案监督模型。该检察院在办案实践中发现阻碍当事人法律援助权利的两种类案情形，一种是应通知指派而未通知，另一种是超过三日通知的超期指派。于是，该检察院从法律援助中心、全国检察业务应用系统、公安机关办案系统分别获取指定法律援助数据、特殊人群涉刑事案件数据、被刑事拘留人员数据，进行数据匹配筛选。经过多次分析，最终从6501条被采取刑事强制措施犯罪嫌疑人信息中，获得61条违法线索、34条应援未援的违法线索，后通过人工审查、调查核实，以发送检察建议、纠正妨碍辩护人行使诉讼权利通知书等方式开展法律监督。

3. 会见通信类

检察机关对法律援助律师履职不当的监督和对其诉讼权益的保障同等重要。通过解析法律援助律师履职不当个案，将法律援助中心受援数据与律师会见数据等进行碰撞比对，发现批量未会见和未及时会见等律师怠于履职线索，通过公检法司协作配合，进一步完善政法一体化指定法律援助应用场景，提升法律援助服务质量，维护律师执业权利，保障当事人合法权益。

比如，浙江省慈溪市检察院法律援助领域会见权和代理权、知情权监督模型。该检察院收集看守所律师会见数据信息和指派法律援助律师数据信息，以指派法援律师的姓名、公民身份号码与会见律师的姓名、公民身份号码进行匹配，筛选出没有匹配成功的人员名单即为未会见的违法线索。此外，将律师会见日期和法律援助受理日期进行差值计算，筛选出差值大于五日的即为超期会见的违法线索。对筛查出未会见和超期通知会见的违法线索，该检察院通过发送检察建议等督促该领域行政执法，有效提升区域内法律援助整体服务质量。①

4. 知情类

知情类阻碍律师依法行使诉讼权利情形包括未依法告知案件相关情况、未依法送达法律文书或及时告知案件移送情况。由于侵犯知情权案件在阻碍律师依法行使诉讼权利案件中占比较高，检察机关运用信息技术手段加大对此类案件的监督，能够更好地保障律师知情权第一时间实现。

比如，广东省佛冈县检察院构建的法院当庭宣判未及时送达辩护人判决书监督模型。参加一审刑事案件定期宣判是律师的基本执业权利，也是被告人上诉权获得保障的有效途径。但司法实践中法院不严格执行规定，在定期宣判前不通知辩护人、诉讼代理人的现象时有发生，侵犯了辩护人、诉讼代理人的知情权。对法院上述违法情形，该检察院通过全国检察业务应用系统批量归集刑事裁判数据，对开庭日期、法院刑事裁判文书落款日期等进行数据碰撞，获得当庭宣判刑事案件数据。利用DATEDIF函数对"刑事裁判文书落款日期"和"法院裁判文书送达辩护律师日期"进行差值计算，筛选出差值大于五日的即为法院未依法履行通知义务的违法线索。该检察院使用该模型发现了法院未依法履行通知义务监督线索9条，查实3条。

---

① 《数字检察打通服务群众"最后一公里"》，载"最高人民检察院"微信公众号，2023年10月27日。

（二）刑事立案监督

刑事立案监督是检察机关法律监督职能的重要组成部分，承担着规范刑事立案程序的重要职责。检察机关应当依法监督纠正公安机关消极立案、违法立案和拖延立案等违法行为，保障促进刑事立案主体依法立案，有效惩治犯罪，积极维护涉案当事人的合法权益。

控告申诉检察工作实践当中，刑事立案监督线索来源较为单一，主要包括两个途径。一是被害人及其法定代理人认为公安机关对其控告的案件应当立案侦查而不立案侦查，或者犯罪嫌疑人及其辩护人认为公安机关不应当立案而立案，向检察机关提出申诉、控告。二是检察机关职能部门在办案或开展诉讼监督活动中发现的。控告申诉检察部门应当充分利用全国信访信息系统、数据应用平台等数据优势，在分析信访特性、总体趋势等过程中，运用大数据思维和融合思维，发现刑事立案监督案件线索。

比如，广东省佛冈县检察院构建的交通事故类控告案件监督模型。该检察院解析交通事故类民事判决引发的控告申诉个案，通过小包公·法律 AI 实证分析平台，筛查出辖区内近几年造成被害人死亡且被告人负主要责任或者全部责任的交通事故类民事判决，从全国检察业务应用系统筛查出近几年该检察院受理的涉嫌交通肇事罪的案件。检察人员将筛查出的民事判决中被告人的身份信息与受理的交通肇事罪的犯罪嫌疑人身份信息进行数据碰撞对比，筛查出公安机关未向检察机关移送的涉嫌交通肇事罪的人员名单，从而发现立案监督线索。依托该模型，控告申诉检察部门发现立案监督案件线索并成案 2 件。该检察院充分发挥控告申诉检察部门在第一时间掌握群众诉求和意见的优势，深入挖掘各类信访信息数据，全面了解各领域、各行业、各区域的情况。通过以点带面的方式，积极发现司法办案监督线索，促进检察融合办案，确保检察工作的公正性和高效性。

三、刑事申诉类案件应用场景

纠正一起冤假错案胜过一堆口号，一个优秀案件胜过一打文件。控告申诉检察部门办理刑事申诉案件，是原审生效刑事裁判监督和保障申诉人权利的关键环节，也是对依法办结案件的再审查、再救济，实现自我监督的重要组成部分，更是维护司法公正和社会公平正义的最后一道防线。

（一）应用需求

1. 办案效果需要

司法实践中，检察机关办理刑事申诉案件中仍存在就案办案、机械司法的现象，对案件矛盾焦点、当事人合理诉求研判不精准、关注度不够，导致案结事未了，对程序事项理解不全面、释法说理工作不到位，导致反复申诉、由诉转访等问题仍未得到根本解决。

2. 实质化解需要

要运用法治思维和法治方式解决矛盾纠纷，把矛盾纠纷预防化解工作全面纳入法治化轨道。[1] 最高人民检察院印发《关于建立审查办理刑事申诉、国家赔偿案件"每案必评、实质化解"工作机制的通知》，要求进一步压实信访责任，准确评估信访风险，推进实质性化解信访矛盾。通过充分的释法说理"解法结"，促进实质化解"了心结"，成为刑事申诉案件办理的重要价值追求。

（二）应用过程

为更好地解决控告申诉检察工作面临的风险评估难、案件审查难、实质化解难等痛点问题，检察机关探索构建办案监督应用模型，帮助检察人员提高案件办理质量与效率，推进矛盾实质性化解。

---

[1] 陈文清：《坚持和发展新时代"枫桥经验"提升矛盾纠纷预防化解法治化水平》，载《求是》2023年第24期。

比如，辽宁省检察院、辽宁省大连市检察院开发的"每案必评、实质化解"数字办案监督应用模型[1]。该模型以自动评估、精准推送、个案辅助、类案监督为建模目标数字，赋能刑事申诉案件办理和实质化解矛盾。

1. 评估案件信访风险

模型可以辅助检察人员在案件办理过程中达到信访风险评估的预见性、洞察性、科学性、支撑性。上传案件之后，模型会自动识别并提取案件材料中存在的风险信息，检察人员就能够在案件办理之初及时发现案件本身和相关人员的信访风险点。据此，检察机关应当将了解、评估案件信访风险作为申诉案件办理的第一环节，将其从原有的后置状态变为前置状态，并贯穿于案件办理的整个过程中。

2. 推荐实质化解措施

模型基于算法技术，准确提取关键信息要素，并具备处理非标准数据的能力。通过规则与算法的结合，检察人员能够高效推进实质化解措施的运行过程。从信息抽取、申诉理由归纳到化解措施推荐、案件内容检索推荐等各个环节，模型均能发挥重要作用。这不仅有助于减轻检察人员的工作负担，更能促使他们更深入地了解群众的矛盾，切实履行检察职能。

3. 智能辅助办案

模型能够自动抓取刑事申诉案件中相关刑事裁判文书，并比对全国检察业务应用系统中的检察文书，通过检索信息、校验内容，综合判断案件走向并辅助决策，包括确定是否为首办案件、是否需要领导包案、是否需要调卷、是否需要召开听证会以及司法救助等工作。

---

[1]《技术与需求深度碰撞！这次推进会掀起一场"头脑风暴"》，载"最高人民检察院"微信公众号，2023年10月22日。

四、国家司法救助应用场景

对遭受犯罪侵害、民事侵权造成生活困难的受害人开展国家司法救助，是中国特色社会主义司法制度的内在要求，是改善民生、健全社会保障体系的重要工作。近年来，最高人民检察院重点关注贫困户、未成年人、军人军属、残疾人、困难妇女等群体，部署开展重点人群司法救助专项活动，解决了群众燃眉之急，化解了矛盾纠纷。实践中，国家司法救助工作中常存在因信息衔接不畅通、救助标准不统一、部门协同不及时、救助实效不到位等问题，检察机关建立的司法救助大数据模型，可以实现司法救助与社会救助信息共享，通过数据监测及研判，锁定救助对象，精准测算救助金额，同步开展司法救助、分类帮扶，解决线索匮乏的困境，促进司法救助和社会救助相融合。

（一）司法救助线索筛查

发现司法救助案件线索是检察机关进行司法救助的前提和基础。实践中，线索发现难、转化难、成案难已成了检察机关开展司法救助的一大困境。国家司法救助线索筛查是大数据赋能司法救助工作的常态化应用场景，检察机关可以通过大数据技术精准发现线索，解决线索来源难题。

案例一：山东省单县检察院依托司法救助线索筛查应用平台构建大数据模型赋能类案救助[①]

【关键词】

司法救助　大数据模型　线索筛查应用平台　联动救助　多元化帮扶　服务乡村振兴

---

① 《最高人民检察院印发大数据赋能类案司法救助典型案例》，载"最高人民检察院"微信公众号，2023年5月16日。

第九章　大数据在控告申诉检察中的深度应用

【要旨】

针对司法救助案件线索来源少、救助不及时问题，检察机关通过聚焦因案导致生活困难的原建档立卡贫困户、未成年人、残疾人、涉法涉诉信访人等重点人群，建立司法救助线索大数据筛查智慧应用平台，通过数据比对碰撞，精准、高效筛查司法救助案件线索，变当事人申请为检察机关主动排查，跑出司法救助"加速度"，全力防范化解因案返贫致贫风险，及时解决人民群众急难愁盼，为全面推进乡村振兴贡献检察力量。

【线索发现】

近年来，山东省单县检察院在办案和调研中发现，开展司法救助工作的难点在于案件线索的筛查和获取，主要原因为：一是受害人对司法救助缺乏了解，主动申请救助的意识不强；二是部分受害人由于文化水平低、出行困难等，申请救助不及时；三是人工逐案筛查效率低、耗时长、覆盖面小，会出现线索遗漏情况。2021年，单县检察院办理司法救助案件75件，线索均为在刑事案件办理中逐案筛查发现，线索获取渠道狭窄，且效率较低。

【数据赋能】

最高人民检察院部署开展"司法救助助力巩固拓展脱贫攻坚成果助推乡村振兴"专项活动，明确要求对进入检察办案环节、有因案返贫致贫风险的农村地区生活困难当事人加大司法救助力度。单县检察院积极落实专项活动部署，以数字检察建设为契机，认真研判，大胆尝试，搭建大数据模型，智能化筛查进入检察环节的涉原建档立卡贫困户、未成年人、残疾人、涉法涉诉信访人等人员的司法救助线索。

单县检察院统筹"内、外"，在充分挖掘内部办案数据的基础上，通过与县大数据局建立数据共享机制，获取了有关数据。同时与县民政局、县乡村振兴局、残联等单位签订联合救助意见，合力推进大数据赋能司法救助工作。2022年10月，单县检察院司法救助线索筛查应用平台正式运行，开启了用数据快速、精准、全面筛查重点救助群体司法救助线索的办案新模式。

该平台系单县检察院依托全国检察业务应用系统，自主研发的司法救助线索筛查平台，其主要是通过"两库四比对"模式，快速、精准筛查出司法救助线索。"两库"是指基础数据库和筛查数据库，"四比对"是指通过基础数据库（全国检察业务应用系统数据、全国检察机关网上信访信息系统信访人数据）与筛查数据库中的原建档立卡贫困户、未成年人、残疾人以及其他困难群体等四类重点人群信息一一比对。

（一）数据来源

第一部分是基础数据，分别是：1.全国检察业务应用系统数据，包括刑事检察、未成年人检察、民事检察、行政检察数据；2.全国检察机关网上信访信息系统信访人数据。

第二部分是筛查数据，来源于县大数据局，分别是：1.原建档立卡贫困户数据，包括城市低保人员、农村低保人员、特困人员、边缘易致贫户、低保边缘家庭人员；2.孤儿、困境儿童、事实无人抚养儿童数据；3.残疾人数据，其中包括残疾儿童数据；4.其他重点困难群体数据。

以上数据分类导入线索筛查平台。基础数据随办案系统即时更新，筛查数据每月更新一次。

（二）数据要素

基础数据要素包括：刑事检察和未成年人检察案件中的被害人；民事检察案件中的支持起诉、执行监督申请人；行政检察案件中的行政裁判结果监督、行政非诉执行活动监督申请人；涉法涉诉信访人等。

筛查数据要素包括：原建档立卡贫困户、孤儿、困境儿童、事实无人抚养儿童、残疾人。

（三）数据研判规则

第一步：设定比对点。将基础数据中的被害人、申请人、涉法涉诉信访人与四类重点人群的信息要素设定为2个比对点。

第二步：数据比对。将2个比对点进行数据碰撞，筛查平台自动识别相关案件信息，将信息重合点（即司法救助线索）形成单独列表予以推送。

（四）数据分析核查

检察人员对系统推送的案件线索进行综合分析，核查案件被害人或申请人是否符合司法救助条件，进而快速、精准锁定救助对象，主动开展救助。

【案件办理】

司法救助线索筛查应用平台第一时间提示检察人员关注进入检察办案环节的重点人群信息，提高了司法救助案件线索发现效率。2022年10月建模以来，单县检察院通过大数据碰撞，筛查出司法救助案件线索83条。其中涉原建档立卡贫困户案件线索34件，经调查核实，对符合条件的28名受害人及时进行司法救助，5件线索正在核查中，在救助过程中，单县检察院还与县民政、乡村振兴等部门密切协作，帮助生活特别困难的被救助人解决就业、低保等问题，重拾生活信心。涉残疾人案件线索43件，经调查核实，40名当事人符合司法救助条件，针对残疾人出行不便的情况，单县检察院主动上门帮助准备申请材料，积极开展司法救助，并与县残联联合帮扶，最大限度解决了申请人的实际困难，及时把党的温暖和检察温情送到了人民群众特别是弱势群体、困难群众的心坎上。

（二）救助金额测算

合理测算司法救助金是办理司法救助案件的关键环节。受业务数据指标压力、救助资金保障不到位、救助标准不统一、社会救助和司法救助衔接机制不顺畅等客观因素影响，"同案不同助"的现象频发，无法真正实现公平合理司法救助原则的内在价值。司法救助金额测算是大数据赋能司法救助工作的重要应用场景，能以更科学客观、更合理公平的标准确定救助金具体数额。

案例二：江苏省灌云县检察院依托司法救助服务乡村振兴实体化工作平台构建大数据模型赋能类案救助 [①]

【关键词】

司法救助 大数据模型 司法救助服务乡村振兴实体化工作平台 检府联动 提升救助效率 接续救助

【要旨】

对于司法救助工作中存在的因信息衔接不畅通、救助标准不统一、部门协同不及时导致救助实效不到位等问题，检察机关可以与政府相关职能部门加强沟通协调，打破信息壁垒，集成司法救助大数据工作平台，并依托平台建立司法救助大数据模型，实现司法救助与社会救助信息共享，通过数据监测及研判，锁定救助对象，精准测算救助金额，同步开展司法救助、分类帮扶，更好巩固拓展脱贫攻坚成果，助力全面推进乡村振兴。

【线索发现】

最高人民检察院、国家乡村振兴局部署开展"司法救助助力全面推进乡村振兴"专项活动以来，江苏省灌云县检察院调研发现，检察机关开展司法救助工作面临新形势和新要求，一些传统的工作方式和机制已经不能满足更好保障涉案弱势群体权益的客观需求。实践中，检察机关并不掌握当事人家庭是否因案致困的情况，一方面，对应当予以救助的对象未能做到"应救即救"；另一方面，除申请人自述或申请人所在村居（社区）提供证明材料外，检察机关还要对申请人家庭情况进行必要的调查核实，导致司法救助开展时间较长。此外，实践中还出现同类案

[①] 《最高人民检察院印发大数据赋能类案司法救助典型案例》，载"最高人民检察院"微信公众号，2023年5月16日。

件或被害人困境类似案件"不同助"现象,影响了救助效果。

【数据赋能】

在加快推进数字检察背景下,灌云县检察院依托司法救助与社会救助衔接机制,围绕乡村振兴战略规划,积极思考数据赋能司法救助工作的实践路径,探索构建信息化救助综合平台。经与县相关部门协调,灌云县检察院在本院12309检察服务中心建立司法救助服务乡村振兴实体化工作平台。

该平台为检府联动打造的司法救助大数据平台,主要架构为"一池一制一标准多循环"的大数据运用。"一池"是指,接入全国社会救助业务信息系统、全国儿童福利信息系统、全国残联信息化服务平台、江苏省医疗保障信息平台、江苏工会困难职工信息管理系统中的本地数据库汇聚而成的数据池。"一制"是指,经灌云县检察院请示汇报,由县委政法委牵头,与全县包括乡村振兴局、民政局、残联等20个相关单位,会签《关于建立和完善国家司法救助与其他社会救助衔接机制助推乡村振兴的意见》,综合运用心理救助、民政救济、医疗救助、教育帮扶、技能培训、就业指导及法律援助等"N"种救助帮扶方式,建立而成的"1+20+N"多元救助帮扶机制。"一标准"是指,灌云县检察院为解决"同案不同助"问题而制定的《司法救助资金分类量化标准实施细则》,根据该实施细则中的各类量化要素,通过建立规则数字算法,构建法律智能模型,精准测算出个案具体的救助金额,确保公平救助。"多循环"是指,灌云县检察院与多部门联合成立平台建设及运用领导小组,目前已与县乡村振兴局、民政局、残联、总工会、妇联、医保局、司法局等单位建立起8条沟通联络渠道,在检察机关借助平台实现快速查询的同时,将司法救助信息及时推送至相关职能部门,引导开展社会救助和帮扶,形成多项循环,实现司法救助与社会救助有效衔接、同步开展。

(一)数据来源

司法救助服务乡村振兴实体化工作平台坚持重点导向、需求导向,前期通过人工填录、离线数据导入等方式,将全县低保户、低收入户、困境儿童、残疾人等信息导入平台,数据每月更新一次,初步实现数据池汇集。后期搭建相关互联网、政务内网、检察工作网等网站,并纳入县总工会、医保局、妇联提供的困难职工、医疗救助对象及"两癌"困难妇女信息,汇集形成容纳6个系统、8类数据和1个检察机关网上信访信息系统的信息汇集中心,实现数据实时共享。

(二)数据要素

除姓名、性别、出生日期、居住地址等基础信息外,根据各部门职能及人群特点分类采集信息要素,包括：1.低收入人群；2.困境儿童；3.持证残疾人；4.困难职工；5.医疗救助对象；6.困难妇女；7.其他困难人员。

(三)数据模型

1.适用对象

检察机关决定开展司法救助的对象。

2.分析方法

决定给予救助后,根据在平台中筛查出的救助对象不同类别信息,依据灌云县检察院《司法救助资金分类量化标准实施细则》确定的量化要素,首先测算出个案的救助基本金额；其次,将低收入户、困境儿童、残疾人、困难妇女、困难职工、医疗救助对象等困难人员作为重点救助对象,测算出追加金额。最终实际救助金额=(基本金额+追加金额)×过错系数。

3.研判规则

研判规则一：救助基本金额的确定。救助基本金额=救助基准金额×(案件类型系数+生活困难系数)。其中,救助基准金额根据县域经济社会发展水平,结合灌云县检察院近3年司法救助金平均发放金额确定,可根据经济社会发展水平适时进行调整；案件类型系数根据不同的案件类型,确定不同的系数("系数"即为救助基准金额的一定倍数,下同）；生活困难系数根据不同的困难程度，分别确定为1—5倍、5—10倍、10—15倍三个档次。

研判规则二：救助追加金额的确定。救助对象为重点优抚、困境儿童、残疾人（1—2级）的，在已测算的救助金基础上，增加5—10倍救助基准金额的救助金；救助对象为困难妇女、困难职工、医疗救助对象、残疾人（3—4级）等困难人员的，在已测算的救助金基础上，增加1—5倍救助基准金额的救助金。

研判规则三：过错系数的确定。根据拟救助一方当事人在案件中承担的责任情况，确定具体的系数，如无过错系数为1，承担次要责任系数为0.7，承担同等责任系数为0.5，对承担主要责任、有重大过错的一般不予救助。

（四）数据推送

对于平台能够检索到的救助对象，灌云县检察院在开展司法救助的同时，将救助对象的具体情况推送给民政、乡村振兴、教育、残联等相关职能部门，建议按照"1+20+N"机制开展多元化的社会救助，形成帮扶合力。对于平台未能检索到的因案致困相关人员，在走访调查后决定开展司法救助的，同步向相关职能部门制发社会救助建议函，建议采取纳入低保、对脱贫不稳定户、边缘易致贫户同步开展监测和帮扶等长期帮扶措施。

【案件办理】

（一）主动救助，全面提升司法救助效率。灌云县检察院依托司法救助服务乡村振兴实体化工作平台，对低保户、低收入户、困境儿童、残疾人等群体信息进行实时筛查和监测，发现存在因案致困风险的，变被动申请为主动救助，及时启动司法救助程序，提高救助金发放效率，更好发挥司法救助救急扶困作用，以检察能动履职巩固拓展脱贫攻坚成果，服务乡村振兴。截至2023年4月，该院通过该大数据平台已成功救助109人，发放救助金117.8万元，同类案件救助金额上下幅度不超过30%，司法救助金平均发放周期由原来的二十二日大幅缩短至七日。

（二）接续救助，巩固司法救助效果。针对司法救助后部分救助对象可能因病或其他事由导致家庭生活仍然困难的情况，灌云县检察院通过平台定期对救助对象进行查询，筛查其家庭困难程度有无发生变化。对家庭生活仍然困难的救助对象，与乡村振兴局等部门进行实地走访，对脱贫不稳定户、边缘易致贫户同步开展监测和帮扶，对农村低收入人口开展分类帮扶，巩固和强化司法救助工作效果。截至2023年4月，灌云县检察院依托该大数据平台制发社会救助建议函37份，帮助救助对象享受低保待遇23人、困境儿童待遇9人，对16名脱贫不稳定户、边缘易致贫户同步开展监测和帮扶，协调有关部门为困难救助对象减免医疗费用40余万元，减免食宿费用、落实教育扶贫资金8万余元。

五、数字服务应用场景

在检察机关的数字化进程中，数字服务的应用逐渐凸显其价值。创新数字服务应用场景，坚持数字赋能研判评估办案风险、强化检察听证功能、多元化解矛盾纠纷等，从而拓展检察民众监督新渠道，切实回应民众诉求，满足民众期待。

（一）矛盾纠纷化解

通过开展大数据类案检索促进同类案件的释法说理，是有效化解矛盾纠纷的必要手段。传统的矛盾纠纷化解方式往往存在处理周期长、效率低下等问题，而运用大数据分析、智能辅助等技术手段，能够实现对信访数据的实时收集和挖掘，准确识别和预警矛盾纠纷，为矛盾纠纷化解提供科学依据和支持，缩短案件处理周期，提高信访处理效率，更好地满足群众信访需求，提高群众满意度。

1. 应用需求

（1）信访形势需要。信访长期以来都是群众反映急难愁盼的渠道，检察机关以领导包案、公开听证、司法救助、群众信访件件有回复等工作为突破口,有效化解了涉检环节重复信访案件。然而"倒金字塔"信访格局尚未扭转,申请检察监督类信访事项持续高位运行,信访风险评估不及时精准等问题仍然存在。

（2）专项工作需要。最高人民检察院提出要在检察办案各环节推进矛盾纠纷法治化实质性化解,要求控告申诉检察条线建立"每案必评、实质化解"工作机制,在依法、规范办案的基础上,对每起案件均应评估成案原因及信访风险,特别是可能引发规模聚集、个人极端行为、负面炒作等情况。同时,要求检察人员根据评估的情况,有针对性开展释法说理、公开听证、司法救助、社会帮扶等工作,推动可能发生的信访矛盾在本级、本环节得到实质性化解。

（3）诉求表达需要。受文化水平、法律认知、性格特点等的影响,个别群众法治思维欠缺,遇到矛盾纠纷时,仅以自己的理解认知处理问题,轻易否定专业的法律逻辑,臆测司法人员枉法裁判,便开始信访之路。个别群众仍然存在"信访不信法"的错觉,通过反复信访向司法机关施压以期获得足够重视。

2. 应用过程

检察机关推进大数据赋能控告申诉检察工作,是为了更好地从实体上解决老百姓的司法诉求,切实减少社会对立面,尽一切检察努力维护社会和谐稳定。

比如,清远市清城区检察院利用数字服务化解矛盾纠纷过程,具体阐述了数字技术服务如何与矛盾纠纷化解融合适用过程。

（1）诉求掌握。归集全国检察机关网上信访信息系统、全国检察业务应用系统中的信访材料、电子卷宗、法律文书等数据,且应用智慧接访系统中的人证识别、数据库技术,智能识别来访群众,生成含有信访诉求、争议焦点、处理结果、释法依据等案件"说明书",便于检察人员准确了解历次信访情况、迅速接访,做到信访处置"口径统一"。

（2）焦点提炼。精准评估信访人的核心诉求,是实质性化解信访矛盾的前提。对于每一起信访案件，充分利用智慧接访系统开展研判分析，对信访群众反映的信访事项，按照涉检类、申请监督类和控告举报类进行分类研判，依托社会矛盾纠纷调处化解中心，深化"检察矛调+"社会矛盾纠纷调处化解前置机制，有针对性地推进化解。

（3）风险预测。通过运用OCR技术扫描识别群众信访材料，借助文本搜索工具，在敏感词汇库中进行快速搜索，敏感词汇命中越多的，信访风险系数越高。综合风险敏感词汇命中个数，按照"A、B、C"等级进行风险等级分类，排查可能引发网络舆情、可能存在涉众信访的重大敏感案件，及时预警提醒。

（4）类案说理。传统的说理方式已经难以满足群众日益增长的法治需求，借助信息化说理手段能够促进矛盾纠纷实质性化解。对于不服人民法院生效民事、行政、刑事裁判申诉案件，检察人员应用小包公·法律AI类案检索、实证分析两大平台，提炼案件关键词，检索和清洗同类型案例，推送类案处理结果并提供给申诉人，从而增强类案说理的说服力和权威性。

（5）量刑演示。面对民众的信访需求，检察机关往往需要"因人而异""因事而异"。对于申诉人以"原审判决量刑不当"为由提出的刑事申诉案件，检察人员在调取全案卷宗的基础上，通过小包公·法律AI量刑辅助平台，上传起诉书，结合案情调整量刑情节和量刑幅度，获取建议刑期，生成量刑报告并提供给申诉人。此外，在释法说理过程中，检察人员还可以现场演示检察机关具体的量刑推算过程，进一步释明原审判决是否量刑适当。

（二）检察听证

检察听证是检察机关深化检务公开，鼓励群众参与司法、确保案件得到公正处理的重要办案方式。最高人民检察院第十检察厅也提出了继续深化检务公开的总体要求，坚持开展控告申诉检察听证工作，进一步推行简易听证、上门听证，提升听证的针对性、实效性和规范性。司法实践中，检察听证效果实质化运行不足，与群众对高品质检察产品的期待仍然有不小距离。

1. 应用需求

（1）制度规范需要。检察听证启动缺乏必要性审查机制，在实践中，一些检察人员由于面临办案时间紧张、任务繁重等压力，加之自身履职能力的局限性，往往对启动听证程序持谨慎或懈怠态度。这种情形不仅制约了检察机关依法履行职责，也在一定程度上影响了案件办理的公正性和公信力。

（2）听证员优化需要。检察听证实质作用能否得到发挥，关键在于听证员能否发表具有针对性的意见，以及意见能否真正引起检察机关重视继而进行实质性审查。但在具体实践中，听证员履职能力水平与听证实效要求发挥仍有差距，与案件匹配性不强，突出表现在检察听证过程中难以发表有针对性、专业性意见。

（3）群众参与需要。群众参与司法活动活跃度逐渐提升，法律知识日渐丰富，对检察听证等司法活动的参与度有所提高，监督意识逐步增强，为检察听证工作数字化服务奠定了良好基础。

2. 应用过程

科学合理的数字化改革实践路径是实现数字赋能、系统变革的重要保障。推进检察听证融入数字化改革浪潮中，厘清检察听证中的堵点痛点难点问题，进而更加充分地释放检察听证制度价值。

（1）规范听证流程。以浙江省永嘉县检察院开发的"听证一件事"场景应用[1]为例。该检察院将应用场景嵌入浙江检察 App，与全国检察业务应用系统关联，整合听证员信息、听证预告、发布听证室使用清

---

[1] 《法治日报 | 永嘉检察数字赋能创新"听证一件事"》，载"浙江检察"公众号，2022 年 11 月 13 日。

单、查看听证结果、数据统计等多项实用性功能，从发起申请、匹配听证员、发布预告、开展听证、意见反馈、数据统计形成完整闭环，确保检察人员严格按照听证流程开展工作，避免工作随意性，倒逼检察人员强化听证规范意识。

（2）合理选配听证员。浙江省永嘉县检察院开发的"听证一件事"，对于需要开展听证的案件，检察人员可输入案件信息，智能匹配推荐相关领域听证员名单，确保"让专业的人做专业的事"。比如，劳务纠纷类民事诉讼监督案件，数字听证系统可根据承办检察人员输入的案由、当事人身份、争议焦点问题、判决结果等，自动提示匹配听证员库中劳动部门工作人员、擅长处理人事劳动纠纷的专业律师等人员作为公正客观的第三方听证员参与公开听证。

（3）听证说理。检察听证同步外部引智，以智能化平台促进听证程序规范、听证质效提升。在清远市检察院开展的听证过程中，检察人员利用小包公·法律AI和数据应用平台检索同类型案例的类案处理结果，当场展示类案情况，通过科技赋能为检察办案公开透明、社会风险隐患消除寻找新路径。比如，在举行故意伤害案件拟不起诉公开听证会时，检察人员结合具体案情通过设定"坦白、谅解、认罪认罚、故意伤害、不起诉"等相关内容作为标签，通过小包公·法律AI实证分析平台对故意伤害不起诉案件进行数据清洗，获得辖区内故意伤害相对不起诉处理案件信息。听证会期间，检察人员现场向案件当事人、听证员展示检索类案的办理情况，释明案件处理共识，辅助强化说理效果，缓解社会矛盾，消除可能存在的次生隐患。

第十章　数字检察发展趋势展望

数字检察通过大数据、人工智能等技术，在推动检察工作高质量发展方面成果显著。大数据法律监督模型作为数字检察的重要工具和抓手，未来应从统筹管理、集约发展等方面推动选育构建、应用推广，以拓展监督的广度、深度、精准度。

一、数字建模规范化

据统计，目前全国检察机关研发运用的大数据法律监督模型达6000多个，模型呈现出多元化的特点。由于模型建设标准不统一，有些地方可能出现为了比赛而建模，有些地方可能脱离业务而建模，有些地方可能超出法律监督履职边界而建模。此外，最早开展试点工作的相关地区研发模型分析研判方法不一样，数字赋能法律监督具有较为鲜明的区域特色。[①] 随着数据和技术的不断进步，建模过程将变得更加复杂和多样化，因此，建立统一的标准和规范对于确保数字建模的准确性和可靠性至关重要。

现实中，基层检察院已成为数字检察办案的中坚力量。妥善处理顶层设计与基层创新之间的关系，能更好调动基层的积极性和创新性。为此，可以采取一系列措施：加强统筹管理和指导，制定数字检察工作规则和机制，为各地开展工作提供明确的指导；出台模型管理办法，明确建模的目标和要求，规范模型的建设、管理、评审和推广流程；同时，还应制定数字检察办案规则和线索管理办法，确保线索管理的规范化和

---

① 吴思远：《数字检察法理思考》，载《华东政法大学学报》2023年第5期。

标准化。这些措施旨在激发基层的创新活力，同时保持数字检察整体工作的有序性和规范性。

在数字建模规范化工作中，必须清晰界定数字检察的履职范围，以防止任何形式的数字整治运动。有学者指出，要密切关注数字检察可能出现的异化风险，并采取措施防止公权力的技术化延伸。[①] 检察机关获取数据必须是以履行法律监督职责为限。[②] 实务部门有人指出，在数字检察背景下，检察机关应以执法、司法的监督者和国家利益及社会公共利益的代表的身份履行职责，主要从以下五方面入手。一是监督执法、司法人员的行为，包括执法违法、怠于履职等行为，比如，公安机关有案不立、压案不办、长期"挂案"等。二是防范犯罪嫌疑人通过合法形式掩盖非法目的，以避免执法、司法人员受到蒙蔽。比如，知识产权恶意诉讼。三是由于数据壁垒，导致执法、司法人员未能全面了解和掌握相关信息。比如，办案部门各自办案，导致案件信息存在壁垒。四是关注涉及国家利益和社会公共利益的保护问题。比如，一些社会公益组织打着维护公益的名义损害社会公共利益、国家利益。五是应对"放管服"改革背景下新类型案件出现的数据异常问题。有实务专家认为，数字检察应紧紧围绕最高人民检察院的业务指标去履职。这些专家为数字检察履职边界提出了方向性的建议，具有积极的借鉴意义。但仍需优化顶层设计，规范指引各地工作。也可通过修改立法或颁布司法解释的方式，明确检察机关权力行使界限，防止数字检察超越边界。[③]

二、数字建模智能化

在各地检察机关积极探索、分享、推广、应用大数据法律监督模型

[①] 吴思远：《数字检察法理思考》，载《华东政法大学学报》2023年第5期。

[②] 练节晁、刘晨雨、杨玥：《数字检察之"数字"突围——从"数字"壁垒到"数字"边界》，载《山西省政法管理干部学院学报》2023年第1期。

[③] 吴思远：《数字检察法理思考》，载《华东政法大学学报》2023年第5期。

的过程中，一些检察人员通过"零投入""低成本"的数据碰撞，成功发现了监督线索，并解决了一些执法司法、社会治理领域的问题。然而，随着这些数字检察"红利"的逐渐消失，检察机关面临的问题也愈发复杂和隐蔽，难以通过简单的模型或数据叠加进行处理。

为了有效应对这些挑战，迫切需要推进数字建模的智能化进程。通过智能化的模型对数据进行深度运用，充分挖掘数据要素的潜能，实现法律监督的数字化、智能化，进一步推动社会深层次治理。这不仅是数字检察工具性价值的体现，更是数字检察发展的必然趋势。可以说，数字建模智能化是检察机关能动履职、智能履职的重要标志。

一方面，在处理问题时，必须学会利用思维链构建智慧模型架构。思维链（CoT）原本是大模型中的一个概念，它指的是将复杂问题分解为一系列子问题，并逐步进行推理求解的过程。在数字检察领域中，可以将案件处理过程和社会治理问题分解为多个环节或阶段，形成"子模型"或"中间模型"。这些"子模型"或"中间模型"为检察机关提供辅助，以解决复杂问题。由"大模型""子模型""中间模型"组成的系统即为智慧模型架构。智慧模型架构能够最大限度地避免简单模型应用中出现的"单点推进、专而不全"的问题，确保数据资源始终用于发掘监督线索的核心步骤。此外，各阶段的"子模型"或"中间模型"之间并非简单的物理叠加关系，而是相互关联、相互影响。第一阶段的"子模型"或"中间模型"产生的结果可以为第二阶段提供有价值的信息，第二阶段遇到的问题可以在第三阶段得到解决。这种模型之间的相互作用，使得整个系统更加智能化和高效。

另一方面，在构建数字检察模型时，必须采用合适的分析方法，如"七问分析法""态势分析法""外部环境分析法"等。这些方法能够准确地提炼要素特征和规律，为模型建设提供坚实的支持和指导。通过提高建模的精准度和效率，可以在精准的大数据分析基础上，引导侦查和监督工作，从而实现更有效的社会治理。

三、数字建模集约化

当前，检察机关在各领域上多维度显现百花齐放的模型盛开局面，但各检察院所建模型存在明显的独立性和封闭性，导致出现"部落主义"现象。为改变这一现状，应推动数字建模的集约化，加强模型的通用性。在实现大数据模型的集约化过程中，不能单纯依靠资金投入或追求大规模算力，而应注重算法的优化、检察智慧的集成以及检察业务场景的适配。同时，检察人员不应盲目追求大型模型和强大算力，而应着重构建适应检察业务需求、体现"四检融合"和一体履职特点的轻量化模型。

随着数字时代的到来，正义的表达方式也随之发生变革。在法治建设中，我们看到了两个正义谱系的浮现。有学者认为，当代中国检察正是这两种逻辑谱系的交融体现。

在传统意义上，正义是依赖于语言文字来表达的，具体体现为文字的形态。它背后的支撑是人类所依赖的碳基智能体系，即人类智慧。这是一种基于事实和规范的二元型结构，并表现为碳基理性的表达。

而在数字世界里，正义是通过计算来体现的，具体呈现为数字的形态。其背后的支撑是 AI 的硅基智能体系，即人工智能。这是一种半人工与半机器相结合的半知型结构，并表现为硅基理性的表达。

当前我国的法治建设正是在碳基智能体系与 AI 硅基智能体系两个领域中并行前进，呈现出一种复杂的混合型理性。这种混合型理性不仅体现在法律条文的制定与实施上，也深入到司法实践中，成为法治建设的重要推动力量。

同样，中国检察体系也包含两种不同的谱系。一方面，它以文字为载体，通过法律概念来表达和推进检察正义的逻辑。这是一种基于说理的逻辑，是由碳基智能所产生的碳基理性。另一方面，中国检察体系也以数字为基础，通过模型函数计算出检察正义的逻辑。这是一种基于数理的逻辑，是由硅基智能所产生的硅基理性。这两种逻辑共同构成了中国检察体系独特的碳基+硅基混合理性。

两种逻辑体系的叠加，数字检察不再是传统检察在数字世界的投射，也不再是简单的场景转换，而是建立了一套不同于传统检察理性方式的新的检察正义形态。数字正义观的这一转变意味着数字模型的改进，并促使数字建模朝着集约化的方向发展。目前数字检察主要有三种模式，第一种模式是模型广泛分布式；第二种模式是模型集成式；第三种模式是模型系统式。当前数字检察处于第一种模式，且逐步向第二种集成模式迈进。

清远市检察机关在模型集约化路径上积极探索，构建了"上下一体+四检融合"的办案模式，聚焦"数字+数治"的特色化治理模式，从上级部署的专项工作、党委政府中心工作、检察职能以及工作领域等多个角度开展模型集约化工作，通过模型群的集约化应用，实现了精准有效监督。

四、模型应用广泛化

大数据法律监督模型应用的广泛化，是指该模型在经过充分验证和检验后，能够被复制并推广至其他地区、涉及多个领域，并在不同场景中进行相应的调整优化，以适应各种特定的需求。要实现模型的广泛应用，首要考虑因素是数据的全面抓取。如果数据抓取不全面，将直接影响到模型的有效性、可靠性和扩展性，进而制约其广泛应用。有学者指出，检察监督模型大多采取数据驱动型技术路线，为提升算法模型的准确性，需要供其学习的数据具有足够的规模。[①] 因此，在发掘监督点及归纳要素特征的过程中，必须摒弃地域局限性，从全国、全省范围内的数据中深入挖掘。

---

① 聂友伦:《人工智能司法的三重矛盾》，载《浙江工商大学学报》2022年第2期。

数据具有有序性，可按照一定的逻辑顺序进行组织与排列。正是由于大量、全面的数据不断进行排列组合，推动了模型广泛应用。为实现数据排列组合，必须关注知识生产与知识形态。知识生产是通过数字技术创造新知识元素的过程，而知识形态则是通过数字技术形成知识的排列组合。最佳实现方式是利用知识生产促进知识形态，并利用知识形态进一步推动知识生产。通过不断产生新元素并添加到知识形态的新点位上，形成新的形态。然后，通过调整该点位上的形态来进行新的组合，以产生新的元素。这一过程不断重复，大量数据持续进行组合，形成新的监督点。同时，通过对数据进行预警式的动态分析与监测，及时发现潜在的风险和隐患，从而让大数据监督模型更具有应用性和活力。

五、数据治理业务化

数据在数字检察中发挥着至关重要的作用，是推动检察工作现代化的关键因素。在数字检察建设中，实现数据业务化的重要性不言而喻。数据治理业务化主要涵盖数据获取业务化和数据处理业务化两个方面。

关于数据的获取，这是一个循环往复的过程，需要采用渐进式的方法。从发现的异常点出发，深入挖掘该区域的数据，从而揭示出新的违法问题，进而获取更多的数据。清远市检察机关在这方面进行了有益的探索，形成了"案件办到哪里，数据找到哪里；找到数据促办案，办好案件拓数据"的数据获取路径。通过找到具体的应用场景，借助各种资源获取数据，最终实现"立足办案找数据—数据反哺办案"的良性循环。通过将低粒度的数据逐步聚合为高粒度的数据，可以获取更为宏观和全面的信息，不断扩充"数据库"。

从办案实践的角度来看，数据可以分为结构化数据、半结构化数据和非结构化数据。其中，大部分数据为非结构化数据。尽管结构化数据具有不同的格式，但其处理相对简单且格式易于统一。而非结构化数据，如图像、音频和视频，由于无法使用固定的结构化查询语言进行查询，因此需要采用特定的工具和技术进行处理和分析，处理难度相对较大。

关于数据获取后的处理问题，是由检察业务部门负责还是检察技术部门负责？在实践中，不同检察院的数据处理工作由不同部门负责。有的由技术部门处理，有的由业务部门处理。然而，技术人员在处理过程中往往会遗漏案件的关键要素。考虑到检察人员作为案件的直接承办人，对案件的规律性有深入了解，并清楚数据的归集方式和来源。他们能够随时调整数据调取，掌握数据分析方法，明确哪些因素更有利于构建模型，以及在数据结构化过程中如何选取要素、特征识别和进行步骤。

因此，由业务部门开展要素提炼相较于技术部门更为全面。业务部门对案件的深入了解和对数据的敏锐洞察力，使他们能够更好地进行要素提炼和处理工作。在数据结构化过程中，业务部门应发挥主导作用，与技术人员密切合作，确保数据的准确性和完整性，从而为后续的数据分析工作奠定坚实基础。

六、技术手段多元化

要使数字检察更具生命力与可持续性，必须实现与技术的深度融合。利用大数据、云计算、人工智能、区块链、元宇宙、物联网和5G高速移动网络等现代科技手段，对数据进行挖掘、碰撞、画像和穿透，从而增强检察机关的"战斗力"。比如，通过机器学习、神经网络和自然语言处理技术对文本和数据进行语义分析和关键词提取，能够自动识别案件中的关键信息，为检察人员提供案件分析和定性评估的辅助。同时，运用 NLP 技术可实现非结构化数据的快速清洗，提取其中的要素信息，形成结构化数据模型。利用数据集成 ETL 技术处理多来源异构数据，确保数据的完整性、一致性。此外，通过图像识别技术自动识别和分析涉案证据，能够提高证据的准确性和鉴定效率。引入解释性强的机器学习算法，可增强模型的可解释性和可信度。

在数字检察工作中，业务主导下的技术应用始终是核心，而实现检察业务和技术创新的全面深度融合至关重要。然而，在实践中，一些地方仍然出现了业务与技术脱节的问题。为充分发挥技术的支撑作用并解决这一问题，必须加强技术人员与业务人员之间的沟通与协作。

  清远市检察机关在贯彻落实"技术支撑"工作部署方面，探索出了一条"业务人员学技术"的技术运用路径，真正实现了以数字赋能检力解放。未来数字检察的发展必然需要，也必将涌现出一大批数字检察官，他们不仅具备较强的业务规则梳理能力和监督模型构建能力，还具备大数据法律监督线索及案件审查、办理、指导能力。